제 5 판

오퍼레이션스 경영

생산 · 서비스 · SCM

박명섭 · 박광태 · 김대기 · 임호순 · 이성희

弘 文 社

제5판 머리말

'오퍼레이션스 경영'이라는 이름을 듣는 독자들이 처음 떠올리는 질문은 도대체 '오퍼레이션스'라는 것이 무엇인가일 것이다. 오퍼레이션스란 필요한 투입물을 조달하여, 부가가치를 더하는 여러 변화과정을 거쳐, 적절한 산출물로 전환시키는 활동을 일컫는다. 따라서 그것이 제조부문이든 서비스부문이든 상관없이 모든 조직은 각기 고유의 투입－전환－산출이라는 오퍼레이션스 기능을 가진다. 오퍼레이션스란 과거의 생산이라는 용어가 주는 오해를 극복하기 위한 새로운 용어이다. 왜냐하면 생산이라는 용어는 제조라는 용어와 너무나 밀접하게 연결되어 사용되어져 왔기 때문에 생산관리라 하면 주제의 범위가 제조업의 공정관리로 축소될 우려가 있기 때문이다. 이에 본 저자들은 고민 끝에 제2판 이후로는 '오퍼레이션스'라는 용어를 써오고 있으며, 본서에서는 오퍼레이션스 경영의 주제로 전통적인 생산시스템에 대한 것 이외에도 공급사슬관리, 서비스 오퍼레이션스 등을 폭넓게 다루고 있다.

오퍼레이션스 기능이 조직의 핵심적인 기능임에도 불구하고 독자들에게 생소하고 각광을 받지 못해 왔던 이유는 기존의 강의방식이 지나치게 기술적인 데 치우쳐 있었기 때문이고, 현장과도 어느 정도 거리를 두고 있었기 때문이다. 이런 문제에 대하여 지나친 수리적 접근법을 지양하고 오퍼레이션스 기능에 대한 이해를 전략적 수준으로 끌어올리는 것이 하나의 과제이며, 현실과의 연결고리를 유지하는 것 또한 중요한 과제일 것이다. 따라서 본서를 개정하는 데에 이러한 문제를 고려하고자 최대한 노력하였고, 특히 현실과의 연결고리로서 '관련이야기' 부분을 활용하면 강의 이슈의 도입으로도 훌륭한 소재가 될 것이다.

또한, 4차 산업혁명이라는 새로운 조류를 이해하는 데 필요한 기술경영과 오퍼레이션스란 개념과 더불어 기업운영에서 많이 접하게 되는 프로젝트 관리를 포함하면서, 내용의 폭과 깊이를 더하고자 하였다.

제5판을 완성하는 데에 도움을 준 대학원생들과 동료 교수님들께 우선 고마움을 표하고, 본서의 발간을 위하여 배려를 아끼지 않으신 홍문사 임권규 사장님과 임직원 여러분께 감사를 드린다.

2019년 8월

저자 일동

차 례

제 1 편 전략과 흐름

제 1 장 오퍼레이션스 경영 개요 3

1.1 오퍼레이션스 경영의 중요성 / 5
1.2 오퍼레이션스 경영의 정의와 목표 / 7
1.3 오퍼레이션스 시스템의 의사결정문제 / 9
1.4 과학적 관리법과 이동컨베이어 시스템 / 12
1.5 요 약 / 17
문제 및 토론 / 19

제 2 장 오퍼레이션스 전략 21

2.1 전략의 개념 / 23
2.2 오퍼레이션스 전략 / 28
2.3 경영성과지표와 혁신프로그램 / 30
2.4 원 가 / 33
2.5 생산성 / 35
2.6 시 간 / 41
2.7 유연성 / 44
2.8 요 약 / 48
문제 및 토론 / 51

제 3 장 수요예측 55

3.1 오퍼레이션스 경영에서의 수요예측 / 57
3.2 수요예측기법 / 59
3.3 예측오차의 측정 / 76
3.4 수요예측기법 선택시 고려사항 / 78
3.5 요 약 / 79
문제 및 토론 / 81

제 4 장 품질경영 83

4.1 품질의 정의 / 85
4.2 품질의 분류 / 86
4.3 품질이론 / 88
4.4 품질개선의 도구 / 91
4.5 품질개선 프로그램 / 94
4.6 전사적 품질경영 / 96
4.7 ISO 9000 품질활동 / 98
4.8 6시그마 / 102
4.9 요 약 / 107
문제 및 토론 / 109

제 5 장 기술경영 111

5.1 기술혁신 / 113
5.2 기술혁신의 원천 / 116
5.3 기술혁신과 표준 / 121

5.4 기술혁신의 보호 / 123
5.5 요 약 / 125
문제 및 토론 / 126

제 2 편 설계 및 프로세스

제 6 장 제품 및 서비스 설계 ········ 129
6.1 제품수명주기 / 131
6.2 제품개발과정 / 135
6.3 모듈러 설계와 표준화 / 138
6.4 프로토타이핑 / 140
6.5 가치분석 / 141
6.6 서비스 설계 / 143
6.7 요 약 / 145
문제 및 토론 / 147

제 7 장 프로세스 설계와 배치 ········ 149
7.1 프로세스의 종류 / 151
7.2 제품-프로세스 믹스 / 154
7.3 설비배치 / 155
7.4 프로세스별 배치설계 / 157
7.5 Cellular 배치 / 160
7.6 요 약 / 162

문제 및 토론 / 164

제 8 장 입지계획 165
8.1 생산능력계획의 의의 / 167
8.2 생산능력계획 / 169
8.3 입지결정 / 173
8.4 입지결정의 계량적 접근 / 175
8.5 요　약 / 178
문제 및 토론 / 179

제 3 편　생산과 공급사슬

제 9 장 리소스계획(*MRP* & *JIT*) 183
9.1 리소스계획과 주변활동과의 연계관계 / 185
9.2 총괄생산계획 / 188
9.3 주생산일정 / 209
9.4 자재소요계획 / 223
9.5 *ERP* 시스템 / 250
9.6 적시생산(*JIT*) 시스템의 정의 및 목적 / 251
9.7 풀 시스템 / 252
9.8 적시생산(*JIT*) 시스템의 생산계획과 생산평준화 / 253
9.9 Synchro-*MRP* 시스템 / 256
9.10 부품과 작업방법의 표준화 / 257
9.11 무결함 생산의 추구 / 257

9.12 칸반 시스템과 *MRP* 시스템의 비교 / 258
9.13 적시생산(*JIT*) 시스템의 집행실시 / 261
9.14 요 약 / 263
문제 및 토론 / 265

제10장 재고관리 ········ 273
10.1 재고의 기능적 분류 / 275
10.2 재고관련 비용 / 277
10.3 재고관리 시스템 / 280
10.4 재고관리모형 / 282
10.5 단일기간 재고통제모형 / 299
10.6 요 약 / 304
문제 및 토론 / 306

제11장 공급사슬관리(*SCM*) ········ 311
11.1 공급사슬관리의 정의 / 314
11.2 공급사슬관리의 발전과정 / 316
11.3 *SCM*의 범위 / 319
11.4 *SCM*의 필요성 / 322
11.5 성공적인 *SCM* 수행을 위한 동력들 / 323
11.6 황소채찍효과 / 326
11.7 푸시-풀 전략 / 332
11.8 지연전략 / 334
11.9 *SCM* 솔루션 / 335
11.10 요 약 / 336

문제 및 토론 / 337

제 4 편 서비스 및 프로젝트

제12장 서비스 관리 341
12.1 서비스의 특징 / 343
12.2 서비스의 유형 / 345
12.3 서비스 전달 시스템 / 348
12.4 고객접촉 / 350
12.5 서비스와 정보 / 351
12.6 서비스 품질과 고객만족 / 352
12.7 요 약 / 356
문제 및 토론 / 357

제13장 프로젝트 관리 359
13.1 프로젝트의 구성 및 관리 / 361
13.2 프로젝트 계획 / 369
13.3 프로젝트 관리 기법 / 371
13.4 활동시간의 변동성 / 377
13.5 일정단축 / 380
13.6 요 약 / 381
문제 및 토론 / 383

부 록 / 387
찾아보기 / 393

제 1 편

전략과 흐름

제 1 장　오퍼레이션스 경영 개요

제 2 장　오퍼레이션스 전략

제 3 장　수요예측

제 4 장　품질경영

제 5 장　기술경영

Chapter 1

오퍼레이션스 경영 개요

관련 이야기

제 4차 산업혁명[1]

우리는 지금 우리의 삶과 일, 소통의 방식을 송두리째 바꿀 기술 혁명의 문 앞에 서 있다. 이는 규모와 영역, 복잡성의 측면에서 인류가 경험하지 못했던 이례적인 변화일 것이다. 우리는 아직 그것이 어떻게 전개될지 알 수 없지만, 한 가지는 분명하다. 이 변화에 대해 공공과 민간, 학계와 시민사회에 이르기까지 세계 정치권의 모든 이해관계자가 참여하여 통합적이고 포괄적으로 대응해야 한다는 것이다. 1차 산업혁명은 수력과 증기력을 통해 생산을 기계화했으며, 2차 산업혁명은 대량 생산을 위해 전력을 이용했다. 그리고 3차 산업혁명은 생산을 자동화하기 위해 전자기기와 정보기술을 활용하였다. 이제 이 위에 건설되고 있는 것이 제 4차 산업혁명이다. 제 4차 산업혁명은 물리학과 디지털, 생물학적 영역 간의 경계를 허무는 기술의 융합을 특징으로 한다.

오늘날의 변화는 단지 3차 산업혁명의 연장선이 아니라 4차 산업혁명의 시작이며, 이를 구분 짓는 데는 세 가지 이유가 있다. 속도, 범위 그리고 시스템의 영향력이다. 현재 일어나고 있는 변화는 역사적으로 전례가 없을 정도로 빠르다. 이러한 속도는 전 세계의 모든 산업에 혼란을 주고 있으며, 변화의 폭과 깊이는 생산과 경영, 관리 등 전체 시스템의 변화를 예고하고 있다. 유례없는 처리 능력과 저장 능력, 지식에 대한 접근성을 가진 수십억 인구는 모바일 기기를 통해 무한하게 연결할 수 있는 가능성을 지닌다. 이러한 가능성은 인공지능, 로봇, 사물인터넷, 자율주행 자동차, 3D 프린팅, 나노기술, 생명공학, 재료과학, 에너지 저장, 양자컴퓨터와 같은 분야에서 새로운 기술 혁신을 일으킬 것이다.

도전과 기회

4차 산업혁명은 이전의 산업혁명들과 마찬가지로 전 세계인의 소득 수준을 높이고 삶의 질을 개선할 수 있는 잠재력이 있다. 기술은 우리 삶의 효율과 즐거움을 증진 시켜주는 새로운 형태의 제품과 용역이 생겨나게 한다. 택시를 부르거나 항공편을 예약하며, 제품을 구매하거나, 결제하고, 음악을 감상하거나 영화를 보는 등 모든 활동을 통신기술로 하여금 원거리에서도 가능하게 되었다. 미래에는

1) Klaus Schwab, "The Fourth Industrial Revolution," Harvard Business Review, Dec, 2015.을 참고.

이러한 기술 혁신이 장기적인 효율성과 생산성을 가진 공급 측면의 기적을 불러일으킬 것이다. 운송과 통신비용이 줄어들고, 물류와 글로벌 공급망이 더욱 효과적이게 되며, 교역비가 감소할 것이다. 그리고 이러한 모든 것들이 새로운 시장이 형성하고 경제 성장을 이끌 것이다.

미래의 모습

우리는 제 4차 산업혁명을 형성하고 그것이 우리의 공동 목적과 가치를 반영하는 미래를 만들 수 있도록 기회와 힘을 확보해야 한다. 그러나 이를 위해서는 기술이 우리의 삶에 어떻게 영향을 미치고 경제적 · 사회적 · 인적 환경을 어떤 식으로 재구성하는지에 대해 포괄적이고 전 세계적으로 공유하는 관점을 개발해야 한다.

오퍼레이션스 경영은 전통적으로 생산관리로 통용되어져 온 경영의 분야이다. 그러나 생산을 말하면 대다수의 사람들은 공장, 기계, 조립라인 등 제조업을 연상한다. 실제로 80년대 이전까지 오퍼레이션스 경영의 주요 관심대상은 거의 제품 제조활동의 관리에 초점이 맞추어져 온 것이 사실이다. 그러나 서비스 산업이 전체 산업에서 차지하는 비중이 높아짐에 따라 오퍼레이션스 경영 분야는 제조업뿐 아니라 서비스의 운영도 포괄하는 형태로 신속히 진화하고 있다. 또한 기업 내부의 프로세스 관리뿐만 아니라 공급자로부터 제조업체, 도소매업체, 소비자에게까지 이르는 기업 간 네트워크를 관리하는 공급사슬관리(Supply Chain Management)도 오퍼레이션스 경영의 새로운 패러다임으로 자리매김하고 있다.

이에 따라 오퍼레이션스 경영의 영문표현도 Production Management(6, 70년대)에서 Production & Operations Management(80년대)로, 이것이 다시 Operations Management(90년대 이후)로 바뀌어져 왔다. 협의의 production은 주로 제조업의 부가가치 활동을 의미하지만, 오퍼레이션스(operations)는 제조 및 서비스업을 포함하는 보다 포괄적인 의미를 지니기 때문이다. 또한 이러한 용어의 변천은 오퍼레이션스 경영의 진화과정을 반영해 주기도 한다.

1.1 오퍼레이션스 경영의 중요성

60년대 말 70년대 초까지 구미 선진국의 시장상황은 안정적이거나 안정적인 성장상태의 기조를 유지하였고, 특히 미국의 유수한 업체들은 대량생산체제와 기술력을 바탕으로 세계시장을 석권하고 있었다. 이러한 상황 하에서 오퍼레이션스 기능은 항상 경쟁우위를 가질 수 있는 당연한 기능으로 간주되게 되었고, 그 밖에 다른 기능에서의 경쟁우위를 추구하기 시작한다. 그러나 1980년대에 일본의 자동차산업은 구미의 자동차산업을 추월하기 시작하였으며, GM을 비롯한 미국 자동차산업 위기의 근본적 원인을 제공하기에 이른다. 업계와 학계의 많은 사람들이 토요타사의 현장을 방문하였으며 그들의 분석결과에 따르면, 이와 같은 토요타사의 이례적인 성공은 토요타사의 생산계획, 재고통제, 품질관리, 생산공정의 설계 등 오퍼레이션스 기능의 우월성에 기인한 것으로 속속 확인되었다.

오퍼레이션스 경영의 영역은 이제 제조업을 초월하여 서비스업으로 급속히 확장되고 있다. 이는 서비스업이 선진국가의 경제에서 차지하는 비중이 이미 제조업을 추월하였기 때문이다. 제조업의 강국이라고 하는 일본에서조차도 서비스의 비중이 이미 70%를 초과하였다. 이러한 서비스업의 번영은 제조업에도 엄청난 변화를 가져오게 되는데, 즉 제조업도 서비스 없이는 독자적으로 생존할 수 없으며, 제조업의 운영도 마치 서비스 기업을 운영하듯이 이루어져야 한다는 점이다. 이는 제조업과 서비스업의 업종 간 구분이 모호해지고 있고, 제조업의 생산품에는 반드시 서비스가 결합되어 서비스화(servitization)되어 있다는 점 등이 이를 뒷받침하고 있다. 예를 들면 자동차를 판매할 때도 사후서비스와 금융서비스가 필요하며, 애플사 경우 iPod와 iTunes라는 서비스를 결합하여 새로운 부가가치를 창출하는 사례 등이 여기에 해당된다.

소비자의 수요패턴은 과거 동질적인 수요에서 개성화, 고급화, 다양화의 형태로 바뀌고 있다. 제품 및 서비스의 수명도 급속히 단축되고 있다. 이에 따라 고품질의 다양한 제품/서비스를 신속하게 싼 값으로 제공하지 못하는 기업은 더 이상 생존할 수 없는 상황이 되고 있다. 즉 경쟁전략의 핵심으로서 오퍼레이션스 기능의 중요성이 높아져 가고 있는 것이다.

또한 WTO 체제가 출범함에 따라 '세계가 하나의 시장'이 되는 자유경쟁시대가 도래하고 있다. 과거에는 시장이 국가단위로 분리되어 있어 자국 기업에 대한 정책적인 보호가 용이하였다. 그리고 우리 기업들은 국내에서 어느 정도의 범위 안에서 가격을 결정할 수 있는 위치에 있었고 기술면에서도 적당한 수준을 유지할 수 있었다. 원자재 가격, 임금 등의 상승으로 원가상승 요인이 발생하면 생산성 향상을 통해 이를 극복하기보다는 가격을 인상하여 말없는 대중에게 이를 전가하여 쉽게 돈을 벌 수 있었다. 기술면에서도 수입제한을 통하여 저품질의 기술로 소비자를 만족시킬 수 있었다. 그러나 세계가 하나의 시장 속에서 자유경쟁을 하는 시대에는 우리 기업도 기술이나 가격에 있어서도 세계적인 기업들과 동등한 환경에서 경쟁을 해야 하는 상황에 이르게 되었다.

이제 우리 기업들은 더 이상 단순한 가격인상에 의해 원가상승을 해결할 수 없으며, 생산성 향상, 아웃소싱, 해외생산(offshoreing), 기술력 향상, 다양한 서비스의 개발, 공급사슬의 전략적 관리 등 다양한 전략적 선택을 해야 할 시점에 도달한 것이다. 여기에 오퍼레이션스 경영의 중요성이 있는 것이다.

1.2 오퍼레이션스 경영의 정의와 목표

오퍼레이션스 기능은 기업활동의 핵심적인 기능으로서 노동, 장비, 재료, 자본 등의 투입물에 부가가치를 더하기 위한 일련의 변환과정을 거쳐 '제품 또는 서비스'를 창출하는 기능이다. 여기서 오퍼레이션스는 냉장고, TV, 의복 등의 제품을 생산하는 제조업체에 국한된 것이 아니고, 은행, 병원, 호텔 등의 서비스를 창출하는 업체의 활동을 포괄하는 것이다.

그림 1-1 오퍼레이션스 시스템

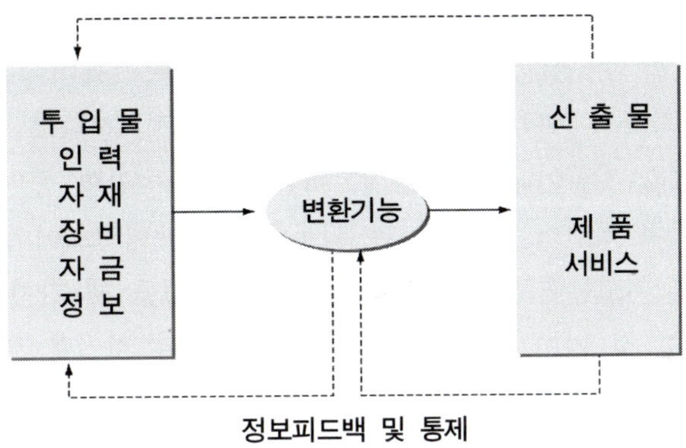

오퍼레이션스 시스템 제조업체나 서비스업체나 공히 오퍼레이션스 시스템은 [그림 1-1]과 같이 투입물, 변환기능, 산출물, 그리고 정보피드백의 네 가지 요소로 구성된다. 노동, 재료, 자본 등의 자원이 변환과정에 투입되면, 변환과정에서는 여러 가지 형태의 변환활동을 수행하게 된다. 변환과정에서는 형태적 변환(가공, 조립), 시간적 변환(창고, 은행), 장소적 변환(항공사, 운수업), 소유적 변환(소매업, 도매상, 리스업), 행위적 변환(인증, 보증, 검사) 등의 다양한 변환을 통해 부가가치를 창출하게 된다. 또한 정보피드백 및 통제활동을 통하여 투입물과 변환과정의 개선을 도모한다. 예를 들어서 동일한 시설에서 동일한 인력에 의해 제품을 생산해도 수시로 불량률 또는 제조원가의 변동이 발생하게 된다. 재고량도 계획된 수치보다 과부족이 생긴다.

이러한 변동이 발생하면 변동의 원인을 분석하여 개선적인 관리활동이 시작된다. 그리고 오퍼레이션스 시스템은 이러한 과정을 거쳐 점진적인 개선을 하는 나선형적 사이클의 형태로 발전하게 된다.

오퍼레이션스 경영의 정의와 목표 오퍼레이션스 경영이란 오퍼레이션스 시스템의 목적을 달성하기 위하여 앞에서 기술한 네 가지 구성요소를 어떻게 관리할 것인가를 다루는 분야이다. 여기서 오퍼레이션스 시스템의 목적은 무엇인가? 오퍼레이션스 시스템은 그것이 속한 기업의 하위 시스템으로서 상위 시스템인 기업의 목적인 '부의 창출'에 기여하는 것이 그 존립목적이라고 할 수 있다. 오퍼레이션스 시스템은 두 가지의 방법을 통해 부의 창출에 기여할 수 있다. 하나는 팔릴 수 있는 재화나 서비스를 만드는 것(가치창출)이고, 다른 하나는 효율적인 방법으로 재화나 서비스를 만드는 것(경제적 생산)이다. 즉, 오퍼레이션스란 생산 시스템이 가치창출과 경제적 생산을 극대화할 수 있도록 하여 기업의 목표인 부의 창출에 기여하고자 하는 것이 그 목적이라고 할 수 있다. 옛말에 '구슬이 서말이라도 꿰어야 보배'라는 말이 있다. 이 말은 구슬 각각의 개체는 가치가 작으나 이것들이 하나로 꿰어져 목에 걸 수 있을 때 가치가 있다는 말이다. 구슬, 실, 바늘, 그리고 인력 등의 투입자원으로 일련의 변환과정을 거쳐 목걸이를 산출하는 활동이 오퍼레이션스이며, 그 결과로서 산출된 목걸이가 원래 의도한대로 만들어져 목에 걸 수 있을 때 가치가 창출된 것이다. 즉, 오퍼레이션스의 첫 번째 목적인 가치창출이 실현된 것이다. 한편, 목걸이를 어떤 방법으로 만드느냐에 따라 비용, 생산성, 시간, 품질, 유연성 등(오퍼레이션스의 경제성)에 차이가 난다. 수작업으로 하느냐, 아니면 기계화되어 있느냐에 따라, 또는 구슬을 다듬고, 실을 꿰고, 끝마무리를 하는 작업들이 잘 분업화되어 있느냐에 따라 경제성이 달라지게 된다. 오퍼레이션스 경영이란 팔릴 수 있는 유무형의 재화를 효율적으로 만드는 것, 즉 가치창출과 경제적 생산이 달성될 수 있도록 오퍼레이션스 시스템을 설계, 운영, 통제하는 데 필요한 원리를 다루는 분야인 것이다.

1.3 오퍼레이션스 시스템의 의사결정문제

오퍼레이션스 시스템을 관리하는 데에는 다양한 의사결정문제가 발생한다. 이러한 문제들은 크게 나누어 시스템의 설계와 관련된 의사결정과 시스템의 운영 및 통제에 관련된 의사결정이 있다. 오퍼레이션스 시스템에서 발생하는 의사결정문제들을 유형별로 분류하는 기준은 여러 가지가 있겠으나, 여기서는 본서의 구조와 일관성 있는 기준을 적용하여 오퍼레이션스 전략, 시스템 설계와 시스템 운영 및 통제로 의사결정 문제들을 분류한다. 오퍼레이션스 전략은 다음 장에서 자세히 설명하고, 시스템 설계와 운영 및 통제는 다음과 같이 우선 간략히 설명하고자 한다.

오퍼레이션스 시스템의 설계, 운영 및 통제

오퍼레이션스 시스템 설계는 생산 또는 서비스 능력, 입지선정, 부서 및 설비의 배치, 제품 및 서비스 개발, 장비 구입 등의 의사결정을 필요로 한다. 이러한 의사결정들은 일반적으로 장기간의 노력을 요하며, 그 의사결정의 효과 역시 장기간 지속된다. 오퍼레이션스 시스템의 운영과 관련된 의사결정에는 인력관리, 재고계획 및 통제, 생산계획, 세부일정계획, 프로젝트 관리, 품질통제 등이 있다. 이러한 운영에 관련된 의사결정들은 고객의 중·단기적인 수요를 충족시키기 위하여 기존의 오퍼레이션스 시스템을 효과적·효율적으로 활용하는 것이 주요 목적이다. 많은 경우 오퍼레이션스 경영자는 시스템 설계와 관련된 의사결정보다는 하루하루의 시스템 운영과 관련된 의사결정에 더 많이 참여하게 된다. 실제로 시스템 설계의 상당부분은 최고경영자의 영역이지만, 오퍼레이션스 경영자는 시스템 설계가 시스템 운영의 관리변수들을 결정하는 것이기 때문에 시스템 설계에 중요한 역할을 수행할 수 있어야 한다. 예를 들어서 비용, 공간, 생산능력, 그리고 품질 등 모든 것이 설계와 관련된 의사결정에 의하여 직접적인 영향을 받게 된다. 따라서 오퍼레이션스 경영자들은 시스템 설계에 대해 최종적인 책임을 지지 않는다고 하여도 시스템 운영과 관련된 여러 가지 시스템 설계의 의사결정에 대해 충분한 정보를 제공하고 명확한 소신을 제시할 수 있어야 한다.

[표 1-1]은 오퍼레이션스 시스템의 설계와 운영 및 통제에 관련된 여러 가지 의사결정에 대해 간략히 요약하고 있다. 이러한 의사결정들은 속성상 [그림 1-2]와 같은 계층적인 구조를 가진다. 계획과 설계는 보통 순차적으로 수행되며 하위계층의 의

표 1-1 설계 및 운영 의사결정

의사결정분야	전형적인 문제유형
예 측	· 제품의 수요는 얼마인가? · 언제, 어떤 제품을, 얼마나?
설 계	
제품 및 서비스 선택	· 어떤 제품/서비스를 시장에 도입하나?
생산능력	· 장기적으로 얼마만큼의 생산능력이 필요한가? · 가장 효과적인 생산능력의 조달방법은?
입 지	· 공장 또는 점포의 시설입지는 어디가 적절한가?
배 치	· 부서, 장비, 작업흐름, 그리고 보관의 배치는 비용, 생산성 측면에서 어떻게 하는 것이 좋은가?
제품 및 서비스 설계	· 제품/서비스를 개선할 수 있는 방안은 무엇인가? · 일에 대한 동기유발을 위한 최선의 방법은?
작업 설계	· 생산성의 개선방안은, 그리고 업적의 측정방안은? · 작업방법의 개선방안은 무엇인가?
운영 및 통제	
총괄계획	· 월별, 분기별 생산율, 잔업, 하청, 재고의 양은? · 생산전략과 일관성을 유지하는가?
주생산일정	· 개별완제품의 주별생산량은? · 생산능력에 비추어 생산계획이 실행가능한가?
자재소요계획	· 주생산일정을 달성하기 위한 원자재, 부품, 조립품의 조달계획은 무엇인가? · 자재계획은 실행가능한가?
세부일정계획	· 부하된 작업들 중 어느 작업을 먼저 처리할 것인가? · 작업장별 일일 일정계획은 무엇인가? · 실제 산출량이 계획과 일치하는가?
프로젝트계획	· 프로젝트의 주요경로는 무엇이며, 이 경로를 구성하는 주요활동은 무엇인가?
품질통제	· 품질관리도는 작성하고 있는가? · 불량률을 개선할 방법은 무엇인가?

사결정은 상위계층의 의사결정과 계획의 틀 내에서 다루어지게 된다. 계층구조의 상층은 전략적 의사결정과 이에 따른 경영성과지표로 구성된다. 경영성과지표는 기업성과지표와 오퍼레이션스와 관련한 직접성과지표로 나누어지며 전략적 의사결정의 성과가 경영지표로 드러나게 된다. 전략적 의사결정은 주로 시스템의 설계와 관련한 의사결정이며 산업에 따라 제조와 서비스 분야의 전략적 의사결정으로 크게 나누어 볼 수 있다. 계층구조의 하층은 오퍼레이션스 시스템의 운영과 통제에 관련되는 활동으로

구성된다. 이때 기술은 성격상 제품이나 서비스, 프로세스에 내재되어 있는 성질을 띠고 있으며, 전략적 의사결정과 운영 및 통제와 관련한 의사결정에 영향을 미치게 된다. 의사결정의 분야가 기업 외부와의 관계로 확장될 때 발생하는 문제는 공급사슬 관리 분야에서 다룬다.

그림 1-2 오퍼레이션관리 의사결정문제의 계층구조

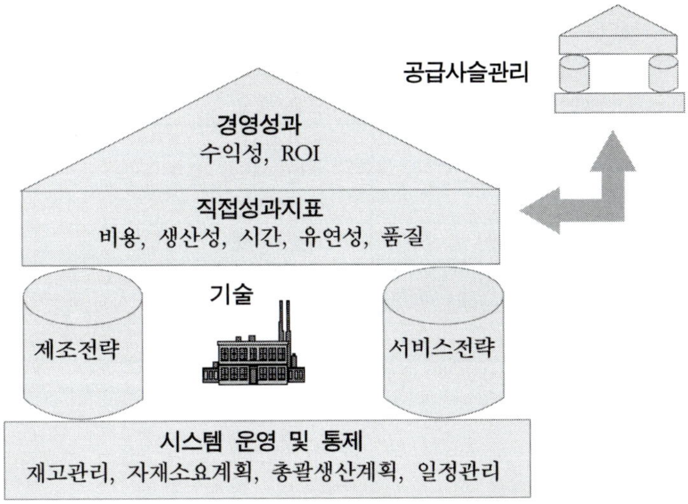

오퍼레이션스 경영자

오퍼레이션스 경영자는 제품 및 서비스의 창출에 일차적인 책임을 지는 중요한 역할을 수행한다. 오퍼레이션스 경영자의 업무는 산업의 차이 또는 상품의 차이로 인해 기업마다 다소의 차이가 있을 수 있다. 그러나 중요한 것은 경영자의 역할은 경영관리를 하는 것이며 이는 어느 기업에서나 동일하다. 제품을 생산하거나 서비스를 생산하거나에 관계없이 오퍼레이션스 경영자에게도 똑같은 논리가 적용될 수 있다. 오퍼레이션스 경영자도 계획, 조직, 명령, 통제 등의 관리활동을 통해 생산자원의 획득과 활용을 총괄하여야 한다. [표 1-2]는 오퍼레이션스 경영자가 수행하여야 할 의사결정문제를 계획활동, 조직활동, 명령활동, 그리고 통제활동에 따라 분류하고 있다.

표 1-2 생산관리자의 임무

관리활동	의사결정문제 유형
계획활동	생산능력 결정 입지선정 제품 및 서비스 선택 설비배치 생산계획
조직활동	집중화의 정도 자체생산 또는 구매 외 주 잔업의 사용 고용/해고
명령활동	동기부여 작업주문의 발생 작업할당
통제활동	재고 통제 생산현장 통제 품질 통제

1.4 과학적 관리법과 이동컨베이어 시스템

근대적인 오퍼레이션스 경영의 시작은 영국의 산업혁명 이후라고 할 수 있다. 산업혁명 이후 오퍼레이션스 경영과 관련된 수많은 개념과 기법이 개발되었다. 최근의 개념은 본서를 통하여 계속 다루어지며, 여기서는 1900년대 초에 개발된 기법 중 오늘날의 기업경영에 가장 큰 영향을 미친 과학적 관리법과 이동컨베이어 시스템에 대하여 설명하기로 한다.

과학적 관리법

과학적 관리법은 1900년대 초에 테일러(F. W. Taylor)에 의해 체계화된 제조업체의 경영관리 기법이다. 당시의 시대적 배경은 미국의 남북전쟁이 종료된 직후로서 노예가 해방됨에 따라 인권문제, 고용착취문제 등으로 조직적인 파업이 빈발하여 기업의 생산성이 극도로 저하되던 시기였다. 이에 테일러는 당시의 방임관리를 지양하고 작업자의 과업(task)을 과학적으로 관리함으로써 고임금 · 저노무비용을 실현하고자 과학적 관리법을 제시하게 되었다. 여기서 방임관리란 관리자가 작업을 노동자에게 위임시켜 작업속도나 작업방법을 간섭 또는 관리를 소홀히 함으로써 노무자가 과거의 경험, 인습 등에 의해 작업을 하도록 했던 관습을 말한다. 테일러는 과학적 관리의 목적을 그의 저서 「The Principles of Scientific Management」에서 다음과 같이 말하고 있다.

> 기업경영의 주요목적은 경영자와 각 종업원들의 영달을 최대화할 수 있도록 하는 것이다. 그럼에도 불구하고 경영자와 종업원의 관계는 평화적이라기보다는 적대적인 것이 일반적인 현실이다. 누구도 그들의 이해가 하나로 합쳐지는 공조적 관계로 정리될 것이라고 믿는 사람은 없다.
>
> 과학적 관리법은 두 당사자의 진실한 이해는 하나이며 동일하다는 확신에 기반을 두고 있다. 고용주의 영달은 종업원의 영달이 수반되지 않고서는 장기적으로 존속할 수 없으며, 그 반대도 마찬가지이다. 종업원에게는 높은 임금을, 고용주에게는 낮은 노무비용을 동시에 실현하는 것은 가능한 일이다.

위의 문구에 나타나듯이 과학적 관리법의 목적은 이중적 과제로서 종업원에게는 고임금을, 고용주에게는 저노무비용을 실현하고자 하는 것이다. 테일러가 이 목적을 실현하기 위하여 우선적으로 관심을 가진 것은 노무자의 태업이었다. 태업이란 노무자가 고의로, 관습적으로, 또는 조직적인 모순에 의해 자신의 능력 이하의 작업을 수행하는 것을 말한다. 즉, 고의적인 작업지연을 말한다. 축구경기를 관전할 때 관람객들은 몸을 사리며 열심히 뛰지 않는 선수를 비난하곤 한다. 그러나 그들이 직장에 돌아가면 최대의 작업량을 산출하기 위하여 최선을 다하기보다는 고의적으로 가급적 천천히 일을 수행하는 것이 일반적인 현상이다. 또한 열심히 일을 하는 사람들이 비난의 대상이 되기도 한다. 테일러는 태업이 고임금 · 저노무비용을 저해하는 요인으로 판단하고, 태업을 최소화하기 위한 체계적인 방안, 즉 과학적 관리법을 제시한 것이다.

태업의 원인은 크게 나누어 자연적 태업과 조직적 태업의 두 가지가 있다.

① 자연적 태업: 인간의 본능에서 오는 태업

② 조직적 태업: 조직의 모순에 기인하여 발생하는 태업

테일러는 인간은 누구나 피곤하고 힘들면 휴식을 취하고 싶어 하는 본능이 있으며, 이러한 본능에 의한 자연적 태업은 있을 수 있는 일이며 또 심각한 문제라고 생

각하지 않았다. 그러나 생산성 향상에 따른 실직의 위험으로 오는 작업지연, 작업자가 임의로 천천히 작업할 수 있는 여지, 또는 비능률적인 경험이나 인습에 의한 작업지연, 그 외 불충분한 관리로 야기되는 태업 등은 조직의 모순에 기인한 태업으로서 반드시 제거되어야 할 부분으로 생각하였다. 그리고 과학적인 과업관리에 의해 이를 제거하고자 하였다.

과업관리 과업관리는 과학적 관리법의 가장 핵심적인 내용으로 최선의 작업방법을 고안하여 적절하게 노무자에게 배분하고 성과에 따라 대가를 지불하고자 하는 것이 주요내용이다. 과업관리의 방법으로서 테일러는 작업의 표준화, 작업조건의 표준화, 그리고 차별적 성과급제를 들고 있으며, 그는 이 개념을 그가 경영하던 철공소에 적용하기도 하였다.

① **작업의 표준화**: 노무자의 과업을 세부 기본동작으로 분류하고 각각의 기본동작을 분석하여 최선의 작업방법을 도출하도록 하였다. 또한 각 동작의 시간을 측정하여 과업을 수행하는 데 소요되는 시간, 즉 작업시간의 표준화를 이루었다. 따라서 노무자는 표준화된 작업방법에 의해 작업을 수행하게 되고, 표준화된 작업시간에 의해 일일 생산량과 적정생산량이 결정되었다.

② **작업조건의 표준화**: 작업이 표준시간 내에 수행되려면 작업환경이 일정해야 할 것이다. 테일러는 장비, 자재, 작업도구의 표준을 설정하여 노무자들이 항상 일정한 여건에서 작업을 수행할 수 있도록 하였다.

③ **차별적 성과급제**: 차별적 성과급제란 노무자의 작업성과에 따라 차별적인 임금률을 적용하는 것을 말한다. 예를 들어서 크기가 다른 두 가지의 임금률을 설정하고 적정한 양 이상의 성과를 내는 노무자에게는 높은 임금률을 적용하고, 미달성의 경우에는 낮은 임금률을 적용하는 것을 들 수 있다.

테일러의 과학적 관리법은 오늘날 미국의 경영관리에 지대한 공헌을 한 것으로 평가되고 있다. 그러나 테일러의 사상은 "인간은 금전적인 유인에 의하여 행동한다"는 전제에서 출발하였으며, 인간의 심리적 · 사회적 측면에 대한 문제의식이 부족하였다는 비판을 받기도 하였다. 또한 개인의 과업에 치중하다보니 개별 노무자의 능률향상에는 많은 공헌을 하였으나 전체조직의 능률향상에는 부족한 면이 있었다.

그림 1-3 **포드 모델 T 생산라인**

이동컨베이어 시스템

1900년대 초에 과학적 관리법과 함께 오퍼레이션스 경영 발전의 커다란 획을 그은 개념이 포드(Henry Ford)에 의해 제시된 이동컨베이어 시스템이다[그림 1-3]. 이동컨베이어 시스템은 이동조립법을 도입하여 컨베이어와 작업자의 동시작업을 시도한 시스템이다. 이동조립법이란 작업자와 공구를 작업순위에 따라 배열하고 작업장소에 재료와 공정품을 컨베이어라고 하는 운반설비에 의해 이동시키는 방법을 말한다. 컨베이어에 의해 작업자와 전체 제조 시스템의 속도를 동시화함으로써 전체조직의 능률을 향상시키고자 한 것이 이동컨베이어 시스템의 기본목적이라 할 수 있다.

포드는 이동컨베이어 시스템을 완성하기 위하여 오늘날 대량생산의 3대 원칙이라고 하는 세 가지 원리를 제시하였다.

① **장비의 전문화:** 제품의 단위당 생산원가를 낮추기 위하여 포드는 단일제품(그 당시 모델 T)을 선정하고, 그 제품의 생산효율을 최대화할 수 있도록 장비를 전문화하였다. 포드사는 1900년대 초부터 1927년까지 제품의 종류를 모델 T로 단일화하고 5,000여 종의 규격화된 부품을 생산하기에 적합한 전문적인 장비를 도입하였다.

② **작업의 단순화:** 작업을 여러 개의 단순작업으로 분류하여 생산라인의 각 작업자에게는 한두 개의 단순한 작업을 부여하고, 작업자들이 이들 단순작업을 반복적으

로 수행하게 함으로써 생산성을 제고하고자 하였다. 또한 큰 작업을 작은 작업들로 분류하여 조립라인의 각 작업자에게 균등하게 작업을 분배함으로써 작업자 간의 작업량 불균형으로 인한 비효율성을 제거할 수 있었다. 그리고 작업자에 대한 교육훈련비용도 절감할 수 있었다.

③ **부품의 표준화**: 각 부품의 규격, 형상, 무게 등을 표준화하여 항상 동일한 부품이 반복적으로 생산되도록 하였다. 또 부품의 표준화는 부품의 호환성을 제고시켜 제조원가를 절감시키는 효과를 주었다.

동일한 컨베이어 라인에서 동일한 규격의 부품을 전문화된 장비에서 반복적인 단순작업을 통해 단일제품을 대량으로 생산할 때, 획기적인 생산비용의 절감을 도모할 수 있다는 것이 이동컨베이어 시스템의 목적이다. 그리고 이 시스템을 도입한 후 포드사는 실제로 엄청난 생산비의 절감을 실현할 수 있었다. [표 1-3]은 1913년경 이동컨베이어 시스템이 포드사에 도입된 전후의 모델 T의 가격과 미국 자동차시장에서의 점유율을 보여준다.

포드의 경영이념은 '기업이윤은 봉사의 결과'로 알려져 있는데, 여기서 봉사란 노동자에게는 높은 임금을, 그리고 소비자에게는 양질의 물건을 싼 값에 공급하는 것을 의미한다. [표 1-3]에서 보이는 것과 같이 포드는 이동컨베이어 시스템을 도입하여 1908년 $5,000이던 모델 T의 가격을 1926년 $750으로 대폭 인하할 수 있었으며, 이 결과 매출이 증가하고, 1914년 당시 자동차업계의 1일 평균임금은 $2.4이었으나 포드사는 시간당 $5.00의 고임금을 노무자들에게 지급할 수 있었다.

표 1-3 이동컨베이어 시스템의 성과

연 도	가격(1958년도 가치기준)	시장점유율
1908	$ 5,000	—
1910	$ 3,000	10.7%
1926	$ 750	55.4%

1.5 요 약

오퍼레이션스 경영이라는 용어는 production management(6, 70년대)에서 production & operations management(80년대)로, 이것이 다시 operations management(90년대)로 바뀌어져 왔다. production은 주로 제조업체의 생산을 의미하지만, operations는 제품 및 서비스의 생산을 포함하는 보다 포괄적인 의미를 지니기 때문이다. 또한 이러한 용어의 변천은 제조위주의 오퍼레이션스 경영에서 제조와 서비스의 생산을 포괄하는 개념으로의 진화과정을 반영해 주고 있다.

소비자의 수요패턴은 과거 동질적인 수요에서 개성화, 고급화, 다양화의 형태로 바뀌고 있다. 또한 제품과 서비스의 수명도 급속히 단축되고 있다. 이에 따라 고품질의 다양한 제품과 서비스를 신속하게 싼 값으로 제공하지 못하는 기업은 더 이상 생존할 수 없는 상황이 되고 있다. 즉, 경쟁전략의 핵심으로서 오퍼레이션스 기능의 중요성이 높아져 가고 있는 것이다. 특히 미국과 같은 경제대국도 7, 80년대 재무위주의 경영에 따른 심각한 국가적 경제위기를 겪은 것을 고려할 때, 부존자원이 적고 수출입의존도가 높은 우리나라 기업의 경우 오퍼레이션스 경영의 중요성이 한층 강조된다고 할 수 있다.

오퍼레이션스 기능은 기업활동의 기본적인 기능으로서 노동, 장비, 재료, 자본 등의 투입물을 일련의 변환과정을 거쳐 '제품 또는 서비스'를 창출하는 기능이다. 여기서 오퍼레이션스 기능은 냉장고, TV, 의복 등의 제품을 생산하는 제조업체에 국한되는 것이 아니고 은행, 병원, 호텔 등의 서비스를 생산하는 업체의 활동을 포괄하는 것이다.

오퍼레이션스 경영이란 생산 시스템의 목적을 달성하기 위하여 생산 시스템의 네 가지 요소, 즉 투입물, 변환기능, 산출물, 정보피드백을 관리하는 분야이다. 여기서 오퍼레이션스 시스템의 목적은 상위 시스템인 기업의 목적, 즉 '부의 창출'에 기여하는 것이라고 할 수 있다. 오퍼레이션스 시스템은 두 가지의 방법을 통해 '부의 창출'에 기여할 수 있다. 하나는 팔릴 수 있는 물건을 만드는 것(가치창출)이고, 다른 하나는 효율적인 방법으로 그 물건을 만드는 것(경제적 생산)이다.

오퍼레이션스 시스템을 관리하는 데에는 다양한 의사결정문제가 발생한다. 이러한 문제들은 크게 나누어 오퍼레이션스 시스템의 설계와 관련된 의사결정과 오퍼레이션스 시스템의 운영 및 통제에 관련된 의사결정이 있다. 오퍼레이션스 시스템에서 발생하는 의사결정문제들을 유형별로 분류하는 기준은 여러 가지가 있겠으나, 오퍼레이션스 시스템 설계와 시스템 운영 및 통제로 의사결정문제들을 분류하고 간략히 설명하였다.

근대적인 오퍼레이션스 경영의 시작은 영국의 산업혁명 이후라고 할 수 있다. 산업혁명 이후 오퍼레이션스 경영과 관련된 수많은 개념과 기법이 개발되었다. 최근의 개념은 본서를 통하여 계속 다루어지며, 본장에서는 1900년대 초에 개발된 기법 중 오늘날의 기업경영에 가장 큰 영향을 미친 과학적 관리법과 이동컨베이어 시스템에 대하여 설명하였다.

문제 및 토론

1. 오퍼레이션 경영이란 무엇인가?
2. 오퍼레이션 경영의 중요성에 대하여 논하시오.
3. 기존의 생산관리와 오퍼레이션 경영과의 차이를 밝히고 그 진화과정을 보이시오.
4. 과거 혹은 현재의 오퍼레이션 기능을 밝히고, 임의의 한 회사의 오퍼레이션 기능에 대한 조직도를 그리시오.
5. 과거 한 기업 내에서의 기업활동의 전통적 기능들을 기술하시오.
6. 오퍼레이션 시스템의 네 가지 구성요소를 나열하고, 간단히 서술하시오.
7. 대학교 내에서의 등록시스템을 알아보고, 무엇이 투입물, 변환과정 그리고 출력물이 될 것인가를 알아보시오.
8. 변환과정에 있어서 패스트푸드 식당과 컴퓨터 제조업자들의 차별성과 유사점은 무엇인가?
9. 자동차 정비소에서 발생하게 될 변환과정에 대하여 알아보시오.
10. 오퍼레이션 시스템에서의 의사결정을 위한 계층구조를 간단히 서술하시오.
11. 오퍼레이션 경영의 의사결정문제를 시스템 설계와 운영 및 통제의 관점에서 분류하시오.
12. 과학적 관리법과 이동컨베이어 시스템을 비교 설명하시오.
13. 테일러는 태업을 최소화하기 위한 방안으로 과학적 관리법을 제시하였다. 실제 주위에서 일어나는 국내 기업의 태업의 모습을 자연적 태업과 조직적 태업으로 하여 사례를 조사해 보시오.
14. 미국과 비교하여 한국의 기업들에게 있어 오퍼레이션 관리가 중요한 이유가 있다면, 이를 열거하고 설명하시오.

Chapter 2

오퍼레이션스 전략

관련 이야기

균형성과표[1)]

균형성과표란 기존의 성과측정과는 다른 새로운 '성과측정' 방법론이다. 기존의 성과측정은 주로 재무적인 성과에만 집중했는데 이는 지나치게 과거 지향적인 방식일 수 있는 반면, 균형성과표 방식은 재무적 성과뿐만 아니라 기업이 미래추진전략을 측정할 수 있는 다른 성과들을 포함하여 조직의 현황을 '균형있게' 바라보게 하는 평가방식이다. 기업의 비전과 전략은 사람들의 구체적인 활동에 의해서 실현되는데 그 실현을 합리적으로 관리할 수 있는 방법은 성과를 통제하는 것으로써, 균형성과표를 활용한 평가방식에서는 재무적 성과 이외에 고객 관점, 내부 프로세스 관점, 혁신과 학습의 관점도 고려의 대상이 된다. 따라서 각 관점의 지표들은 조직의 비전과 전략에 밀접히 연결되어 있게 되며, 각 성과지표 간의 인과관계를 이해할 수 있게 되고, 또한 다양한 성과를 한눈에 바라볼 수 있게 해준다. 각 관점에 따른 성과지표의 예는 다음과 같다.

재무적 관점: 투자수익률, 경제적 부가가치
고객 관점: 고객만족도, 고객유지율, 시장점유율
내부 프로세스 관점: 품질, 반응시간, 비용, 신제품 개발기간
학습 및 성장: 종업원 만족도, 정보시스템 가용성

OM의 성과지표는 주로 내부 프로세스 관점의 지표와 일부 고객관점의 지표에 집중되어 있으며 이들의 상호 인과관계뿐만 아니라 다른 관점 지표와의 인과관계, 또 조직의 비전과 전략과의 연계성을 파악하는 것이 중요하다.

1) Kaplan, R.S., Norton, D. P. "The Balanced Scorecard," Harvard Business Review, Feb., 2000.을 참고.

오퍼레이션스는 단순히 제품이나 서비스를 생산하는 것만이 아니라 기업의 경쟁력 강화에도 기여를 해야 한다. 최근의 세계적인 시장개방추세에 따른 경쟁의 심화, 생산성 향상의 필요성, 품질에 대한 소비자 요구증대, 시간의 단축을 통한 경쟁, 프로세스의 유연성에 대한 요구 등으로 인해 오퍼레이션스 전략(operations strategy)을 통한 기업의 경쟁우위 확보는 그 중요성을 더해가고 있다.

오퍼레이션스 기능이 경쟁수단이 되기 위해서는 오퍼레이션스 관련 의사결정이 기업전략에 부합해야 한다. 즉, 오퍼레이션스 의사결정이 기업전략과 연계되어야만 오퍼레이션스 기능이 기업의 경쟁우위 달성에 기여를 할 수 있게 된다.

우리나라의 경우 1980년대 중반까지 자본과 기술은 해외에서 도입하고 양질의 풍부한 노동력을 이용한 노동집약적인 대량생산방식으로 낮은 원가에 치중한 생산전략을 취해왔다. 그러나 1990년대 이후에는 급격한 임금상승과 후발개도국의 추격으로 노동집약적인 산업에 있어서는 가격경쟁력을 급속히 상실해 가고 있으며, 고부가가치 제품은 기술과 품질에서 선진국과 치열한 경쟁을 해야 하는 상황이다. 따라서 우리 기업은 현재 새로운 경쟁수단을 모색해야 할 전환기에 있다고 할 수 있다.

그림 2-1 조직수준에 따른 전략의 분류

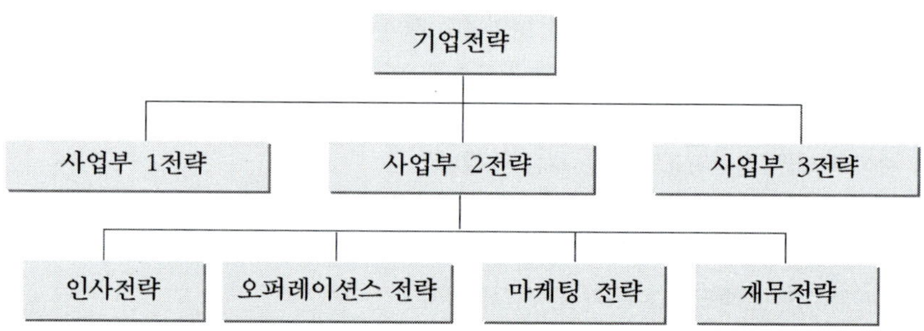

본장에서는 먼저 전략을 정의한 다음 기업전략, 사업전략 그리고 오퍼레이션스 전략을 차례로 살펴보고자 한다.

2.1 전략의 개념

전략(strategy)이란 말은 고대 희랍의 'strategos'라는 말에서 비롯된 것으로 원래 군사전략이라는 의미를 지니고 있었다. 이러한 군사전략 개념이 경영학의 개념으로 등장한 것은 1950년대 후반부터이며, 경영학에 전략개념이 최초로 제시된 것은 1962년 챈들러(Chandler)의 「경영전략과 경영구조」에서였다. 그는 그의 저서에서 경영전략이란 "기업에 기본적인 장기목표를 설정하고, 그 목표달성을 위한 행동방향을 결정하며, 목표달성에 필요한 자원을 배분하는 것"이라고 정의하고 있다.

경영전략은 [그림 2-1]에서 보듯이 기업전략 · 사업전략 · 기능전략으로 구분된다.

기업전략은 기업 전체적인 수준에서의 기업의 목적과 목표의 설정, 사업의 선택 및 이를 위한 자원의 획득과 배분에 관한 전략이다.

기업이 여러 사업단위로 구성되어 있는 경우에는 기업전략의 하위전략으로서 사업전략이 수립된다. 사업전략이란 각각의 사업부 수준에서의 사업영역의 정의, 목표의 설정, 경쟁우위의 성취방안에 관한 전략이다.

기능전략은 사업전략의 하위전략으로서 각 기능부문 수준에서의 목표의 설정과 경쟁력 제고방안에 관한 전략이다. 이에는 오퍼레이션스 전략, 마케팅 전략, 재무전략 등이 포함된다. 한 기업에 여러 사업부가 있으면 각 사업부마다 사업전략의 하위전략으로서 기능전략을 갖게 된다.

이제 이들 기업전략, 사업전략, 기능전략을 좀더 자세히 살펴보기로 하자.

기업전략

기업전략의 핵심은 특정기업이 어떠한 사업영역에 투자할 것인가에 대한 것으로서, 사업부 포트폴리오상의 자원배분과 관련된 것으로 정의될 수 있다. 즉, 기업이 운영하고 있는 사업부들의 조합을 결정하고 기업의 가용자원을 배분하는 것이 기업전략의 주된 내용이 된다. 이를 위해서는 현 사업부들의 위치와 성과를 철저하게 분석하고 평가하여야 한다. 사업부 분석 및 평가에는 일반적으로 포트폴리오 분석방법이 널리 사용되고 있다.

포트폴리오 분석방법 중에서도 가장 일반적으로 사용되는 기법인 *BCG*매트릭스를 설명하고자 한다.

***BCG*매트릭스**　*BCG*매트릭스는 미국의 경영자문회사인 Boston Consulting

Group에 의해 개발된 기법으로 성장-점유율 매트릭스(growth-share matrix)라고도 불린다. 이 방법은 기업 외적 요인인 사업부들이 속한 시장의 성장률과 기업 내적 요인인 상대적 시장점유율의 관계에 의해 각 사업부들을 평가하고 전략을 제시하여 주는 방법으로 [그림 2-2]에 보여지는 형태를 띠고 있다.

그림 2-2 *BCG*매트릭스

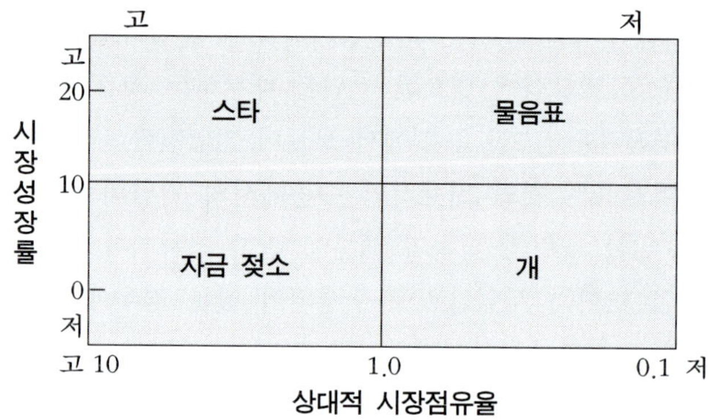

수직축의 시장성장률(market growth rate)은 현재 그 사업부가 속한 시장의 연간 성장률을 나타내고 수평축의 상대적 시장점유율(relative market share)은 그 시장에서 가장 큰 경쟁자의 시장점유율에 대한 자사의 시장점유율을 나타낸다.

참고로 *BCG*매트릭스상의 상대적 시장점유율 축을 정확히 그리기 위해서는 반드시 log 척도를 이용하여야 한다. 이는 동일한 길이가 동일한 백분율 증가를 나타내도록 하기 위해서이다. *BCG*매트릭스상의 네 개의 사업영역을 살펴보면 다음과 같다.

① **물음표**(question mark): 물음표는 시장성장률은 높으나 상대적 시장점유율이 낮은 사업이다. 이 사업부의 제품들은 제품수명주기상에서 도입기부터 성장기 초반에 속한다. 신규로 시작하는 사업이기 때문에 기존의 선도기업을 비롯한 여러 경쟁기업에 대항하기 위해 새로운 자금의 투하를 상당량 필요로 한다.

② **스타**(star): 스타는 시장성장률도 높고 동시에 상대적 시장점유율도 높은 경우에 해당하는 사업이다. 이 사업부의 제품들은 제품수명주기상 성장기에 속한다. 여기에 속한 사업부를 가진 기업은 시장 내 선도기업의 지위를 유지시키고, 성장해가는 시장의 수요에 대처하고, 여러 경쟁기업들의 도전을 극복하기 위해 역시 많은 자금의

투하가 필요하다.

③ **자금 젖소**(cash cow): 이 사업은 시장성장률은 낮지만, 선도기업으로 높은 상대적 시장점유율을 유지하고 있다. 즉, 제품수명주기상에서 성장기 후기부터 쇠퇴기까지에 속하는 사업부이다. 여기에 속한 사업은 많은 이익을 시장으로부터 창출해 낸다. 왜냐하면 시장의 성장률이 둔화되었기 때문에 그만큼 새로운 설비투자 등과 같은 신규자금의 투입이 필요없고, 시장 내에서 선도기업에 해당되므로 규모의 경제와 높은 생산성을 누리고 있기 때문이다.

④ **개**(dogs): 개는 시장성장률도 낮으면서 상대적 시장점유율도 낮은 상황에 속하는 사업이다. 자금 젖소와 마찬가지로 제품수명주기상에서 성장 후기에서 쇠퇴기까지 속하는 사업이다. 따라서 자금 젖소와 마찬가지로 낮은 시장성장률 때문에 그다지 많은 자금의 소요를 필요로 하지는 않지만, 사업활동에서 얻는 이익도 매우 적은 사업이다.

*BCG*매트릭스상에서 성공적인 제품 또는 사업부의 경우에는 물음표(도입기)→스타(성장기)→자금 젖소(성숙기 이후) 과정을 밟게 된다.

포트폴리오 분석에 의해 현 사업부들의 평가가 이루어지면, 기업은 성장전략을 결정하여야 한다. 기업의 성장전략의 방향으로는 세 가지가 있다. 첫째, 현재의 제품이나 시장과 관련된 사업 중에서 성장할 수 있는 새로운 기회를 추구하는 집중적 성장전략, 둘째, 기업의 현재 제품이나 시장과 관련이 없는 사업을 추가하는 다각화 성장전략, 셋째, 원료와 제품의 흐름에 따라 기업의 성장을 추구하는 통합적 전략이 있다. 이 중 통합적 전략에 대해 좀 더 부연해 보기로 하자.

제조업체를 기준으로 통합적 전략을 도시하면 [그림 2-3]과 같다.

전방통합(forward integration)이란 공급업체—제조업체—도매상—소매상으로 이루어지는 원료와 제품의 흐름상에서 자사보다 앞의 기업을 통합하는 경우를 의미한다. 예를 들어 제조업체가 유통업체를 통합하는 경우를 들 수 있다. 후방통합(backward integration)이란 원료나 제품의 흐름상에서 자사보다 뒤의 기업을 통합하는 경우를 의미한다. 예를 들어 제조업체의 경우에 원료 공급업체를 통합하는 것을 말한다. 이들 전방통합과 후방통합을 합쳐 수직통합(vertical integration)이라고 한다. 반면에 수평통합(horizontal integration)이란 기업이 자사와 동일한 수준의 기업들을 통합하는 경우를 의미한다. 예를 들어 제조업체가 관련 산업의 다른 제조업체를 통합하여 원료구입이나 유통채널의 효율화를 추구하는 경우를 의미한다.

그림 2-3 통합적 전략

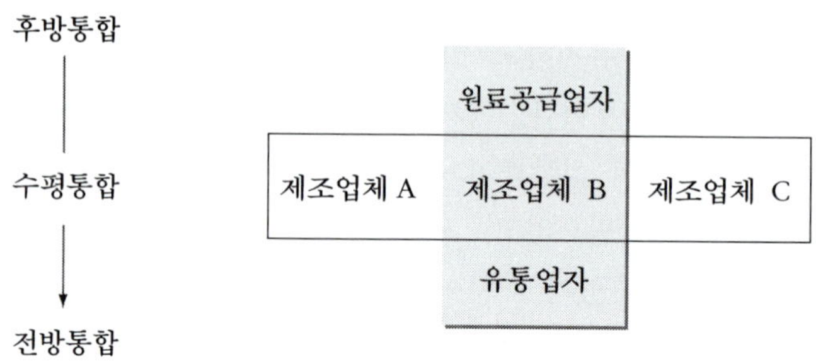

사업전략

사업전략은 특정사업부가 특정산업이나 제품시장에서 어떻게 경쟁할 것인가에 초점을 둔 것으로서 가용자원을 활용하여 구체적인 경쟁방법을 결정하는 것이 주된 내용이다. 사업전략은 각 사업단위별로 수립되며 1년 내지 3년간의 중기계획을 하게 된다. 각 사업단위는 조직 내에서의 다른 사업과 독립적으로 관리되나, 기업전략에서 파생된 것이므로 기업전략을 유지시켜 주어야 한다. 대부분의 사업전략은 산업과 경쟁에서 독특한 사업특징을 갖게 됨에도 불구하고 포터(Porter)는 사업전략을 원가우위전략, 차별화전략, 그리고 집중화전략의 세 가지로 구분하고 있다.

1980년에 발표된 포터의 본원적 전략은 [그림 2-4]에서 볼 수 있듯이 경쟁기업에 대한 경쟁우위 요소와 경쟁범위라는 두 가지 차원에 따라 분류된다. 기업이 보유할 수 있는 경쟁우위 요소로는 경쟁기업에 대한 전반적인 비용우위와 경쟁기업제품에 대해 차별적인 특징을 보유하는 것으로 볼 수 있다. 경쟁범위란 시장의 범위와 관계되는 것으로 기업이 전체시장을 시장으로 선택하느냐, 아니면 부분시장만을 표적시장으로 선택하는가를 결정하는 것이다.

전체시장대상의 원가우위전략 전체시장대상의 원가우위전략은 제품과 서비스를 경쟁회사보다 낮은 원가로 생산하여 납품하려는 전략이다. 원가우위는 주로 경험과 효율성의 조합으로 얻을 수 있다. 특히 원가우위는 생산방식, 총원가, 판매와 연구개발에서의 원가 최소화에 주의력을 요구한다.

전체시장대상의 차별화전략 전체시장대상의 차별화전략은 자사의 제품과 서비스가 해당산업에서 독특하게 인정되는 것을 요구한다. 이러한 차별화전략을 달성하기 위해서는 상표이미지, 설계이미지, 기술 · 품질이미지, 모양, 소비자서비스, 상업정보 등이 조화된 특징을 갖고 있어야 한다.

그림 2-4 Porter의 본원적 전략의 분류

		경쟁우위 요소	
		고객이 인식하는 제품 특성	비용우위
경쟁범위	전체시장	차별화전략	원가우위전략
	목표시장 (집중화)	차별적 집중화	원가우위집중화

목표시장대상의 원가우위집중화 목표시장대상의 원가우위집중화는 산업의 세분화된 영역, 즉 집중화된 거점(niche)에서 원가상의 장점을 확보하려는 전략이다. 세분화된 영역에서 제품과 서비스를 경쟁자보다 더 낮은 원가로 생산하기 위해서는 생산경험, 생산효율성, 생산방식, 연구개발 등에 각별히 관심을 가져야 할 것이다.

목표시장대상의 차별적 집중화 목표시장대상의 차별적 집중화는 형태와 품질 등에서 경쟁적 우위성을 확보하려는 전략이다. 이 경우 전략적 목표는 산업이 좁게 세분화되어 있는 집중화된 거점인 것이다.

기능전략

기능전략(functional strategies)이란 사업전략보다 범위가 좁은 전략이다. 기능전략은 주로 사업 내의 기능분야의 활동과 관련을 갖는다(예: 오퍼레이션스, 재무, 마케팅, 인사 등의 전략). 기능전략은 또한 제품라인, 특수지역, 소비자의 유형에 의하여 수립된다. 당연히 기능전략은 1년 또는 1년 미만의 단기계획과 관련되며, 사업전략을 직접적으로 유지시킨다. 사업수준관리자는 기능수준관리자에게 기능전략의 개발을 위임하게 된다. 기능수준관리자들은 그들이 수립할 기능전략이 사업전략을 유지시킬 수 있도록 하기 위하여 기능전략을 개발할 때에는 사업수준관리자들과 긴밀히 협의하여야 한다.

2.2 오퍼레이션스 전략

기능전략들은 사업전략과 긴밀하게 연결되어야 한다. 오퍼레이션스의 경우, 오퍼레이션스 기능에 대한 전략적 인식이 부족하여 1970년대 초까지는 전략에 관한 연구가 거의 없는 실정이었다.

이는 오퍼레이션스란 단기적인 하루하루의 운용문제로서 주로 기술적 문제로 생각했던 데에 그 원인이 있었던 것이다. 미국기업의 경영자들은 이러한 오퍼레이션스 이슈를 완전히 마스터하였다고 생각하며, 1960년대에는 마케팅에, 1970년대에는 재무전략에만 몰두하였던 것이다. UCLA의 부퍼(Buffa) 교수는 이 시기를 마케팅과 재무시대라고 부르면서, 제품의 생산에 관련된 문제를 소홀히 다루어 온 미국기업들을 비판하였다. 바로 이 시기에 일본기업들은 월등한 생산성 · 품질 · 가격을 가지고 미국기업들을 추월하였던 것이다.

기업은 오퍼레이션스 시스템을 가장 중요한 경쟁무기로 인식하고 이를 기업전략에 맞도록 설계 · 운영해 나가야 한다. 스키너(Skinner)는 오퍼레이션스 전략을 오퍼레이션스 의사결정과 기업전략 간의 연결고리로 정의한다. 그는 오퍼레이션스가 기업전략과 보조를 맞추지 못하면 오퍼레이션스 의사결정은 일관성이 없거나, 단기적인 성격을 갖게 된다고 주장한다. 즉, 오퍼레이션스 전략은 기업전략과 연결되어질 수 있어야 하며, 또한 모든 오퍼레이션스 활동 관련 의사결정들은 오퍼레이션스 전략 개념에 따라 통합되어질 수 있어야 한다는 것이다.

이러한 연결과 통합의 개념을 보여주는 것이 [그림 2-5]이다. 이 그림의 상단에는 기업전략이 위치하며 하단에는 오퍼레이션스 관리의 여러 과제들이 흩어져 나타나 있다. 오퍼레이션스 전략은 그 중간에 위치하여 수많은 오퍼레이션스 과제들과 기업전략을 서로 연결시켜 주는 기능을 하게 된다. 만일 오퍼레이션스 전략의 연결기능이 없다면 오퍼레이션스 관리활동들은 초점을 잃게 될 것이다.

가장 이상적인 오퍼레이션스 활동이란 낮은 원가, 높은 생산성, 좋은 품질, 시간의 단축 및 높은 유연성을 동시에 달성하는 것이다. 그러나 낮은 원가를 추구하다 보면 품질, 납기 및 유연성에 상당한 차질을 가져올 수도 있다. 원가를 절감하는 것이 또한 장기적으로는 생산성에 도움을 주지 않을 수 있다. 또한 유연성은 보통 상당한 비용증가를 수반하는 것으로 인식되고 있다. 예를 들어, 제품이나 생산량을 빈번히 바꾸면 비용이 많이 들게 된다. 마찬가지로 신속한 주문처리시간을 유지하는 데에도 비용이 많이 든다. 왜냐하면 신속한 주문처리를 위해서는 많은 재고와 여유 생산능력을 유지해야 하기 때문이다. 이와 같이 5가지 오퍼레이션스 목표는 서로 상충되는 경우가 흔히 있다.

그림 2-5 기업전략과 오퍼레이션스 전략의 연결

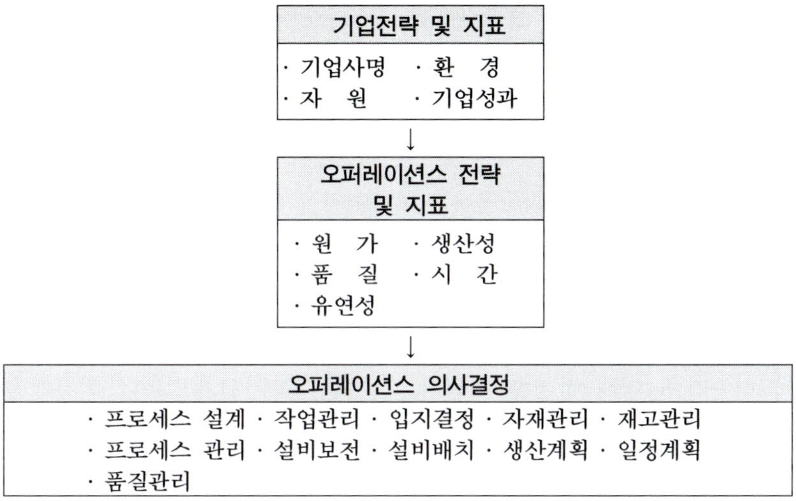

하지만 오퍼레이션스 목표 간의 상충관계는 상황에 따라 다르기 때문에 일반적인 관계를 말하기는 어렵다. 오퍼레이션스 목표에 관한 전통적인 견해에서는 품질과 원가는 반대방향으로 움직인다고 본다. 그러나 이와 같은 관계가 언제나 성립되는 것은 아니다. 경우에 따라 우수한 기업들은 높은 품질과 낮은 원가를 동시에 달성하기도 한다. 예를 들면, 일본의 가전제품과 자동차는 구미제품에 비해 수명이 길고 결함이 적음에도 불구하고 원가는 같거나 낮다. 이는 오퍼레이션스 활동에서 오류의 예방과 감소를 지속적으로 추구함으로써 품질개선과 생산성 향상, 즉 고품질과 원가절감을 동시에 달성한 결과이다. 또 어떤 경우에는 적당한 비용으로 높은 유연성을 얻을 수 있는 반면, 신속한 주문처리에는 더 많은 비용이 들 수도 있다.

이처럼 5가지 오퍼레이션스 목표를 동시에 모두 최적화하기는 어려우므로 기업전략에 의한 오퍼레이션스 전략에 따라 5가지 생산목표의 상대적 우선순위를 결정해야 한다. 이렇게 정해진 우선순위에 따라 오퍼레이션스 경영 담당자는 아래에 설명

될 프로세스, 생산능력, 재고, 인력 및 품질에 관한 의사결정을 일관성 있게 하여야 한다.

① **프로세스**: 프로세스 또는 공정(process)과 관련된 결정사항들로는 작업방법의 선택, 기술의 선택, 프로세스 흐름의 분석, 시설배치 등이 포함된다. 프로세스에 관련된 의사결정은 주로 제품이나 서비스가 만들어지는 과정을 결정한다. 프로세스 계획은 생산계획과 밀접한 상관관계를 갖고 있으므로 판매부서와 오퍼레이션스 부서 간의 긴밀한 협조가 필요하다.

② **생산능력**: 생산능력(capacity)결정은 기업을 위하여 너무 많지도 적지도 않은 적절한 생산능력을 갖도록 하는 데 그 목적이 있다. 생산능력 문제는 장기, 중기, 단기에 걸쳐 생산능력계획들을 수립하는 일을 포함하고 있다. 수요예측, 설비계획, 총괄생산계획, 일정계획 등의 결정사항들은 모두가 생산능력계획 문제의 일부이다.

③ **재고관리**: 재고(inventory)는 오퍼레이션스 경영에서 다루는 중요한 문제 중의 하나이다. 재고관리자들은 제품이나 원자재를 언제 주문하고, 얼마나 많이 주문하여야 하는가에 대해 결정을 내린다. 그들은 구매 단계로부터 원자재를 제조하는 과정을 거쳐, 완성된 제품에 이르기까지의 모든 재고 시스템을 관리하려고 한다. 이러한 업무는 통상 자재부서에서 관장한다.

④ **인력관리**: 이 분야의 업무는 기업의 인사관리와 관련되어 종업원의 규모를 결정하기도 한다. 또한 작업장 관리, 생산성 향상, 직무설계, 작업측정 등도 포함된다. 작업자와 생산성에 깊은 주의를 기울이는 일이 오퍼레이션스 경영의 가장 중요한 업무 중의 하나가 되고 있다.

⑤ **품질관리**: 여기서는 주로 생산되는 제품과 서비스의 품질에 관하여 책임을 지고 있다. 이는 뒤의 관련 절에서 더욱 자세하게 다루어질 것이다.

2.3 경영성과지표와 혁신프로그램

경영성과지표는 기업 전체수준에 있어서의 기업성과지표와 기업의 주요 기능의 하나인 오퍼레이션스의 성과지표인 직접성과지표로 구분할 수 있다. 기업성과지표와 오퍼레이션스 성과지표는 다른 수준의 성과지표이나 양자 간에는 밀접한 관계를 발견할 수 있다. 즉, 기업성과지표의 설정은 오퍼레이션스 전략의 수립에 결정적인 영향을 미칠 수 있으며, 반대로 직접성과지표는 기업성과지표에 대한 영향을 고려하여 수립되어야 한다. 기업성과지표에 대한 시각은 크게 비용최소화 기준과 이윤극대화로 나누어 볼 수 있는데 다음 식에 의하여 단순하게 생각하면 비용최소화가 이윤극대화의 전제조건 정도로 생각되어질 수 있다.

$$\begin{aligned} \text{이윤} &= \text{판매량} \times (\text{가격} - \text{변동비}) - \text{고정비} \\ &= \underbrace{[\text{판매량} \times \text{가격}]}_{\text{마케팅 부서지표}} - \underbrace{[\text{판매량} \times \text{변동비} + \text{고정비}]}_{\text{오퍼레이션스 부서지표}} \end{aligned}$$

그러나 비용최소화 접근법은 마케팅 부서와 오퍼레이션스 부서 간의 전통적인 갈등관계 등으로 나타나기도 하고 오퍼레이션 부서 내에서도 여러 가지 부작용을 유발하게 된다. 즉, 판매량, 가격 등은 주로 영업, 마케팅 부서 들의 성과지표로만 작용하게 되고, 오퍼레이션스 부서는 변동비, 고정비 등의 비용최소화에 총력을 기울이게 되며, 서로 전혀 다른 지표에 의해서 평가받고 활동하게 되는 두 부서 간에는 태생적으로 갈등관계를 가질 수밖에 없는 상황이 되어버리고 만다. 또 비용최소화의 인센티브 하에 있는 오퍼레이션스 부서에서는 평균비용을 최소화하려 하고 이는 설비 가동률을 극대화하거나 재료비, 재료손실의 극소화를 통하여 달성하려 한다. 설비 가동률을 적정수준으로 높이는 것은 현장에서 지극히 당연한 일이나 가동률이 지나치게 상승하는 경우 이의 부작용도 만만치 않다. 예를 들면 작업장 내 자재의 흐름이 느려지고 이는 재공재고(Work-In-Process Inventory)의 급격한 증가로 이어지게 되어 보이지 않는 재고비용이 급증하게 된다. 또, 재료손실을 극소화하다 보면 현장에서 작업자들이 문제를 숨기게 되고 이는 오히려 더 큰 손실을 불러오기도 한다. 보다 더 심각한 증상은 비용최소화에서는 생산성 향상 등을 통한 장기적인 원가절감보다는 단기적인 비용감소만을 강조하게 되는 오류를 범하기 시작한다는 점이다.

비용최소화의 이러한 부작용을 극복하기 위해서는 판매량과 가격을 포함한 통합적 접근이 필요하다. 통합적 접근을 선택할 때에 오퍼레이션스 기능은 수익에 대한 배려를 할 수 있게 되고 원가 이외의 다른 직접성과지표에 대한 필요성이 강조될 수 있다. 예를 들면, 시장점유율과 가격을 높이기 위해서는 오퍼레이션스에서는 품질, 유연성, 납기(시간)에 있어서의 성과를 개선해야 할 필요가 생긴다. 이런 성과지표의 개선은 단기적으로는 비용을 증가시킬 수 있으므로 비용최소화의 관점에서는 바람직하지 않아 보일 수 있으나 장기적으로 이윤을 극대화시키는 전략이 될 수 있는 것이다.

그러면 다음 절에서 직접성과지표의 구체적인 내용들을 다루기에 앞서 직접성과지표의 개선은 어떻게 이루어질 수 있는 것인지 알아보자. 성과지표의 선정과 측정의 문제가 해결이 되면 그 다음에 가질 수 있는 문제점은 이의 개선을 위한 도구가 필요하다는 점이다. 실제로 바람직하지 못한 경영조직은 지나치게 기능적, 계층적으로 형성되어서 커뮤니케이션이 원활하지 못하고, 비용과 수익이 괴리되어 있어서 조직이 내분되어 있을 뿐만 아니라, 성과지표는 행동지향적이지 못하여 경쟁에서 실패하게 되는 예를 자주 접할 수 있다. 문제를 인식하고도 그 문제해결의 도구를 갖고 있지 못하다면 문제를 해결할 수 없다.

직접성과지표의 개선을 위한 도구로 개발된 것이 혁신 프로그램이다. 예를 들면 품질개선을 위한 *TQM*(Total Quality Management) 및 식스시그마, 시간관리를 위한 *JIT*(Just In Time), 생산 프로세스의 유연성을 위한 *CIM*(Computer Integrated Manufacturing), 제품개발 시 제조 프로세스의 비용을 절감하기 위한 *DFM*(Design For Manufacturing), 생산성 향상을 위한 *TPM*(Total Productivity Management) 등은 각각의 직접성과지표의 향상을 위하여 개발되었다고 생각할 수 있다. 이러한 혁신 프로그램의 추가적인 장점은 각 프로그램이 하나의 지표를 집중적으로 개선한다 할지라도 다른 지표에 긍정적인 영향을 동시에 미친다는 점이다. 예를 들면 납기단축 등 시간관리를 기본으로 하고 있는 *JIT* 프로그램은 도입과 함께 품질, 유연성, 비용, 생산성에도 긍정적인 영향을 미치게 된다. 따라서 하나의 프로그램의 성공이 전체 조직을 선순환의 사이클에 접어들게 하는 효과를 갖게 된다.

통합적 접근법에 근거한 경영혁신 프로그램은 따라서 행동지향적이고, 기능 간 커뮤니케이션을 강조하게 되고, 기능별 세분화보다는 전체 프로세스를 통합적으로 운영하는 조직의 근본적 변화를 요구하게 된다. 통상 이러한 혁신은 하위상달식의 점진적인 변화라기보다는 상위하달식(top-down)으로 이루어지며, 최고경영자의 의지가 강조되고 실질적인 자원의 투자가 수반된다.

2.4 원 가

원가가 다른 직접성과지표에 비하여 가장 빈번히 이용되고 있는 이유는 다른 지표에 비하여 객관적이고 이해하기가 용이하다고 간주되기 때문이다. 실제로 원가는 기업재무제표에서 부분적으로 획득 가능하기도 하다. 그러나 원가를 주의 깊게 살펴보면 생각만큼 그렇게 객관적이지도 단순하지도 않다. 원가는 생산량에 대하여 비선형(non-linear)이고, 시간이 지남에 따라 동적(dynamic)으로 변화하며, 여러 가지 행위에 대하여 결합하여 발생하기 때문이다.

이런 복잡한 성격을 갖는 원가이지만 분석을 위하여 단순한 형태로 나타내면 원가는 다음과 같이 고정비와 변동비로 구성된 선형함수로 나타낼 수 있다.

$$\text{원가} = \text{고정비} + \text{변동비} \times \text{생산량}$$

또는

$$\text{평균원가} = \frac{\text{고정비}}{\text{생산량}} + \text{변동비}$$

이 식에 의하면 평균비용은 생산량을 증가시킬수록 감소하게 된다. 즉, 생산량을 증가시킬수록 고정비를 각 생산물에 적게 할당할 수 있으므로 평균원가는 감소하게 되며, 이를 '규모의 경제(economies of scale)'라고 부른다. 따라서 원가를 고정비와 변동비로 나누어서 구하는 앞의 식에 의하면 시장수요가 충분하기만 하면 생산자는 생산능력을 100% 가동할 인센티브를 갖게 되는 것이다. 그러나 생산능력의 100%를 가동하는 경우 이에 따른 부작용이 발생하게 된다. 즉, 앞서 살펴본 바와 같이 설비의 가동률을 극대화하는 경우 프로세스 흐름의 둔화, 재공제고의 증가, 오퍼레이션 계획 및 통제의 복잡화, 유연성 또는 시장반응성의 상실에 따른 기회비용 증가 등 '규모의 비경제(diseconomies of scale)' 효과가 나타나게 되는 것이다. 따라서 규모의 경제와 규모의 비경제를 동시에 고려하면 [그림 2-6]과 같이 100% 수준 이하의 가동률이 적정가동률이 될 것이고, 수익이 비용을 초과하게 되는 생산량을 나타내는 손익분기점(break-even point)은 [그림 2-7]과 같이 다른 지점을 가리키게 된다.

그림 2-6 규모의 경제와 비경제에 의한 적정가동률

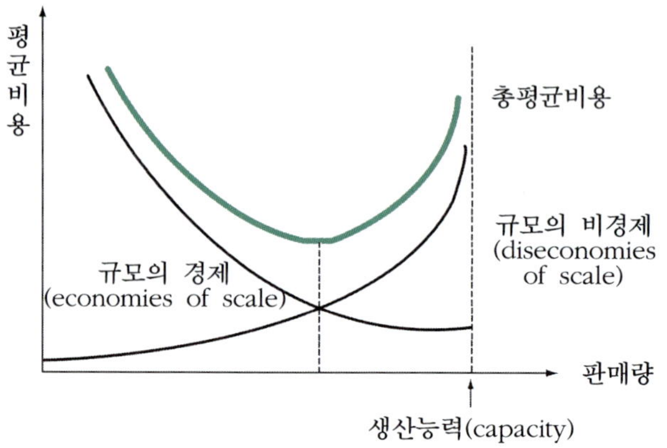

그림 2-7 새로운 손익분기점의 실현

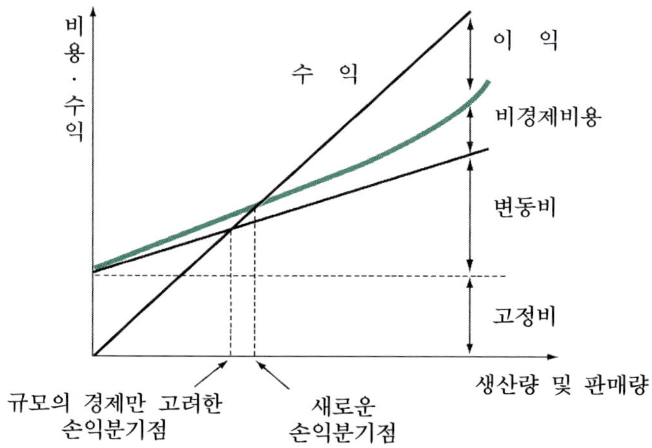

실제 생산현장에서는 시설, 설비에 대한 투자비를 고려하여 가동률을 상당히 높이고자 하는 움직임이 있는데 이는 규모의 경제에 포함되는 비용이 확실한 비용인 데 반하여 규모의 비경제와 관련되는 비용은 측정이 어렵고 기회비용적인 성격이 강하기 때문이다. 따라서 적정가동률의 산정을 위해서는 규모의 경제와 비경제와 관련한 비용들을 모두 고려하여, 균형잡힌 시각에 의하여 판단하는 것이 필요하다.

2.5 생 산 성

생산성의 개념과 측정

시장에서의 상대적 위치를 나타내는 경쟁력과는 달리 생산성은 단위투입물에 대한 산출물의 비율로 정의 된다. 즉, 생산성은 다음과 같이 정의된다.

$$생산성 = \frac{산출물}{투입물}$$

생산성 관리의 목표는 이 비율을 현실적으로 가능한 크게 하려는 것이다. 즉, 주어진 투입물에 대해서 가능한 많은 산출물을 얻으려는 것이다. 투입물과 산출물의 해당 변수는 생산성 측정의 목적에 따라 달라질 수 있지만, 예를 들어 살펴보면 [표 2-1]과 같을 수 있다.

표 2-1 생산성 측정에 사용되는 투입물과 산출물의 예

투 입 물	산 출 물
고객서비스 훈련시간 인쇄회로기판 생산비용 비서의 타자시간	만족고객수 인쇄회로기판 생산량 비서의 타자매수

산출물은 원하는 결과를 나타내고 투입물은 이러한 결과를 얻기 위해 사용되는 자원을 나타낸다. 의미 있는 생산성 비율을 얻기 위해 투입물과 산출물은 정량화될 수 있는 척도라야 한다. 그러나 생산성을 다루는 데 있어서 주의해야 할 점은 수치에 의한 맹목적인 관리를 피해야 한다는 점이다. 많은 생산성 향상 프로그램들이 효과(effectiveness)를 무시하면서 생산성 비율을 증가시키는 데만 몰두하기 때문에 실패하고 있다.

효과란 원하는 결과를 얻으려는 것으로 산출량과 인지된 품질 또는 두 가지 모두를 반영한다. 반면에 효율(efficiency)은 최소의 투입물로 일정한 산출물을 얻을 때 발생한다. 즉, 효율성이란 자원의 경제적 사용 여부를 의미하며 효과성은 목표달성도

를 의미한다. 따라서 효율성과 효과성을 생산성과 대등한 개념으로 볼 것이 아니라 생산성을 형성하는 부분적 개념으로 이해해야 할 것이다. 예를 들어 [표 2-1]에서 주어진 비서의 타자매수를 고려해 보자. 비서의 일상 업무에서 휴식시간을 줄임으로써 타자매수가 증가할 것이다. 따라서 같은 근무시간에 더 많은 산출물이 얻어져 더욱 효율적일 것이다. 그렇지만 휴식시간을 줄인 결과 피로가 증가해 오타수가 증가할 것이다. 따라서 이러한 생산 시스템은 비효과적인 보고서를 효율적으로 생산한 셈이 된다. 따라서 고객만족과 품질 같은 모호한 문제를 반영하기 위해 어떤 기업은 생산성을 다음과 같이 다시 정의할 수 있다.

$$생산성 = \frac{고객에\ 대한\ 가치}{생산자에\ 대한\ 비용}$$

생산성은 [표 2-2]에서 보여지듯이 요소생산성, 부분생산성, 또는 총생산성으로 나누어 볼 수 있다.

표 2-2 생산성의 예

요소생산성	$\frac{산출물}{노동}$ 또는 $\frac{산출물}{자본}$ 또는 $\frac{산출물}{재료}$ 또는 $\frac{산출물}{에너지}$
부분생산성	$\frac{산출물}{노동+자본+재료}$ 또는 $\frac{산출물}{노동+자본+재료}$
총생산성	$\frac{총산출물}{총투입물}$ 또는 $\frac{생산된\ 재화와\ 서비스}{모든\ 사용자원}$

우선 요소생산성 중 중요한 노동생산성을 설명하고자 한다. 노동생산성은 생산량을 노동량으로 나눈 값이다. 예를 들면 "한 사람이 압연제강 1톤을 작업하는 데 1.5시간을 소요한다"와 같은 형식으로 측정한다. 노동생산성은 요소생산성 가운데 가장 중요하고도 기본적인 것이다. 그 이유는 노동량은 비교적 파악하기 쉽고, 공통의 척도로 되어 있어 기술적인 면 외에도 노동의 경제적 지표로서 적당하기 때문이다. 그리고 전체는 아니지만 몇 가지 투입물에 대한 산출물의 비율을 고려하면 부분생산성을 얻게 된다. 끝으로 모든 투입물에 대한 모든 산출물의 비율을 고려하면 전체 조직의 생산성을 나타내는 총생산성을 얻게 된다. 총생산성은 모든 생산요소를 하나의

단위로 계산하여 전체로서의 투입량과 산출물을 비교하는 것으로 이를 구하는 데는 두 가지 방법이 이용된다. 즉, 모든 요소를 노동량으로 환산하는 총노동생산성과 모든 요소를 가격으로 계산하는 총요소생산성이 있다.

총노동생산성의 경우 모든 생산요소를 노동량으로 환산하여 합계하고 이것과 생산량과의 비율을 계산한다. 즉, 재료비, 연료비, 수리비, 감가상각비, 공장경비 등으로 나누고, 각 항목의 사용금액을 그때의 노동가격으로 환산한 경우, 몇 사람분 혹은 몇 시간에 상당하는가를 계산한다. 그리고 이 환산된 노동량에 실제로 노동자가 산출한 양과의 비율로 총노동생산성을 구한다.

총요소생산성의 경우 모든 생산요소를 화폐단위로 환산하여 이것과 생산량과의 비율을 계산한다. 각 생산요소의 한 단위당 기준시점에 있어서 기준단가를 결정하고, 이 단가로 측정시점에 있어서의 사용량을 곱해서 합계금액을 구하고, 이것과 그 시점에서 생산량과의 비율로 총요소생산성을 구한다.

생산성은 그 측정목적에 따라 다양하게 구분되는데 그 중에서 산출물을 화폐단위로 표시한 것이 가치생산성이며, 다시 가치를 부가가치로 환산하면 부가가치 생산성이 된다. 부가가치를 노동량과 대비시키게 되면 부가가치 노동생산성이 구해진다. 여기서 부가가치란 생산활동의 성과인 매출액에서 원재료, 연료비 등을 공제한 순가치를 말한다. 이러한 부가가치는 기업이 자가노력에 의하여 창출한 창조가치를 의미한다. 이와 같은 부가가치는 구체적으로는 임금, 급료, 수당, 복리후생비와 같은 노동비용과 지대, 이자, 이윤과 같은 자본비용 및 조세공과와 같은 공공비용으로 구성된다. 그리고 부가가치의 산정은 감산법과 가산법으로 구분된다. 전자는 기업이 제공하는 생산물의 매출가격에서 그 생산에 소요된 소비분을 차감하여 산출하는 방법이며 후자는 임금, 지대, 이자, 이윤, 조세와 같은 부가가치 구성요소를 가산함으로써 산출하는 방법이다. 일반적으로 부가가치 생산성은 가산법에 의하고 있으며, 우리나라 한국은행 조사부에서도 이 방법을 채택하고 있는데 그 산출방법은 다음과 같다.

부가가치액＝순이익＋인건비＋이자＋조세공과＋감가상각비＋대손상각

특히 부가가치 노동생산성이 생산지표의 대표적인 것으로 사용되고 있는 그 이유는 이것이 한 기업의 장래는 물론 경영 전반의 장래성을 측정하는 데 있어서도 중요한 지표가 되기 때문이다. 따라서 오늘날 생산성이라 하면 부가가치 노동생산성을 의미할 정도로 부가가치 노동생산성이 중요시되고 있으며, 또 일반적으로 널리 적용

되고 있다.

생산성 척도에 대한 예제 2. 1을 고려해 보자. 예제에서 보듯이 부분생산성과 요소생산성에 대해서는 분자로써 반드시 총산출물을 이용할 필요는 없다. 경우에 따라서는 생산성을 나타내기 위해 종종 관심 있는 특정 수치를 이용하는 것이 바람직하다. 예를 들면, 오퍼레이션스 관리자에게는 완제품과 같은 것이 관심의 대상이 되고 반면에 일반경영자에게는 총산출물이 관심의 대상이 될 수 있다.

[예제 2. 1] 다음의 투입과 산출자료를 가지고 총생산성, 노동과 재료에 대한 부분생산성 그리고 에너지에 대한 요소생산성을 구하시오.

[투입물과 산출물의 자료] (단위: 만원)

산출물			투입물		
	1. 완 제 품	10,000		1. 인 건 비	3,000
	2. 재 공 품	2,500		2. 재 료	153
	3. 주식배당	1,000		3. 자 본	10,000
	총산출물	13,500		4. 에 너 지	540
				5. 기타경비	1,500
				총투입물	15,193

• 풀 이 •

$$\text{총생산성} = \frac{\text{총산출물}}{\text{총투입물}} = \frac{13,500}{15,193} = 0.89$$

부분생산성

$$\frac{\text{총산출물}}{\text{인건비} + \text{재료}} = \frac{13,500}{3,153} = 4.28$$

$$\frac{\text{완제품}}{\text{인건비} + \text{재료}} = \frac{10,000}{3,153} = 3.17$$

요소생산성

$$\frac{\text{총산출물}}{\text{에너지}} = \frac{13,500}{540} = 25$$

$$\frac{\text{완제품}}{\text{에너지}} = \frac{10,000}{540} = 18.52$$

생산성에 영향을 미치는 요인들

생산성에 영향을 미치는 요인들을 외적 요인, 제품, 공정, 생산용량 및 재고, 인력으로 나누어 살펴보기로 하자. 생산성과 관련된 모든 요인들은 [그림 2-8]에 주어져 있다.

그림 2-8 생산성에 영향을 미치는 요인들

먼저 기업에서 통제할 수 없는 외부적 요인들로 정부 규제, 정부 투자정책, 기업 간의 경쟁, 수요를 들 수 있다. 외적 요인은 기업 내의 생산성 향상을 위한 노력을 좌절시킬 만큼 큰 영향을 미치는 경우도 있으나 일반적으로 외적 요인의 제약 하에서 생산성을 향상시켜야 한다.

생산성에 큰 영향을 미치는 것은 제품일 것이다. 즉, 생산성을 향상시키는 기술개발이 R & D이나, 너무 새로운 제품개발은 생산성을 둔화시킬 것이다. 제품의 다양화로 수요를 촉진시키고, 규모 있는 경영으로 생산성을 향상시킬 수도 있으나 대부분의 경우 생산성 향상의 집중노력을 분산시킬 것이다. 뒤에서 다룰 가치분석 또한 제품을 보다 저렴한 가격으로 생산하기 위한 생산성 향상 기법이다.

프로세스 관리에서는 프로세스 분석과 작업장의 재배치 등을 통해 생산성을 향상시킬 수 있다. 여기서의 생산성 향상은 주로 사람 대신 기계, 수동식 기계 대신 자동식 기계로 대체함으로써 가능하다.

생산용량이나 재고관리도 단기간의 생산성 향상에 기여할 수 있다. 즉, 규모 있는 시설로 애로 프로세스를 해결하여 생산성을 향상시킬 수 있다.

끝으로, 인력관리는 생산성에 가장 중요한 요인으로 종업원에게 사기를 진작시키고, 동기를 부여하는 데 있어서 매우 중요하다. 물론 생산성 향상을 위해서는 이러한 인적요인이 생산성에 영향을 미치는 다른 요인들과 상호작용하여야 할 것이다.

그림 2-9 생산성 관리 사이클

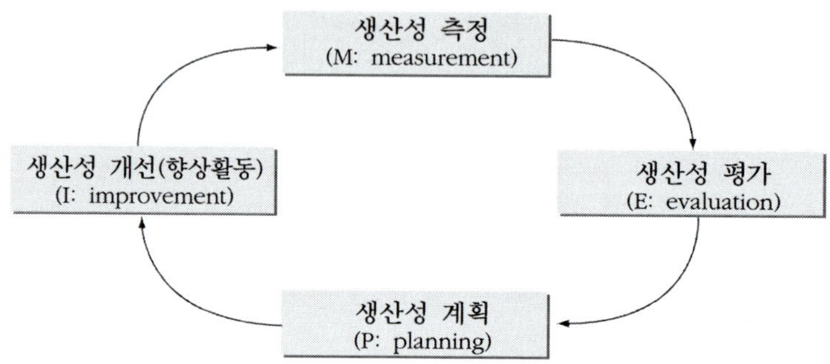

생산성 관리와 향상방법

생산성 향상을 위하여 여러 가지 관리활동이 수행되는데, 핵심은 생산성의 변동을 적절히 측정할 수 있는 능력에 있다고 할 수 있다. 실제로 기업에서 사용하고 있는 생산성 척도가 생산성의 변동을 제대로 반영하고 있지 못하면 부정확한 정보로 경영자가 의사결정을 내릴 수밖에 없게 된다. 따라서 생산성에 관한 정보도 수집부터 처리 및 보고까지 체계화시킬 필요가 있다.

서만쓰(Sumanth)는 기업의 생산성 관리 프로그램의 추진단계를 [그림 2-9]와 같이 MEPI, 즉 측정(measurement), 평가(evaluation), 계획(planning), 개선(improvement)으로 구분하고 이를 생산성 관리 사이클이라 하였다. 이 사이클에서의 네 단계는 모두 중요하며, 균형 있게 추진되어 순환되도록 관리되어야 한다.

생산성을 향상시키기 위해서는 다음의 절차를 체계적으로 수행하여야 한다.

① 조직의 모든 수준에서 생산성 측정방법을 개발한다. 어떠한 조직단위는 한 가지 이상의 측정방법이 있을 수 있으며, 기업전체에서 이러한 모든 측정방법을 총괄하여 사용할 수도 있다.

② 생산성 향상 목표를 정한다. 이 생산성 향상 목표는 현실적이어야 하며, 기간에 따라 측정 가능한 단위로 기술되어야 한다.

③ 목표를 달성하기 위한 구체적인 계획을 세운다.

④ 결과를 측정한다. 이 단계는 자료를 수집하고, 목표의 추진상황을 정기적으로 점검하는 것이다. 결과가 계획된 대로 추진 중이면 좋고, 계획보다 뒤져 있으면 실행방법을 교정하거나, 목표를 현실적으로 재수정하여야 한다.

생산성의 측정, 피드백(feedback), 통제를 중시하는 생산성 향상 프로그램 역시 최고경영자의 지원 및 참여 없이는 성공하기 힘들다. 생산성 향상 운동은 회사의 최우선 지침이어야 하며, 위에서 밑으로 지시를 내리는 형태가 되어야 한다. 생산성향상운동은 조직의 모든 부서가 모두 관련되어 있기 때문에 최고경영층에서부터 시작되어야 한다.

2.6 시 간

시간의 개념

스톡(George Stalk)은 전통적인 제조업에서 제품에 부가가치가 더해지는 시간은 전체 제조시간의 0.05%에서 2.5%에 불과하다는 조사결과를 발표하고 제조에서 유통에 이르는 전체 공급사슬에서 시간에 근거한 경쟁을 할 필요가 있음을 역설하였다. 또한 스톡을 위시한 시경쟁(time-based competition)을 강조하는 그룹에서는 시간을 잘 관리하다 보면 그 밖의 다른 직접성과지표도 개선되므로 시간을 중심으로 혁신을 이루어야 한다고 주장하였다. 시간과 관련된 이슈는 제조기간 절감을 통한 재공재고의 축소, 주문처리시간의 단축 등의 운영상의 이슈와 시장변화에 대한 반응속도 증가, 신제품, 신프로세스 개발시간의 단축 등과 같은 전략적 이슈를 망라한다.

오퍼레이션스 경영의 운영상의 이슈를 다룰 때 자주 등장하는 시간의 개념으로는 다음과 같은 시간들을 들 수 있다.

① **완성시간**(throughput time): 제품제조 개시에서 완료까지 걸리는 시간

② **주기시간**(cycle time): 생산라인의 제일 끝에서 한 제품이 생산 완료되고 그다음 제품이 생산 완료될 때까지 걸리는 시간. 예를 들어, 매 5분마다 제품이 완성되어 생산라인에서 배출된다면 이때 5분이 주기시간임

③ **주문처리시간**(response time): 고객 주문의 접수에서 제품인도까지 걸리는

시간

완성시간과 주기시간은 제조 프로세스 내부의 효율성과 관련되는 시간이며, 주문처리시간은 고객만족과 관련되는 외부적 관계와 관련된 시간이다. 완성시간과 주기시간은 생산현장에서는 그 개념이 혼용되기도 하나, 엄밀한 의미를 살펴보면 완성시간은 주로 재공재고의 양과 관련된 시간인 데 반하여 주기시간은 생산율(production rate)과 밀접하게 관련된 시간이다. 일반적으로 리드타임(lead time)은 납기로 번역되어 주문 처리시간과 밀접하게 관련되어 있으나, 경우에 따라서는 완성시간, 주기시간으로도 혼용되는 시간의 개념이므로 사용에 주의를 요한다.

시간단축의 경제성

시간의 단축에 따른 경제적 효익은 여러 가지 측면에서 설명될 수 있다. 운영적 이슈의 대표적 예로 완성시간 단축의 경제적 효익을 먼저 살펴보자. 제품의 생산을 현금흐름의 관점에서 살펴보면 [그림 2-10]에서와 같이 완성시간의 단축은 순현가(net present value)의 개선을 의미한다. 제조 또는 원자재의 구매는 음의 현금흐름($-C$), 즉 투자를 의미하며 이러한 투자는 일정기간이 지난 후에 판매대금(P)으로 회수된다. 이때 투자와 회수금의 순현가를 할인율(r)을 기준으로 계산하면, 회수기간(T)이 줄어들수록 순현가가 증가함을 발견할 수 있다.

그림 2-10 제품생산의 현금흐름

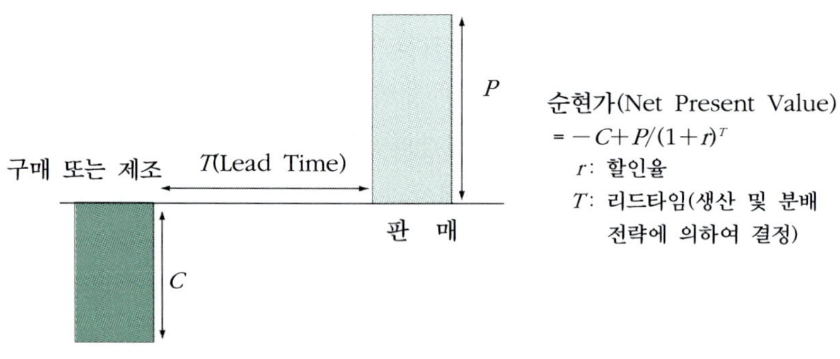

전략적 이슈의 대표적 예로는 제품개발기간의 단축을 들 수 있다. 신제품 개발에 있어서 개발시간을 단축하여 초기 진입자(first mover)가 되는 경우, 초기진입에 따른 효익을 누리는 경우를 자주 발견할 수 있다. 실제로 기업에서는 4, 5년 걸리던 신제품 개발기간을 1~2년 정도로 단축할 것을 목표로 하고 있다. [그림 2-11]에서는 초기 진입자의 효익을 크게 초기단계의 독점이윤과 후발 진입자의 진입이후에도 우세한 시장점유율의 유지에 따른 효익으로 나누어 설명하고 있다. 즉, 초기단계에서 시장에 먼저 진입한 제품 또는 기업은 후발 기업이 진입할 때까지 어느 정도 독점상태를 유지하며 영업을 하게 되고 이는 실질적으로 제품수명주기를 연장하는 효과를 부여받게 되며, 이때 구축된 브랜드의 이미지 등에 힘입어서 시장점유율 면에서 후발 기업의 추격을 상당기간 저지할 여력이 생기는 것이다. 따라서 제품의 전체 수명주기를 놓고 볼 때 시장에 초기에 진입하는 것이 이와 같은 두 가지 관점에서 경쟁의 우위를 제공할 수 있으며, 제품의 수명주기(product life cycle)가 극도로 짧아지는 경우 후발 기업의 진입을 원천적으로 봉쇄하는 경우도 생길 수 있는 것이다.

그림 2-11 제품수명주기에 따른 시장진입 효과

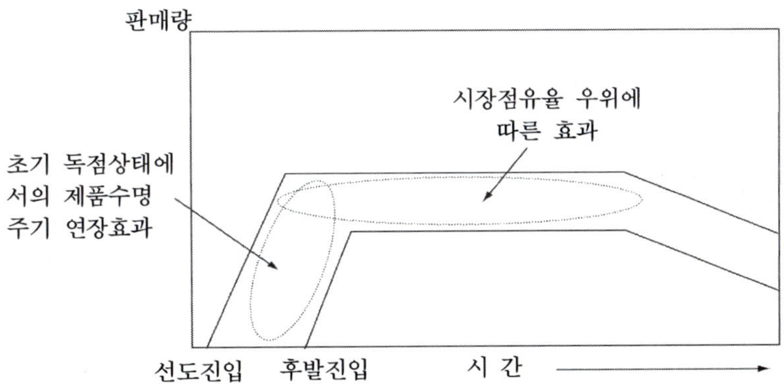

비용의 관점에서 보면 시장에 초기에 진입하는 것이 [그림 2-12]와 같이 학습효과에 의하여 생산단가를 경쟁자보다 미리 낮출 수 있는 기회가 되므로 경쟁의 우위를 제공받을 수 있다. 학습효과란 생산량의 누적치가 증가함에 따라 일정 비율로 생산단가가 감소하는 현상을 의미한다. 따라서 시장에 선진입하는 기업은 이미 학습효과를 충분히 누리게 되어 후발 진입기업에 비하여 가격경쟁력을 가질 수 있게 된다. 그러

나 이러한 상황이 성립하기 위해서는 생산기술의 급격한 변화가 있지 않아야 한다는 전제조건이 성립하여야 하는 것은 물론이다.

그림 2-12 학습효과에 따른 초기시장진입 효과

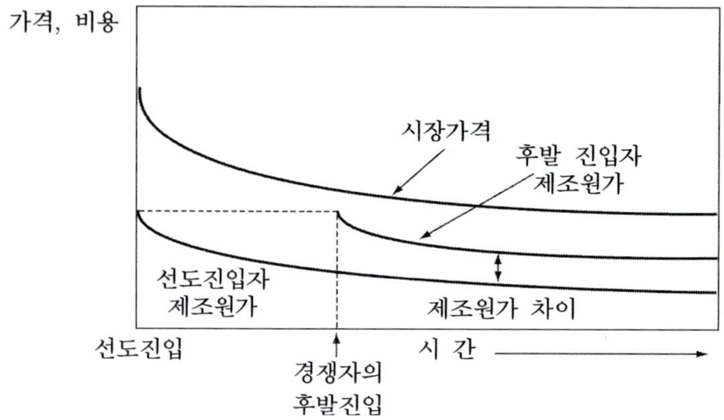

2.7 유 연 성

유연성의 개념

유연성은 극도로 진전된 시장세분화, 고객의 개성중시 경향, 지리적으로 다양한 수요, 정부의 규제 등 시장환경의 변화에 따라 더욱 그 중요성이 더해지고 있는 성과지표이다. 그러나 유연성은 앞에서 논의한 다른 직접성과지표에 비하면 상대적으로 그 개념이 명확하지 않다. 그 이유는 유연성이라는 개념이 너무나 다양한 측면을 내포하고 있기 때문이다. 업튼(David Upton)은 그의 논문에서 유연성을 첫째, 생산할 수 있는 제품 종류의 범위, 둘째, 수요의 변화에 부응하여 생산량을 증감시킬 수 있는 능력, 셋째, 한 제품의 생산에서 다른 제품의 생산으로 전환하더라도 균일한 제품을 생산할 수 있는 능력 등으로 정의하였다. 이러한 유연성의 개념을 종합하여 정리하면 유연성이란 [표 2-3]과 같은 다양한 의미를 포괄하고 있다는 것을 알 수 있다.

치환 유연성은 믹스 유연성이 한 생산라인에서 다양한 제품을 생산할 수 있는

능력을 측정하는 것과는 달리, 제조 프로세스상에서 현재 생산되고 있는 제품을 다른 제품으로 신속히 대체할 수 있는 능력, 즉 품목 간의 전환이 용이한 정도를 측정한다. 물량유연성은 수요의 급격한 변화에 맞추어 생산물량을 수시로 변화시킬 수 있는 능력이다. 디자인 유연성은 새로운 제품이 도입되거나 표준제품을 고객화할 시에 프로세스가 제품의 디자인 변화를 얼마나 수용이 용이한가를 측정한다. 강건성은 예를 들면 프로세스의 다운타임 등으로 인하여 발생하는 문제를 대처할 수 있는 능력을 말한다. 따라서 유연성이란 이상과 같이 매우 다양한 측면을 포괄하는 개념이므로 이를 정의하기도 측정하기도 쉽지 않는 문제이다. 따라서 유연성을 평가지표로 활용하기 위해서는 우선 측정의 목적을 명확히 하고 이에 적절한 유연성 개념을 선택하는 것이 선행되어져야 한다.

표 2-3 유연성의 종류별 개념

유연성의 종류	의 의
치환(switching)	한 제품에서 다른 제품의 생산으로 생산을 용이하게 전환하는 능력
믹스(mix)	다양한 종류의 제품, 서비스를 생산하는 능력
물량(volume)	생산량을 수시로 변화시킬 수 있는 능력
디자인(design)	새로운 제품을 도입하거나 개량(modification)이 있을 시에 이에 적응하기 용이한 프로세스의 능력
강건성(robustness)	프로세스의 다운타임에 경로재설정(rerouting) 등을 통하여 적응하고 실패하지 않는 능력

유연성 획득방안과 차별화 지연전략

치환과 믹스 유연성을 달성하기 위해서는 제조공정의 경우 다양한 능력을 가진 설비를 도입하거나 작업준비시간(set-up time)을 줄이는 노력이 필요하다. 예를 들어 한 가지 작업에만 전문화된 설비를 가지고 다양한 종류의 제품을 생산할 수는 없으며, 작업준비시간이 긴 상태에서 치환유연성을 기대할 수는 없다. 물량유연성을 위해서는 적정한 수준의 여유 생산능력을 소유해야 한다. 그 밖에도 제품과 서비스 디자인에 변화에 대처하기 위한 창의적 접근, 유연한 조직문화 등은 유연성을 달성하기 위한 요건들이 될 것이다.

그림 2-13 차별화 지연전략

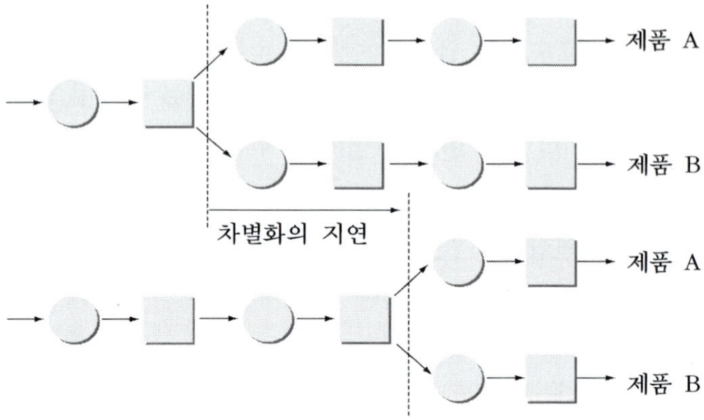

특히, 치환과 믹스 유연성은 가장 많이 사용되는 유연성의 개념인데, 이의 획득이 제품의 특성에 의하여 제한되는 경우를 종종 발견할 수 있다. 예컨대, 페인트 생산 프로세스의 경우 페인트의 염료가 설비 내에 잔류하기 때문에 한 가지 색상에서 다른 색상으로 생산을 전환하기란 쉬운 일이 아니고 프로세스의 경제성을 달성하기 위해서는 적정수준 이상의 로트사이즈(lot size)를 생산해야 한다. 따라서 다양한 색상이 요구되는 시장의 상황을 감안하면 재고부담이 상당히 크게 된다. 그러나 사고의 획기적인 전환을 통하여 이러한 문제를 해결할 수 있는데 이것이 차별화 지연전략(delayed product differentiation)이다. 모든 생산 프로세스에는 [그림 2-13]과 같이 초기단계에 공유되는 프로세스가 있고, 후반에 들어서 다양한 제품별로 차별되어진다. 이때 차별화되는 지점을 가급적 전체 생산 프로세스의 후반부로 지연시키는 것이 다양한 제품을 생산하는 공정의 유연성을 달성하는 한 방안이다. 페인트 공정에 있어서는 차별화 지점을 소비자와의 접점까지 지연시킨다. 따라서 다양한 색상의 페인트는 소비자의 요구에 따라 소비자가 보는 앞에서 페인트의 원액과 염료를 배합함으로써 생산되어 수요의 다양성에 대처하게 된다. 이런 전략은 화려한 색상의 의류를 생산하는 이태리의 의류업체인 베네통(Benetton)에서도 활용되어진 사례가 있다. 즉, 베네통에서는 한 시즌의 수요를 충족하기 위해서 1년 전부터 생산에 착수하는데 색상별 정확한 수요를 예측하기 위해서 베네통은 차별화 지연전략을 유효적절하게 구사하였다. 즉, 기존의 생산방식은 염색된 원사를 이용하여 원단을 짜고 재단하여 옷을 생산하는 방식을 채택하였으나, 베네통은 이와는 달리 무색의 원사를 이용하여 옷을 만들고 최종 단계에서 염색가공을 함으로써 가급적 수요시기와 가까운 시점에서의 정확한 수요에 의하여 색상별 생산량을 결정짓는 방식을 채택한 것이다.

유연한 기업의 전략 : 대량고객화(Mass Customization)

'대량고객화'는 대량생산(mass production)과 고객화(customization)라는 서로 상충되는 단어의 결합에 의해 만들어진 개념이다. 대량생산은 표준화된 제품의 대량생산으로 규모의 경제를 실현함으로써 낮은 원가의 달성과 관계된 것이고 고객화는 고객의 다양한 요구에 대응하는 능력과 관계된 것이므로, 어느 한 쪽을 달성하고자 하면 다른 쪽을 포기해야만 하는 대표적인 파라독스(paradox) 경영의 예이다. 따라서 대량고객화는 유연한 생산, 모듈러 디자인, 고객관계관리를 포함한 정보통신기술, 공급사슬관리 등을 활용하여 개별고객의 요구에 대응하는 다양한 제품과 서비스를 대량생산원가보다 크게 높지 않은 비용으로 신속하게 고객에게 공급해 주는 것을 목표로 한다.

그림 2-14 대량고객화의 유형

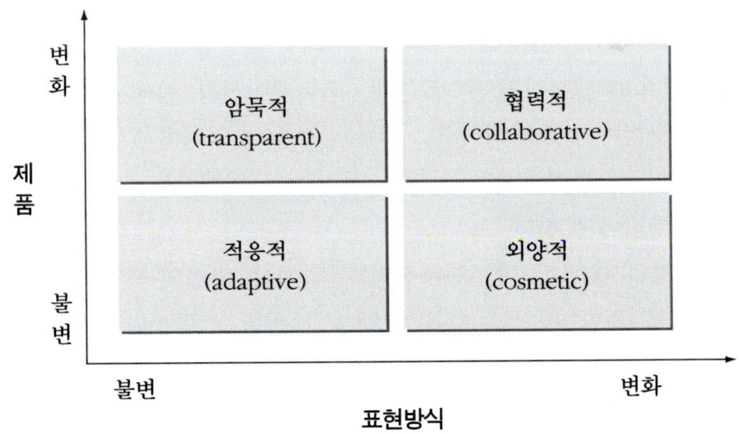

파인(Pine)은 1993년도 그의 저서에서 대량고객화를 제품자체의 고객화 정도와 표현방식의 고객화 정도에 따라 [그림 2-14]와 같이 4가지의 유형으로 구분하고 있

다. 협력적 대량고객화란 주로 고객과의 대화를 통해 맞춤형 제품을 만들어 내는 경우로 델 컴퓨터 같이 제품의 외양뿐만 아니라 제품 자체가 변하게 되는 경우이다. 외양적 대량고객화는 맞춤형 제품 같아 보이나 실제 제품의 변화는 없는 경우로, 제품의 포장 정도를 바꾸는 경우가 이에 해당된다. 적응적 대량고객화란 제품의 구성이나 외양 모두 변화 없이 표준화되어 있으나 고객의 요구에 적응시킬 수 있는 경우로 고급 승용차의 운전좌석이 운전자에 따라 변형되는 경우를 예로 들 수 있다. 마지막으로 암묵적 대량고객화는 제품의 외양이 고객에게는 변화가 없어 보이나 실제로는 제품이 고객의 요구에 따라 변화되어 있는 경우로서, 리츠칼튼 호텔에서 고객이 모르는 사이에 맞춤형 서비스를 제공하는 사례를 들 수 있다.

2.8 요 약

오퍼레이션스 활동이 경쟁우위 확보의 수단이 되기 위해서는 오퍼레이션스 의사결정이 기업전체적 관점에서의 경영전략과 부합해야만 한다. 경영전략이란 기업에 기본적인 장기목표를 설정하고, 그 목표달성을 위한 행동방향을 결정하며, 목표달성에 필요한 자원을 배분하는 것이라 정의할 수 있다. 이는 크게 기업전략 · 사업전략 · 기능전략으로 세분화될 수 있는데, 오퍼레이션스 전략은 이 가운데서 기능전략의 한 부분을 구성하며 오퍼레이션스 의사결정을 기업전략 및 사업전략과 연결시켜 주는 역할을 한다. 오퍼레이션스 전략을 살펴보기 위해서는 기업전략과 사업전략에 대한 이해가 선행되어야 한다.

기업전략은 기업 전체적인 관점에서 기업의 목적과 목표의 설정, 사업의 선택 및 이를 위한 자원의 획득과 배분에 관한 전략이다. 기업전략의 핵심은 특정기업이 어떠한 사업영역에 투자할 것인가에 대한 것으로서, 사업부 포트폴리오상의 자원배분과 관련된 것으로 정의할 수 있다. 즉, 기업이 운영하고 있는 사업부들의 가능한 조합을 결정하고 기업의 가용자원을 배분하는 것이 기업전략의 주된 내용이 된다.

사업전략은 기업 내의 사업부 수준에서의 사업영역의 정의, 목표의 설정, 경쟁우위의 성취방안에 관한 전략으로, 특정사업부가 특정산업이나 제품시장에서 어떻게 경쟁할 것인가에 초점을 두고 가용자원을 활용하여 구체적인 경쟁방법을 결정하는 것이 주된 내용이다. 기업전략을 근거로 수립되어야 하며 중기(1~3년)계획의 성격을 띤다. 포터는 사업전략을 크게 원가우위전략, 차별화전략, 집중화전략으로 구분하고 있다.

기능전략은 사업전략의 하위전략으로서 각 기능부문 수준에서의 목표설정과 경쟁력 제고방안에 관한 전략이다. 이는 제품라인, 특수지역, 소비자의 유형에 의하여 수립되며 그 성격상 단기적인 특성을 가지고, 상위전략들과 일관성을 가지도록 수립되어야 한다.

오퍼레이션스 전략은 기능별 전략의 하나로서 오퍼레이션스 의사결정(활동)이 사업전략, 나아가 기업전략과의 일관성을 가질 수 있도록 연계시켜 주는 역할을 하는 기능전략 중의 하나이다. 즉, 오퍼레이션스 전략은 기업전략의 성공적 수행을 위하여 각종 오퍼레이션스 경영활동이 어떠한 방향으로 나아가야 할지를 제시해 주는 지침이 된다. 이러한 오퍼레이션스 전략은 그 목표로 비용, 생산성, 품질, 시간, 유연성을 가진다.

원가는 객관성으로 인하여 가장 많이 활용되는 지표이나, 기존의 단순한 비용모형에 의하면 경영자는 규모의 경제를 극대화하는 전략을 구사하게 된다. 그러나 규모의 경제 배후에는 항상 규모의 비경제효과가 기회비용으로 자리 잡고 있으므로 이에 대한 배려가 필요하게 된다.

생산성은 비용보다는 포괄적인 성과지표이며 이에는 요소생산성, 부분생산성, 총생산성의 개념이 존재한다. 생산성의 향상을 위하여 서만쓰의 생산성 향상 추진단계를 소개하였다.

품질은 제품/서비스가 가지는 가치요소로서 다음 장에서 구체적으로 설명한다. 시간은 시경쟁론자들에 의하면 다른 지표보다 가장 중요한 지표라고 여겨진다. 시간의 문제는 운영적인 이슈와 전략적인 이슈로 나뉘는데, 운영적인 이슈는 제조시간의 단축이 대표적이며, 전략적인 이슈는 신제품 개발과 관련되어 있고 이들에 대한 경제적 측면을 고찰하였다.

유연성은 현대의 오퍼레이션 경영에 있어서 또 하나의 중요한 성과지표이며 이에는 치환, 믹스, 물량, 디자인, 강건성과 같은 다양한 개념이 포함되어 있다. 유연성을 달성하기 위한 전략의 하나로 차별화 지연전략이 있는데, 이는 제품별 프로세스의 차별화 시점을 가급적 후반부로 지연시키는 전략으로 페인트 공정, 의류공정 등에서 활용되어 효과를 본 바 있다.

이상의 5가지의 오퍼레이션스 전략지표는 상호 간에 상충요인이 존재한다는 데 문제가 있다. 여기서 존재하는 상충요소를 극복하기 위해서는 기업전략의 목표와 목적을 달성하기 위해 보다 효과적인 목표에 우선순위를 두어야 한다. 다양한 우선순위 결정기법에 의해 정해진 우선순위에 따라 오퍼레이션스 담당자는 구체적 오퍼레이션스 의사결정활동인 프로세스, 생산능력, 재고, 인력 및 품질에 관한 의사결정을 일관성 있게 수행하여야 한다.

문제 및 토론

1. 본 장의 서두에서 제시된 사례가 오퍼레이션스 전략 측면에서 시사해 주고 있는 점에 대해서 논하시오.

2. 기업의 경쟁우위와 오퍼레이션스 전략과의 관계를 설명하시오.

3. 조직수준에 따라 전략을 세 가지로 분류하고 각각의 주요 특징을 설명해 보시오.

4. 미국의 경영자문회사인 보스턴 컨설팅 그룹에 의해 고안된 일종의 경영의사결정 기법이 *BCG*매트릭스이다. 이것이 전략수립과 관련하여 가지는 유용성을 기술하고, 이를 구성하는 4가지의 사업영역별 특성에 대해서 설명하시오.

5. 포터가 제시한 4가지의 본원적 전략(차별화전략, 원가우위전략, 차별적 집중화, 원가우위집중화)을 사업전략으로 간주하고, 각각의 사업전략별로 오퍼레이션스 전략목표는 어떻게 달라질 것인가에 대하여 논하시오.

6. 오퍼레이션스 전략목표에는 무엇이 있는가? 또, 이들의 최적수준인 이상적 생산활동은 어떤 것인지 설명하시오.

7. 6번 문제의 경우, 오퍼레이션스 전략목표 간의 상충관계(trade-off)가 발생하게 되는데, 이를 예를 들어 설명하시오.

8. 오퍼레이션스 관리담당자가 상대적 우선순위에 의해 결정된 오퍼레이션스 전략목표에 따라 행하는 프로세스, 생산능력, 재고, 인력 및 품질관련 오퍼레이션스 의사결정활동 각각을 설명하시오.

9. K기업은 네 개의 전략사업부를 가지고 있다. 아래의 표는 각 전략사업부들의 해당 산업에서의 시장점유율과 시장성장률 그리고 해당 산업의 1위 기업에 대한 시장점유율을 나타내고 있다.

   ① 이를 기초로 K기업 4개의 전략사업부 단위에 대한 *BCG*매트릭스를 구성하시오.

   ② *BCG*매트릭스를 이용하여 각 사업부 단위별로 현 상태를 평가 및 분석하여 앞으로의 기업전략을 수립해 보시오.

   ③ 위에서 수립된 기업전략과 연계성을 가지도록 사업부전략을 수립하시오.

   ④ 만약 여러분이 오퍼레이션스 관리책임자라 가정하고, ②, ③에서 수립된 기업전략과 사업전략에 부합되도록 오퍼레이션스 전략을 수립해 보시오(오퍼레이션스 전략목표를 초점으로 기술할 것).

[K기업의 전략사업부 단위별 시장점유율과 시장성장률] (단위: %)

사업부 포트폴리오	1위 기업의 시장점유율	자사 사업부의 시장점유율	시장성장률
기계 사업부단위	40	30	13
금융 사업부단위	50	25	8
화학 사업부단위	35	28	5
전자 사업부단위	55	10	15

10. 효율성(efficiency)과 효과성(effectiveness)의 개념을 적용하여 생산성을 정의해 보시오.

11. 부가가치 생산성과 부가가치 노동생산성에 대해 설명하시오.

12. 생산성에 영향을 미치는 요인들로는 외적 요인, 제품, 프로세스, 생산용량 및 재고, 인력으로 나눌 수 있다. 여기서 이들 각 요인이 어떻게 생산성에 영향을 미치는지를 설명하고, 생산성 향상을 위해서는 이러한 요인들을 어떻게 관리해야 할지 그 방안을 제시하시오.

13. 생산성 향상을 위한 절차를 생산성 관리 사이클을 이용하여 설명하시오.

14. 다음에는 어떤 부문의 투입 및 산출자료가 주어져 있다.

[투입 및 산출물의 자료] (단위: 만원)

산출물			투입물		
	1. 완 제 품	15,000		1. 인 건 비	3,000
	2. 재 공 품	5,000		2. 재　　료	4,500
	3. 주식배당	2,500		3. 자　　본	12,000
	총산출물	22,500		4. 에 너 지	1,250
				5. 기타경비	2,000
				총투입물	22,750

① 이 자료를 가지고 총생산성, 노동과 재료에 대한 부분생산성 그리고 자본에 대한 요소 생산성을 계산하시오.

② 만약 이 부문의 금년 총산출물 목표가 20,000이었다고 가정할 때, 이 부문의 생산성에 대하여 효율성과 효과성 측면을 설명해 보시오.

③ 이 부문에 대하여 생산성 향상을 위한 관리 사이클을 적용해 보시오.

15. 비용최소화 기준에 입각하여 기업성과지표가 비용절감에 의해서만 평가되었을 때 발생하는 문제점을 설명하고 이를 해결할 수 있는 방안에 대해 논하시오.

16. 통합적 접근법에 근거한 경영혁신 프로그램(*TQM, JIT, CIM, DFM, TPM*)의 장단점에 대해 논하시오.

17. 고정비, 변동비 등으로 구성되는 원가와 규모의 경제와의 관계를 설명하시오.

18. 규모의 경제를 달성하기 위하여 가동률을 최대한 늘리려고 노력하는 과정에서 발생하는 문제점에 대해 논하시오.

19. 총노동생산성과 총요소생산성의 산정과정을 예를 들어 설명하시오.

20. 서만쓰(Sumanth)의 4가지 생산성관리 사이클 중 측정(measurement)과 평가(evaluation)의 차이점에 대해 설명하시오.

21. 시간을 기본으로 한 오퍼레이션 경영의 성과지표를 예를 들어 설명하시오.

22. 시간에 관한 지표가 향상됨으로써 얻을 수 있는 장점을 예를 들어 설명하시오.

23. 유연성이 기업성과지표에 있어서 중요하게 된 이유는 무엇인가? 또한 이러한 유연성이 성과지표로 활용되기 어려운 이유는 무엇인가 설명하시오.

24. 유연성의 종류를 나열하고 각각의 개념에 대해 간단히 설명하시오.

25. 차별화 지연전략(delayed product differentiation)에 대해 설명하시오.

26. 대량고객화의 4가지 유형의 사례를 찾아보시오.

Chapter 3

수요예측

관련 이야기 Accurate Response Method[1)]

소비자들의 수요패턴이 바뀌고 있다. 과거의 동질적 안정적 수요패턴이 점점 고급화되고 개성화되고 다양화되고 있다. 이와 함께 글로벌 경쟁이 가속화됨에 따라 기업들은 점점 더 많은 제품을 더 빠른 속도로 시장에 내놓고 있다. 예를 들어서 미국 식료산업의 경우 1980년에 신규로 시장에 도입된 제품의 수가 2,000여개였는데, 약 10년 후 1991년에는 18,000여개의 제품이 신규로 시장에 도입되었다. 국내 자동차 산업의 경우도 국내 자동차업체들이 출시하는 차종이 1990년의 16종에서 2000년도에는 40종 이상으로 증가하여 10년간 2.5배의 증가율을 보이고 있다.

신규제품의 시장도입속도가 가속화됨에 따라 제품수명은 단축되고 제품영역은 확장되고 있다. 그 결과로서 수요예측 및 수요관리의 어려움이 가중되고 있다. 아래 그림은 미국 백화점업계로 대표되는 유통업계의 수익성이 수요관리의 실패로 지속적으로 악화되고 있음을 보여주고 있다. 미국 백화점업계의 재고수준이 1970년도부터 1990년도까지 지속적으로 재고가 증가하여 왔고, 이와 같은 수요관리 실패로 인해 야기된 과도한 재고를 처분하기 위해 가격할인율이 1970년대 초의 8%대에서 지속적으로 증가하여 1990년도에는 평균가격 할인율이 24~5%에 달하고 있음을 보여준다. 한편 최근 소매유통업체가 대형화되고 사업영역이 확장됨에 따라 소매업체의 공급업체에 대한 영향력이 증가하였고, 이에 따라 유통업체의 수요관리 실패비용이 공급업체에 전가되는 경향이 나타나고 있다. 예를 들어서 K-Mart나 국내 상당수 대형마트에서도 많은 품목에 대해 consignment 형태의 조건으로 매입함으로써 재고비용을 공급업체에 전가하고 있다. 또한 대형제조업체들도 공급업체들에 대해 JIT 배송계약을 체결하여 수요관리 및 재고비용의 책임을 공급업체로 돌리고 있다. 유통업체는 물론 제조업체들의 수요관리와 관련한 어려움이 가중되고 있는 것이다.

그럼에도 불구하고 아직도 많은 기업은 동질적, 안정적 시대의 수요관리 관행을 지속하고 있으며

1) Marshall L. Fisher, Janice H. Hammond, Walter R. Obermeyer, and Ananth Raman, "Making Supply Meet Demand in An Uncertain World", May-June 1994, HBR.

그 결과 재고비용과 품절비용이 급증하고 있다. 「Harvard Bussiness Review」에 게재된 M. S. Fisher 외 3인의 논문에서는 Sport Obemyer사의 Accurate Response Method의 내용을 중심으로 수요가 급격히 변동하는 특성을 지닌 제품을 다루는 기업을 위한 수요관리 전략과 방법에 대하여 설명하고 있다.

[미국 백화점업계의 치솟는 가격할인율]

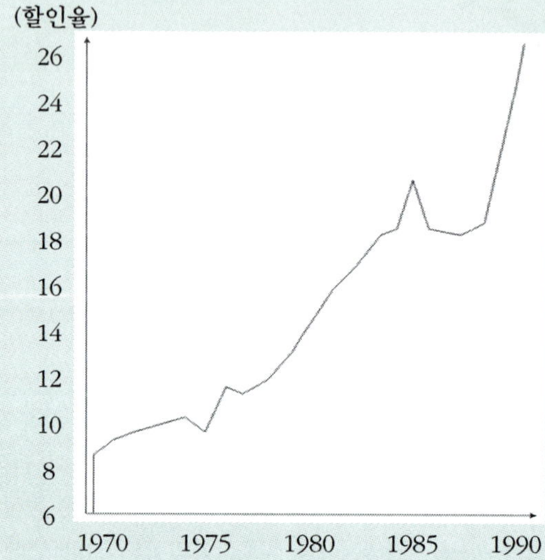

AR법은 1980년대 중반에 Sport Obermeyer사가 수요관리에 어려움을 겪으면서 재고비용과 품절비용이 과도하게 증가하는 것을 개선하기 위해 하버드대에 프로젝트를 주어 개발, 도입한 수요관리기법이다. 그러나 AR법은 미래의 수요를 정확하게 예측함으로써 수요관리를 개선시키는 방법이 아니라, 수요의 변화에 정확하게 대응하게 함으로써 수요관리를 개선시키는 데 그 초점을 맞추고 있다.

AR법의 핵심은 상대적으로 정확한 수요예측이 가능한 품목과 그렇지 않은 품목을 구분하여 차별적으로 관리하는 것이다. 상대적으로 정확한 수요예측이 가능한 품목은 Speculation 전략을 구사하여 예측에 따라 우선적으로 제조주문을 하고, 정확한 예측이 어려운 품목에 대하여는 Postponement 전략을 구사하게 된다. 즉, 추가적인 수요정보를 수집하여 그 제품의 수요를 더 명확하게 파악할 수 있을 때까지 가능한 한 제조시점을 최대한 지연시키는 전략을 적용하는 것이다.

Sport Obermeyer사는 AR법을 도입하여 팔리지 않는 제품을 생산함으로써 초래되는 재고비용과 고객이 원하는 제품을 생산하지 않음으로 발생하는 품절비용을 대부분 제거하여 3년만에 50~100%의 이익증가를 실현하였다.

AR법은 패션스키복 제조업체인 Sport Obermeyer사가 도입한 수요관리시스템이나, AR법에 적용된 핵심원리는 신제품 출시속도가 빠른 기업, 계절적 수요를 가지는 제품을 다루는 기업, 그리고 제품수명이 짧은 제품을 생산하는 기업에도 효과적으로 적용될 수 있을 것으로 생각된다. 또 안정적인 수요패턴을 가지는 기업이라도 성수기 동안 제조능력이 제한적인 기업에도 적용하기에 적합한 개념이라고 판단된다.

기술의 신속한 변화, 소비자 욕구의 다양성, 치열한 경쟁 등은 오늘날 경제환경의 대표적인 특징이다. 이것들은 기업의 미래환경에 대한 불확실성을 증가시키며, 이러한 불확실성은 기업의 경영자가 기업활동에 대한 계획을 수립하는 데 어려움을 더하게 한다. 즉, 공장설비는 어느 정도의 규모로 하고, 종업원은 어느 정도 고용할 것이며, 제품은 언제 얼마나 생산해야 할 것인가에 관한 의사결정을 매우 어렵게 한다. 이러한 상황에서 수요예측의 필요성은 절대적이다. 수요예측은 기업의 전략 및 계획수립, 그리고 기업 내의 여러 가지 의사결정을 하는 데 있어서 가장 먼저 수립되어야 할 사항이다. 즉, 수요예측은 재무, 오퍼레이션스, 인사, 마케팅, 시설, 구매계획 등 경영 전반의 의사결정에 있어 기초자료가 된다.

경영의사결정을 하는 데 있어서 수요예측의 역할은 다음과 같다.

① 기업의 경영전략 및 계획수립이 올바르게 될 수 있도록 한다.

② 예측을 통해 소요생산능력을 산정하고, 의사결정에 적절히 활용할 수 있도록 하여 불필요한 투자로 인한 비용의 손실을 감소시킬 수 있다.

③ 소요인력에 대한 예측을 통해 고용의 안정과 노사관계의 안정을 도모할 수 있다.

④ 고객의 욕구를 파악하고, 이를 만족시킬 수 있는 제품이나 서비스를 생산하여 고객과의 관계를 개선할 수 있다.

⑤ 예측을 통해 적절한 소요예산을 측정하여 재무계획을 수립하는 데 효과적으로 지원할 수 있다.

3.1 오퍼레이션스 경영에서의 수요예측

일반적으로 기업의 생산형태는 불특정다수의 고객을 대상으로 사전에 제품을 만들어 판매하는 계획생산과 고객의 주문에 의해 제품을 생산하는 주문생산으로 나누어진다. 계획생산형태를 취하는 기업은 생산계획 및 재고관리에 관련된 활동들이 수요예측을 토대로 한다. 주문생산형태를 지닌 기업은 일반적인 생산계획에 있어서는 수요예측을 필요로 하지는 않지만, 설비투자의 의사결정을 위해서는 장기적인 수요예측이 필요하다. 그러므로 수요예측은 모든 생산형태를 갖는 기업에 생산계획의 수립을 위해 없어서는 안 될 중요한 기능이다.

그림 3-1 생산관리에서의 수요예측 시스템

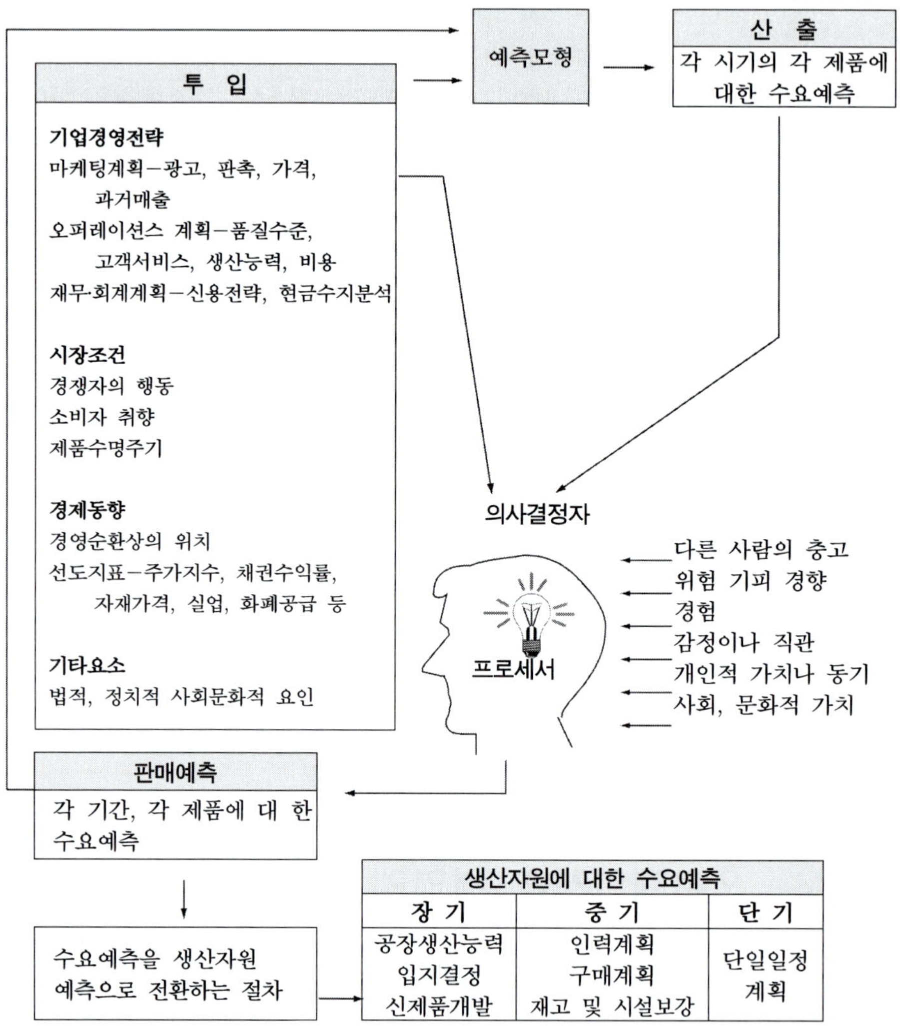

오퍼레이션스 경영 분야에서 수요예측은 기간에 따라 장기, 중기, 단기로 나누어 수행되는데, 장기적으로 생산능력결정, 입지선정, 새로운 제품개발 등의 전략수립에, 중기적으로 인력, 자재, 생산, 재고 등에 관한 의사결정에, 그리고 단기적으로 생산일

정계획의 수립 등에 영향을 미친다.

[그림 3-1]은 오퍼레이션스 경영에서의 수요예측 시스템을 보여주고 있다.

3.2 수요예측기법

수요예측기법을 크게 두 가지로 구분할 수 있다. 하나는 정성적 기법(qualitative method)이고 다른 하나는 계량적 기법(quantitative method)이다.

정성적 기법은 예측 수행자의 주관적인 견해나 경험에 의한 판단에 의존하여 미래를 예측하는 기법이다. 이 기법은 주로 과거의 자료를 이용할 수 없는 경우나, 또는 단시간 내에 의사결정을 내려야 하는 경우에 사용된다. 그 종류로는 델파이(Delphi)조사법, 패널(panel)조사법, 판매원(grass roots)이용법, 시장조사(market research)법, 역사적 유추(historical analogy)법 등이 있다.

이와는 달리 계량적 기법은 과거의 객관적인 자료를 처리하여 미래를 예측하는 기법으로서, 역사적 자료를 통해 과거의 동향과 변화를 파악하고, 변수들 간의 관계 규명을 통해 미래를 예측한다.

계량적 기법은 크게 시계열 분석과 인과형 분석이 있다. 시계열 분석은 과거 자료의 시간에 따른 변화를 관찰하여 일정한 패턴을 발견하고, 이를 통해 미래를 예측하는 기법으로 이동평균법, 지수평활법 등이 있다. 인과형 분석은 수집된 과거의 자료를 통해 수요에 영향을 끼치는 변수들을 찾고, 이 변수들 간의 인과관계를 분석하여 종속변수와 독립변수의 관계를 찾아내고, 특정한 독립변수값에 대응하는 종속변수의 값, 즉 미래수요를 예측한다.

인과형 분석기법으로는 회귀분석(regression analysis), 투입산출모형(I/O model), 계량경제모형(econometric model)이 있다. 이밖에도 수요변동에 영향을 미치는 요인들 사이의 복잡한 상호작용을 보다 사실적이고 체계적으로 분석하여 예측하는 시뮬레이션모형(simulation model)이 있다. 이들 수요예측 기법들이 [그림 3-2]에 나타나 있다.

그림 3-2 수요예측기법

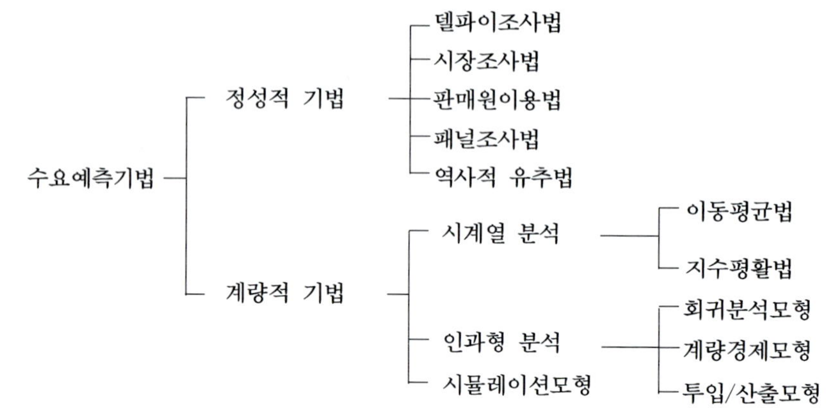

3.2.1 정성적 기법

정성적 기법은 예측자의 판단과 견해에 기초를 둔 예측기법으로 그 종류는 다음과 같다.

델파이조사법(Delphi method)　　랜드사(Rand Corporation)의 핼머(Halmer)와 레쉬(Rescher)에 의해 개발된 것으로 인간의 직관력을 이용하여 미래를 예측하는 기법이다. 델파이조사법은 조직 내외의 전문가들에게 미래에 관련된 의견을 설문조사를 통해 수집하고, 이들의 의견을 종합한 후 다시 설문을 제공한다. 이러한 과정을 반복하여 피드백을 받고, 어떤 일관된 합의를 이끌어냄으로써 예측을 수행한다. 델파이조사법은 군중심리나 지도자의 영향을 받지 않도록 전문가들을 한자리에 모으지 않고 설문을 통하여 의견을 수집한다. 이 기법의 단점은 다음과 같다.

① 설문 중에 의미를 파악하기 어려운 질문이 있는 경우 피설문자들이 그릇된 의견으로 유도될 수 있다.

② 설문조사기간이 길어지면 피설문자가 바뀌는 경우가 발생할 수 있다.

③ 계속되는 설문에서 피설문자가 일관성 없는 대답을 하는 경우 예측의 수행이 어렵다.

시장조사법　　실제제품에 대한 수요의 결정주체는 소비자이므로 이들의 의견을 수렴하여 미래수요를 예측하는 것이 타당성 있는 방법이라 할 수 있다. 이러한 방법을 시장조사법이라고 하는데, 그 구체적인 조사방법으로는 설문지의 발송, 전화조사, 인터뷰, 그리고 시험판매 등이 있다.

이 기법의 문제점은 대부분의 경우 모집단인 소비자의 범위가 너무 넓고, 특히 신제품에 대한 조사를 하는 경우는 소비자의 존재가 확실하지 않으므로, 조사대상을 파악하기 어렵다는 점이다. 그래서 이 기법은 잠재적인 소비자 중에서 표본집단을 추출하고, 이들로부터 얻은 의견을 여러 가지 방법으로 통계분석하여 수요예측을 한다.

이 기법은 전체 소비자 중에서 한정된 수만을 대상으로 조사하므로 이 예측을 전체에 확산시키기 위해서는 정확한 조사를 요한다. 그래서 시장조사법은 정성적 기법 중에서 가장 많은 시간과 비용이 소요된다.

실제적으로 시장조사법은 신제품의 개발이나 판매촉진을 위해 이용되고 있다.

판매원이용법 각 지역에 흩어져 있는 판매원들은 그 지역의 고객들과 많은 접촉을 하게 된다. 판매원이용법은 지역별로 그 지역에 정통한 판매사원이나 거래점의 의견을 종합하여 지역의 수요를 예측하고, 다시 이를 이용하여 전체 시장의 동향을 파악하는 방법이다. 이 방법은 짧은 시간 내에 저렴한 비용으로 많은 정보를 얻을 수 있다는 장점을 갖고 있으나, 판매원의 주관이 너무 많이 개입될 우려가 있고 최근의 동향이 판단에 큰 영향을 미칠 수 있으며 소비자의 기대와 실제 구매의사를 구분하기 어렵다는 단점을 갖는다.

패널조사법 다수의 의견이 소수의 의견보다 더 우월하다는 전제 하에서 경영자, 생산자, 소비자, 판매원 등의 위원회(패널)를 구성하고 이들이 모여 자유로운 의사개진을 통해 미래수요를 예측하는 방법이다.

역사적 자료유추법 신제품에 대한 수요를 예측하는 경우에는 과거의 자료를 사용할 수 없으므로 어려움을 겪게 된다. 이와 같은 경우 이용할 수 있는 방법은 신제품과 유사한 기존제품의 과거자료를 통해서 신제품의 미래수요를 예측하는 것이다. 이 방법이 역사적 자료유추법이다. 이 방법은 적은 비용으로 예측을 할 수 있으나, 유사제품과 그 역사적 자료를 찾기가 어렵고, 유사제품이 신제품의 수요를 얼마나 정확하게 예측할 수 있는가에 관련해서 정확성의 문제를 발생시킨다.

3.2.2 계량적 기법

시계열 분석(time series analysis)

'시계열(time series)'이란 용어는 경제적 혹은 물리적 현상에 대한 관찰치들이 일정한 시간간격(매시간, 매일, 매월, 매년 등)으로 조사되어 있다는 것을 의미한다. 그러므로 시계열 분석은 예측하고자 하는 변수들에 대한 과거의 시계열 자료를 이용하여 미래의 현상을 예측한다. 즉 시계열 분석에서 사용하는 모든 자료는 과거의 수요에 대한 자료들뿐이다.

이 분석기법의 기본가정은 과거에 발생한 현상이 미래에도 계속 발생한다는 것이다. 그러므로 미래의 수요는 과거 관찰치의 행태(pattern)로부터 추정된다. 이러한 관찰치의 행태는 평균(average), 추세(trend), 계절성(seasonal factor), 순환성(cyclic factor), 불규칙변동(random error)의 다섯 가지로 분석할 수 있다. 다섯 가지의 요소는 [그림 3-3]을 통해 설명될 수 있다.

시계열 자료의 구성요소

① **평균**(average): 평균은 정체되어 있는 것으로 생각되는 수요를 설명하기 위한 요소로, 수요예측의 움직임을 설명하는 데 가장 기본이 되는 요소이다.

② **추세**(trend): 추세는 시계열자료가 계속적으로 증가하거나 감소하는 경향을 말한다. 추세는 선형추세와 포물선이나 지수곡선과 같은 비선형 추세로 분리할 수 있다.

③ **계절성**(seasonality): 계절성은 어떤 현상이 일정한 간격으로 반복되는 것을 말한다. 반복되는 주기는 연, 계절, 월 등이 될 수 있다. 의류, 계절상품 등은 계절에 따른 수요의 패턴을 보이는 대표적인 예이다.

④ **순환성**(cyclic factor): 순환성은 계절성과 유사하나 순환의 길이와 크기가 다양하다는 점이 다르다.

⑤ **불규칙변동**(randomness): 불규칙하다는 것은 자료의 행태(pattern)를 인식할 수 없다는 것이다. 대표적인 예가 증권시장의 주가이다.

이상의 다섯 가지 요인을 그림으로 나타내면 [그림 3-3]과 같다.

그림 3-3 시계열 자료의 구성요소

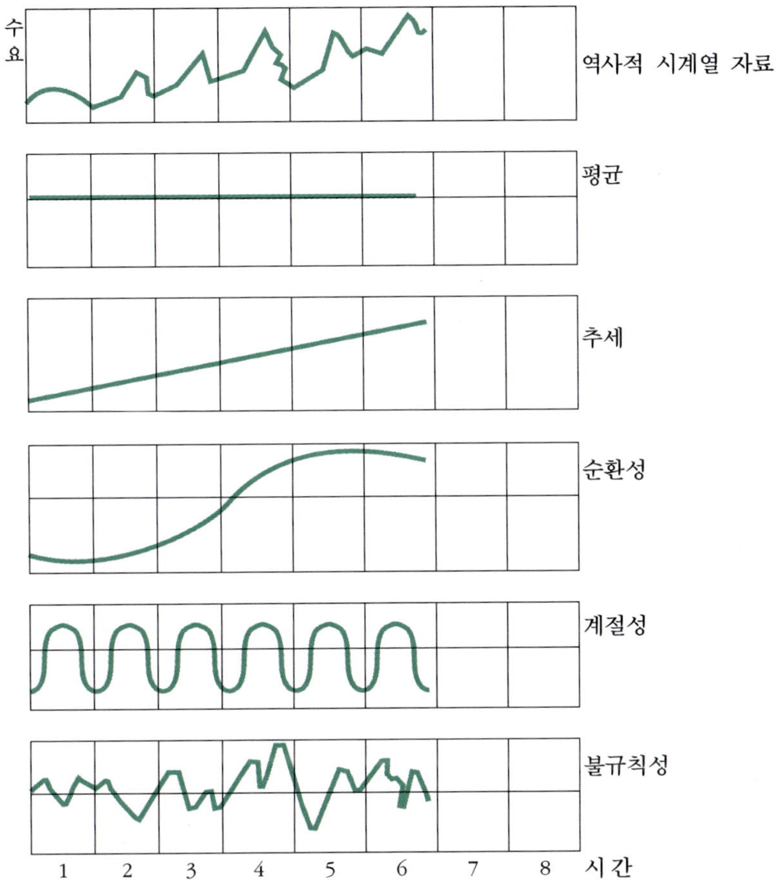

평균을 통한 예측

① **이동평균**(moving average): 이동평균법은 과거 일정기간의 자료를 평균하여 미래를 예측하는 예측기법으로 계절 특성을 갖지 않을 때 불규칙변동을 제거하는 데 유용하다. 평균값을 취하는 이유는 시계열의 불규칙적인 변동을 제거하기 위한 것이다. 이동평균법에는 크게 단순이동평균(simple moving average)법과 가중이동평균(weighted moving average)법이 있다.

(i) 단순이동평균법: 단순이동평균법이란 과거의 자료에 동일한 중요도를 부여하며 과거 자료를 평균하여 미래를 예측하는 기법으로 과거의 자료가 미래를 나타내

는 지표라는 가정에 근거하고 있다.

기간 t의 실제수요를 D_t, 예측치를 F_t 그리고 평균기간을 n으로 놓으면 단순이동평균법에 의한 $(t+1)$기의 예측수요 F_{t+1}은 다음과 같이 계산된다.

$$F_{t+1} = \frac{\sum D_t}{n} = \frac{D_t + D_{t-1} + \cdots + D_{t-n+1}}{n}$$

[예제 3. 1] K기업의 자금담당자는 미래의 각 부서의 자금수요에 대한 수요예측을 실시하고자 한다. 이 기업은 과거의 전반적인 수요가 안정적이었다고 판단하고 있다. 이 기업의 과거 3주간의 수요는 다음과 같다.

기 간	1	2	3
수 요	401	380	411

위의 과거자료를 사용하여 4주의 자금수요에 대한 예측치를 구하시오(단, 평균기간은 3주로 한다).

• 풀 이 •

$F_4 = \frac{411+380+401}{3} = 397.3$이므로 예측수요는 397.3이 된다.

그림 3-4 평균기간에 따른 단순이동평균법의 비교

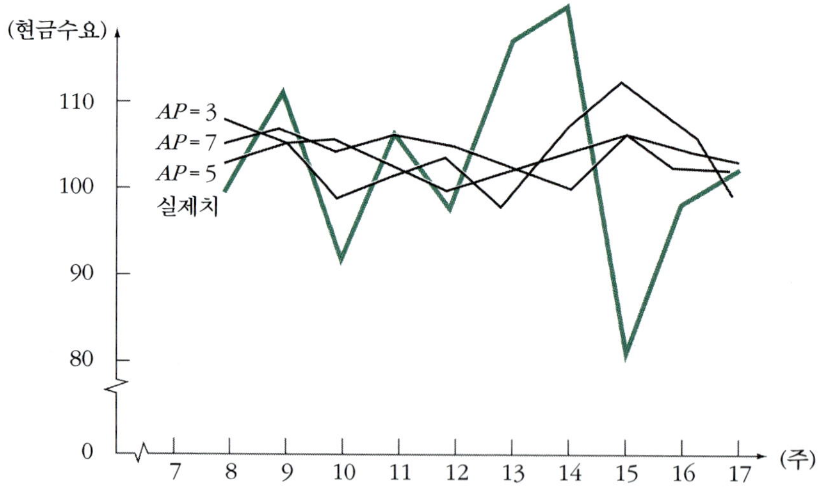

이동평균법에서 평균의 대상으로 설정하는 평균기간(average period, AP)의 선택은 매우 중요한 문제이다. [그림 3-4]는 어느 기업의 실제 자료에 대한 평균기간을

3주, 5주, 7주로 달리해서 예측한 결과를 그래프로 나타낸 것이다. 평균기간이 길어질수록 예측은 더욱 고르게 분포하는 것을 볼 수 있다. 즉, $AP=7$인 경우 예측은 낮은 변화폭을 보이나 $AP=3$은 예측이 큰 변화폭을 보이고 있음을 알 수 있다.

단순이동평균법의 단점은 크게 2가지로 나타낼 수 있다.

첫째, 평균기간 내에서 현재에 근접한 자료가 현실을 보다 잘 반영함에도 불구하고, 과거의 모든 자료에 동일한 중요도를 부여한다는 점이다.

둘째, 이 방법은 추세나 계절성이 없는 경우에만 사용될 수 있으므로 이러한 요인이 존재하는 경우에는 예측이 불가능하다.

두 번째 단점을 보완하는 방법은 뒤에서 설명하기로 하고 우선 첫 번째 단점을 보완하기 위한 방법인 가중이동평균법을 설명하고자 한다.

(ii) 가중이동평균법: 가중이동평균법이란 과거의 모든 자료에 동일한 중요도를 부여하는 것이 아니라, 자료의 중요도에 따라 가중치를 달리하는 이동평균법이다. 이 방법은 최근의 실적치일수록 미래의 변화를 더 잘 반영할 것이라는 가정 하에서 실시된다. 그러므로 가중치의 부여시에 최근의 실적치에 더 많은 가중치를 부여하고, 과거로 갈수록 낮은 가중치를 부여하게 된다. W_t 를 t 기의 가중치라 할 때 가중이동평균법에 의한 수요예측은 다음과 같은 수식에 의해 계산된다.

$$F_{t+1} = \sum W_t D_t = W_t D_t + W_{t-1} D_{t-1} + \cdots + W_{t-n+1} D_{t-n+1}$$

여기서, $\sum W_t = 1$

[예제 3. 2] 앞의 예제 3. 1의 과거자료를 이용하여, 평균기간 3주인 가중이동평균을 이용하여 4주의 수요에 대한 예측을 실시해 보자. 자료에 대한 가중치는 현재에 가까운 주부터 각각 0.7, 0.2, 0.1을 부여한다.

• 풀 이 •

4주에 대한 예측치(F_4)는

$F_4 = 0.7(411)+0.2(380)+0.1(401) = 403.8$ 이 된다.

② **지수평활**(exponential smoothing)**법**: 지수평활법은 가장 가까운 과거자료에 가장 큰 가중치를 부여하여 과거로 갈수록 가중치가 지수적으로 감소하는 특징을 갖는 일종의 가중이동평균법이다. 지수평활법은 크게 직전의 예측치(F_{t-1})와 실제치(A_{t-1}) 그리고 평활계수(α)로 구성된다. 지수평활법에 의한 예측치를 수식으로 표현하면 다

음과 같다.

$$F_t = F_{t-1} + \alpha(A_{t-1} - F_{t-1}) = \alpha A_{t-1} + (1-\alpha)F_{t-1} \qquad (1)$$

여기서, α는 평활계수로 현재 관찰된 수요에 대한 상대적 가중치를 나타낸다.

지수평활법을 처음 도입하는 경우, 최초의 예측치 F_1을 어떻게 구하느냐가 문제가 되는데, 일반적으로 최초 도입시점에서 과거자료가 있으면 과거자료의 단순이동평균치나 가중이동평균치를 이용하고 과거자료가 없으면 정성적 기법에 의한 예측치를 이용한다. 초기의 예측은 이러한 최초예측치에 의해 다소 영향을 받으나 지수평활법은 최근의 자료에 보다 큰 비중을 두기 때문에 시간이 경과함에 따라 최초예측치의 영향은 점차 줄어든다.

이제 식 (1)을 다음과 같이 연속적으로 전개시켜 보자.

기간 1: A_1, F_1(F_1은 최초예측치로 주어져 있고, 기간 1의 말에는 A_1 또한 알 수 있다)

기간 2: $F_2 = \alpha A_1 + (1-\alpha)F_1 \qquad (2)$

기간 3: $F_3 = \alpha A_2 + (1-\alpha)F_2$

$= \alpha A_2 + (1-\alpha)\{\alpha A_1 + (1-\alpha)F_1\}$ (F_2 대신 식 (2) 대입)

$= \alpha A_2 + \alpha(1-\alpha)A_1 + (1-\alpha)^2 F_1 \qquad (3)$

기간 4: $F_4 = \alpha A_3 + (1-\alpha)F_3$

$= \alpha A_3 + (1-\alpha)\{\alpha A_2 + \alpha(1-\alpha)A_1 + (1-\alpha)^2 F_1\}$

(F_3 대신 식 (3) 대입)

$= \alpha A_3 + \alpha(1-\alpha)A_2 + \alpha(1-\alpha)^2 A_1 + (1-\alpha)^3 F_1$

같은 방식으로 하여 F_t는 다음과 같이 표현된다.

$$F_t = \alpha A_{t-1} + \alpha(1-\alpha)A_{t-2} + \alpha(1-\alpha)^2 A_{t-3} + \cdots$$
$$+ \alpha(1-\alpha)^{t-2}A_1 + (1-\alpha)^{t-1}F_1 \qquad (4)$$

식 (4)에서 F_1도 과거 수요로부터 추정된 것이므로 결국 기간 t의 수요예측치는 과거 모든 기간의 실제수요의 지수적 가중평균(exponentially weighted average)임을 알 수 있다. 그리고 식 (4)에서 각 가중치는 모든 $\alpha(0 \leq \alpha \leq 1)$값에 대하여

$$\alpha \geq \alpha(1-\alpha) \geq \alpha(1-\alpha)^2 \geq \cdots \geq \alpha(1-\alpha)^{t-2}$$

이므로 지수평활법은 보다 최근의 자료에 더 큰 비중을 두어 수요를 예측함을 알 수 있다. 또한 모든 가중치의 합을 구하면 1이 된다. 즉,

$$\begin{aligned} &\alpha+\alpha(1-\alpha)+\alpha(1-\alpha)^2+\cdots+\alpha(1-\alpha)^{t-2}+(1-\alpha)^{t-1} \\ &=\alpha\{1+(1-\alpha)+(1-\alpha)^2+\cdots+(1-\alpha)^{t-2}\}+(1-\alpha)^{t-1} \\ &=\alpha\left\{\frac{1-(1-\alpha)^{t-1}}{1-(1-\alpha)}\right\}+(1-\alpha)^{t-1}=1 \end{aligned}$$

따라서 평활계수 α는 가중이동평균의 가중치 W의 값과 동일한 역할을 한다. 만일 α값이 크면 가까운 기간의 수요치에 더 많은 가중치를 부여하게 되고, 상대적으로 과거의 관찰치에 대한 가중치가 줄어들게 된다.

[예제 3. 3] 다시 앞의 예제 3. 1의 과거자료를 사용하여 4주의 예측수요를 계산하시오. 예측방법은 지수평활법을 사용하고 평활지수 α는 0.9로 둔다.

• 풀 이 •

$$\begin{aligned} F_2 &= \alpha A_1 + (1-\alpha)F_1 \\ &= \alpha A_1 + (1-\alpha)A_1 \\ &= A_1 = 401 \end{aligned}$$

$$F_3 = \alpha A_2 + (1-\alpha)F_2 = 0.9(380) + 0.1(401) = 382.1$$

$$F_4 = \alpha A_3 + (1-\alpha)F_3 = 0.9(411) + 0.1(382.1) = 408.11$$

그러므로 4기의 예측수요 F_4는 408.11이다.

실제예측상황에서 α값에 대한 결정은 매우 중요한 관심사이다. 하지만 어느 정도의 α가 가장 적합한 가중치인지는 알 수가 없다. 따라서 α의 수준을 달리하여 여러 번의 예측을 실시한 후 각 예측의 예측정확성을 극대화하는 α를 선정해야 한다.

[그림 3-5]는 $\alpha=0.1$, 0.2, 0.3일 때 지수평활법을 이용한 예측을 도시한 것으로 17개의 실제수요를 이용하였다. α가 높을수록 추세를 잘 반영하나 분포를 고르게 하는 효과는 떨어지는 것을 볼 수 있다. 일반적으로 α값은 0.1이 사용된다.

그림 3-5 평활계수에 따른 지수평활법의 비교

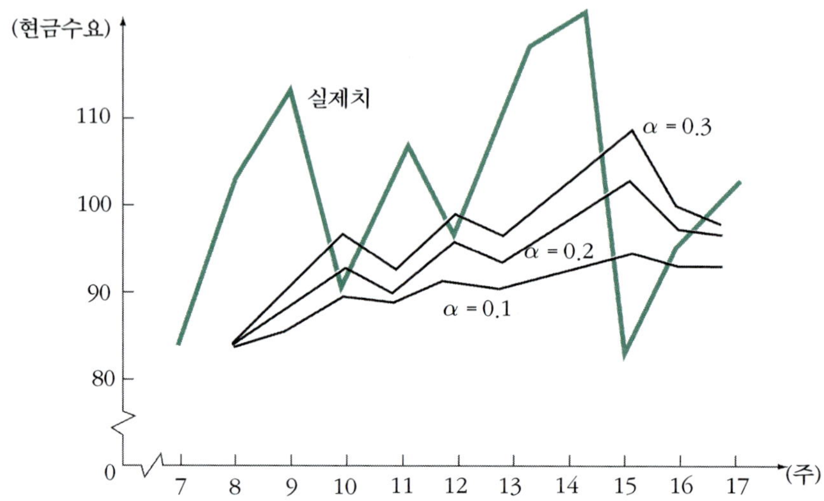

계절성을 고려한 모형

대부분의 제품에는 계절성이 존재한다. 예를 들면 냉장고는 여름에 수요가 급증하는 제품이고, 눈삽이나 옷가지 등도 역시 계절적으로 수요가 변화하는 제품들이다. 이러한 계절성은 서비스 산업에서도 마찬가지로 존재하는데, 우편의 경우는 크리스마스나 연말에 그 수요가 급증하는 것을 볼 수 있다. 여기서는 평균과 계절성 요소만으로 수요를 설명하기로 한다. 모형의 간편성을 위해 평균은 단순평균을 사용하기로 한다. 하지만 필요한 경우 다른 평균모형을 사용할 수도 있다.

계절성을 고려한 승수모형의 경우 다음과 같은 요소들로 구성된다.

$A_{y,t}$ = y해 t분기의 수요

$\overline{A_y}$ = y해의 분기별 수요의 평균

$\widetilde{A_y}$ = 미래 y해의 분기별 평균 예측수요

$f_{y,t}$ = y해 t분기의 계절성 요소

$\overline{f_t}$ = t분기에 대한 평균 계절성 요소

$F_{y,t}$ = 미래 y해의 t분기에 대한 예측수요

m = 과거자료의 연도수

n = 각 연도별 수요기간의 수

이상의 구성요소들로 계절성 요소를 고려한 예측수요를 계산하는 과정은 네 단계로 이루어진다.

첫 번째 단계는 과거의 자료를 사용하여 각 연도별 평균수요를 계산한다.

$$\overline{A_y} = \frac{\sum_{t=1}^{n} A_{y,t}}{n}$$

두 번째 단계는 해당기의 각 분기별 실제수요를 각 연도별 평균수요로 나누어 각 분기별 계절성 요소($f_{y,t}$)를 구한다.

$$f_{y,t} = \frac{A_{y,t}}{\overline{A_y}}$$

세 번째 단계로, 각 분기별 계절성 요소의 평균($\overline{f_t}$)을 구한다.

$$\overline{f_t} = \frac{\sum_{y=1}^{m} f_{y,t}}{m}$$

마지막 단계로 예측기간의 각 분기별 평균($\widetilde{A}_y$)에 계절성 요소의 분기별 평균치를 곱하여 예측기간에 대한 각 분기별 예측수요를 구한다.

$$F_{y,t} = \widetilde{A_y} \cdot \overline{f_t}$$

[예제 3. 4] K자동차 세척업체는 내년(2006년)의 고객수에 대한 분기별 예측을 실시하고자 한다. 자동차 세척업의 수요는 계절성을 지니므로, 3기에 가장 높은 수요를 보여준다. 이 회사는 과거의 자료로 [표 3-1]과 같은 2002년부터 2005년까지의 수요에 대한 분기별 자료를 갖고 있다. 그리고 이 회사의 관리자는 2006년도의 연간 수요를 2,600으로 예측하고 있다. 이러한 자료에 근거하여 2006년도의 각 분기별 수요를 예측하시오.

[표 3-1]

분 기	2002	2003	2004	2005
1	45	70	100	100
2	335	370	585	725
3	520	590	830	1,160
4	100	170	285	215
계	1,000	1,200	1,800	2,200

• 풀 이 •

본문에서 설명한 과정은 다음의 [표 3-2]에 모두 요약되어 있다.

[표 3-2]

분기	2002		2003		2004		2005		평균 계절성
	수요	계절성	수요	계절성	수요	계절성	수요	계절성	
1	45	0.18	70	0.23	100	0.22	100	0.18	0.20
2	335	1.34	370	1.23	585	1.30	725	1.32	1.30
3	520	2.08	590	1.97	830	1.84	1,160	2.11	2.00
4	100	0.40	170	0.57	285	0.63	215	0.39	0.50
계	1,000		1,200		1,800		2,200		
평균 수요	1,000/4 = 250		1,200/4 = 300		1,800/4 = 450		2,200/4 = 550		

풀이과정을 간단히 설명하면 2002년도 1분기의 계절성 0.18은 그 분기의 실제수요 45를 그 해의 평균수요 250으로 나눈 것이다. 이어서 2분기는 335를, 3분기는 520을, 4분기는 100을 250으로 나눈 것이다. 이 같은 방법으로 2003년, 2004년, 2005년의 각 분기별 계절성 요소를 구한 후 이를 각 분기별로 평균을 낸 것이 마지막 열의 수치들이다. 1분기의 0.20은 각 연도별 1 분기의 계절성 요소를 더하여 연도수 4로 나눈 것이다. 즉, $\frac{0.18+0.23+0.22+0.18}{4}=0.20$이 된다.

다른 분기에 대해서도 이와 같은 방법을 이용하여 평균 계절성 요소를 구한다. 그런 후에 2006년도의 예측수요 2600을 4로 나누어 예측분기별 수요를 구하고, 여기에 평균 계절성 요소를 곱하여 예측수요를 구한다.

$$F_{2006,1}=0.20\left(\frac{2,600}{4}\right)=130$$

$$F_{2006,2}=1.30\left(\frac{2,600}{4}\right)=845$$

$$F_{2006,3}=2.00\left(\frac{2,600}{4}\right)=1,300$$

$$F_{2006,4}=0.50\left(\frac{2,600}{4}\right)=325$$

추세와 계절성을 함께 고려한 모형

시계열 수요자료에서 수요변동은 크게 5가지의 구성요소로 분해될 수 있다. 5가지의 구성요소는 앞에서 설명한 바와 같이 평균, 추세, 계절성, 순환성, 불규칙성이다. 수요는 먼저 평균에 의해 설명될 수 있다. 그러나 시계열 모델에서는 예측기간 동안에 추세가 존재한다고 가정하므로, 평균에 의해 설명된 수요는 추세를 반영하여 수정된다. 게다가 계절효과 또한 수요에 영향을 끼치므로 수요는 다시 계절요소인 S_t에 의해 수정된다.

이후에 수요는 순환성 요소 C_t에 의해 추가적으로 수정되며, 마지막으로 불규칙 변동 요소인 R_t를 반영하면, 모든 구성요소를 반영한 예측수요를 구할 수 있다. 그러나 이 중에서 순환성 요소와 불규칙변동 요소는 정의하기가 어렵거나 또는 고정된 시간간격이 없이 발생하기 때문에 그 효과를 분석하기가 어렵다. 따라서 여기서는 분석이 용이하고 실제상황에서 자주 나타나는 추세(trend)와 계절성 요소(seasonal factor)를 고려한 *FIFS*(Forecast Including Trend and Seasonality)를 사용하여 수요예측을 설명하기로 한다.

순환성과 불규칙 변동의 두 요소를 제외한 나머지 세 요소로 수요를 설명하는 모형으로는 합산모형(additive model)과 승산모형(multiplicative model)이 있다. 승산모형은 $F_t = (A_t + T_t) \times S_t$와 같은 모형으로 수요를 설명하고, 합산모형은 $F_t = A_t + T_t + S_t$와 같은 모형으로 수요를 설명한다. 즉, 합산모형에서는 각 구성요소의 효과가 독립적으로 종속변수 F_t에 영향을 미치며, 승산모형에서는 수요가 각 구성요소 간의 상호의존성에 의해 설명된다.

[예제 3. 5] 준일회사는 오락용 기계를 판매하는 회사이다. 이 회사에서 과거의 판매를 분석해 보니 제품의 판매가 꾸준히 상승하는 경향을 보였다. 이 회사의 계절별 평균수요는 1,000으로 계산되었고, 각 계절마다 75단위씩 수요가 증가하는 추세를 보인 것으로 조사되었다. 그리고 각 계절별로 계절적인 영향은 비율적으로 봄에 0.3, 여름에 1.5, 가을에 1.7, 겨울에 0.5로 조사되었다. 승산모형을 이용하여 다음 해의 4계절에 대한 수요예측을 실시하시오.

• 풀 이 •

일단 추세를 반영하여 계절별 수요를 예측하면

봄: $1,000 + 75 \times 1 = 1,075$

여름: $1,000 + 75 \times 2 = 1,150$

가을: $1,000 + 75 \times 3 = 1,225$

추세: $1,000 + 75 \times 4 = 1,300$

이다. 여기에 계절성 요소를 반영하여 예측수요를 추정하면 최종예측수요는

$F_{봄} = 1,075 \times 0.3 = 322.5$

$F_{여름} = 1,150 \times 1.5 = 1,725$

$F_{가을} = 1,225 \times 1.7 = 2,082.5$

$F_{겨울} = 1,300 \times 0.5 = 650$이 된다.

인과형 분석(causal analysis)

시계열 분석은 시간의 변화에 따른 수요를 관찰하여 미래를 예측하였다. 즉, 수요와 시간과의 관계를 분석하였다. 그러나 수요는 시간에 의해서만 영향을 받지 않는다. 인과형 분석은 시간 외에도 다른 여러 가지 요인들이 수요에 영향을 끼친다는 사실을 근거로 하여 전개된 가장 세련된 예측기법이다. 이 기법은 영향을 미치는 변수(독립변수)들과 영향을 받는 수요(종속변수)와의 관계분석을 통하여 미래를 예측하고자 하는 계량적 기법으로 수학적인 공식으로 표현되며, 장기의 예측에 적합한 모형이다. 예를 들면 제품의 매출액은 가격, 품질, 소비자의 기호, 경제동향, 경쟁제품의 매출 등 여러 가지 요인들에 의해서 영향을 받는다. 그러므로 각 변수들이 매출에 어느 정도의 영향을 미치는지의 인과관계를 조사하여 이들을 정형화된 수식으로 만들고, 이 수식을 이용하여 미래의 매출액 수준을 예측한다.

이 기법은 역사적 자료를 이용할 수 있고, 영향을 미치는 각 변수들의 종류와 관계가 알려져 있을 때 사용될 수 있다. 대표적인 분석기법으로는 회귀분석이 있으며, 그 외에도 투입/산출모형, 계량경제모형 등이 있다.

여기서는 가장 일반적으로 이용되고 있는 선형 회귀분석에 대해서 알아보기로 한다.

선형 회귀분석(linear regression analysis)

회귀분석이란 하나 이상의 독립변수들(원인)과 종속변수(결과)와의 관계를 파악하여 회귀방정식을 도출하고, 이 회귀방정식을 이용하여 미래를 예측하는 인과형 분석의 가장 대표적인 모델이다.

특히 선형 회귀분석은 회귀분석 중에서 독립변수와 종속변수가 선형의 관계로 표현될 수 있는 경우를 말한다. 회귀분석에서 종속변수는 예측하고자 하는 변수를 말하며, 독립변수는 종속변수의 결정에 영향을 미치는 원인이 된다. 회귀분석에서는 시간도 추세나 계절성을 갖는 종속변수의 결정에 영향을 미치므로 역시 독립변수로 사용될 수 있다.

회귀분석을 통해서 우리는 여러 가지의 정보를 얻을 수 있는데, 첫째로 독립변수와 종속변수 간의 상호관련성 여부를 알 수 있고, 둘째로 종속변수와 독립변수의 상관관계의 정보를 파악할 수 있으며, 셋째로 변수 간의 종속관계의 성격, 즉 변수 간의 관계가 양(+)의 관계를 갖고 있는지, 음(−)의 관계를 갖고 있는지 알 수가 있다. 선형 회귀분석은 단순선형 회귀분석과 다중선형 회귀분석으로 나눌 수 있다.

① **단순선형 회귀분석**(simple linear regression analysis): 단순회귀분석은 종속변수에 영향을 미치는 독립변수가 1개인 회귀분석을 의미한다. 선형 회귀식을 수립하기 위해서는 먼저 독립변수(X_i)와 종속변수(Y_i)가 다음과 같은 선형관계를 갖는다는 가정이 필요하다.

$$Y_i = \alpha + \beta X_i + \epsilon_i$$

여기서 α = 선형 회귀식의 Y절편
β = 선형 회귀식의 기울기
ϵ_i = 회귀식에 의해 설명할 수 없는 오차

이다. 선형 회귀분석에서 우리가 알고자 하는 것은 절편 α와 기울기 β이다. 이들을 추정하기 위해 우리는 두 가지의 방법을 사용할 수 있다. 최소자승법(least square method)과 최우추정법(maximum likelihood method)의 두 가지 방법인데, 여기서는 최소자승법을 이용한 회귀분석에 대해 설명하도록 한다. 하지만 한 가지 염두에 두어야 할 점은 최우추정법을 사용해도 최소자승법과 같은 결과가 나오므로 어떤 방법으로 해결해도 무관하다는 점이다.

최소자승법은 실제 Y_i와 Y_i의 추정치의 차이인 오차들의 합이 최소가 되도록 하는 절편과 기울기의 추정치를 구하는 방법이다. Y_i의 추정치는 다음과 같이 표현될 수 있다.

$$\widehat{Y_i} = \hat{\alpha} + \hat{\beta} X_i$$

이때 선형 회귀식의 목적함수는

$$\sum (Y_i - \widehat{Y_i})^2 = \sum [Y_i - (\hat{\alpha} + \hat{\beta} X_i)]^2$$

의 최소화로 표현된다. 이제 목적함수를 최소화시키는 계수를 찾아내기 위해서 목적함수를 구하고자 하는 계수 $\hat{\alpha}$와 $\hat{\beta}$에 대해 편미분하여 각 식을 0으로 놓고 풀면, 다음과 같은 결과를 얻게 된다.

$$\hat{\beta} = \frac{n\sum XY - \sum X \sum Y}{n\sum X^2 - (\sum X)^2}$$

$$\hat{\alpha} = \frac{\sum Y - \hat{\beta} \sum X}{n} = \widehat{Y} - \hat{\beta}\,\overline{X}$$

단순 회귀분석에서 독립변수(X)와 종속변수(Y)가 어느 정도 관계를 갖고 있는가는 상관계수(r)에 의해 측정될 수 있다. 상관계수(correlation coefficient)는 종속변수와 독립변수 간의 선형관계의 강도와 방향을 측정하는 것으로 -1에서 1 사이의 값을 갖는다. 상관계수는 다음 식으로 나타낼 수 있다.

$$r = \frac{n\sum XY - \sum X \sum Y}{[n\sum X^2 - (\sum X)^2][n\sum Y^2 - (\sum Y)^2]}$$

$r=0$이라는 것은 두 변수 간의 상관관계가 없음을 의미하며, -1은 강한 음($-$)의 상관관계를 $+1$은 강한 양($+$)의 상관관계를 가짐을 의미한다.

② **다중선형 회귀분석**(multiple linear regression analysis): 현실적으로 기업의 매출액은 가격, 판촉, 경쟁자, 시장동향, 회사의 명성 등 다양한 독립변수에 의해 영향을 받는다. 이러한 경우 회귀분석에서 종속변수(Y)는 하나의 독립변수로 설명하는 것이 불가능하다. 이와 같이 여러 개의 독립변수를 갖는 회귀분석모형을 다중 회귀모형이라고 한다. 다중선형 회귀는 다음과 같은 형태로 표현될 수 있다.

$$\widehat{Y} = \hat{\alpha} + \hat{\beta}_1 X_1 + \hat{\beta}_2 X_2 + \cdots + \hat{\beta}_n X_n$$

[예제 3. 6] 주식회사 갑은 과거 9개월 동안 광고비를 매월 백만원씩 늘려왔다([표 3-3] 참조). 광고비가 증가함에 따라 매출도 꾸준히 상승하여 왔다. 하지만 이 회사는 아직도 경쟁사에 비해 매출 면에서 뒤지고 있다. 그래서 이 회사의 마케팅 담당자는 다음 달(10월)에는 광고비를 9월에 비해 3백만원 더 증가시키고자 한다.

[표 3-3] (단위: 백만원)

월	매 출	광고비
1	10523.3	2.5
2	10553.5	3.5
3	10740.8	4.5
4	10776.8	5.5
5	10948.3	6.5
6	11214.5	7.5
7	11279.8	8.5
8	11543.0	9.5
9	11756.0	10.5

이 회사가 광고비를 9월보다 3백만원 더 증가시켰을 때의 예상매출을 단순선형 회귀분석을 사용하여 예측하시오.

• 풀 이 •

$\hat{\alpha}$와 $\hat{\beta}$의 계산을 위해 필요한 자료가 [표 3-4]에 주어져 있다.

$$\hat{\beta} = \frac{n\sum XY - \sum X \sum Y}{n\sum X^2 - (\sum X)^2} = \frac{9(654709.5) - (58.5)(99209)}{9(440.25) - (58.5)^2} = 164.183$$

$$\hat{\alpha} = \frac{\sum Y - \hat{\beta}\sum X}{n} = \hat{Y} - \hat{\beta}\hat{X} = \frac{99209 - (164.183)(58.5)}{9} = 9956.03$$

[표 3-4]

월	매출(Y)	광고비(X)	X^2	XY
1	10523.3	2.5	6.25	26308.25
2	10553.5	3.5	12.25	36937.25
3	10740.8	4.5	20.25	48171.60
4	10776.8	5.5	30.25	59272.40
5	10948.3	6.5	42.25	71163.95
6	11214.5	7.5	56.25	84108.75
7	11279.8	8.5	72.25	95878.39
8	11543.0	9.5	90.25	109658.50
9	11756.0	10.5	110.25	123438.00
계	$\sum Y$	$\sum X$	$\sum X^2$	$\sum XY$

이를 이용하여 회귀방정식을 만들면

$$Y_i = \hat{\alpha} + \hat{\beta} X_i = 9956.03 + 164.183 X_i$$

가 되므로 광고비를 3백만원 올려 13.5(백만원)를 투입하면 예상매출은 다음과 같다.

$$F_{10} = 9956.03 + 164.183(13.5) = 12172.5005$$

시뮬레이션 모형(simulation model)

시뮬레이션 모형은 컴퓨터를 사용한 동적 모형(dynamic model)으로서, 예측자에게 모형의 내부변수와 외부환경에 대한 가정과 인과관계를 설정하고 모의실험을 통해 미래를 예측한다. 대표적인 시뮬레이션 모형으로는 시스템 다이내믹스(system dynamics) 모형을 예로 들 수 있다.

3.3 예측오차의 측정

미래의 수요는 그 값이 알려지지 않은 여러 가지 요소(원인)들에 의해 영향을 받으므로, 정해진 모형에 의해 그 값을 항상 정확하게 예측하는 것은 불가능하다. 즉, 아무리 좋은 예측기법을 사용하여 예측한 경우라도 그 예측치는 반드시 오차를 갖기 마련이다.

모든 예측기법들은 실제현상에서 발생하는 다양한 원인들을 모두 고려할 수 없어 이들에 대한 다양한 형태의 가정을 하고 모형을 설계하므로, 각 기법들은 제한된 상황에서만 맞도록 고안되어 있다. 그러므로 예측기법의 정확성을 측정하는 수단은 우리가 어떤 예측을 수행함에 있어서 그 예측치의 신뢰성을 평가할 수 있는 기준을 제공한다. 대표적인 예측오차의 측정 기준으로는 *MAE*, *MAD*, *MSE*, *MAPE*가 있다.

예측오차 예측오차 E_t란 실제치 A_t와 예측치 F_t의 차이를 말한다.

누적오차 누적오차(cumulative forecasting error, *CFE*)는 예측의 편의(bias)를 측정하기 위한 수단으로 누적오차가 계속해서 증가하면 이 예측기법은 실제수요를 과소평가하고 있는 것이 되고, 계속해서 감소하면 과대평가하고 있는 것이 된다. *CFE*는 다음과 같이 구해진다.

$$CFE=\sum_{t=1}^{n} E_t$$

평균오차 평균오차(mean average error, *MAE*)란 실제치와 예측치의 차이의 합을 기간수로 나눠준 것으로 종종 예측오차의 방향을 측정하는 데 사용된다. 즉,

$$MAE=\frac{\Sigma(A_t-F_t)}{n}$$

예측오차의 측정수단으로 *MAE*를 사용하는 데 있어서의 어려움은 양(+)의 오차가 음(−)의 오차의 효과를 상쇄해 버린다는 점이다. 예를 들어 지난 4기간의 예측오차가 100, −100, 50, −50이라고 하면 *MAE*는 0이다. 이것은 *MAE*를 예측오차의 측정수단으로 사용하는 경우, 실제로 오차가 발생했음에도 불구하고 마치 이 예측기법이 정확한 예측기법인 것처럼 결과를 보여준다는 것이다. 이와 같은 문제를 해결하기 위한 것이 평균제곱오차(*MSE*)와 평균절대오차(*MAD*)이다.

MAD *MAD*(mean absolute deviation)는 평균절대편차로 모든 오차를 양(+)

이 되게 하기 위해 각 오차에 절대값을 취한다. 즉,

$$MAD = \frac{\Sigma|E_t|}{n}$$

이다. *MAD*가 작다면 예측은 실제수요에 가까운 것을 나타내고, *MAD*가 크다면 예측치와 실제수요가 크게 다름을 나타낸다.

*MAD*는 적용하기에 매우 간편하여 가장 일반적으로 사용되는 예측오차 측정방법이다. 이와는 달리 표준편차(standard deviation)인 σ는 양(+)이 되게 하기 위해 각 오차의 제곱을 취한 후 제곱근을 씌운다. 즉,

$$\sigma = \left[\frac{\Sigma E_t^2}{(n-1)}\right]^{\frac{1}{2}}$$

예측오차가 표준정규분포를 이룬다고 가정할 때 *MAD*와 σ는 다음과 같은 관계를 갖는다.

$$\sigma = \sqrt{\frac{\pi}{2}}\,MAD \cong 1.25MAD \text{ 또는 } MAD \cong 0.8\sigma$$

또는 관계식을 통해 *MAD*를 이용하여 수요예측방법의 정확성을 조정 · 통제하는 경우 표준정규분포를 사용하여도 같은 결과가 나온다는 것을 알 수 있다.

MSE *MSE*(mean square error)도 *MAE*의 양과 음의 상쇄성을 해결하기 위한 방법으로, 모든 오차가 비음이 될 수 있도록 각 오차를 제곱한 평균을 구한다. 즉,

$$MSE = \frac{\Sigma E_t^2}{n}$$

MAPE *MAPE*(mean absolute percent error)는 예측오차를 수요의 크기를 고려하여 비율적으로 평가한다. 즉, 각 기별 수요에 대한 오차의 비율을 평균한 값이 바로 *MAPE*이다. *MAPE*는 오차의 방향을 고려하지 않고 오차의 폭만을 고려하기 위해 각 오차비율의 절대값을 사용한다. 즉,

$$MAPE = \frac{\sum_{t=1}^{n}\left|\frac{E_t}{A_t}\right|}{n}$$

[예제 3. 7]

가나다 컴퓨터회사의 과거 월별 수요와 예측치는 다음과 같다.

월	6	7	8	9	10	11	12
수 요	80	110	115	105	110	125	120
예측치	104	99	101	104	104	105	109

예측의 오차를 MAD로 나타내시오.

•풀 이•

월(t)	A_t	F_t	E_t	$\lvert E_t \rvert$
6	80	104	−24	24
7	110	99	11	11
8	115	101	14	14
9	105	104	1	1
10	110	104	6	6
11	125	105	20	20
12	120	109	11	11
계			39	87

$$MAD = \frac{\Sigma|E_t|}{n} = \frac{87}{7} = 12.4$$

3.4 수요예측기법 선택시 고려사항

지금까지 여러 가지 수요예측기법과 수요예측오차의 측정수단에 대해서 설명하였다. 이제 마지막으로 기업에서 어떠한 기법의 선택이 최적일 것인가 하는 문제가 대두된다. 각 기업에서 적합한 기법을 선택하기 위해서는 각 기법의 내용이나 장단점에 관한 명확한 이해가 선행되어야 함은 물론이고, 예측대상의 특성, 예측기간, 요구되는 정확도, 과거자료의 유무, 예측시의 소요경비 및 시간 등 여러 가지 요인들을 고려하여야 한다.

가장 중요한 것은 정확도이다. 정확하지 못한 수요예측은 기업에 예측을 하지 않은 경우보다 더욱 심각한 해를 끼칠 수 있으므로 정확성에 대한 신중한 고려가 필요하다. 정확도는 앞에서 설명한 예측오차를 통해 어느 정도 평가될 수 있다. 다음으로 고려해야 할 사항이 예측에 드는 비용이다. 아무리 정확한 예측기법일지라도 지나치게 비용이 많이 드는 경우 수요예측의 효과가 비용으로 인해 상쇄되므로 비용과 정확도의 상쇄관계를 고려해서 두 가지 면에서 적절한 수준의 예측기법을 선택하는 것이 중요하다.

그림 3-6 수요예측 관련비용 간의 관계

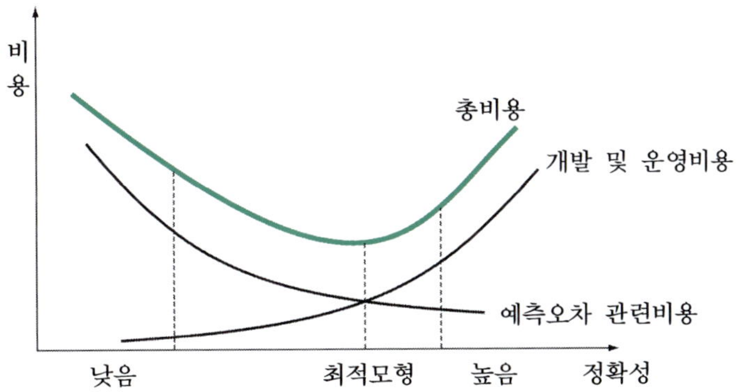

수요예측에 관련된 비용은 다음과 같다. 주요비용으로는 기법을 개발하는 데 드는 개발비용(고정비), 기법을 운영하는 데 드는 운영비용(변동비), 기법의 정확성에 관련된 예측오차로 인한 비용 등이 있다. [그림 3-6]은 수요예측기법과 관련된 비용요소를 그래프로 도시한 것이다. 일반적으로 개발 및 운영비용 그리고 예측오차비용 사이에는 그림과 같은 역관계가 있다. 따라서 예측기법을 선택하는 데 있어서 기업은 주어진 상황에서 최소의 비용을 가져다주는 기법을 선택하는 것이 바람직하다.

3.5 요 약

적절한 수요예측은 기업에게 경쟁력을 부여하며, 변화하는 환경 속에서 기업이 생존할 수 있도록 해준다. 하지만 잘못된 수요예측은 기업의 생존을 위협하는 치명적인 요인이 될 수도 있다는 점에서 수요예측의 중요성은 더욱 강조된다. 그러므로 적절한 수요예측기법의 선정과 적용은 신중히 고려되어야 할 사항이다. 오퍼레이션스 경영분야에서의 수요예측은 기간에 따라 장기, 중기, 단기로 나누어 수행되는데, 장기적으로 생산능력결정, 입지선정, 새로운 제품개발 등의 전략수립에, 중기적으로 인력, 자재, 생산, 재고 등에 관한 의사결정에, 그리고 단기적으로 생산일정계획의 수립 등에 영향을 미친다.

수요예측기법은 크게 두 가지로 구분할 수 있다. 하나는 정성적 기법(qualitative method)이고 다른 하나는 계량적 기법(quantitative method)이다.

정성적 기법은 예측수행자의 주관적인 견해나 경험에 의한 판단에 의존하여 미래를 예측하는 기법으로 그 종류로 델파이조사법, 패널조사법, 판매원 이용법, 시장조사법, 역사적 유추법 등이 있다.

계량적 기법은 과거의 객관적인 자료를 처리하여 미래를 예측하는 기법으로서, 역사적 자료를 통해 과거의 동향과 변화를 파악하고, 변수들 간의 관계규명을 통해 미래를 예측한다. 계량적 기법은 크게 시계열 분석과 인과형 분석이 있다. 시계열 분석은 과거 자료의 시간에 따른 변화를 관찰하여 일정한 패턴을 발견하고, 이를 통해 미래를 예측하는 기법으로 이동평균법, 지수평활법 등이 있다. 인과형 분석은 과거의 자료를 통해 미래 수요에 영향을 끼칠 변수들을 찾고, 이 변수들 간의 인과관계를 분석하여 종속변수와 독립변수 간의 관계로 정립하고 독립변수를 이용하여 종속변수의 미래를 예측한다. 인과형 분석기법으로는 회귀분석(regression analysis), 투입산출모형(*I/O* model), 계량경제모형(econometric model)이 있다.

모든 예측기법들은 실제현상에서 발생하는 다양한 원인들을 모두 고려할 수 없으므로 이들에 대한 다양한 형태의 가정을 하고 그 모형을 설계하므로, 각 기법들은 제한된 상황에서만 맞도록 고안되어 있다. 그러므로 예측기법의 정확성을 측정하는 수단은 우리가 어떤 예측을 수행함에 있어서 그 예측치의 신뢰성을 평가할 수 있는 기준을 제공한다.

예측오차의 측정수단은 예측오차의 방향이나 예측오차의 정도를 측정하게 해준다. 대표적인 예측오차 측정기준으로는 *MAE*, *MAD*, *MSE*, *MAPE*가 있다.

마지막으로 기업에서 어떠한 기법의 선택이 최적일 것인가 하는 문제가 대두될 수 있다. 각 기업에서 적합한 기법을 선택하기 위해서는 각 기법의 내용이나 장단점에 관한 명확한 이해가 선행되어야 함은 물론이고, 예측대상의 특성, 예측기간, 요구되는 정확도, 과거 자료의 유무, 예측시의 소요경비 및 시간 등 여러 가지 요인들을 고려하여야 한다.

문제 및 토론

1. 수요예측기법들을 그 특성에 따라 종류별로 구분하고, 각 예측기법들의 상대적 장 · 단점에 대하여 설명하시오.
2. 오퍼레이션스 경영에서 수요예측의 역할과 예측기법의 선택시 고려사항을 설명하시오.
3. 델파이기법(Delphi technique)에 의한 수요예측이 이용될 수 있는 경우를 예를 들어 설명하시오.
4. 시계열자료를 구성하는 요소들에는 어떠한 것들이 있는지, 그리고 이들 구성요소를 예를 들어 설명하시오.
5. 계량적 기법에서 시계열 분석에 해당되는 이동평균(moving average)법과 지수평활(exponential smoothing)법을 서로 비교하여 설명하시오.
6. 다음의 용어를 간략히 설명하시오.
   ① *MAD*와 *MSE*
   ② 합산모형과 승산모형
   ③ 지수평활법의 F_1과 α
7. 지난 10주간의 회계세미나 예약인원수는 다음과 같다.

주	1	2	3	4	5	6	7	8	9	10
예약인원	22	21	25	27	35	29	33	37	41	37

   ① 3주 이동평균법을 이용하여 4주에서 11주까지의 수요를 예측하시오.
   ② 실제예약인원과 예측한 인원의 수를 그래프로 표시하여 비교하시오.
   ③ 수요예측에서 *MAD*를 계산해 보시오.
8. A사의 3주 동안의 매출액을 매주별로 분리하여 집계하면 다음과 같다.

주	매출액
1	4,000,000
2	3,850,000
3	3,950,000

   ① 4주째의 매출액을 3주 이동평균법을 이용하여 예측하시오.
   ② 4주에 실제 매출액이 4,150,000과 같을 때 ①에서의 방법을 이용하여 5주째의 매출액을 예측하시오.
   ③ 기업의 분석자는 70%의 가중치를 최근의 수요에, 20%의 가중치를 한 주 전의 수요에, 10%의 가중치를 두 주 전의 수요에 할당하였다. 3주간의 자료를 이용하여 5주째의 매출액을 예측하시오.

9. 2005년 1월부터 5월까지의 B사의 매출액 자료가 다음과 같다.

월	매출액	광고비
1	26,400	250
2	11,600	130
3	16,500	140
4	10,100	100
5	20,900	200

① 광고비를 독립변수로 하고 매출액을 종속변수로 하는 선형회귀식을 세우시오.

② 다음 달(6월)의 광고비는 150으로 예정되어 있다. 다음 달의 예상 매출액을 예측하시오.

10. 문제 8의 자료에 4주차, 5주차, 6주차의 자료가 다음과 같이 추가되었다고 하자.

주	매출액
4	4,050,000
5	4,100,000
6	4,105,000

$\alpha = 0.1,\ 0.5,\ 0.9$에 대해 각각 7주차의 매출액을 지수평활법을 이용하여 추정하시오.

11. C사의 경영자는 자사의 주력상품에 대한 분기별 매출액의 예측이 필요하다. 작년도까지 3년간의 시계열자료가 다음과 같이 준비되어 있으며, 이를 기반으로 내년(2006년)의 수요를 예측하고자 한다.

분 기	1	2	3	4	총 계
2003	30	100	70	50	250
2004	25	120	75	60	280
2005	40	120	90	100	350

2006년의 총매출액이 400이라는 경영자의 예측을 근거로 승산모형을 사용하여 2006년 각 분기별 매출액을 예측하시오.

Chapter 4

품질경영

관련 이야기 경쟁우위를 위한 제품반품 관리[1)]

제품반품은 기업의 비용을 초래하지만 고객만족에 영향을 미치는 중요한 요인이다. 이에 기업들은 '역물류(reverse logistics)'를 토대로 효율적인 제품반품 전략을 통해 비용을 최소화하고 수익과 고객 서비스 수준을 향상시키고자 한다. 제품반품은 크게 관리 가능한 반품(Controllable Returns)과 관리 불가능한 반품(Uncontrollable Returns)으로 구분할 수 있다. **관리 가능한 반품**은 제품의 문제나 에러 등에 의해 나타나기 때문에 기업이나 공급사슬 파트너의 적절한 전략과 프로그램을 토대로 최소화할 수 있다. 개선된 물류 프로세스, 정확한 시장예측, 향상된 제품 처리·저장능력, 운송시스템의 향상 등을 통해 반품을 관리할 수 있다. **관리 불가능한 반품은** 기업이 단기간에 해결할 수 있는 문제가 아니다. 기업들은 재고유지비용을 최소화하기 위해 최소한의 재고를 창고에 둔다. 때문에 제품반품의 최적의 양은 가능한 최소의 양이 될 것이고 이것이 관리 불가능한 반품이 된다. 따라서 기업들은 관리 가능한 반품들에 대한 근본적인 원인을 제거하고 동시에 관리 불가능한 반품을 다룰 수 있는 최적의 프로세스를 개발해야 한다.

효율적인 제품반품 프로세스의 단계는 다음과 같다.

단계1. 수령(Receive): 반품된 제품은 창고나 물류센터로 보내지고, 반품에 대한 승인이 이루어진다. 지연전략을 통해 반품된 제품을 가능한 빠르게 처리하고 제품의 가치손상을 최소화하여 역물류 비용을 최소화할 수 있다.

단계2. 분류(Sort and Stage): 제품을 수령하면 프로세스의 다음 단계를 위해 제품을 분류한다. 반품된 제품이 포장되어진 상태(상자, 소포 등)나 라벨 색깔을 통해 확인할 수 있는 반품의 종류나 반품되는 제품의 개수와 크기에 따라 분류된다.

1) James Stock, Thomas Speh and Herbert Shear. "Manging Product Returns for Competitive Advantage", MIT Sloan, Fall 2006, Vol.48 No.1.을 참조.

단계3. 처리(Process): 앞 단계에서 분류된 반품을 재고유지단위(SKU)로 재분류하고 제품의 종류나 고객의 유형 또는 주소, 제품의 크기 등을 토대로 처리한다.

단계4. 분석(Analyze): 이 단계에서는 직원들이 반품된 제품이 다시 가치를 창출할 수 있는지를 분석하기 위해 제품에 대한 정보와 지식을 제대로 갖추어야 한다. 반품된 제품들을 재활용하거나 새롭게 만들어 재판매를 통해 수익을 창출할 수 있기 때문이다.

단계5. 지원(Support): 반품된 물품들에 대한 각각의 처리결정을 내린다. 재활용이 가능한 물품들은 보완작업 등을 통해서 판매 가능한 제품으로 만들거나, back-to-stock 또는 back-to-store 부품들은 재고로 보내진다.

신속한 반품 프로세스는 기업의 재고유지비용을 감소시키고, 재생 가능한 물품을 통해 새로운 수익창출과 고객요구에 빠르게 대응하여 고객서비스를 향상시킬 수 있다. 효과적인 역물류정책 등을 통한 제품반품 관리는 기업의 수익창출원이 될 수 있다. 신속하고 정확한 반품처리는 고객을 만족시키고 재구매로 이어질 수 있다. 또한, 지연전략을 통해 효율적으로 재고를 관리하고 반품에 따른 비용을 최소화할 수 있다. 판매, 마케팅, 제조, 운송, 재고 등을 담당하는 여러 부서들에서 품질향상, 잠재적 고객 불만의 최소화, 정확한 가격 측정, 안전한 제품 처리 등에 관심을 기울여야 한다. 이 외에도 효율적인 제품반품 관리를 위해 직원들에 대한 교육과 훈련이 필요하며, 부서 간뿐만 아니라 고객과의 정보교환과 의사소통이 중요하다. 또한, 전문화된 기업에 아웃소싱하여 신속하고 정확하게 제품반품 관리를 할 수 있다.

제품반품 관리는 기업에게 비용을 최소화와 새로운 수익창출, 서비스 수준 향상의 기회를 제공하여 지속적인 경쟁력을 가질 수 있게 한다. 따라서 기업들은 제품반품 관리 정책과 프로그램을 강화하고 지속적인 평가를 통해 향상시켜 나가야 한다.

품질은 오늘날 경영관리자에게 가장 중요한 관심사의 하나가 되고 있다. 제조업체들은 미래를 대비하기 위해 품질에 최우선 순위를 부여하고 있다. 고품질이 반드시 고비용을 의미하는 것은 아니다. 실제로 품질향상이 원가절감의 효과를 가져온 경우가 많이 있다. 예를 들어 미국 제너럴 모터스사의 캐딜락 부서는 승용차의 품질보증기간을 1년 또는 12,000마일에서 4년 또는 50,000마일로 확장하였으나 이에 소요된 비용은 오히려 29%나 감소되었다. 이것이 바로 품질이 왜 전략적으로 중요한지를 보여주는 것이다. 이처럼 저비용, 고품질은 엄청난 경쟁적 이점을 가져다준다.

4.1 품질의 정의

품질의 개념은 비용이나 생산성과보다는 주관적이거나 복잡하다. 이는 품질을 보는 시각이 다양하기 때문이다. 그럼에도 불구하고 품질의 측정을 위해서는 품질의 정확한 정의가 선행되어져야 한다. 품질을 정의하는 방법은 보는 시각에 따라 다음과 같이 크게 다섯 가지 접근방식으로 나누어 볼 수 있다.

초월적 접근법 플라톤의 '미'의 개념을 빌어와서 품질을 최고수준의 어떤 것으로 정의하는 방법이다. 이 접근법은 개념적으로 간편하고 절대적인 수준의 품질을 의미하고 있으나 실용적인 관점에서 품질의 정확한 정의를 어렵게 만든다는 단점이 있다.

제품중심 접근법 경제학적인 정의로서 품질을 정확히 측정할 수 있는 변수로 여긴다. 이 접근법에 의하면 품질은 제품이 포함하고 있는 내용물이나 속성의 양에 의하여 정의되는데, 예를 들면 좋은 품질의 아이스크림이란 버터, 우유, 땅콩 등이 많이 함유된 제품을 의미하게 된다. 이러한 접근법은 품질을 정확히 정의할 수 있다는 점에서는 바람직하나 소비자의 기호 등은 반영하지 못하는 단점이 있다.

소비자중심 접근법 소비자들은 각자 다른 욕구를 가지고 있으며 이들의 욕구를 가장 잘 충족시키는 제품을 좋은 품질로 정의하는 방법이다. 이러한 정의는 개인의 성향에 근거하고 있기 때문에 다분히 주관적이며, 개인마다 다른 욕구를 어떻게 동시에 충족시킬 수 있는 것인가의 문제점을 내포하고 있다.

제조중심 접근법 소비자중심의 접근법이 사용자의 기호에 근거하고 있는 데 반해서 제조중심 접근법은 생산자의 관점에서 공학적인 또는 제조현장과 관련된 접근법이다. 즉, 제조중심의 접근법은 품질을 정확한 '제조요구사항에의 일치'로 본다. 따라서 제조중심 접근법에 따르면 좋은 품질의 제품은 생산 시 제조원가를 낮추고 불량품을 최소화할 수 있는 제품이다.

가치중심 접근법　가치중심의 정의는 품질을 비용과 가격의 관점에서 접근하는 방식이다. 즉, 좋은 품질의 제품이란 적정한 가격에서 적절한 성능을 제공하는, 또는 적정한 원가로 제조요구사항에 일치할 수 있는 제품을 의미한다. 따라서 500만원짜리 운동화는 아무리 그 자체로서 완벽하게 설계되고 생산되었더라도 시장수요가 그리 많지 않을 것이기 때문에 좋은 품질의 운동화라고 볼 수 없다는 시각이다. 이러한 접근법은 품질을 정의하는 데에 있어서 가장 많이 활용되는 방법이나, 품질과 가치라는 두 가지 다른 성질의 변수를 결합한다는 점에서 무리가 생길 소지가 있다.

이상에서 살펴본 품질의 정의에 대한 다양한 견해는 조직 내 갈등을 유발할 소지가 있다. 예를 들면 마케팅 부서에서는 소비자중심의 접근, 또는 제품중심의 접근을 강조하는 반면 제조부서에서는 요구사항에의 일치를 강조할 것이기 때문이다. 그러나 한 가지 개념의 품질을 만족시켰다고 해서 다른 개념의 품질이 항상 좋을 수는 없기 때문에 오히려 다양한 개념의 품질을 이해하고 전반적인 수준의 품질을 높이는 노력이 필요하다. 즉, 고객이 원하는 품질을 파악하고, 이에 맞는 제품의 품질을 개발해야할 것이며 또한 개발된 제품을 생산하기 위한 제조품질을 향상시키는 노력이 필요하고 궁극적으로 생산된 제품은 가치를 더할 수 있어야 한다는 점을 강조할 필요가 있다.

4.2 품질의 분류

앞에서 정의된 품질은 성능(performance), 일치(conformance), 외양(appearance), 보조(support)의 네 가지 차원을 갖고 있는 것으로 파악될 수 있다. 성능품질은 제품이나 서비스의 운영적 특성을 의미한다. 예를 들어 자동차의 성능품질은 가속력, 운전 시 감각, 안락감 등등을 나타낸다. 품질의 정의와 관련한다면 성능품질은 제품중심, 소비자중심의 정의와 밀접하게 관련되어 있는 품질의 차원이다.

일치품질은 제품이나 서비스가 미리 정해진 요구사항에 얼마나 잘 부합되는가에 관련한 차원이다. 예를 들면 제조 프로세스에서 요구사항에 부합되는 부품을 가공하는 것은 조립을 위한 필수불가결한 요건이며, 최종제품의 성능에 영향을 미치게 된다. 일치성능은 품질의 정의에 있어서는 제조중심의 정의와 밀접하게 관련되어 있다. 그러나 미리 정해진 요구사항을 고객의 기대로 정의한다면 일치성능은 또한 소비자중심의 정의와도 관련지을 수 있을 것이다.

외양품질은 제품이나 서비스의 외형이 전달하는 신호(signal)에 관련한 차원이다. 예를 들면, 컴퓨터의 전면에 부착된 로고가 지저분하게 붙어 있다면 고객은 컴퓨터의 내부 역시 비슷한 상황임을 미루어 짐작할 수 있다. 또 길에서 파는 가죽운동화의 가격이 지나치게 싸다면 소비자는 운동화의 가죽이 인조가죽임을 짐작할 수 있을 것이다. 이러한 차원은 소비자중심, 가치중심의 품질정의와 관련한 개념으로 이해할 수 있다.

보조품질은 제품이나 서비스의 본질적인 기능 외에 부수적으로 따라오는 효용과 관련된 품질의 차원이다. 예를 들면 자동차의 보조품질이란 품질보증 프로그램, 할부금제도 등의 부가적인 서비스의 양을 의미한다. 보조품질은 소비자중심, 가치중심의 품질정의와 관련한 품질의 차원이다.

이상의 품질의 차원은 품질을 경쟁의 무기로 삼아야 하는 현대기업에 있어서 상당히 중요한 개념이다. 예컨대, 피아노의 명기 중 콘서트홀에서 사용되는 스타인웨이(Steinway & Sons)는 성능품질은 뛰어나지만 일치품질은 야마하(Yamaha)나 영창과 같은 보급형 피아노에 비하여 떨어질 수 있다. 오히려 일반 보급형 피아노를 구매하는 소비자층에 접근하기 위해서는 일치품질의 개선을 이루는 것이 중요하다. 따라서 경쟁의 우위를 지속적으로 확보하기 위한 노력을 선택과 집중의 논리에 의해 기울인다면 여러 차원의 품질 중 고객이 원하는 차원의 품질을 전략적으로 선택할 필요가 생긴다.

4.3 품질이론

품질이론은 품질분야의 중요한 몇몇 선구자들에 의하여 제안되고 발전되어 왔다. 그 중 품질분야의 대가(guru)라고 할 수 있는 데밍(Deming), 쥬란(Juran), 파이겐바움(Feigenbaum), 크로스비(Crosby)의 이론을 살펴보도록 하자.

그림 4-1 W. Edwards Deming

데밍(W. Edwards Deming) 데밍은 1994년 사망하기 이전까지 일본과 미국의 품질경영에 미친 공헌 때문에 품질분야의 대부라고 알려졌던 인물이다. 70년대 미국의 제조업의 쇠퇴와 일본의 우수한 품질의 제품에 놀란 미국 제조업계는 일본 제품의 품질향상의 배후에 데밍이 있었다는 사실에 다시 한번 놀라게 된다. 데밍은 품질향상을 위한 경영층의 지속적 노력을 강조하는 것으로 가장 잘 알려져 있지만, 이러한 노력의 기본으로 통계적 품질관리도 똑같이 강조한다. 데밍의 품질에 대한 사고는 [표 4-1]의 14가지 요점으로 정리될 수 있다.

표 4-1 데밍의 14가지 요점

데밍의 14가지 요점
1) 제품과 서비스개선을 위한 목표의 항구성 유지
2) 새로운 철학 채택
3) 대량검사에의 의존 타파
4) 구입 자재의 원가에 의한 보상 금지
5) 통계적 기법을 통한 생산시스템의 지속적 개선
6) 직무훈련 제도화
7) 리더십을 개선
8) 변화에의 두려움 제거
9) 부서 간 장벽 타파
10) 무결점을 요구하는 슬로건, 목표 등의 제거
11) 생산량을 위시한 작업표준 제거
12) 자부심을 저하시키는 장애의 제거
13) 새로운 교육, 자체개발 프로그램 제도화
14) 회사의 모든 사람이 변화를 성취할 수 있도록 유도

데밍의 이론의 특징적인 점은 문제의 근원을 공통원인(common causes)과 특별원인(special causes)으로 구분하고 특별원인은 관계한 담당자의 책임이지만 지속적으로 회사 전체에서 발생하는 공통원인으로 인해서 발생하는 문제의 해결과 제거는 경영층의 책임으로 이의 해결을 위해서 지속적인 노력을 기울여야 한다는 것이다. 특별히 대량검사(mass inspection), 그리고 지나치게 무결점(zero defect)을 강조하는 것은 단기적으로는 성과를 개선시킬 수도 있으나 결국은 역효과로 인하여 조직 내 여러 가지 문제를 야기한다는 점을 강조하고 있다.

쥬란(Joseph M. Juran) 쥬란 역시 데밍과 같이 일본의 품질관리를 주도한 품질 전문가로서, 기업체 임원, 정부관료, 산업강사, 컨설턴트 등 화려한 경력을 소유하였으며, 그의 강의를 중심으로 쥬란 연구소(Juran Institute)가 1979년에 설립되어 텍사스 인스트루먼트, 듀퐁, 몬산토, 제록스와 같은 회사의 품질관리에 대한 경영자문을 담당하였다. 쥬란은 품질을 "사용을 위한 적합성(fitness for use)"으로 정의한다. 즉, 고객이 제품이나 서비스를 자신이 원하는 일을 위해 믿고 사용할 수 있는 성질을 품질이라고 정의한다. 예를 들면 생산자는 구입한 원자재를 생산 프로세스에 투입할 때 최고의 수율과 최소한의 결점을 유지하면서 고객의 수요를 만족시킬 수 있어야 하며, 소비자는 요구된 성능을 발휘하고 문제를 발생시키지 않는 제품이나 서비스를 받을 수 있어야 한다. 쥬란의 이론의 큰 특징은 이전까지 품질을 생산 프로세스 현장에서 사용되는 언어로 표현되었던 것을 비용의 개념을 빌어서 표현했다는 점이다. 이는 품질개선 프로그램의 주도자는 최고경영층이며 따라서 품질과 관련된 표현도 이들이 이해할 수 있는 언어로 표현되어야 한다는 사고에 근거하고 있는 것이다.

파이겐바움(Armand V. Fiegenbaum) 파이겐바움의 생각은 그의 저서 「*Total Quality Control*」에 잘 나와 있으며, 쥬란이 정의한 품질비용을 좀더 구체화하였다. 품질비용이란 제품을 규격에 맞지 않게 만듦으로써 발생하는 비용으로 품질비용은 통제비용과 실패비용으로 구분할 수 있다. 통제비용이란 생산흐름으로부터 불량품을 제거하는 활동과 관련된 비용으로 예방비용과 평가비용으로 구분할 수 있다. 그리고 실패비용은 완성된 제품의 품질이 일정한 품질수준에 미달함으로서 발생하는 비용으로 내적 실패비용과 외적 실패비용으로 나눌 수 있다.

예방비용(prevention cost) 실제로 생산이 진행되기 전에 불량품질의 발생을 미연에 제거하기 위하여 지불되는 비용으로 품질계획, 품질교육, 품질자료의 수집, 프로세스 계획, 신제품 설계의 검토 등에 소요되는 비용이 포함된다.

평가비용(appraisal cost) 원자재에서 완제품에 이르는 전 과정에서 불량품 발생을 방지하기 위하여 소요되는 비용으로 원자재의 수입검사, 공정검사, 완제품검사, 품질연구실 운영 등에 관련된 비용이 포함된다.

내적 실패비용(internal failure cost) 제품이 출하되기 전에 품질요건을 충족시키지 못한 제품의 결함교정과 불량품의 처분에 따른 비용으로 폐기물, 재작업, 등외품, 기계의 중지에 따른 비용이 포함된다.

외적 실패비용(external failure costs) 제품이 출하된 후에 발생하는 비용으로 품질보증, 반품, 클레임, 제품책임 등에 따른 비용이 포함된다.

파이겐바움은 [그림 4-2]와 같이 품질비용과 불량률의 관계를 정태적으로 파악하여 품질비용의 최적수준을 분석하는 모형을 제시하였다. 즉, 완전 무결점 상태 이하에서 최적의 품질수준이 찾아질 수 있으며 데밍과 마찬가지로 무결점 상태의 품질을 추구하는 것은 경제적이지 않다는 것이다. 이러한 견해는 최근 6시그마 운동 등에서 추구하는 바와는 맥을 달리한다고 볼 수 있다.

그림 4-2 품질비용과 적합품질수준 삽입

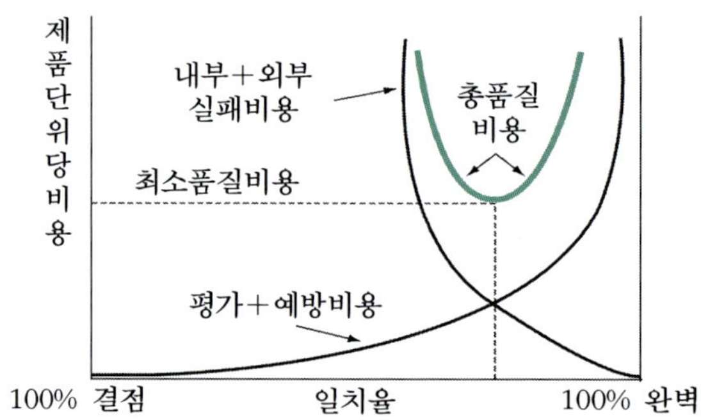

크로스비(Philip B. Crosy) 크로스비는 그의 첫 직업을 발 전문의에서 시작하여 공정의 신뢰성 엔지니어, 품질관리 담당자 등을 거치며 International Telephone and Telegraph(ITT)의 부사장까지 승진한 실무형 인물이다. 그는 1979년 Crosby & Associates라는 가장 성공적인 품질관리 컨설팅 회사를 설립하였고, 「*Quality is Free?*」라는 책을 발간하여 무결점의 중요성을 강조하였다. 즉, 크로스비는 품질비용이 매출액의 약 10%(범위는 5~15%임) 정도를 차지한다는 점을 강조하고 유일한 품질

기준은 무결점 상태임을 주장한다. 파이겐바움과 달리 무결점을 강조할 수 있었던 것은 예방기술의 발달로 통제비용이 품질개선에 따라 급격히 증가하지 않으며 따라서 [그림 4-3]과 같이 무결점 상태, 또는 완전한 품질 상태에서 최적의 품질수준이 결정될 수 있다는 것이다. 이는 타구찌가 주장한 품질곡선과 그 맥을 같이 하고 있으며 이후에 개발된 6시그마 프로그램에도 이론적 배경을 제시하는 개념이다.

그림 4-3 크로스비의 품질비용곡선

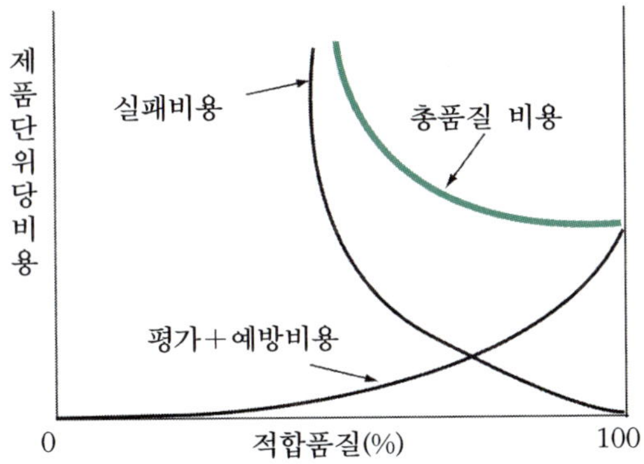

4.4 품질개선의 도구

품질향상을 위한 도구로 파레도도표와 특성요인도를 들 수 있다.

파레토도표 파레토도표(pareto's graph)는 품질에 대한 불량 등이 발생한 경우 그 원인을 찾아서 대책을 세울 때 무엇부터 고려해야 할지를 알려준다.

이 도표는 본래 이탈리아의 경제학자 파레토가 소득분포곡선으로 이용한 것을 쥬란이 수정·보완하여, *QC*(Quality Control)기법에 사용한 것이다. 파레토도표는 불량품에 대해서 불량원인별로 데이터를 취하여 그 영향이 큰 것 순(빈도수 또는 금액)으로 나타낸 도표이다.

[예제 4. 1] A회사의 품질관리과에서 조사한 제품불량에 대한 불량원인별 자료가 다음과 같다. 이를 이용해 파레토도표를 작성하면 그림과 같다.

[불량원인과 건수]

불량요인	불량개수	누적개수	상대도수(%)	상대누적도수(%)
작업자불량	22	22	45.8	45.8
재료불량	7	29	14.6	60.4
기계불량	6	35	12.5	72.9
도면의 불충분	5	40	10.4	83.3
공구의 불비	3	43	6.2	89.5
계기불량	2	45	4.2	93.7
작업지시불충분	2	47	4.2	97.9
기 타	1	48	2.1	100.0
계	48		100.0	

[파레토 도표]

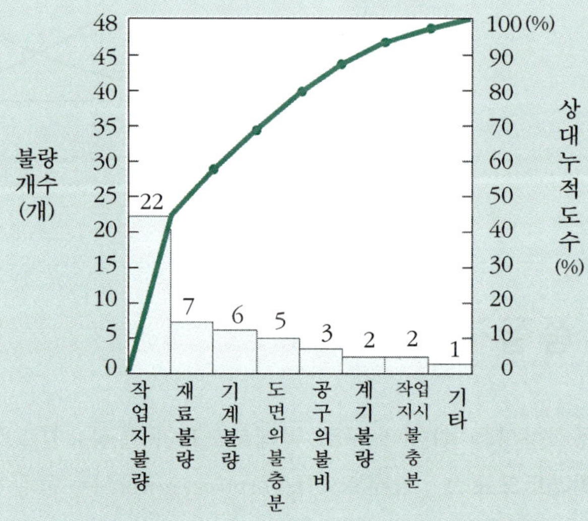

그림 4-4 특성요인도의 구성

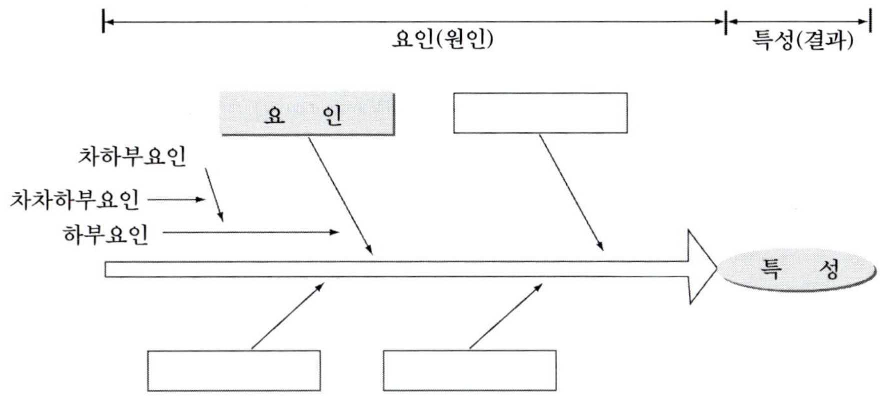

특성요인도 파레토분석이 끝나면 불량항목 중 하나에 대한 원인을 분석한다. 이 경우 품질에 문제가 되는 특성(결과)과 이에 영향을 미치는 요인(원인)과의 관계를 알기 쉽게 도표로 나타낸 것을 특성요인도(cause and effect diagram)라 한다. 그 모양이 생선뼈의 모양과 닮았다는 점에서 생선뼈 그림(fish-bone diagram)이라고도 부른다.

[그림 4-4]는 품질특성, 즉 결과를 우측 화살표 끝에 표시하고 그의 원인들은 요인별로 계통적으로 나타낸다. 이때 요인의 분류는 분석하려는 대상목적의 특성, 즉 문제점에 따라 다르지만 대개는 4M(man, material, method, machine)을 토대로 계통적으로 가지를 쳐서 세부요인까지 추구하는 시스템적 접근방법을 적용한다.

특성요인도는 문제점을 정리하거나 개선할 때에 여러 사람의 의견을 한 장의 그림에 정리하여 나타낼 수 있어 전원참가가 가능할 뿐만 아니라, 결과나 원인을 계통적으로 나타낼 수 있어서 사고의 대책 및 예방, 불량제거, 작업이나 공정의 관리 및 개선 등에 매우 효과가 있다.

4.5 품질개선 프로그램

품질개선을 위한 프로그램으로는 *ZD*, *QC*써클, *TQM*, *ISO* 9000 시리즈, 6시그마 등을 들 수 있으며, 우선 *ZD*, *QC*써클을 설명하고 *TQM*, *ISO* 9000시리즈, 6시그마 각각에 대하여서는 절을 달리하여 설명한다.

***ZD*(zero defects)프로그램** '무결점 운동'이라고 불리는 *ZD*프로그램은 1962년 미국의 마틴社에서 미사일의 신뢰도 향상과 원가절감에 목적을 두고 전개시킨 것으로 품질개선을 위한 종업원의 동기부여 프로그램이다.

일반적으로 작업자가 범하는 오류의 3가지 원인—지원설비 부족, 교육훈련 부족, 주의 부족— 중에서 '주의 부족'에 대해서는 별로 관심을 두지 않았다.

*ZD*프로그램은 바로 이 점에 착안하여 작업자들에게 사명의식을 갖게 하고 처음부터 올바르게 작업을 수행하도록 주지시키자는 것이었다. 즉, 작업자들이 제품을 생산하는 데 이바지하는 개개인의 기여도가 매우 크고 중요하다는 사실을 일깨워 줌으로써 각자가 자기의 최선을 다해야겠다는 사명감을 느끼게 하고 아울러 성취감을 달성할 수 있도록 하자는 것이다. 이러한 *ZD*프로그램은 구체적인 문제해결 기법이라기보다는 작업자의 의식과 사고방식에 초점을 맞춘 동기부여 프로그램으로서 일종의 행동과학적 접근방법이다. 한편 미국의 GE사는 마틴사의 프로그램을 재빨리 받아들여서 *ECR*(error cause removal) 운동—오류의 원인을 찾아서 제거하자는 운동— 을 추진하였다. 요컨대, *ZD*프로그램의 본질은 인간은 완전을 바라는 기본욕구가 있음을 전제로 작업자로 하여금 완전무결을 향해 노력하게 하는 것이다. 그것은 곧 [그림 4-5]에서 보는 바와 같이 품질의 불량은 오류로부터 생기는 것이므로 그 오류의 원인을 찾아서 자주적으로 제거토록 하자는 운동이다.

***QC*써클** *QC*써클이란 각 작업장 내에서 품질관리활동을 자주적으로 행하는 작은 집단을 가리키는 말이다. *QC*써클도 *ZD*프로그램과 마찬가지로 품질관리분야의 작업자에 대한 동기부여 프로그램이다. *ZD*프로그램은 미국에서 창안되었고 *QC*써클은 일본에서 시작되었다. *QC*써클의 기원은 *ZD*프로그램이 미국에서 등장했던 때와 같은 때인 1962년 일본과학기술협회가 그들이 발간한 「현장과 *QC*」라는 잡지를 통하여 현장중심의 품질관리를 전개할 목적으로 *QC*써클의 결성을 추구한 데서 비롯된다.

*QC*써클의 기본개념은 작업자들이 소집단을 형성하여 자주적 관리활동을 전개하

는 것이다. 즉, 공장 내 각 작업장 단위로 5명 내지 20명 정도의 자치적 집단을 구성하고 상부관리자들의 통제나 간섭 없이 자체 내에서 선출한 분임조장을 중심으로 작업 후나 점심시간에 모여 각자가 경험하거나 당면한 문제를 제기하고 그 해결방안과 실천방법을 논의하는 등 의사결정 기능을 자치적으로 수행하는 것이다.

그림 4-5 *ZD*프로그램 모형

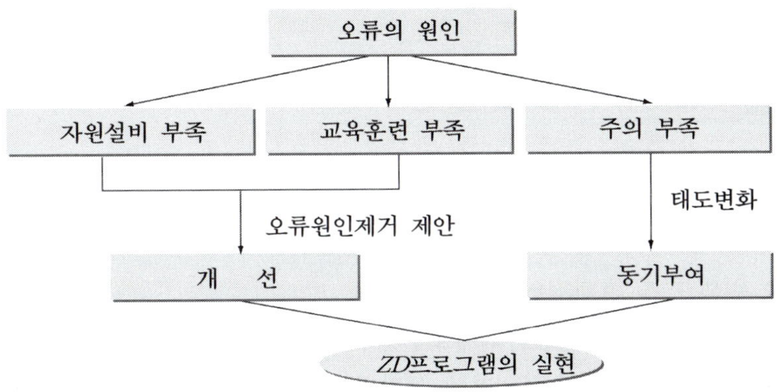

그림 4-6 QC서클모형

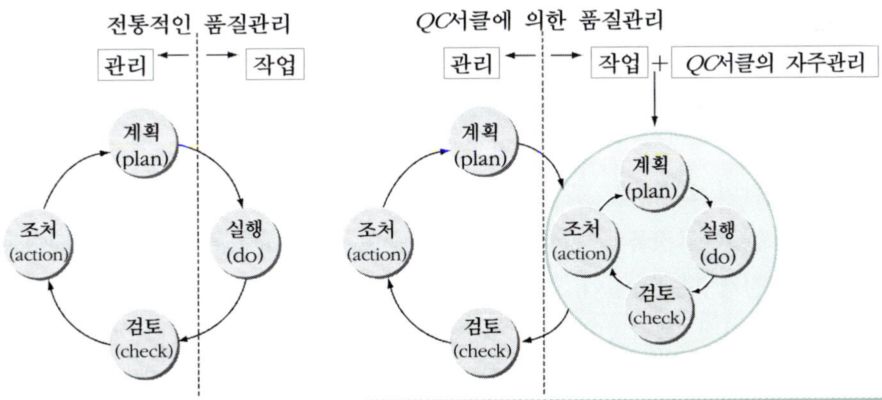

[그림 4-6]은 *QC*서클의 모형을 제시한 것으로 전통적인 품질관리에서는 관리활동이 계획(plan)→실행(do)→검토(check)→조처(action)의 관리과정(즉 *PDCA*사이클)을 밟으면서 전개되었는데, 작업자는 다만 두 번째 단계에서 실행기능만을 수행하였다. 그러나 *QC*서클에 의한 자주관리에서는 작업자가 실행단계에서 실행기능뿐만 아니라 다른 기능까지도 자주적으로 수행한다는 것이다.

4.6 전사적 품질경영

품질문제는 많은 원인들을 갖고 있지만 이들 원인들은 어떤 근본원인(root cause)에서 비롯된다. 따라서 이 근본원인을 제거하는 것이 품질 향상과 생산성 향상을 위해 가장 효과적인 방법이다.

근본원인을 발견하고 제거하기 위해서는 작업자의 숙련도과 자원이 필요하며, 훈련과 보상을 통해 작업자에 투자하는 것이 전사적 품질경영(*TQM*)의 특징이다. 그러나 하부조직원의 훈련만으로는 충분하지 않다. 조직은 원래 변화를 거부하지만, 전사적 품질경영의 핵심은 바로 이 변화를 유도하는 것이다. 필요한 변화들이 작업자들 사이에 잘 알려져 있음에도 불구하고 왜 이 변화들이 일어나지 않는가? 조직의 관성이 아마도 많은 개선기회들이 방치되고 있는 이유에 대한 답을 제공해 줄 것이다. 개선을 위해서는 조직이 변화를 할 수 있도록 설계되고 관리되어져야 한다.

전사적 품질경영에서는 조직의 모든 면이 개선될 수 있다. 전사적 품질경영에서, 조직의 모든 부분은 공급자인 동시에 고객으로 간주된다. 해당 작업자에 의존하는 모든 사람이 고객이고 해당 작업자가 의존하는 모든 사람이 공급자이다. 불량품을 생산하지 않고 그것을 받아들이지 않는 것이 모든 종업원의 목표가 되어야만 한다. 전사적 품질경영은 품질이 모든 사람의 임무라는 것을 강조한다.

전사적 품질경영의 힘은 시간에 따른 성과를 관찰할 때에야 완전히 나타난다. [그림 4-7]에서 보듯이 품질개선과정은 발견과 변화가 끊임없이 계속되는 사이클이다. 개선과정의 핵심은 학습이다. 각각의 개선은 근본원인을 발견하는 방법과 그것들이 영원히 제거되었는지를 확인하는 방법을 가르쳐 준다.

그림 4-7 품질개선 사이클

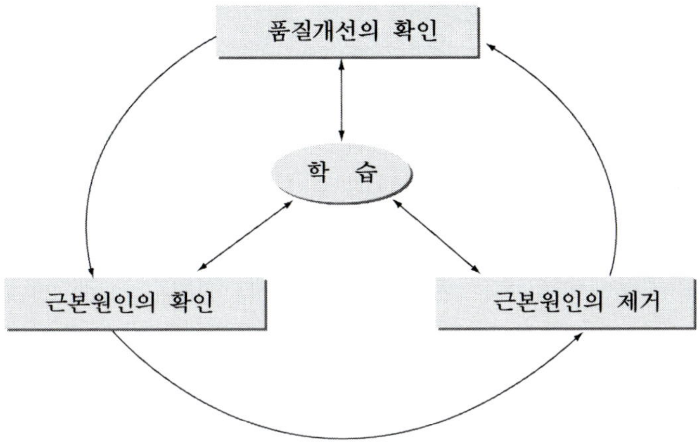

이를 통해 다음번의 개선은 더욱 빠른 속도로 진행된다. [그림 4-8]이 이를 보여준다. 학습방법을 배운 조직은 매우 강력한 경쟁력을 갖게 될 것이다. 개선을 가속시키는 것(accelerating improvement)이 바로 *TQM*의 진정한 위력이다.

결론적으로 전사적 품질경영은 소비자가 만족할 수 있는 품질의 제품(또는 서비스)을 경제적으로 생산하기 위해서는 사내 모든 부문의 활동을 종합해서 관리할 필요가 있다는 것을 강조하고 있다. 전사적 품질경영의 개념을 다음과 같이 정리할 수 있다.

그림 4-8 개선의 가속화

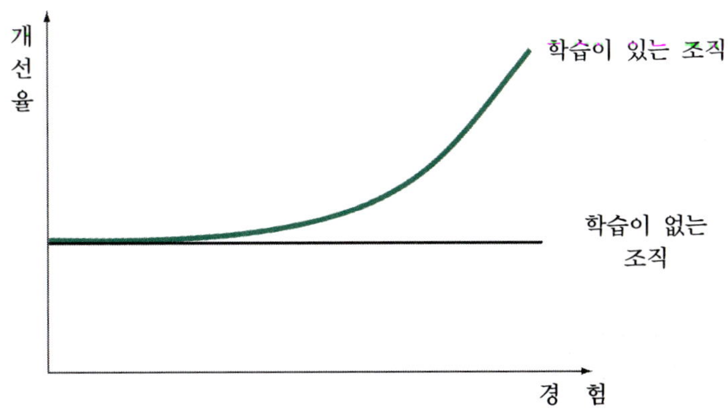

① 제품의 라이프 사이클 모든 단계에서 전개되는 품질관리
② 전 부문이 참가하는 품질관리
③ 전원이 참가하는 품질관리
④ 통계적 방법을 비롯한 모든 *QC*기법을 활용하는 품질관리
⑤ 종합품질 시스템을 기반으로 하는 기능별 관리

품질은 제품개념단계부터 시작해서 개발, 생산, 인도 그리고 제품과 서비스의 사용이라는 전 단계를 통해 확장된다. 나쁜 품질의 원인은 최고경영자에서부터 말단사원에 이르기까지 그리고 회계, 생산, 판매, 서비스 등의 어느 영역에서나 발생할 수 있다.

나쁜 품질의 원인은 조직 바깥으로도 확장된다. 투입물 차원에서 본다면, 나쁜 품질의 원인은 불량으로 납품된 공급품에 의해 초래되어질 수 있다. 또한 산출물 차원에서는 제품을 판매하거나 서비스하는 판매원들의 잘못된 행동들이 소비자의 눈에서는 나쁜 품질로 인식되어진다.

전사적 품질경영은 품질과 생산성을 동시에 향상시키기 위한 새로운 방법을 추구하면서 전체 시스템을 관찰할 것을 요구한다. 문제점과 해결책은 조직 내에서 서로 연결되어져 있기 때문에 전사적 품질경영에 대한 책임은 최고경영자에게 있어야 한다.

4.7 *ISO* 9000 품질활동

ISO 9000의 개요

국제 간 무역이 활발해지고 그 규모가 커짐에 따라 국가 간 무역장벽을 해소하기 위해 국제적으로 인정할 수 있는 품질보증기준이 필요하게 되었다. 국제표준화기구인 *ISO*(The Organization for International Standardization)는 국가마다 다른 공업규격을 조정·통일하고 물자 및 서비스의 국제적 교류를 쉽게 하기 위하여 1946년에 설립된 국제연합기구이다. 1987년 *ISO*에 의해 제정된 *ISO* 9000시리즈는 공산품은 물론 소프트웨어, 서비스 등의 전체산업에 적용될 수 있는 품질보증에 관한 범용적인 국제표준규격이다.

최근에 들어 각 기업마다 *ISO* 9000시리즈 인증 취득에 대한 필요성을 절감하고

있다. 특히, 인증을 받지 못한 수출기업의 경우에는 수출상담과정에서 제품이나 서비스에 대한 저평가를 감수해야 하고 심지어 수출 자체가 무산되는 경우가 발생하기 때문이다. 국제무역에서의 기술장벽을 제거하여 국제무역을 원활하게 하기 위해 제정된 *ISO* 9000시리즈가 이제는 규격에 대한 인증을 받지 못한 기업에게는 제품 수출을 봉쇄당하는 위협으로 대두되고 있는 형편이다.

ISO 9000시리즈는 2000년도와 2008년도에 개정되면서 명칭과 인증규격이 다소 바뀌게 되는데 기존 *ISO* 9000 시리즈는 *ISO* 9000 패밀리라는 명칭으로 개칭되고 내용도 통합·보완되어 시행되고 있다. 2000년 개정판에서는 종래의 '품질시스템'이 '품질경영시스템'으로 바뀌면서 경영의 중요성을 강조하게 되었고 제목도 '품질경영시스템-요구사항'으로 크게 변화하였다. 2008년도 개정에서는 *ISO* 9001:2000에 추가하여 *ISO* 14001:2004와의 일관성을 개선하기 위한 소폭의 개정에 그치고 있으며, 요구사항에 추가적인 내용은 없다.

ISO 품질보증의 특징은 품질보증의 범주를 제품자체에 대해서라기보다는 제품이나 서비스의 생산 프로세스에 대한 신뢰성 여부를 통해 품질을 판단한다는 점이다. 기업이 고객의 요구에 대응하기 위해서는 요구에 관한 정보를 입력하고, 이를 제품과 서비스에 반영하여 결과를 출력한다. 여기서 입력을 출력으로 변환하는 것을 *ISO*에서는 '프로세스'라고 하는데, 끊임없이 변화하는 고객요구에 대응하기 위하여 프로세스를 지속적으로 개선해 나가는 것을 품질경영시스템이라고 말한다. 이러한 내용은 *ISO* 9000 패밀리 규격 가운데 본론에 해당하는 *ISO* 9001:2000 품질경영 시스템 요구사항과 인증규격 파트에 정의되어 있다. 이 요구사항은 어떠한 업종, 조직에도 대응할 수 있도록 범용적인 표현으로 기술되어 있다. [그림 4-9]는 *ISO* 9001:2000의 구성 내용을 보여주고 있다.

***ISO* 9000:2000** 이것은 품질경영 시스템의 적용범위, 기본사항 및 품질에 관한 용어를 정의한 문서이다.

***ISO* 9001:2000** 기존 9001, 9002, 9003규격을 통합한 단일규격으로서 품질경영 시스템, 경영책임, 자원관리, 제품실현, 측정분석 및 개선에 대한 요구사항으로서 거의 모든 제조업체에서 일어나는 업무에 대한 광범위한 품질기준을 정의하고 있다.

***ISO* 9004:2000** 품질경영 시스템의 성과개선에 관한 지침을 제시하고 있다.

그림 4-9 *ISO* 9001:2000의 요구사항 구성

4. 품질경영 시스템
   - 4.1 일반요구사항
   - 4.2 문서화 요구사항

5. 경영책임
   - 5.1 경영의지
   - 5.2 고객중심
   - 5.3 품질방침
   - 5.4 기획
   - 5.5 책임, 권한 및 의사소통
   - 5.6 경영검토

6. 자원관리
   - 6.1 자원확보
   - 6.2 인적자원
   - 6.3 기반구조
   - 6.4 업무환경

7. 제품실현
   - 7.1 제품실현의 기획
   - 7.2 고객관련 프로세스
   - 7.3 설계 및 개발
   - 7.4 구매
   - 7.5 생산 및 서비스 제공
   - 7.6 모니터링 및 측정장치의 관리

8. 측정, 분석 및 개선
   - 8.1 일반사항
   - 8.2 모니터링 및 측정
   - 8.3 부적합 제품의 관리
   - 8.4 데이터 분석
   - 8.5 개선

한편 *ISO* 9000에서 규정하고 있는 품질수준은 기업이 갖추어야 할 최소한의 요구사항을 정해놓고 있어, 품질관리상(말콤 볼드리지 상, 데밍 상) 등에 비해 준수하고자 하는 노력만 있으면 어렵지 않게 인증을 취득할 수 있다.

ISO 9000 인증절차

ISO 9000에 근거한 품질 시스템의 인증은 크게 품질 매뉴얼 등의 서류검사, 예비진단을 위한 예비검사, 본심사(공장검사) 등으로 구성되며, 인증신청 후 심사까지는 다소 차이는 있지만 대형 인증기관의 경우 통상 6~8개월이 소요된다.

서류심사는 일반적으로 본 심사에 3~4개월 앞서 실시되며 품질 매뉴얼이 *ISO* 9000의 요구사항에 맞게 정리되어 있는지를 심사하는 것으로, 중대한 결점이 발견되지 않는 한 무리 없이 통과된다.

예비심사는 기업이 선택적으로 받는 것으로, 본심사 전에 자사의 품질 시스템을 최종적으로 확인해 보기 위한 수단의 하나로 사용될 수 있다. 흔히 예비심사를 컨설팅으로 착각하는 경우가 있는데, 예비심사에서는 단순히 잘못된 점만 지적할 뿐 개선방법에

대해서는 언급하지 않으므로 주의해야 한다.

본 심사는 인증 대상업체의 품질 시스템이 *ISO* 9000시리즈에서 규정한 요건에 따라 제대로 구축되어 있는지와 자사에서 문서화한 품질 매뉴얼, 절차서, 지시대로 작업이 수행되고 있는지를 심사하는 것으로, 심사에 소요되는 일수는 사업장의 크기, 종업원 수 등에 따라 다르나 통상 2~3명이 심사하여 3일에서 7일이 소요된다.

한편, *ISO* 9000은 인증을 받은 후에도 1년에 1~2회의 사후심사를 받아야 하며, 통상 3년에 한 번씩 재심사를 받아야 하기 때문에 항상 품질 시스템의 개선 · 유지에 노력해야 한다.

ISO 9000 인증의 이점

ISO 9000 인증을 획득했을 경우의 이점은 다음과 같다.

첫째, 제품이나 서비스의 매출액이 증가된다. *ISO* 9000 인증 준비에는 적어도 1년 이상의 기간이 소요되나, 일단 인증을 획득하게 되면 제품이나 서비스에 대한 품질의 신뢰성이 확보되어 대외 이미지가 좋아지고 구매자의 요구에 신속히 대응할 수 있게 됨에 따라 매출액이 증가된다.

둘째, 기업업무의 효율성이 증대된다. *ISO* 9000에 대한 품질 시스템을 갖추게 되면 제품설계의 잦은 변경, 자재수급의 불균형, 제품생산시의 재작업, 수리, 제품판매 후의 애프터서비스 관리 미비 등의 기업 내 불합리한 요소가 제거될 수 있어서 기업활동의 효율성이 제고된다.

셋째, 기업의 관리능력이 향상된다. 품질 시스템을 구축하면 모든 업무가 관리상태로 되어 기업 내 · 외적인 변화에 대한 대응력이 향상되고, 기업구성원 개개인에 분산되어 있는 개인적인 관리기술이 기업의 관리기술로 축적되어 구성원들의 직무 이동 및 전직에 따른 적응력을 강화할 수 있다.

넷째, 구매자의 품질검사가 면제된다. 공인된 인증기관으로부터 *ISO* 9000에 대한 인증을 획득하면 개별구매자로부터의 중복된 공장평가를 면제받을 수 있다.

다섯째, 세계시장으로의 진출이 용이해진다. 인증을 획득하게 되면 *ISO* 9000 인증명부에 수록되어 전세계적으로 알려져 시장개척이 용이해진다.

여섯째, *ISO* 인증마크 사용으로 인한 대외적 이미지가 제고된다.

4.8 6시그마

6시그마의 출발

6시그마란 프로그램은 1980년대 중반 모토롤라(Motorola)의 품질개선 활동에서 출발한다. 1980년대 중반까지만 해도 모토롤라의 생산제품 및 서비스는 기대했던 것보다도 훨씬 열악한 제품을 생산하고 있었다. 이에 대하여 CEO인 갤빈(Robert Galvin)은 1989년까지 현재보다도 10배 이상 나은 제품과 서비스를 생산하며, 1991년까지는 100배 이상, 그리고 1992년까지는 6시그마 수준의 능력을 보유할 계획을 세운데에서 유래한다. 이 결과 1988년도 말에는 미국 품질분야의 권위 있는 상인 말콤 볼드리지(Malcolm Baldridge) 상을 수상하여 모토롤라가 품질분야에서 선두역할을 한다는 이미지를 유지하여 왔다. 이러한 혁신의 이론적 배경은 모토롤라의 엔지니어였던 마이클 해리(Mikel Harry)에 의하여 개발되었고, 이후 모토롤라를 떠난 마이클 해리는 쉬로더(Richard Schroeder)와 손잡고 애리조나 피닉스에 6시그마 아카데미(Six Sigma Academy)를 설립하여 업계에 적용하기 시작하였다. 얼라이드 시그널, 허니웰, ABB 등등 수많은 회사들이 이 프로그램을 도입하기 시작하였으며, 특히 잭 웰치(Jack Welch)가 이끌던 GE에서는 6시그마를 전사적 혁신 프로그램으로 도입하여 1997년 경영실적은 전년 대비 연매출액이 13% 증가하였으며 당기순이익 증가율은 13%, 영업이익은 15%를 넘어서게 되었다. GE의 경우 다른 대기업에 비하여 도입이 늦었지만 타 회사에서의 시행착오를 되풀이하지 않았고, 그 동안 추진되어오던 다운사이징, 워크아웃, 스트레치 프로그램 등으로 강화된 조직의 체질을 이용하여 효과적으로 혁신을 이루었다고 판단된다. 국내에서도 1996년 당시 삼성전관을 필두로 많은 대기업들이 관심을 보이고 앞다투어 도입하면서 국내에 6시그마 경영이 확산되었으며, 도입 후 짧은 기간에 많은 성과 향상을 이룬 것으로 보고되고 있다.

6시그마의 의미

6시그마 품질수준이란 100만개 당 많아야 3.4개의 불량이 발생하는 정도의, 실질적인 무결점 상태의 품질수준을 의미한다. 6시그마란 통계적 용어로, 일반적으로 시그마는 분포의 표준편차를 나타내는 값이다.

그림 4-10 6시그마의 통계적 의미

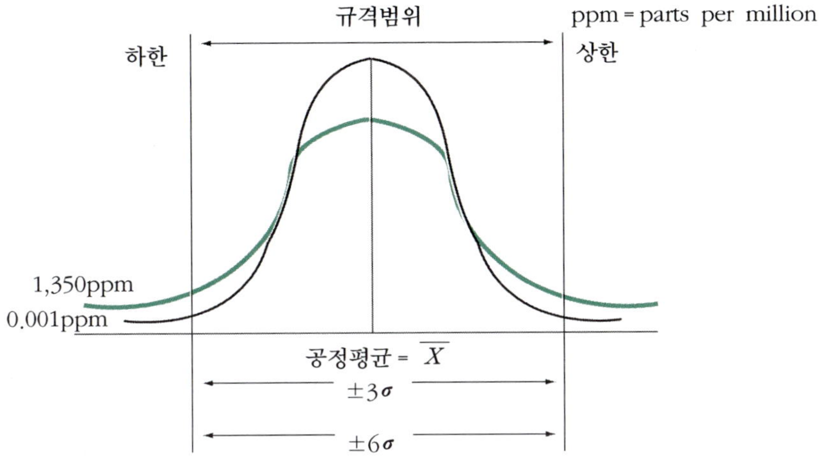

그림 4-11 공정평균이 1.5시그마 이동한 경우

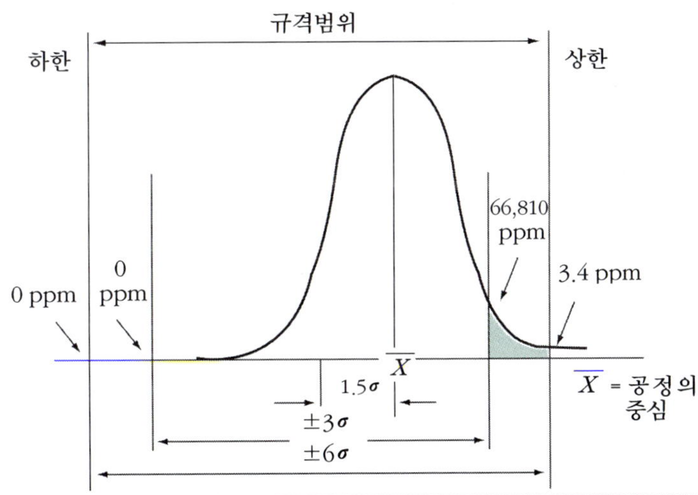

분포가 정규분포를 따르면 평균을 중심으로 양쪽 3시그마 수준 밖에는 전체 100만개 중 2,700개가 존재하나 6시그마 수준 밖에는 100만개 중 0.002개만이 존재한다. 따라서 [그림 4-10]과 같이 생산된 제품의 상한과 하한이 주어져 있다면 6시그마 수준의 품질이란 100만개 생산제품 중 상한과 하한을 벗어난 제품, 즉 불량품이 0.002개라는 것이다. 그러면 어떻게 6시그마가 100만개 중 3.4개의 불량이 발생하는

수준이라고 정의할 수 있을까? 이는 [그림 4-11]과 같이 생산된 제품의 공정 평균이 현실적으로 기준치에서 1.5시그마 이동할 수 있다는 점을 가정한 결과이며 같은 경우를 가정한 경우 3시그마는 100만개 중 66,803개, 4시그마는 6,200개의 불량이 발생하는 수준을 의미한다.

일반적으로 품질 프로그램을 통하여 적당한 품질수준을 이룬 경우를 3시그마 또는 4시그마 수준이라고 할 때 6시그마 수준의 품질이란 경쟁의 단위 자체가 달라지는 수준이라고 볼 수 있으며 이런 수준의 품질을 달성하기 위해서는 조직의 근본적인 변화가 필요하다. 실제로 99%의 무결점 상태가 의미하는 바는 대형 국제공항에서 매일 2건의 이착륙 실수가 일어나는 수준을 의미하므로, 분야에 따라서는 이미 6시그마 수준 이상의 품질을 반드시 달성했거나 하여야 하는 곳도 있다.

이러한 6시그마의 통계적 해석에도 불구하고 6시그마 프로그램의 요체는 품질이 기업의 수익에 연결되어야 함을 빼놓을 수 없다. 이런 의미에서 6시그마의 품질의 정의는 가치중심적이라고 할 수 있으며 쥬란 이후 품질을 비용과 수익에 연결시키려는 움직임의 연장선상에서 이해할 수 있을 것이다.

표 4-2 시그마의 수준별 의미

시그마 수준	100만개 중 불량품 개수	양품률
1.5	500,000	50
2	308,537	69
3	66,807	93.3
4	6,210	99.3
5	233	99.98
6	3.4	99.99966

6시그마의 추진체계

6시그마의 추진조직 역시 회사마다 다르게 진행될 수 있으나 GE의 경우 동양무술의 계급제도를 따라서 챔피온(Champion), 마스터 블랙벨트(Master Blackbelt), 블랙벨트(Blackbelt), 그린벨트(Greenbelt)로 나눈다. 챔피온의 경우 전체 6시그마 프로그램을 책임지고 실제로 자원을 투자할 수 있는 직책이며 GE의 경우 잭 웰치 자신이 챔피온 직을 맡았다. 마스터 블랙벨트는 블랙벨트와 그린벨트를 감독, 교육하고 통계적

지식을 뒷받침하는 직책을 의미하며 통계학에 대한 석사 수준 이상의 지식을 요하고 변화를 주도하게 된다. 블랙벨트는 실제로 프로젝트를 수행하게 되며 기본적인 통계 지식을 필요로 한다. 그린벨트는 단순한 자신의 업무에 대하여 통계지식 없이 기법을 적용한 실적을 가진 자를 의미하며 블랙벨트의 대상이 된다. 따라서 실질적인 프로젝트의 수행은 블랙벨트를 중심으로 이루어지게 된다.

6시그마는 교육과 이의 실천이 강조되고 있다. 따라서 챔피온이 가장 먼저 6시그마에 대한 교육을 받아야 하며, 블랙벨트의 경우 4개월 또는 5개월을 기간으로 프로젝트가 수행되는데, 이 기간 중 교육과 현장에서 프로젝트의 수행이 반복되게 된다.

표 4-3 6시그마의 추진체계

구 분	위상(요건)	세부 역할
챔피온 (Champion)	최고책임자 (사업부장)	- 6시그마 경영의 비전과 전략수립 - 프로젝트 추진상의 장애물 제거 및 지원 - 프로젝트 성과에 대한 인센티브 제공
마스터블랙벨트 (MBB)	전문추진지도자 (BB과제지도역할)	- 챔피온 보좌 - BB와 GB를 자문하고 교육 - 문제해결 과정에서 생기는 애로처리
블랙벨트 (BB)	전문추진요원 (BB자격획득)	- 프로젝트 수행전담 인력 - 교육 및 문제해결을 위한 컨설팅 - 그린벨트 양성교육 담당
그린벨트 (GB)	현업담당자 (기본교육이수자)	- 통계적 기법을 사용하여 기본문제 해결 - 개선 프로젝트와 현업업무를 병행 - 일반 현업담당자 교육을 보조

6시그마 프로젝트 추진절차

6시그마 프로그램도 다른 품질혁신 프로그램과 마찬가지로 일정한 절차 또는 로드맵(roadmap)을 제시한다. 회사마다 약간의 차이가 있지만 *DMAIC*, 즉 정의(Definition), 측정(Measurement), 분석(Analysis), 개선(Improvement), 관리(Control)의 5단계를 거치며 각 단계에서 이루어지는 활동은 [표 4-4]와 같다.

최근에는 6시그마 프로젝트 진행절차도 세분화되어 가는 추세이다. 특히 기존의

DMAIC 문제해결 단계는 주로 이미 진행 중인 업무를 개선하는 기법으로 많이 사용되어 왔다. 그러나 현실에서 발생하는 품질문제의 발생요인은 흔히 설계적인 요인에서 비롯되는 경우가 많이 있다. 그래서 최근에 이러한 설계적 요인을 개선하기 위한 방법으로 *DFSS*(Design for Six Sigma)가 도입되어 적용되고 있다.

표 4-4 6시그마 프로젝트 추진절차

단　계	활　동
정　의	주요고객을 정의 고객요구사항(CTQ)을 파악 고객만족을 위한 내부프로세스 정의 개선프로젝트 선정
측　정	품질의 현재수준(as-is) 파악 문제를 계량적으로 규명 프로세스 매핑 측정방법을 확인
분　석	문제의 유형과 원인 규명 불량의 원인을 이해하기 위한 자료확보 원인 중 'vital few'를 선정
개　선	프로세스 개선방안의 도출 브레인 스토밍, Action Work-out 기법 등 활용 가능한 해결방법을 실험적으로 실시
관　리	개선된 프로세스가 지속되도록 관리 개선된 디자인과 절차를 제도화 한계점을 확인

6시그마의 의미는 앞에서 살펴본 바와 같이 가혹할 정도의 품질수준을 요구하고 있으므로 실제로 6시그마 프로그램을 도입하는 데에는 시스템에 상당한 무리가 따르며, 투자가 요구된다. 따라서 6시그마의 도입 여부의 판단 및 준비과정은 6개월 이상 1년 정도를 잡을 것을 요구하고 있다. GE에서 6시그마가 꽃피울 수 있었던 것은 GE의 지속된 혁신활동이 이를 수용할 만한 여건을 이루었다는 데에 있으며, 따라서 추진에 앞서 이런 여건이 뒷받침 될 수 있도록 체계적으로 준비하여 무분별한 도입에 따른 역효과를 최소화하도록 노력해야 할 것이다.

4.9 요 약

품질은 오늘날 기업의 경쟁력 측면에서 가장 중요한 관심사의 하나가 되고 있는데, 이는 품질향상이 원가절감의 효과를 가져다 줄 수 있을 뿐만 아니라 시장에서의 점유율을 높이고 가격을 높이 받을 수 있게 하는 요건이기 때문이다. 품질이란 보는 시각에 따라서 초월적, 제품중심, 사용자중심, 생산자중심, 가치중심적 정의를 내릴 수 있다. 또, 품질의 이러한 정의에 따라 성능, 일치, 외양, 보조 등 다양한 차원을 내포하게 된다.

품질이론은 실무형 전문가의 사고를 중심으로 발전해왔다. 데밍의 철학은 14가지 요점에 요약되어 있는데, 여기서 그는 작업표준과 대량검사에 의한 전통적인 품질통제를 배격하고, 경영자의 지속적인 품질개선 노력을 강조하고 있다. 쥬란은 작업현장의 용어로 표현되던 품질을 비용이라는 새로운 용어를 사용함으로써 최고경영자의 품질에 대한 이해를 도울 수 있는 이론적 기반을 마련하였다. 파이겐바움에 의하면 무결점 상태의 품질은 비용이 많이 발생하므로 최적 품질수준이 아니라는 점을 지적한다. 이에 대하여 크로스비는 그의 저서 「Quality is free」에서 무결점 상태의 품질을 추구하는 것이 최적이라고 역설한다. 그의 이론은 6시그마를 비롯한 최근의 품질혁신 프로그램의 관행에 대한 이론적 배경을 제시한다고 볼 수 있다.

품질향상 프로그램으로는 *ZD*프로그램, *QC*서클 등이 있다. *ZD*프로그램은 '무결점 운동'이라고도 불리는 것으로서 품질개선을 위한 종업원의 동기부여 프로그램이고, *QC*서클은 각 작업장 내에서 품질활동을 자주적으로 행하는 작은 집단을 가리키는 말이다.

품질향상을 위한 기법으로는 파레토도표와 특성요인도를 들 수 있다. 파레토도표는 품질에 대한 불량 등이 발생한 경우 그 원인을 찾아서 대책을 세울 때 무엇부터 고려해야 할지를 알려주는 역할을 한다. 또, 특성요인도는 발견된 불량항목 중 품질에 문제가 되는 특성과 이에 영향을 미치는 요인과의 관계를 알기 쉽게 도표로 나타낸 것을 말하며 생선뼈 그림이라고도 불린다.

전사적 품질경영이란 제품의 라이프사이클 모든 단계에서 전개되며, 기업 전 부문 및 전 직원이 참가하고, 통계적 방법을 비롯한 객관적 · 정량적 품질관리기법을 사용하여 변화에 대응하여 지속적인 개선을 추구하는 종합적 품질 시스템으로서 정의될 수 있다.

ISO 9000 품질활동은 *ISO*에서 정의한 품질요구사항을 준수하고 이를 인증함으로써 품질수준을 높이고자 하는 활동이다. 현재 *ISO* 9000:2000, *ISO* 9001:2000 *ISO* 9004:2000로 구성되는데 *ISO* 9000:2000은 품질경영 시스템의 기본사항과 용어를 정의하고 있고, *ISO* 9001:2000은 품질경영 시스템과 경영책임, 자원관리 등 품질요구기준의 전반을 담고 있으며 *ISO* 9004:2000은 품질경영 시스템의 성과개선에 관한 지침을 제시하고 있다

6시그마 프로그램은 품질수준을 100만개 생산물 중 불량품의 개수가 3.4개 이하를 유지하고자 하는 실질적인 상태의 무결점을 추구하는 극단적인 프로그램이다. 6시그마 프로그램은 *DMAIC*라는 추진절차를 따라서 수행되면 챔피온, 마스터 블랙벨트 블랙벨트, 그린벨트 등의 직급으로 구성된다. 6시그마 프로그램은 모토롤라에서 시작되어 ABB, 허니웰, 얼라이드시그널 등에 전파되고 GE에서 꽃을 피우게 된다. 우리나라도 삼성전관을 필두로 6시그마의 도입이 활발히 추진된 바 있다.

문제 및 토론

1. 여러분이 어떤 제품 또는 서비스의 생산자 및 소비자 위치에 있다고 가정하고, 각각의 입장에서 그 제품 또는 서비스의 품질에 대해 정의해 보시오.

2. 품질의 종류 가운데에서 성능품질과 일치품질에 대해 설명하고, 각각의 품질이 가지는 중요성에 관해 논하시오.

3. 품질비용의 종류 및 각각의 특징을 설명하시오.

4. 다음의 용어를 간략히 설명하시오.

① 전사적 품질경영(*TQM*) ② *SQC, QC, TQC*
③ *ZD*프로그램 ④ *QC*서클
⑤ 특성요인도 ⑥ *ISO* 9000시리즈

5. 다음의 자료를 가지고 물음에 답하시오.

[품질비용자료]

구입자재의 검사	30만원
종업원 훈련	40만원
보 증	45만원
공정계획	20만원
폐 기 물	15만원
품질실험실	25만원
재 작 업	35만원
클 레 임	40만원

① 위 자료를 이용하여 품질비용으로서의 예방비용, 평가비용, 내적 실패비용, 외적 실패비용을 계산하시오.

② 이 문제의 자료와는 무관하게 품질비용과 일치품질 간 관계를 그래프로 표현하고 이에 대해 간단히 설명하시오.

6. 여러분이 지난학기 동안 수강한 과목 및 그 성적 중에서 학점이 가장 저조한 과목을 선택하여 그 원인을 분석하는 특성요인도(인과분석도 또는 생선뼈 그림)를 작성해 보시오.

7. 파레토도표는 중요한 소수의 문제가 하찮은 다수의 문제보다 더욱 중요하다는 사고에서 출발하며 '80-20 규칙'이라고도 불린다. 다음 표는 어떤 회사의 품질관리과에서 조사한 업무카드작성에 대한 불량원인별 자료이다.

[불량원인별 자료]

불량원인	불량개수	누적개수	상대도수(%)	상대누적도수(%)
숫자의 위치 바뀜	45	45	40.2	40.2
잘못 친 글자	45	90	40.2	80.4
비꼬인 카드	12	102	10.7	91.1
자리를 벗어나게 친 카드	6	108	5.4	96.5
찢어진 카드	4	112	3.5	100.0
합 계	112		100.0	

이를 이용하여 파레토도표를 작성하고, 이러한 파레토도표를 이용하여 분석할 수 있는 내용을 설명하시오.

8. 전사적 품질경영(*TQM*)과 관련하여 다음을 조사하여 보시오(다른 자료를 참고할 것).
① *TQM*의 발전과정(미국과 일본을 중심으로 한국과 비교)
② *TQM*의 개념과 실천원칙
③ *TQM*의 목표와 구성요소
④ *TQM*의 기본 모델

9. 품질의 중요성을 설명하시오.

10. 지속적인 개선을 할 수 있는 기업 분위기가 되기 위해서는 어떻게 해야 할지 논하시오.

11. *ISO* 9000인증 획득이 기업에 가져다주는 이점에 대해 설명하시오.

12. *ISO* 9000 패밀리의 구성과 각각의 특징에 대해 설명하시오.

13. 품질향상기법에 대해 예를 들어 설명하시오.

14. 품질과 수익성과의 관계를 설명하시오.

15. 고객중심의 품질개념을 설명하시오.

16. *TQC*와 *TQM*을 비교 설명하시오.

17. 6시그마의 비용구조를 파이겐바움과 크로스비의 이론으로 설명하시오.

Chapter 5

기술경영

관련 이야기

관리자의 역할을 다시 생각해보기[1)]

기술은 관리자들을 쓸모없게 만들지 않을 것이고, 관리자들이 전보다 더욱 숙달될 필요가 있게 할 것이다.

경영과 기술에 대해서 네 가지 예측이 가능할 것으로 보인다.

첫째, 업무 조정자로서 관리자 역할이 점점 더 큰 압력을 받을 것으로 보인다. 일상적인 업무 내의 자동화와 함께 로봇공학 및 머신러닝에서 끊임없는 개선은 관리를 더욱 불명확하게 만든다. 관리자는 무엇이고, 관리자가 무엇을 수행하는가? 우리는 경영의 종말을 목격하고 있는가?

둘째, 관리자와 팀원들 간의 관계에 있어 예전의 부모 대 자식의 방식에 의문을 가져왔으며, 궁극적으로 성인 대 성인 형태로 대체되는 피할 수 없는 변화들이 있어왔다. 이러한 관계에서의 연결점은 약속이 어떻게 만들어지고 정보가 어떻게 공유되는지에 관한 것이다. 기술이 많은 사람들로 하여금 그들 자신과 타인들에 대한 더 많은 정보를 가질 수 있게 할 때, 직장에 대해 보다 명확하고 성숙한 시각을 갖게 하는 것이 쉬어질 것이다. 자기 평가 도구, 특히 사람들이 무엇을 하고 어떻게 하는지에 대해 진단해주는 도구들은 직원들이 그들 자신의 생산성 문제를 정확히 지적하게 해준다. 그들은 관리자의 감시하는 눈이 덜 필요하다.

셋째, 기술이 힘의 축을 수직에서 수평으로 기울일 것이라는 것은 분명해 보인다. 동료들간의 피드백과 학습이 더 강한 측면의 코칭 형태를 만들 수 있는데 왜 관리자로부터 배우겠는가?

더욱이, 기술적으로 가능하게 된 사회적 네트워킹은 영향력이나 힘의 강건하고 현실적인 지도를 만들 수 있기 때문에 더 이상 화려한 직위나 직책 뒤에 숨어 있지 않게 된다.

마지막으로, 우버 같은 플랫폼 기반 사업의 성장은 유연한 작업 방식을 위한 경로 역할을 하면서 어떻게 새로운 사업들을 위한 비옥한 무대를 만들 수 있는지에 대해 모든 사람들이 플랫폼에 대해 열

---

1) Lynda Gratton. “Rethinking the Manager’s Role,” MIT Sloan Management Review, Fall 2016.을 참고.
이 논문은 2016년 7월에 쓰인 ‘Technology and the End of Management’를 업데이트한 것임.

광하게 만들었다.

이 모든 것에서 경영의 역할은 무엇인가?

이 네 가지 예측으로부터, 동료의 피드백에 의해 구겨지고, 전문가 역할에 의해 대체되고, 강력한 플랫폼에 의해 탈출되어 지며, 사회적 네트워크 분석에 의해 노출되는 "경영의 종말"이 가시권에 있다고 쉽게 상상할 수 있다. 그러나 현재의 현실은 훨씬 더 복잡해 보인다. 경영의 종말을 보기보다, 보다 숙련된 형태의 경영이 부상하는 것을 목격하고 있는 것 같다.

관리 기법과 관행은 우리가 아직 파악하지 못한 방법으로 다가오는 몇 년 동안 기술에 의해 강화될 것이지만, 시간이 흐르면서 나타날 것이다.

기술경영이란 기업의 경쟁우위를 확보하면서 수익을 창출할 수 있는 기술을 얻고, 관리하며 어떻게 활용하는지에 대한 체계적인 접근을 의미한다. 불확실성이 증가하고 경쟁이 치열해지면서 기술을 개발하는 데에만 그치지 않고 이를 합리적인 경영활동과 연결하여 전략적으로 다루는 것이 필요하면서 기술경영의 중요성은 커지고 있다고 할 수 있다.

기술경영은 다양한의미로 활용되고 있으며 대표적으로 다음과 같다.

표 5-1 기술경영의 다양한 정의

정 의	연구자
엔지니어링, 과학과 경영의 원리를 연결하여 기술적 역량을 계획, 개발하고 실행을 통하여 조직의 전략과 운영상의 목표들을 만들고 달성하는 것	National Academy of Science
기업의 기술 과제 문제를 해결하고, 기업의 사업전략에 기술전략을 통합	Stanford Research Institute
기술을 효과적으로 획득, 관리, 활용하여 조직의 경쟁우위 강화 및 기술의 사업화를 촉진하기 위한 제반 경영활동	배종태
공학 및 과학, 경영원리를 결합하여 조직의 목적을 달성하기 위해 기술적 능력을 기획, 개발, 운용하는 활동	National Research Council
조직 각 분야에 존재하는 기술가능간의 연계를 최적화하여 경영자산의 활용을 극대화하는 조직운영의 방법	J. Edosomwan
새로운 기술의 활용을 통해 조직의 경쟁력을 제고시키는 활동	F. Betz

출처: 기술경영(저자: 안연식)

기술경영과 관련된 주요 주제들을 다루면서 기술경영에서 오퍼레이션스의 관련성에 대해서 학습하는 것을 주요 목적으로 한다.

5.1 기술혁신

슘페터(Schumpeter)는 새로운 이윤 창출을 위한 창조적 파괴로 신제품 개발, 신공정 도입 등을 논하면서 기술을 기반으로 하여 경제, 경영 등에서 변화를 일으킴으로써 성과는 일련의 활동들을 기술혁신이라고 하였다. 여기서 기술은 새로운 지식을 발견하고 근본적인 연구를 수행하는 과학과는 구분하여 산출을 얻기 위한 생산을 바탕으로 적용되는 지식의 총체라 할 수 있다. 위에서 언급한 것과 같이 기술혁신의 가장 대표적인 경우는 제품혁신(product innovation)과 공정혁신(process innovation)으로 볼 수 있으며, 전자가 제품을 통해 새로운 시장을 만들거나 기존 소비자들을 만족시킬 수 있는 제품을 생산하는 혁신을 의미하는 반면에, 후자는 기존의 공정(process)상의 개선할 수 있는 점들을 찾아내어 더 나은 성과를 얻어낼 수 있게 하는 것이라 할 수 있다.

제품혁신의 가장 대표적인 경우는 Apple의 iPhone이라고 할 수 있는데, 2007년 아이폰을 처음 출시하기 전부터 Apple의 CEO였던 Steve Jobs는 '주머니에 들어갈 수 있는 터치가 가능한 태블릿'이라는 제품에 대해 고민한 것으로 유명하다. 현재는 대부분의 소비자들이 스마트폰을 사용하고 있지만, 당시만 하더라도 시장에 존재하지 않았던 새로운 유형의 제품을 내놓으면서 소비자들의 수요를 창출하면서 새로운 기술을 담아낸 Apple의 선도적인 전략은 지금까지 전 세계 스마트폰 시장의 수익의 대부분을 가져가는 것으로 그 효과성을 설명할 수 있다. iPhone은 그 뒤 꾸준히 새로운 버전의 제품을 출시해왔고, 시장에 반응하며 때론 시장을 만들어내면서 선도하고 있는 것이다.

공정혁신은 제품혁신과는 달리 시장을 만들어내고 소비자의 수요에 민감하게 대응하는 것을 주요 목적으로 삼지 않고, 제품이 만들어지는 일련의 프로세스를 개선하여 오퍼레이션스의 궁극적 목적인 QCDF(Quality, Cost, Delivery, Flexibility)와 관련된 문제에 대한 해답을 제공하려고 한다. 공정혁신의 가장 대표적인 사례는 스타벅스의 '사이렌 오더'다. 사이렌 오더는 스타벅스코리아가 2014년 5월 선보인 소비자 편의형 주문 서비스로, 매장 2km 반경 내에서 원하는 커피와 음식을 미리 주문하고 결제할 수 있게 되어 있다. 기존의 대면 주문시스템보다 효율적이고, 주문하는 방식을 근본적으로 변화 시켰으며 혼잡한 시간대에 빠른 주문을 원하는 소비자 욕구를 정확히 맞추었다. 2018년 5월 기준, 하루 평균 약 50만 명의 방문객 중 사이렌 오더의 이용 건수는 약 7만 건이고, 비율이 시간에 따라 높아지고 있는 실정이다. 스타벅스코리아가 개발한 사이렌 오더는 본사가 위치한 미국을 비롯해 다양한 국가로 전파되기도 하였다.

그림 5-1 기술혁신 패턴

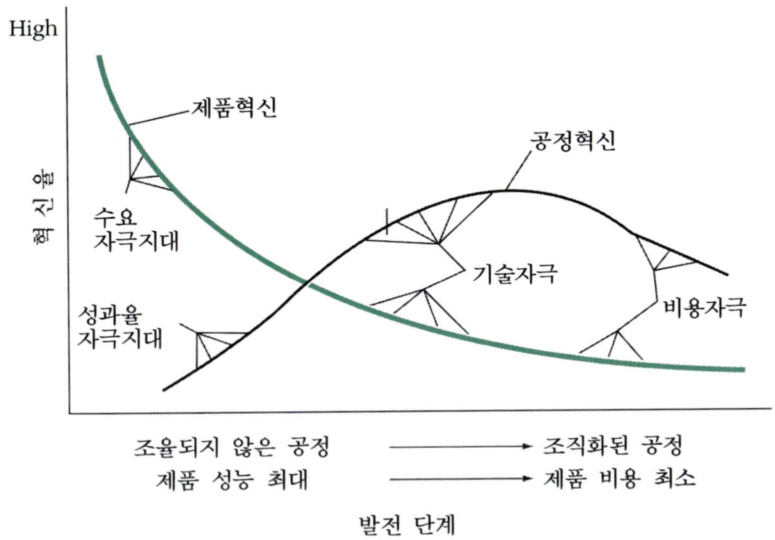

출처: A Dynamic Model of Process and Product Innovation(Utterback and Abernathy, 1975)

Utterback and Abermathy(1975)는 기술혁신패턴에 대한 선구적인 연구결과를 제시하며, 위 [그림 5-1]처럼 시간에 따른 변화를 언급하였다. 기업들은 초기에 급격한 혁신을 보이면서 시장에서의 지배적 위치를 차지하기 위해 제품 위주의 혁신을 보이다가, 점점 규모의 경제 또는 공정의 표준화로 인한 제품 비용의 최소화를 위한 공정혁신에 중점을 두게 된다.

여기에서 시간에 따른 변화를 다음의 표와 같이 파악할 필요가 있다. 보통, 급진적 혁신은 빠르 시간 내에 혁신을 이루려 하면서, 혁신의 정도가 높은 것을 의미하며, 점진적 혁신은 혁신을 이루는 시간이 길어짐과 동시에 혁신의 정도는 높지 않은 혁신을 의미한다([표 5-2] 참조). 휘발유나 경유 자동차가 전기 자동차 또는 수소연료 자동차로 변화하는 것이 급진적 혁신이라면, PC OS 윈도우가 Windows 7에서 Windows 10으로 업그레이드하는 것은 점진적 혁신이라고 할 수 있다.

표 5-2 점진적 혁신과 급진적 혁신의 비교

	점진적 혁신	급진적 혁신
시간 프레임	단기간: 6~24 개월	장기간: 보통 10년 이상

개발경로	개념에서 상용화, 높은 수준의 확실성까지 단계적으로	불연속적, 반복적, 문제점들, 높은 수준의 불확실성
아이디어 생성 및 기회인식	이미 가용한 점진적 개선의 연속적인 흐름과 체계적인 아이디어 개발과 또는 제안 계획으로 발전하려는 경향; 시작단계에서 상당히 형성된 아이디어	아이디어는 종종 예상하지 못한 출처에서 예기치 않게 발생; 아이디어가 표면화할 수 있도록 구조를 잘 갖추어 놓는 것이 중요
프로세스	일반적으로 단계마다 공식적이고 확립됨	공식적이고, 구조화된 프로세스는 도움이 되기보다는 방해가 됨
비즈니스 사례	완벽한 비즈니스 사례가 시작단계에서 만들어질 수 있고, 소비자 반응이 예상될 수 있음	비즈니스 사례는 개발을 통해 진화하고, 변할 수도 있음; 소비자 반응을 예측하는 것은 어려움
참가자	분명하게 할당된 이해될 수 있는 역할을 가진 다기능팀에게 할당될 수 있음; 숙련도 강조가 일이 진행될 때 발생	필요한 기술영역은 개발단계 동안 진화하고, 주요 참가자들에 변동이 있을 수 있음; 적합한 기술을 찾는 것은 종종 비공식 네트워크에 의존함; 유연함, 지속성과 실험하려는 의지가 요구됨
개발구조	일반적으로, 다기능팀이 현존하는 비즈니스 부문 안에서 작동함	R&D에서 발생하는 경향이 있지만 조직내 어느 곳에서든 시작될 수 있음
자원, 기술 요구사항	모든 기술과 필요한 역량은 프로젝트 팀 내에 있는 경향이 있음; 자원 할당은 표준화된 프로세스를 따름	기술 및 역량 요구사항을 예측하기 어려움; 외부로부터의 추가 전문지식이 필요할 수 도 있음; 비공식적인 네트워크가 중요하고 유연성이 요구됨
운영단위 참여	운영 단위들은 시작단계부터 참여	운영 단위들을 너무 일찍 참여시키는 것은 좋은 아이디어를 퇴색시킬 수 있음

출처: Managing Innovation, Design and Creativity (Stamm, 2008)

5.2 기술혁신의 원천

혁신은 개인의 아이디어에서 나오기도 하지만, 기업, 대학 등 다양한 조직에서 발생하기도 한다. 중요한 것은, 여러 경로의 원천들의 성격을 잘 이해하고 이를 어떤 식으로 종합화하며, 결과물로 도출할 수 있느냐이다. 단순히 아이디어가 좋다고 해서 좋은 성과를 거두기 어렵고 체계적이고 탄탄한 과정 아래 혁신은 이루어질 수 있기 때문이다. 따라서, 소비자들의 요구가 복잡다양해지고 트렌드변화의 속도가 빠른 요

즘에는 다양한 원천을 활용한 혁신이 필요하다.

그림 5-2 기술혁신의 원천들

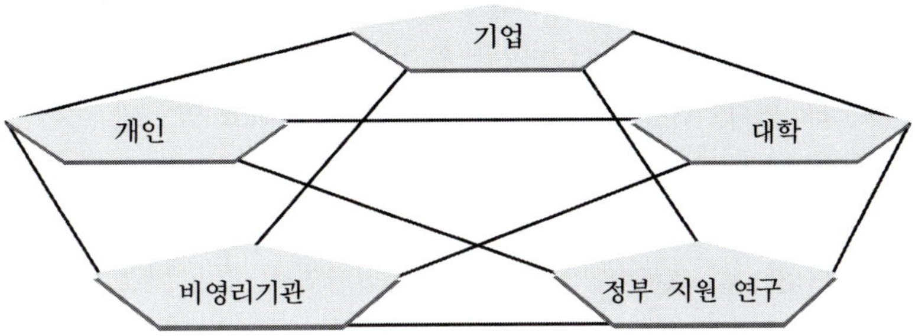

출처: Strategic Management of Technological Innovation(Schilling, 2008)

Schilling(2008) 위의 그림같이 혁신의 원천을 다양한 주체의 개별성과 여러 주체의 협력성을 강조하였고, 지식체계가 복잡해지고 기술의 깊이가 요구될수록 이러한 경향을 더욱 커질 것이라 했다. 아래에는 개별주체들의 유형에 대해 정리하도록 한다.

개인은 혁신의 주체이면서 혁신의 가장 큰 소비자로 본인들의 창의성 또는 채워지지 않는 욕구를 발현하기 위해 원천으로써의 기능을 수행한다. 개인의 경우 가장 다양성이 크고, 리스크에 대한 부담을 가장 적으며 금전적 욕구뿐만 아니라 성취욕 등의 이유로 혁신의 큰 부분을 차지한다. 다만, 체계적인 부분이 부족하기 때문에, 종종 기업의 형태로 발전하는 경우가 있다.

기업은 이익을 만들기 위해 끊임없이 혁신하며, R&D를 통해 혁신을 수행한다. 본인들의 제품과 서비스를 시장에서 매력적으로 만들어야 하는 동시에 수익성을 갖춰야 하므로, 보통 투자에 대한 효과성을 엄격히 검증받으며 선택과 집중의 접근방식으로 고객의 니즈를 정확히 파악하는지를 확인한다.

대학은 기초 연구의 중추 역할을 담당한다. 대체로 대학의 연구는 기업에서 활용될 수 있는 기본이 되는 혁신을 수행하며, 교수 등 우수인적자원을 보유하고 있어서 기업과의 협력으로 성과를 내기도 한다. 현재 많은 대학들이 자체적으로 벤처, 스타트업 등을 육성하면서 스스로 기업을 보유하는 형태로도 진화하고 있는 중이다.

비영리기관은 영리를 목적으로 하지 않는 단체를 의미하며, 병원, 연구재단, 학회, 협회 등이 여기에 속한다.

정부 지원 연구는 수익을 기대할 수 없는 혁신의 경우 큰 밑거름이 된다. 많은 경우 개인이나 기업은 단기간에 실적을 올리지 못하면 혁신을 지속적으로 수행하지 못하는데, 정부 지원 연구를 통해 다양한 혁신활동들이 수행되어져 왔고, 각 지역의 혁신센터, 테크노파크 등은 대표적인 예이다.

우리나라의 과학기술정책연구원은 우리나라 제조업, 서비스업의 혁신활동 전반에 대한 현황과 특성을 꾸준히 조사해 왔으며, 이를 통해 국가 정책 수립 및 관련 연구에 기여를 하고 있다. 주기적으로 기업혁신조사를 수행하고 있으며, 이는 OECD Oslo Manual에 근거하여 수행되는 타 국가들과의 연구와 유사한 형태로 수행되어 국가간 비교도 가능하다. 관련 조사 중 가장 최근의 결과는 지난 2013년부터 2015년까지 국내 제조업체들의 혁신활동을 조사한 「2016 한국기업혁신조사」이며, 제조업, 서비스업 각각 4,000개의 기업들이 조사되었다. 특히 혁신 정보 원천의 중요도는 다음과 같이 나타났다.

표 5-3 기술혁신 정보 원천의 중요도(제조업)

(단위: %)

업종	회사 내부	공급 업체	민간 부문 수요 기업 및 고객	공공 부문 수요 기업 및 고객	경쟁사 / 타기업	민간 서비스 업체	고등 교육 기관 (대학)	정부/ 공공 연구 기관	컨퍼런스 등	전문 저널/ 서적	외부 모임 (협회 등)
전체	63.6	48.7	57.3	28.9	39.7	14.9	11.8	17.0	19.3	13.8	11.6
식료품	54.4	52.7	46.2	32.3	38.0	14.3	6.6	8.1	7.6	9.2	2.5
음료	43.8	28.8	42.7	35.7	41.1	28.8	41.1	28.8	4.2	0.0	16.5
섬유	19.7	24.7	27.8	25.0	49.1	5.9	4.9	4.9	9.9	8.0	0.0
의류	47.8	29.4	82.1	35.1	72.9	7.4	11.5	3.8	51.4	69.8	15.0
가죽/잡화	43.2	25.0	49.8	9.1	40.6	9.1	9.1	9.1	47.7	65.9	18.2
목재/나무	10.1	29.7	56.5	20.1	85.9	9.8	0.0	9.8	54.4	54.4	0.0
제지	53.3	28.4	50.0	11.7	54.3	5.3	4.7	1.0	14.7	24.0	1.0
인쇄/기록 매체	100.0	59.5	50.4	0.0	39.2	6.6	0.0	21.5	0.0	0.0	0.0
석유 정제	79.1	79.1	72.7	18.2	57.3	0.0	0.0	18.2	18.2	18.2	18.2

화학	73.6	38.0	59.7	17.7	35.9	11.7	5.7	11.8	4.1	5.8	3.7
제약	76.7	78.5	74.1	49.1	82.8	27.6	46.8	37.4	26.1	5.2	12.2
고무/플라스틱	67.6	46.3	64.5	48.3	57.5	27.0	17.0	27.7	45.3	15.2	12.8
비금속 광물	58.9	23.1	30.5	40.5	43.5	27.1	37.8	9.1	30.5	21.1	14.4
1차 금속	60.7	55.8	42.2	15.2	25.1	8.1	4.2	4.6	2.8	1.2	7.4
금속 가공	72.8	44.1	52.8	28.1	36.5	13.4	11.8	13.5	6.4	5.2	4.7
전자/컴퓨터	73.9	51.3	67.7	34.7	52.5	10.2	16.1	26.8	13.5	12.5	3.6
의료/정밀	61.8	34.5	5.2	28.4	24.1	20.1	13.0	18.8	21.5	9.4	9.4
전기 장비	82.7	44.6	35.1	21.8	28.1	13.9	8.7	19.8	22.0	19.1	17.2
기타 기계 장비	68.3	63.3	70.1	33.9	30.1	17.2	14.5	23.4	23.5	14.1	16.8
자동차	50.4	55.1	67.5	17.7	45.1	11.1	6.7	11.1	15.3	13.5	31.7
기타 운송 장비	43.6	57.6	42.6	11.1	41.6	7.3	9.4	14.8	2.7	0.9	0.9
가구	26.7	15.7	36.9	7.6	16.7	7.6	5.8	7.2	15.7	5.4	5.4
기타 제품	67.2	52.3	59.1	18.2	25.9	14.6	0.0	11.4	0.0	0.0	11.4

출처: 2016 한국기업혁신조사(제조업)(STEPI, 2017)

표 5-4 기술혁신 정보 원천의 중요도(서비스업)

(단위: %)

업종	회사 내부	공급 업체	민간 부문 수요 기업 및 고객	공공 부문 수요 기업 및 고객	경쟁사/타기업	민간 서비스 업체	고등 교육 기관 (대학)	정부/공공 연구 기관	컨퍼런스 등	전문 저널/서적	외부 모임 (협회 등)
전체	46.8	35.0	37.1	28.6	40.2	17.3	12.3	13.0	13.6	9.7	7.3
도소매	47.7	39.5	45.9	35.4	49.8	10.6	9.1	8.3	15.4	10.9	5.3
운수	26.4	15.2	17.3	21.2	32.5	2.9	6.5	8.5	3.9	0.0	15.8
숙박/음식	30.0	28.3	42.0	14.6	49.2	4.3	2.9	2.4	12.6	12.9	34.8
출판/영상	37.5	43.9	61.3	43.8	53.6	33.9	22.6	27.9	23.6	13.9	7.5
금융/보험	49.1	59.1	50.0	45.1	47.6	25.1	14.3	9.5	8.0	3.4	6.9
부동산/임대	65.5	56.2	37.7	8.9	15.9	33.9	1.3	0.7	33.9	35.5	2.3
과학/기술	77.3	44.1	40.3	34.2	35.4	11.2	7.1	11.5	9.9	5.4	5.6
시설 관리	24.4	24.7	33.2	30.0	42.0	15.8	7.0	10.2	16.4	7.6	8.3
교육 서비스	66.4	15.6	14.3	8.5	30.4	10.3	21.3	22.6	16.9	24.1	4.6
보건/복지	23.0	32.0	14.0	6.8	29.1	31.1	12.6	8.3	8.3	7.3	7.0
예술/스포츠	48.7	12.7	40.6	6.9	13.8	0.0	0.0	0.0	4.0	0.0	15.5
수리/기타	30.2	8.6	8.8	17.2	11.9	25.6	26.0	9.8	0.0	0.0	0.0

출처: 2016 한국기업혁신조사(서비스업)(STEPI, 2017)

국내의 경우, 아래의 표 5-5에서 보듯이 제조업, 서비스업 모두 회사 내부 역량을 혁신의 원천으로 가장 중요하게 생각하였으며, 전반적으로 제조업에서 외부의 혁신을 중요하게 여기고 있는 것으로 알 수 있다.

표 5-5 기술혁신 정보 원천의 중요도 비교

	회사 내부	공급 업체	민간 부문 수요 기업 및 고객	공공 부문 수요 기업 및 고객	경쟁사/타기업	민간 서비스 업체	고등 교육 기관 (대학)	정부/공공 연구 기관	컨퍼런스 등	전문 저널/서적	외부 모임 (협회 등)
제조업	63.6	48.7	57.3	28.9	39.7	14.9	11.8	17.0	19.3	13.8	11.6
서비스업	46.8	35.0	37.1	28.6	40.2	17.3	12.3	13.0	13.6	9.7	7.3

이렇듯 혁신의 원천을 내부뿐만 아니라 외부에서도 찾는 것을 개방형 혁신(open innovation)활동이라고 하며, Chesbrough(2003)는 지식을 끊임없이 외부와 교류하면서 혁신하는 것이라 정의하면서 보완적이 아닌 주된 활동으로 보아야한다고 주장하였다.

5.3 기술혁신과 표준

표준(Standard)은 효율성, 편의성, 안전성을 높이기 위한 공동의 약속이라고 할 수 있다. ISO/IEC에 의하면 "합의에 의해 작성되고 공인된 기관에 의해 승인된 것으로서 주어진 범위 내에서 최적 수준의 성취를 목적으로 공통적이고 반복적인 사용을 위한 규칙, 지침 또는 특성을 제공하는 문서"라고 정의하고 있으며, "과학, 기술 및 경험에 대한 총괄적인 발견사항들에 근거하여야 하며, 공동체 이익의 최적화 촉진을 목표로 제정되어야 한다"고 규정하고 있다.

이와 관련하여 표준화(Standardization)란 "실제적이거나 잠재적인 문제들에 대하여 주어진 범위 내에서 최적 수준을 성취할 목적으로 공통적이고 반복적인 사용을 위한 규정을 만드는 활동"이라고 정의할 수 있다. 즉, 표준화는 우리가 일상적으로 사용하는 생활용품에서부터 자동차, 비행기 등 모든 제품 및 부품의 치수, 성능, 재질, 시험방법 등을 통일화 및 단순화 시켜 기준에 따르도록 하는 것으로, 이해관계자의 합의, 공개원칙, 자발성존중, 통일성과 일관성 유지, 시장적합성, 경제성, 공공이익 추구 등 여러 원리를 기초로 만들어지고 있다.[2)]

이러한 표준화는 이 책 제품개발에서도 다루었는데 생산관리에서는 기업들이 제품을 표준화하여 부품에서의 규모의 경제를 통해 비용을 절감하는 장점과 표준화에 따른 위험으로 디자인과 혁신 등에서 경쟁 기업에 비해 느려지는 단점을 논하였다.

표준의 분류

표준에는 성립 주체의 특성에 따라 표준화기관 등에 의해 제정되는 공적 표준(de jure standard)와 시장 메커니즘에 의해 결정되는 사실상 표준(de facto standard)로 구분된다. 공적 표준은 관계 기관이 관여하므로, 투명하고 개방적이지만, 공적 프로세스를 통하므로 표준으로 진행되는 속도와 관련 제품의 보급이 되는 속도가 느린 편이다. 또한, 원칙적으로 단일 표준이 제공된다. 사실상 표준은 시장 참여자들에 의해 진행되는 것이므로 보안 등의 이유로 불투명하게 진행될 수 밖에 없지만, 시장 경쟁에서 이기기 위한 기업들의 노력으로 표준으로 진행되는 속도와 관련 제품의 보급이 되는 속도가 빠른 편이다.

사실상 표준의 대표적인 사례는 스마트폰 OS에서 Google의 안드로이드와 Apple의 iOS를 들 수 있다. 둘 다 각 진영 스마트폰에서 사용되고 있으며, 스마트폰에서 어느 하나의 OS를 무조건 사용해야 하는 것은 아니지만, 시장에서 치열하게 경쟁하고 있다.

이러한 표준은 아래의 발전단계를 거친다고 볼 수 있다.

먼저, 새로운 기술이 등장하고 이를 활용하는 기업들이 늘어나지만 아직 시장 규모도 형성되어 있지 않아서 확산만 이루어지고 있을 때에, 관련 기업들은 서로 자신들의 기술이 시장에서 주도권을 잡기를 바라며, 사실상 표준으로의 역할을 담당하고 싶어한다. 시간이 흘러 특정 기술만이 시장에서 살아남거나 다른 기술의 가치가 높지 않다고 했을 때에는 관련 기술은 공적 표준으로 인정될 수 있는 것이다.

표준에서의 실패

표준에 선정되지 못한 경우 시장에서 낙오될 수 밖에 없으며, 기업과 국가 차원에서 다음과 같은 사례들을 살펴볼 수 있다.

기업에서의 가장 대표적인 사례는 키보드 자판이다. 현재 대부분의 PC 및 노트북에서는 QWERTY배열 자판을 사용하는데 이 자판은 예전에 사용되던 타자기에서 'th', 'st' 같이 연달아 나오는 자판을 분리해서 엉킴문제를 해결하기 위해 고안된 것

2) 국가기술표준원, https://standard.go.kr/KSCI/standardIntro/standardView.do?menuId=505&topMenuI 참조.

이었다. 이를 통해 키가 엉키는 것은 해결하였는데, 이후 타자 속도도 개선된 DBORAK 자판이 개발되었다. DBORAK 자판은 왼손엔 모음, 오른손엔 자음 그리고 자주 쓰는 글자를 중간에 배치하여 속도를 높였지만, QWERTY에서 익숙한 사람들은 효율성보단 편의성을 선택해 DRORAK을 선택하지 않게 되었다(그림 4-3 참조).

국가에서의 대표적인 사례는 일본을 들 수 있다. 일본 기업들은 기술경쟁력을 과신하고 일본에서만 사용될 수 있는 독자기술을 고집하면서 세계시장 공략에서 실패하면서 '갈라파고스 신드롬'이란 용어를 만들어 내기도 하였다. 1990년대 2세대 휴대폰과 관련한 통신표준 경쟁에서 독자기술을 강조하다가 유럽에 밀리면서 해외시장 확대에 실패했다. 이어 3세대도 NTT도코모 통신서비스인 'i모드'가 일본 시장만 장악하는 데 그쳤다.

그림 5-3 QWERTY vs. DVORAK

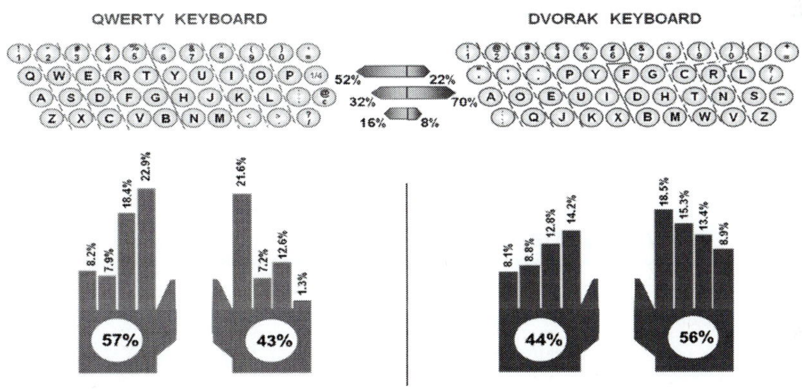

이렇듯 기업의 기술개발로 인한 성공과 표준과는 밀접한 관계를 가지고 있으며, 소비자 만족과 시장에서의 성공을 위해 지속적인 차별화 전략이 요구된다고 볼 수 있다.

5.4 기술혁신의 보호

「2016 한국기업혁신조사」에 의하면, 국내 제조업, 서비스업에 해당되는 기업들이 혁신성과를 보호하는 방법들은 1) 지식재산권 활용, 2) 사내 기밀로 유지, 3) 복잡한 설계 방식을 채택, 4) 경쟁기업에 앞서 시장 선점 등의 4가지로 나눌 수 있다. 제조업, 서비스업의 혁신보호 방법들의 중요도를 높음으로 응답한 기업들은 다음과 같다.

표 5-6 제조업, 서비스업의 혁신보호 방법들의 중요도 비교

	지식재산권활용	사내 기밀로 유지	복잡한 설계방식 채택	경쟁기업에 앞서 시장선점
제조업	16.6%	8.5	3.4	13.4
서비스업	5.3	4.9	1.6	5.5

산업의 특성상 제조업은 지식재산권 활용이 높은 반면, 서비스업은 지식재산권의 활용보다 시장에서의 경쟁력을 중요시 하는 것으로 나타났다.

첨단 기술 기업들은 지식재산권의 전략적 활용을 통해 경쟁을 확보하는 것을 우선시 하며, 이를 표준으로 발전시켜 시장지배력을 높이려 하고 있으며, 다음은 지적재산 관리의 발전 양상을 보여준다.

표 5-7 지적재산 관리 발전단계

	1세대 (No strategy)	2세대 (Patent Management)	3세대 (Strategic Patent Management)
수준	특허에 대한 인식이 부족하고, 기관 차원의 특허관리시스템이 구축되어 있지 못함	특허출원등록관리가 이루어지고 있으나, 사업전략과 연계된 특허 전략개념이 부족	사업전략 및 기술전략과 정렬된 특허포트폴리오전략을 추진
관리조직	특허관리부서 부재 (연구자 개인의 판단에 따라 특허출원등록)	연구관리부서 또는 특허관리부서에서 단순한 특허출원등록업무를 수행	특허전략본부가 설립운영되고, 전문변리사와 같은 전문인력이 배치되어 있음
주요기능	특허출원 및 등록	특허출원 및 등록 반응형 라이센싱	특허출원 및 등록 반응형 라이센싱 기술마케팅/라이센싱 특허자산실사/평가
라이센싱	라이센싱 노력없음	반응형 라이센싱	선제적 라이센싱 기술마케팅

			특허침해소송
특허전략	전략 없음	방어형 전략	공격형 전략
사례기업	연구개발역량이 부족한 대부분 기업	우리나라의 첨단기술기업 대부분	선도하는 다국적기업들

출처: 기술경영(안연식, 2017)

5.5 요 약

- 기술경영이란 기업의 경쟁우위를 확보하면서 수익을 창출할 수 있는 기술을 얻고, 관리하며 어떻게 활용하는지에 대한 체계적인 접근을 의미한다.
- 새로운 이윤 창출을 위한 창조적 파괴로 신제품 개발, 신공정 도입 등을 논하면서 기술을 기반으로 하여 경제, 경영 등에서 변화를 일으킴으로써 성과는 일련의 활동들을 기술혁신이라고 하였다.
- 제품혁신(product innovation)이 제품을 통해 새로운 시장을 만들거나 기존 소비자들을 만족시킬 수 있는 제품을 생산하는 혁신을 의미하는 반면에, 공정혁신(process innovation)은 기존의 공정(process)상의 개선할 수 있는 점들을 찾아내어 더 나은 성과를 얻어낼 수 있게 하는 것이라 할 수 있다.
- 급진적 혁신은 빠른 시간내에 혁신을 이루려 하면서, 혁신의 정도가 높은 것을 의미하며, 점진적 혁신은 혁신을 이루는 시간이 길어짐과 동시에 혁신의 정도는 높지 않은 혁신을 의미한다.
- Schilling(2008)은 혁신의 원천을 다양한 주체의 개별성과 여러 주체의 협력성을 강조하였고, 지식체계가 복잡해지고 기술의 깊이가 요구될수록 이러한 경향을 더욱 커질 것이라 했다.
- 표준(Standard)은 효율성, 편의성, 안전성을 높이기 위한 공동의 약속이라고 할 수 있다.
- 혁신성과를 보호하는 방법들은 1) 지식재산권 활용, 2) 사내 기밀로 유지, 3) 복잡한 설계 방식을 채택, 4) 경쟁기업에 앞서 시장 선점 등의 4가지로 나눌 수 있다.

문제 및 토론

1. 기술경영의 다양한 정의들을 비교해 보시오.
2. 제품혁신과 공정혁신을 사례를 들어 비교하시오.
3. 점진적 혁신과 급진적 혁신을 비교하시오.
4. 표준과 표준화에 대해 설명하시오.
5. 표준에서의 실패사례를 논하시오.
6. 특정 기업을 선정하여, 그 기업의 지적재산 관리 단계에 대해 논하시오.

제 2 편

설계 및 프로세스

제 6 장 제품 및 서비스 설계
제 7 장 프로세스 설계와 배치
제 8 장 입지계획

Chapter 6

제품 및 서비스 설계

관련 이야기 시장이 요구하는 제품 및 서비스[1]

Britton이 보낸 아메리칸 에어라인에서의(American Airlines, Inc.) 22년은 그를 Intelligent Avionics(IA)의 소중한 자산이 되도록 하였다. 그는 항공사 은퇴 후, 2010년 IA팀에 마케팅 부사장의 자문역으로 열정적으로 참여했다.

그는 고객을 확보하기 위해 먼저 어떤 제품군을 출시해야 하는지를 잘 알고 있었다. 처음에는 AURA가 차세대 좌석 중심 시스템이었다. IA가 고객에게 AURA One과 AURA Connected라는 두 가지 추가 옵션을 제공하기로 선택했을 때, 이 시스템은 개발 단계 도중에 AURA Works로 분류되었다.

대형 항공기 시장이 보잉과 에어버스에 의해 지배된 것처럼, IFE(Inflight Entertainment) 시장을 지배하는 회사는 일본의 거대 기업인 파나소닉(Panasonic)과 프랑스의 항공우주방위산업업체인 탈레스(Thales)로 전세계 시장 점유율이 90%에 달했다.

파나소닉과 탈레스는 꾸준히 성장했는데, 그들의 지속적인 성공은 이미 항공기에 설치된 시스템의 서비스를 위한 비싼 계약에 의한 것이었다. 이렇듯 고장 나기 쉬운 시스템 수리를 위한 서비스 계약에서 이미 큰 시장 점유율을 갖고 있는 파나소닉과 탈레스가 신기술에 투자할 동기는 없었을 것이다. 경쟁이 없는 상황에서 혁신적인 기술의 잠재력을 무시함으로써, 파나소닉과 탈레스는 실제로 많은 야심찬 회사들이 IFE 시장에 진입할 수 있는 기회를 만들어냈다.

이처럼 두 거물에 의해 통제되는 IFE 시장에서 새로운 기술로 독창적이고 최첨단의 IFE 시스템을 설계함으로써 IFE 산업에서 틈새시장을 개척해 나가는 기업이 바로 IA이다.

보잉과 에어버스는 대형 제트기의 시장 점유율이 100%였는데 이들 회사는 일반적으로 세 가지 솔루션 유형 중 하나를 선택하고 있었는데 이는 독립형 장치, 설치된 좌석 중심 시스템 또는 무선 스트리밍이었다.

1) Rob Britton, Robert Mackalski, Mary Dellar, Mary Towers, "Intelligent Avionics: Breaking into the Inflight Entertainment Industry," Harvard Business Review Cases, 2018을 참조.

Britton은 집중 시장에의 성공을 알고 있었고 또한 IA가 시장 요구에 보다 민감하게 대응하는 IFE 시스템을 개발할 수 있다고 믿었다. 상용 구성 요소와 윈도우즈 운영시스템의 대규모 커뮤니티를 활용함으로써 IA는 기존 가격보다 30-50% 낮은 가격으로 목표 가격을 설정하려고 하였다. 이러한 접근 방식은 비용을 절감하고 더 큰 신뢰성과 향상된 유연성을 보장해 주었다. IA는 AURA Works를 개발하고 AURA One과 AURA Connected라는 두 가지 제품군을 추가했다. AURA Works는 화면의 크기나 위치에 관계없이 엄청나게 무거운 서버의 필요성을 없앴고 그 결과 항공기의 무게를 1,000킬로그램까지 줄이고 서버 고장의 위험을 제거하였다.

IA는 AURA Works, AURA One 및 AURA Connected가 모두 동일한 모듈식 구성 요소를 사용했기 때문에 설계 유연성과 경제적 효율을 증진시켰다. AURA One의 목표 시장은 더 비싼 시스템에 대한 예산이 없는 중소 항공사들이었다. AURA Connected는 항공사의 항공기 무게 감소를 자극하는 지속적인 고유가에 대응했으며, Wi-Fi가 가능한 기기의 편재성과 비용 하락에 대응했다.

고가의 서비스 계약이 1년 보증을 포함하는 기존 시스템과는 달리 IA의 AURA 제품은 5년 보증이 적용되었는데 이는 하드웨어 및 소프트웨어의 입증된 신뢰성 때문에 가능하였다. 따라서 많은 항공사들이 이의 채택을 고려하게 된 것이다.

기업가는 제품이나 서비스에 대한 독특한 아이디어를 창조하여 새로운 사업을 형성해 나간다. 경쟁업체들이 자사의 제품이나 서비스를 모방하거나 또는 자사제품의 수명주기가 정점을 지나면 새로운 제품이나 서비스를 도입할 준비를 갖춘다.

이러한 신제품이나 서비스의 아이디어는 고객, 마케팅 스탭, 연구개발, 최고경영자, 오퍼레이션스 관리자, 기술자 그리고 종업원 등 다양한 곳으로부터 나온다. 이제 제품설계와 관련하여 제품의 도입부터 소멸까지의 과정과 모듈러 설계, 가치분석, 프로토타이핑 등에 관하여 살펴보고 서비스설계에 대해서도 다루기로 한다.

6.1 제품수명주기

제품에 대한 수요는 일반적으로 제품수명주기라고 하는 일련의 변화를 따르는 경향이 있다. 이는 제품도 살아있는 생명체와 같이 태어나서 성장하다가 언젠가는 시장에서 밀려나 사라지게 된다는 것을 의미한다.

그림 6-1 제품수명주기의 특성

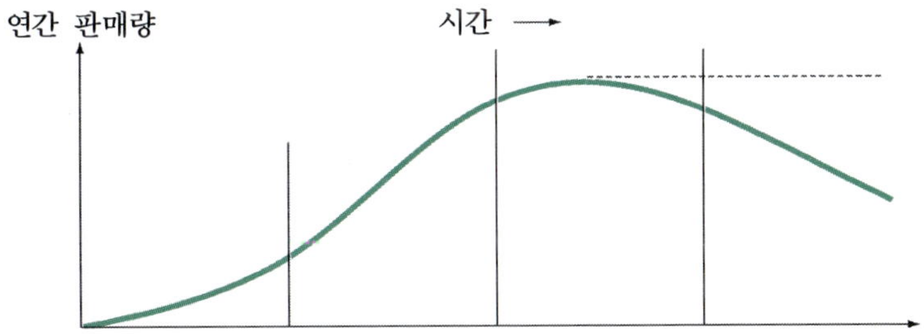

	도입기	성장기	성숙기	상품화 또는 쇠퇴기
제품다양성	큼	표준화가 증대됨	우세한 설계가 출현	고도의 표준화
생산량	소량	양이 증대됨	대량	대량
산업구조	소규모의 경쟁업자	분리와 통합	소수의 대기업	생존업체
경쟁형태	제품의 특성	제품품질	가격과 신뢰성	가격

제품수명주기는 [그림 6-1]에서 보는 바와 같이 흔히 4단계로 구분된다. 즉, 시장 도입기의 낮은 수요로부터 출발하여 성장기, 성숙기의 대량 포화상태를 지나 최종적으로 쇠퇴기로 이행된다. 단계별 지속시간은 산업에 따라 상당히 달라진다. 제품의 도입으로부터 소멸에 이르기까지 몇 주 또는 몇 개월밖에 걸리지 않는 제품이 있는가 하면 수년 또는 수십 년이 걸리는 제품도 있다. 어떤 경우이든 이러한 형태는 오퍼레이션스 관리자에게 중요한 의문을 야기시킨다. 즉, 제품수명주기의 각 단계를 어떻게 조정해야 하는가? 기대수요를 최적으로 충족시키기 위해 어떠한 설비, 재료, 인력, 관리 시스템이 필요한가? 제품이 각 단계를 거침에 따라 기존설비와 프로세스에 어떤 조치가 이루어져야 하는가? 등의 문제가 있다.

제품수명주기와 경영의 포커스 각 단계에 따라 제품의 다양성, 생산량, 산업구조, 그리고 경쟁형태가 달라지기 때문에 생산전략과 기술변화는 수명주기 전체에 걸쳐 변화할 수 있어야만 한다.

예를 들어, 제품설계가 불안정하고 많은 공학적 변화가 수용되는 초기 국면과 제품이 고도로 표준화되어 매우 안정적인 최종단계에 있어서의 제품설계 및 생산에 대한 요구가 다를 것이다.

소수지만 대규모 경쟁업체가 나타남에 따라 경쟁의 형태는 급격하게 변하여 제조능력에 있어서의 변화를 요구한다. 제품수명주기 중 초기에는 제품의 독특한 특징과 품질에 의존하는 반면, 후기에는 배달능력과 가격경쟁에 더욱 의존하게 된다. 제조 프로세스는 기술의 새로운 형태와 방향, 장비와 설비의 수정 그리고 다른 통제 시스템을 포함하여 상당히 변화해 나가고 있다. 여기에 대비하기 위해 신제품과 생산 프로세스의 개발을 위한 R&D에 주력하는 것이 필요하다.

중복생산의 국면 신제품을 도입하고 기존제품을 소멸시키는 과정에서의 일반적인 전략이 종종 기존 프로세스기술을 유지하는 데 사용된다. 제품수명주기의 후기 단계에서 기존제품에 대한 수요가 감소함에 따라 새로운 제품이 개발되고 생산된다. 즉, 한 제품이 성숙기를 거치고 쇠퇴기로 접어드는 동안, 또 다른 제품은 초기단계를 마무리하게 된다.

이런 방식으로 생산능력을 일정하게 유지할 수도 있으나 실제 생산능력이 일정하게 유지되는 경우는 드물다. 왜냐하면 새로운 제품을 생산하는 데 필요한 기술은 동일하지 않으며 최소한 몇 가지의 변화가 항상 필요하기 때문이다. 또한 조직은 기존제품이 쇠퇴기로 들어가는 시점에서 도입할 신제품을 항상 갖고 있는 것도 아니고 성장과 쇠퇴율도 쉽게 예측할 수 없기 때문이다.

연구개발 많은 조직 특히 대기업은 새로운 제품과 프로세스의 개발기회를 방치해 두지 않는다. 신제품을 개발하고 기존제품의 새로운 용도를 찾으며 그리고 자본 또는 제조원가를 감소시킬 수 있는 새로운 프로세스 개발 쪽으로 노력을 기울인다. 이것이 바로 연구개발의 목적이다.

생산이나 프로세스에 있어서의 변화는 대부분 단계적인 노력으로 나타나며 많은 사람들의 지식을 필요로 한다.

신제품에 대한 아이디어는 경제적인 타당성, 시장 잠재력, 성능 테스트 등의 평가를 거친다. [그림 6-2]에서 보듯이 신제품 아이디어의 극히 일부만이 상품화가 가능하게 되는데 이것이 연구개발 비용이 높은 이유를 설명해 주고 있다.

그림 6-2 신제품 아이디어의 도출곡선

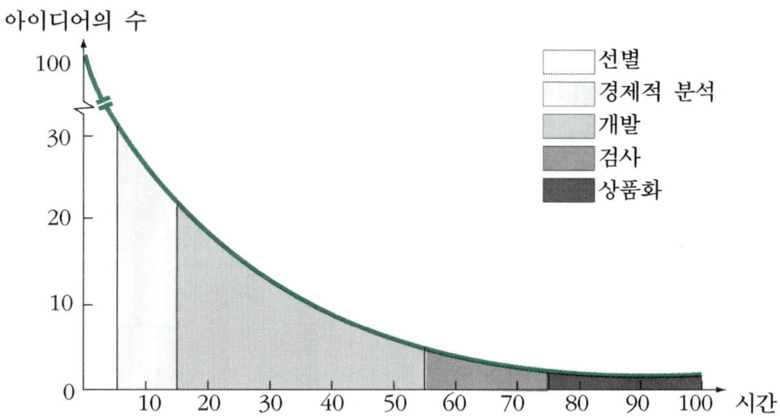

신제품 아이디어는 비용이 많이 드는 여러 개발단계를 거친 후 기술상의 실행 불가능으로 인해 완전히 폐기될 수도 있다. 이런 경우 소요된 R&D 비용은 되찾을 수 없다. 그러나 장기적인 관점에서 보면 이러한 비용은 엄청난 이익을 가져다주는 몇몇 성공적인 제품에 의해 상쇄된다. 예를 들어, 야생동물 관리에서 사용되는 연어에 이름표를 붙이는 새로운 프로세스를 생각해 보자. 전통적으로 이 과정은 물고기를 잡아서 이름표를 붙인 후 놓아주는 것으로 구성되어 있다.

이와는 달리 새로운 프로세스는 원격 레이저빔을 이용하여 이름표를 붙임으로써 실제로 연어를 잡아 이름표를 붙인 후 방류하는 과정을 없애준다. 이처럼 새로운 프로세스를 도입하는 데 필요한 연구개발 노력을 살펴보자. 수십 년 전 레이저의 기초가 되는 물리학 이론이 개념화되었다. 후에 물리학과 전자학에서의 개발연구가 결국 레이저빔을 탄생시켰다. 그 이후 많은 과학자와 기술자들은 우주탐험, 건강, 과학, 산업 등에 있어서 레이저빔의 활용을 연구하여 왔다. 최근 어류 생태학자의 도움으로 새로운 이름표 부착 프로세스가 연어의 관리에 사용되게 된 것이다.

혁신의 구성요소 기술혁신에는 일반적으로 기초연구, 응용연구, 개발, 실행의 4가지 구성요소가 있다.

① **기초연구**: 과학적 지식의 진보를 위한 근본적인 조사로 뚜렷한 상업적인 목적을 갖지 않는 연구활동이지만 회사의 현재 또는 잠재적인 관심 분야에는 들어 있음

② **응용연구**: 새로운 과학지식의 발견을 적용하는 연구로 제품이나 프로세스에 대해 뚜렷한 상업적인 목적을 지니고 있음

③ **개발**: 연구에서 발견된 것을 제품 또는 프로세스로 변환시키는 데 있어서 부딪치게 되는 예외적인 문제들에 관련된 기술적인 활동

④ **실행**: 일단 혁신의 다른 구성요소들이 완성되면 남아 있는 프로세스는 신제품을 만드는 것, 필요한 장비와 설비를 만드는 것, 그리고 제품 또는 프로세스를 보급시키는 데 필요한 시장채널을 개척하는 것 등을 포함함

연구개발의 조직 대부분의 회사에서 R&D는 회사 또는 부서 수준에 위치해 있는 스탭 기능이다. R&D 조직 구조의 3가지 형태가 [그림 6-3]에 나타나 있다.

(a)에서 R&D는 중앙에 집중되어 있다. 이 위치에서 R&D는 모든 부서들의 필요성을 경제적으로 충족시켜 이중노력을 방지할 수 있다. 단점으로는 여러 부서들의 즉각적인 필요성으로부터 지리적으로나 조직적으로 멀리 떨어져 있다는 점이다. 분산화된 (b)에 의해 이 단점은 극복될 수 있다. 그러나 이 구조는 부서 간의 중복이 있는 경우 기업 전체적인 R&D의 비용이 증가될 우려가 있다. 분산화된 구조는 특히 부서 간의 라인에 따른 제품이나 프로세스의 기술적 차별화가 큰 회사에 적합하다. 여기서는 개발노력이 특정한 부서에 맞추어 전문화되어 있다.

결합구조 (c)는 집중화된 조직과 분산화된 조직의 이점만을 취하기 위한 R&D조직이다. 부서수준에서의 R&D는 적용된 분야에 있어서 부서수준의 특별한 요구에 따라 전문화될 수 있다. 몇몇 응용연구와 거의 모든 기초연구는 기업수준에 집중될 수 있다. 세 개의 R&D 조직 중 점선은 그들 간의 보조적인 관계를 반영한다. 한 수준에서

의 기초연구나 응용연구의 적절한 결과는 다른 수준으로 이전될 수 있다. 때때로 어느 한 부서수준에서의 개발노력의 진전이 기업수준에서의 연구의 필요성으로 인해 방해받을 수도 있다.

그림 6-3 조직구조에서 R&D의 위치

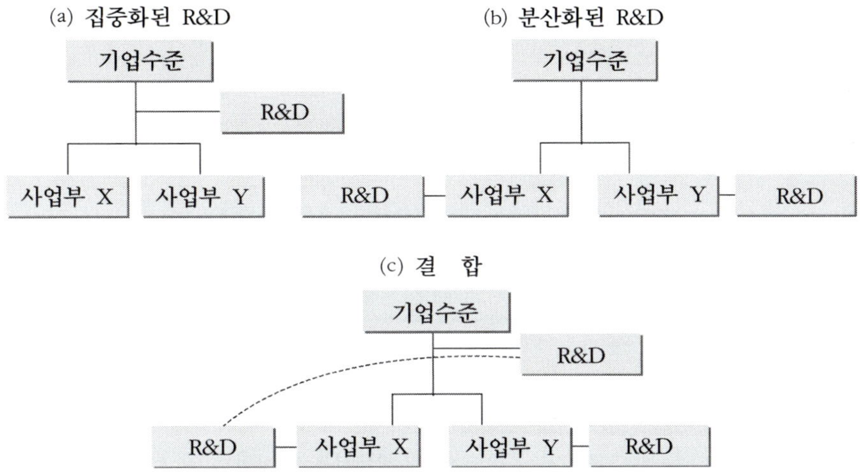

6.2 제품개발과정

신제품의 개발은 일반적으로 [그림 6-4]에서와 같이 고객의 요구를 확인하는 단계에서 시작하며 이를 시장-풀(market-pull) 방식이라고 일컫는다. 이와 같이 보편적인 방식과는 달리 기업 내에 이미 독자적인 기술을 보유하고 있는 상황에서 적당한 시장을 찾는 방식을 기술-푸쉬(technology push)라고 한다. 기술-푸쉬 방식은 보편적인 시장-풀 방식에 앞서서 기술과 시장기회를 결합(match)시키는 추가적인 단계를 사전에 거쳐야 하는 점만 다를 뿐 나머지 과정은 대동소이하다. 따라서 시장-풀 방식의 제품개발과정을 중심으로 자세한 내용을 살펴보도록 한다.

요구의 확인 어느 제품의 아이디어가 나타나면 그것이 고객의 요구를 충족시키는지를 정당화시켜야 한다. 이는 제안된 제품의 특성이 고객의 사용적합성을 충족시킨다는 것을 보이고, 경쟁적 제품평가를 통해 기존제품이 이러한 기능을 충족시킬 수 없다는 것을 보임으로써 가능하다.

그림 6-4 제품개발과정

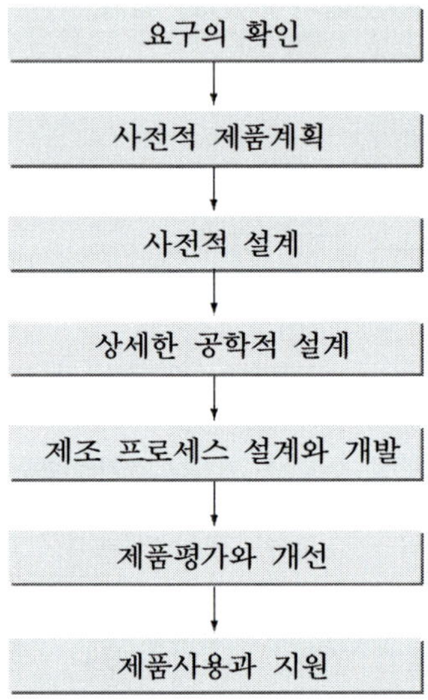

사전적 제품계획 제품개발의 두 번째 단계는 사전적 제품계획이다. 이것은 예비적인 시장분석, 제품에 대한 많은 대안적 개념을 만드는 것, 제품생산상의 요구사항을 명확히 하는 것, 설계기준과 이들의 우선순위를 설정하는 것 그리고 제품을 생산하고 분배하는 등의 여러 다양한 활동을 포함한다.

이 단계의 주요 결과는 제품에 대한 개념적인 설계이다. 예를 들어 새로운 종류의 낚싯대에 대한 개념은 무게, 강도, 모양, 유연성, 가격 등의 조정을 포함한다. 이러한 기본적인 특성을 제품개념 또는 설계개념이라고 부른다. 개념 결정이 전통적으로 마케팅의 분야라 하더라도 생산 담당자를 배제하는 것은 이후 생산 프로세스에 치명적이 될 수 있다. 결국 생산의 궁극적인 목적은 시기적절하게 제품을 개발하여 시장에 소개하는 것으로 적절한 제조 프로세스가 개발과정의 초기에 검토되지 않으면 불가능하다.

판매예측을 포함한 예비시장분석과 생산운영비, 경상비 그리고 수익성의 추정을 포함하는 경제적 분석을 통해 기술적으로 참신한 새로운 아이디어가 사장될 때 영업과 기술인력 사이에 마찰이 야기될 수도 있다.

제품과 서비스의 선택에 있어서 경영자는 시장, 경제적 요소, 이용가능한 기술 그리고 조직의 전략적 임무의 틀 안에서의 기업전체의 자원을 상호 조화시켜야 한다.

사전적 설계 기술적 가능성을 조사하고 생산설계의 상충관계를 더욱 깊이 있게 살펴보기 위해 기초연구와 응용연구가 행해진다. 중요한 성과변수를 확인하고 분석적 시험, 실험, 물리적 모형화, 프로토타이핑과 같은 설계지원을 요하는 영역을 결정하기 위해 설계대안들이 평가된다.

상세한 공학적 설계 이 단계는 하부 시스템과 구성요소, 재료, 크기, 형태 등을 포함한 제품에 대한 상세한 정의를 개발하는 일련의 공학적 활동이다. 전형적으로 공학적 설계는 아래에 기술된 몇 가지 설계목적을 만족시키기 위해 분석, 실험 그리고 자료수집을 행한다.

① 기능적인 설계: 제품이 의도한대로 수행될 수 있는지에 대한 것
② 신뢰가능한 설계: 실패가 최소가 되도록 제품사용이 가능한 것
③ 유지가능한 설계: 제품을 경제적으로 유지할 수 있는가에 대한 것
④ 안전한 설계: 사용자와 환경에 있어 운영위험이 최소가 되도록 하는 것
⑤ 생산가능한 설계: 의도했던 비용과 수량으로 제품을 생산하는 것

컴퓨터 분석과 시뮬레이션, 물리적인 원형으로부터 나온 자료는 설계대안에 대한 시험과 최종설계가 여러 가지 설계목적을 만족시키는지를 확인시켜 준다. 일부 목적이 다른 목적들과 갈등을 일으킬 수 있기 때문에 최적 제품설계에 도달하는 데는 설계적 절충이 필요하다. 전형적으로 최종설계는 제품의 시작품뿐만 아니라 도면과 기타 문서들을 포함한다.

제조 프로세스 설계와 개발 상세한 공학적 설계의 다음에는 제조 프로세스 설계와 개발이 있는데 이는 제품을 생산하여 소비자에게 전달하는 데 관련된 자재획득, 생산, 보관, 수송 그리고 분배를 위한 설비 및 장비 요구조건과 관련된다. 그러나 여기서의 활동에는 기계적인 고려만 있는 것은 아니라 생산계획 및 통제 시스템, 컴퓨터 정보시스템 그리고 인적 자원 시스템의 설계도 포함된다.

제품평가와 개선 제품의 평가와 개선은 대부분 제품의 전 수명에 걸쳐 계속해서 일어난다. 개선의 가능성은 제품수명시험, 현장에서의 성과 및 실패자료 그리고 재료와 장비에 있어서의 기술의 획기적인 발전으로 얻게 된다. 공식적인 연구와 평가 프로그램이 제품을 관찰하고 분석하여 재설계하는 데 사용된다.

제품사용과 지원 제품개발의 중요한 단계는 제품이 고객의 손에 들어간 이후의 제품에 대한 지원을 고려한다. 지원 시스템을 통한 지원은 다음의 분야에서 필요할 것이다.

① 사용자에게 제품의 특정한 적용영역을 가르침

② 보증과 수리서비스를 제공함

③ 교환부품을 분배함

④ 설계개선으로 제품을 향상시킴

신제품 개발에 있어서의 전략적 변수로서 제품개발 비용 외에도 제품의 품질, 가격 및 도입시기를 결정하는 것이 매우 중요하다. 특히 수명주기가 짧은 제품에 있어서는 신속한 개발이 시장점유율을 높이기 위한 필요조건이다. 제품개발기간을 단축하기 위하여 동시공학(concurrent engineering)의 개념이 활용되는데, 이는 제품개발의 단계들을 가능한 한 중첩시켜 개발기간을 단축하는 기법이다. 설계단계부터 구매, 생산, 마케팅 등의 사내 관련부서는 물론 부품 공급자 및 소비자까지 개발 담당자와 함께 제품개발에 참여하여 시행착오를 줄임으로써 기간단축에 따른 개발비용의 증가를 최소화한다.

6.3 모듈러 설계와 표준화

모듈러 설계와 표준화는 생산관리자에게 특히 중요한 의미를 갖는 제품설계의 두 가지 측면이다. 왜냐하면 이 둘은 제조 프로세스를 단순화시키면서 제품을 다양화해 제조 프로세스에 직접적으로 영향을 미치기 때문이다.

모듈러 설계 모듈러 설계는 이미 존재하는 기본적인 하부 시스템들을 조합하여 제품을 만드는 것이다. 이때 하부 시스템을 모듈(module)이라고 하는데, 모듈은 전체 제품기능의 일부를 담당하면서 다른 부분들과의 상호작용이 잘 정의된 집합체(chunk)를 의미한다. 모듈러 설계란 제품에 요구되는 다양성을 부품이나 유니트 등과 같은 하위수준에 있는 것의 조합으로 대응시켜 상위의 제품에 요구되는 기능을 충족시키는 것이다. 이는 다양한 제품 요구에 대하여 신축성 있게 대응하는 것으로 볼 수 있다. 예를 들어, 컴퓨터 시스템을 선택할 경우, 상호 호환성이 있는 3종류의 모니터,

2종류의 키보드, 2종류의 본체, 3종류의 프린터 중 선택을 할 수 있다고 하면 10(3+2+2+3)가지의 모듈을 가지고 총 36(3×2×2×3)가지의 서로 다른 컴퓨터 시스템 중 하나를 선택할 수 있게 된다. 모듈러 설계 개념은 그 반대 개념인 집적 설계(integrated design)와는 대조적으로 소비자에게 제품 선택사양의 범위를 넓혀주고, 동시에 생산과 제품설계에 있어서도 상당한 이점을 가져다준다. 즉, 모듈의 설계를 안정화시킴으로써 모듈의 제작이 더욱 수월해지고, 제품조립라인의 단축이 가능하며, 생산현장에서 모듈이 이용되는 동안에도 문제진단이나 서비스가 더욱 쉬워진다.

모듈에 대한 생산프로세스를 용이하게 할수록 생산능력이 증가한다. 또한 최종제품의 재고에 대한 자재계획과 재고관리는 단순화될 수 있다. 예를 들어, 앞에서 설명한 36가지의 서로 다른 완성된 컴퓨터 시스템을 재고로 쌓아두는 대신에 모듈들을 쌓아놓는 것이다. 그리고 특정한 컴퓨터 시스템이 요구될 때마다 생산자는 신속하게 적절한 모듈을 선택하여 원하는 규격대로 조립함으로써 최종제품에 대한 높은 재고비용을 줄일 수 있다.

표 준 화 표준화(standardization)는 제품의 크기, 모양, 성능 및 기타의 특징들을 규정하는 과정을 의미한다. 이러한 표준화는 국가와 산업에 따라서 상이하게 적용되기도 한다. 예를 들어, 가전제품의 경우 일본에서는 110볼트가 표준으로 되어 있는 데 비해서 우리나라에서는 220볼트를 표준으로 규정하고 있다.

표준화는 여러 제품들 간에 부품을 상호 교환하여 사용함으로써 대량생산과 구매, 재고투자의 절감, 구매와 자재취급의 용이, 품질검사 노력의 절감 및 생산과 관련된 어려움 등을 완화시킬 수 있다. 따라서 제조기업은 표준화를 통해서 부품이나 제품을 대량으로 생산하거나, 대량으로 구매함으로써 생산원가를 절감할 수 있다. 또한 소비자의 관점에서도 제품이 고장 났을 때 표준화된 호환성 부품을 이용하여 수리를 쉽게 할 수 있다.

특히 다양화하는 소비자들의 욕구를 충족시키며 대량생산의 이점을 확보하기 위한 생산방식으로 추진되고 있는 대량고객화(mass-customization)에 있어서는 부품을 표준화하는 것은 모듈러 설계와 더불어 생산성 증대의 기본적 요건이라 할 수 있다.

한편 표준화에 따른 위험으로 혁신의 정체를 들 수 있다. 즉, 표준화된 설계에 의존하는 동안 경쟁기업은 창조적인 설계능력을 앞세운 신제품으로 앞서 나갈지도 모른다.

6.4 프로토타이핑

프로토타입(prototype)이란 실제 제품과 유사한 성능을 나타내는 근사치(approximation)라고 광의로 정의할 수 있으며, 이러한 프로토타입을 개발하는 프로세스를 프로토타이핑(prototyping)이라고 한다. 예를 들어 신제품 개발시에 고객테스트용으로 개발되는 베타 시제품도 프로토타입의 하나로 볼 수 있다.

프로토타입의 종류는 매우 다양한데 이를 구분하여 보면 [그림 6-5]와 같이 물리적(physical) 프로토타입에서부터 분석적(analytical) 프로토타입까지, 그리고 초점화(focused) 프로토타입에서부터 포괄적(comprehensive) 프로토타입까지로 두 가지 축에 의하여 구분해 볼 수 있다.

그림 6-5 프로토타입의 종류

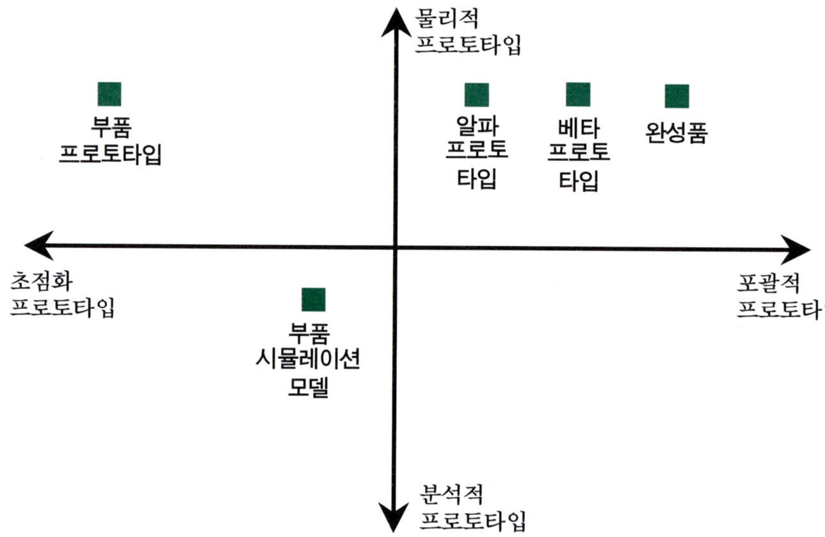

프로토타입을 활용하는 이유는 기본적으로 이를 이용하지 않을 때보다 불필요한 반복작업을 유발할 위험을 줄여 줄 수 있기 때문이다. 이는 프로토타입의 다음과 같은 역할에 기인한다. 첫째, 프로토파입을 통해 개념모델의 성능이나 실현가능성을 테스트하고 학습(learning)해 볼 수 있다. 둘째, 3차원 모델 등을 제작함으로써 소통(communication)을 원활히 할 수 있다. 셋째, 알파, 베타 테스트 모델들을 활용하여 부품이 결합(integration)되는 정도를 살펴볼 수 있다. 넷째, 개발 프로세스의 이정표(milestone)로 삼을 수 있다.

최근 들어서 3D 프린팅 기술을 활용하여 CAD(Computer Aided Design) 자료와 연동된 3차원 프린터로 직접 프로토타입을 신속히 제작하는 기술과 방법을 래피드 프로토타이핑(rapid prototyping)이라고 한다. 1980년대에 최초로 개발된 방식으로 최근에는 프로토타입뿐만 아니라 완성품까지도 고객의 다양한 요구에 대응하여 직접 제작하는 단계에 이르고 있다.

6.5 가치분석

가치분석의 개념

가치분석이란 제품이나 서비스 및 원자재 등의 가치를 그것들이 지니고 있는 기능에 대해 체계적인 분석 · 검토를 통하여 불필요한 기능을 제거함으로써 비용을 절감시키려는 시스템적 사고방식이라 할 수 있다.

가치분석(value analysis, *VA*)은 미국 GE사의 Miles에 의해 1947년 처음 고안된 것이다.

가치에는 사용가치, 귀중가치, 원가가치 및 교환가치가 있다. 사용가치란 제품이 사용될 때 구현되는 제품의 가치이고, 귀중가치란 소유하고자 하는 욕망을 일으키게 하는 가치이며, 원가가치란 제품을 만드는 데 소요된 노무비, 원료비, 경비 등의 비용가치를 말하고, 교환가치는 그 제품을 다른 것과 교환할 수 있게 하는 가치를 말한다. 이 네 가지 가치개념은 완전히 분리되어 서로 독자성을 갖는 것이라기보다는 상호 보완적인 관계에 있어 서로 영향을 미치게 된다. 제품의 참된 가치라면 이 네 가지 가치를 두루 포함해야 하지만 가치분석에서는 특히 사용가치를 가장 중요시한다.

가치의 개념을 구체적으로 측정한다는 것은 용이하지 않으나 가치는 비용과 기능의 비로 나타낼 수 있다. 즉,

$$\text{가치}(V) = \frac{\text{기능}(F)}{\text{비용}(C)}$$

가치는 생산자나 사용자에 따라서 달라질 뿐만 아니라 시간 · 장소 · 용도에 따라

서도 다르게 평가된다.

가치분석의 목적은 품질, 용도 및 설계를 포함한 여러 측면에서의 낭비적 요소를 제거함과 아울러 제품 혹은 부품이 지니고 있는 기능을 연구하고, 이를 다른 것으로 대체함으로써 비용에 대한 가치를 증대시키는 데에 있다. 따라서 가치의 증가는 두 가지 측면에서 가능하게 된다. 그 하나는 비용의 절감에 의한 것이며, 다른 하나는 기능의 향상에 의한 것이다.

가치분석의 대상과 단계

가치분석의 대상은 크게 물품과 서비스로 나누어 살펴볼 수 있다. 물품에는 제품, 장치, 설비, 보급품, 소모품, 에너지 등이 있으며 서비스에는 병원에서의 의료봉사, 호텔에서의 봉사, 행정관서의 사무, 학교기관의 사무 등이 있다.

가치분석 대상에 대하여

① 언제나 문제가 되고 있는 것인지
② 규격에 맞지 않는 부품인지
③ 반복해서 대량 구입되는 제품인지
④ 원가율이 높은 것인지
⑤ 고가품목인지
⑥ 불량률이 높은 것인지
⑦ 적자가 나는 제품인지

에 주안점을 두고 문제점을 찾아낸다.

가치분석의 단계는 학자들 간에 약간씩의 견해 차이는 있으나 일반적인 절차는 다음과 같다.

① 분석대상의 결정
② 정보의 수집
③ 기능의 평가
④ 개선안의 도출
⑤ 개선안의 기술·비용적 적합성 검토
⑥ 기능 확인을 위한 시험과 결과 확인
⑦ 제안
⑧ 결정과 추진

6.6 서비스 설계

고객의 인구통계학적 추세를 살펴봄으로써 장기적인 건강진단과 같은 새로운 서비스를 설계 제안할 수 있다. 이는 [그림 6-6]에서 보는 바와 같은 새로운 서비스 개발 사이클의 '개발' 단계에 해당된다. 서비스의 개발 단계에서 새로운 아이디어는 검증되고 최종 선정된 개념은 사업 타당성을 거치면서 발전한다. 개발 단계를 통과한 개념들은 이제 수익성을 지닌 도전 사업의 일부로서 잠재성을 결정하는 '분석' 단계를 거치게 된다. 분석 단계를 거쳐 승인되면, 성공 가능한 개념들은 '디자인' 단계로 이동한다. 디자인 단계에서는 적절한 직원 교육과 특정 지역에서의 마케팅 캠페인과 더불어 현장 테스트할 수 있는 새로운 서비스 제품과 프로세스를 창출하기 위해 상당한 시간과 자금이 사용된다. 마지막으로, 시험을 거친 새로운 서비스가 전국적으로 사용 가능하도록 하는 '서비스 출시' 단계에 들어간다.

그림 6-6 새로운 서비스 개발 프로세스 사이클

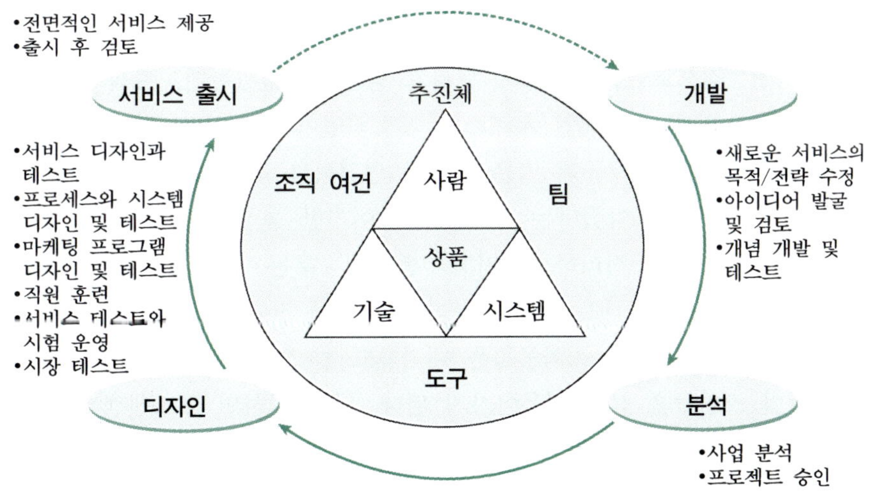

자료: Reprinted with permission from S. P. Johnson, L. J. Menor, A. V. Roth, and R. B. Chase, "A Critical Evaluation of the New Service Development Process," in J. A. Fitzsimmons and M. J. Fitzsimmons (eds.) *New Service Development*, Sage Publications, Thousand Oake, Calif., 2000, p. 18.

새로운 서비스 개발 프로세스는 다기능을 지닌 팀, 엑셀과 같은 도구, 그리고 혁신을 받아들이는 문화를 포함하는 조직 여건과 같은 추진체에 의해 수행된다.

[그림 6-6]의 중심에는 사람, 시스템, 그리고 기술로 구성된 서비스 상품이 있다.

서비스 설계에 있어 서비스 전달 시스템을 디자인하는 것은 창조적인 프로세스이다. 서비스 전달 시스템 디자인은 경쟁기업과 차별화된 서비스를 제공하기 위한 서비스 개념 및 전략에서 시작된다. 이러한 목적을 달성하기 위해서는 어떤 결정을 내리기 전에 반드시 다양한 대안들을 파악하고 분석해야만 한다. 서비스 전달 시스템 디자인에는 입지 선정, 효과적인 고객 및 작업의 흐름을 위한 설비 디자인 및 배치, 서비스 제공자를 위한 절차와 직무정의, 품질보증을 위한 측정방식, 고객의 참여 정도, 장비 선택, 적정 능력확보 등의 이슈가 포함된다.

서비스 전달 시스템 디자인의 사례로 페더럴 익스프레스(Federal Express)를 들 수 있다. 항공을 통해 서류와 소화물을 하루 만에 배달하는 것을 보장하는 서비스 개념은 회사 설립자인 프레드릭 스미스(Frederick W. Smith)가 대학 시절 제출한 기말과제의 주제였다. 알려진 바와 같이 당시로서는 터무니없는 아이디어였기에 제출한 과제물은 "C"를 받았다. 그러나 이제 페더럴 익스프레스는 항공 운송 산업의 표준이 되었다.

전통적으로 항공 화물은 느리고 믿을 수 없었는데, 여객 서비스에 초점을 두는 항공사에 의해 부수적인 서비스로 제공되었기 때문이었다. 전기공학도였던 스미스의 천재성은 배선함을 통해 많은 단자를 연결하는 전기 네트워크와 화물 운송 네트워크와의 유사점을 파악했다는 데 있었다. 이러한 통찰력을 바탕으로 멤피스(Memphis)에 모든 소화물을 정리하는 거점 센터를 두는 페더럴 익스프레스의 거점-지점(hub-and-spoke) 네트워크가 탄생했다. 미국 전역의 도시에서 한밤중에 거점에 도착한 비행기는 운송한 소화물들을 내려놓고 약 2시간 동안 대기한 후 다음 날 아침에 배달할 소화물을 싣고 되돌아가게 된다. 다시 말하면 로스앤젤레스로부터 샌디에이고로 전달할 소화물은 일단 로스앤젤레스에서 멤피스로 간 후, 멤피스에서 샌디에이고로 비행기를 통해 전달되는 것이다. 심한 기상이변으로 비행기의 착륙이 힘들거나 소화물 분류 오류가 발생하는 예외적인 경우가 아니라면 거점-지점 네트워크 디자인은 소화물이 다음 날 목적지에 도착하는 것을 보장해주게 된다. 패더럴 익스프레스의 서비스 전달시스템 디자인 그 자체가 기존 항공 수화물 경쟁업체와 차별화 할 수 있는 전략적 우위를 제공하였다.

제품 개발의 경우 대량 생산을 시작하기 전에 시험용 프로토타입을 제작함으로써 생산과정 등을 시험하듯이 버거킹은 서비스 개발에도 이같은 방식을 도입하였다. 버거킹은 마이애미의 한 창고에 표준적인 실제 레스토랑을 재현했다. 이곳 모의 레스토랑은 차량 주문 서비스나 아침 메뉴 등 새로운 형태의 서비스를 제공하기 위해 필요한 레이아웃 변화 등을 시뮬레이션하기 위해 사용된다.

6.7 요 약

급변하는 기업환경 하에서 신제품의 도입 · 설계 및 기존제품에 대한 의사결정은 기업의 생존에 매우 중요하다. 제품에 대한 의사결정은 생산의 의사결정분야 각각에 중대한 영향을 미치게 되므로, 제품의사결정은 생산부문과 밀접히 연결되어 있어야 한다. 제품을 설계하는 데 있어서 고려해야 할 요소로 제품수명주기와 제품개발과정 등을 들 수 있으며, 최근 제품설계에서 새로운 이슈로 부각되고 있는 내용으로 모듈러 설계, 표준화, 프로토타이핑, 가치분석 등이 있다.

신제품을 도입할 경우 신제품에 대한 초기 아이디어뿐만 아니라 실제 개발과정에서도 여러 기능 간의 협력이 중요하게 작용하는데, 이들 중에서도 제일 중요한 것 중의 하나는 제품의 수요에 대한 정확한 예측과 판단이다. 그런데 이러한 제품 수요는 '제품수명주기'라는 예측 가능한 형태를 따르는 경향을 가지고 있다. 따라서 각 기업들은 "신제품을 도입하게 되었을 때 단계별로 생산상의 문제 파악", "단계별로 설비, 재료, 인력을 어떻게 관리할 것인가에 관한 여부", "단계별로 기존설비와 프로세스에 구체적으로 어떠한 조치를 취해야 하는가의 여부" 등의 의사결정문제를 가지게 되고, 문제에 대한 대안을 각기 모색하게 된다. 이러한 제품의 개발과정은 일련의 단계에 따라 이루어지게 되는데, 개발과정이 진행됨에 따라 차츰 불확실성이 제거되고 구체성을 띠게 된다. 그런데 이러한 각 단계를 거치면서 다양한 기준들은 단일한 척도(예: 화폐)로 합쳐져서 평가가 이루어져야 한다. 따라서 이러한 과정들이 정형화되어 한 번에 끝나게 되는 것은 쉽지 않은 일이고, 대개는 특정단계의 반복이나 생략, 아이디어의 폐기도 매우 빈번하게 일어나게 된다.

이와 같은 과정을 통해 제품을 개발하는 방법은 전통적으로 각 제품을 독립적으로 설계하는 것이었다. 그러나 이렇게 할 경우 개별제품들은 최적화되지만 전체 제품 믹스는 최적화되지 않는다. 모듈화 설계 및 표준화는 유사한 여러 제품들을 동시에 고려함으로써 제품계열을 최적화할 수 있는 방법을 제공하며, 전체 제품계열의 최적화를 달성하기 위해 개별제품의 변화를 요구하게 되는 경우도 있다. 위의 표준화와 모듈화 설계라는 제품 설계방법을 통하여 서로 유사한 제품계열별로 설계내용이 결정되고 틀이 짜여진다. 또한 프로토타이핑을 통하여 제품개발시 시행착오를 줄여서 개발기간을 단축하기도 한다. 끝으로, 각 제품을 구체적으로 설계하는 방법으로 가치분석이 있는데, 이 방법은 제품이 가지는 기능이나 특성에 대해 고찰하고, 가치의 양축을 이루는 기능과 비용 모두를 전반적으로 체계적 분석을 수행하는 시스템적 사고방식이라고 할 수 있다.

서비스의 경우에도 서비스의 '개발' 단계에서 새로운 아이디어는 검증되고 최종 선정된 개념은 사업 타당성을 거치면서 발전한다. 개발 단계를 통과한 개념들은 이제 수익성을 지닌 도전 사업의 일부로서 잠재성을 결정하는 '분석' 단계를 거치게 된다. 분석 단계를 거쳐 승인되면, 성공 가능한 개념들은 '디자인' 단계로 이동한다. 마지막으로, 시험을 거친 새로운 서비스가 전국적으로 사용 가능하도록 하는 '서비스 출시' 단계에 들어간다.

서비스 설계에 있어 서비스 전달 시스템을 디자인하는 것은 창조적인 프로세스이다. 서비스 전달 시스템 디자인은 경쟁기업과 차별화된 서비스를 제공하기 위해 필요하다.

그리고 제품 개발의 경우처럼 서비스 개발에도 프로토타입 방식이 이용된다.

문제 및 토론

1. 제품설계를 통해서 기업이 경쟁우위를 달성할 수 있는 방법을 설명하시오.
2. 제품의 수명주기 각 단계에 걸쳐서 ① 제품의 다양성, ② 생산량, ③ 산업구조, ④ 경쟁형태의 측면에서 어떤 변화가 일어나는지 설명하시오.
3. 안암기업은 포장사업에서 잘 다각화된 제조업체이다. 이 회사는 여러 가지 포장자재를 생산하여 산업구매자에게 판매한다. 경영진은 수명주기에서 각 제품의 현단계를 파악하기 위해 수명주기 감사를 하고 있다. 두 제품에 대한 자료가 아래 표에 나타나 있다.

제 품	성과기준	올해의 성과	작년의 변화	지난 4년간의 평균변화
A	연간매출 단위당 가격 단위당 이익 총이익	42,100,000 1.53/kg 0.22/kg 6,000,000	−3.1% +0.0 −2.1 −7.4	+1.2% +0.5 −0.5 +0.2
B	연간매출 단위당 가격 단위당 이익 총이익	5,400,000 1.30/kg 0.70/kg 2,900,000	+72.1% + 7.0 +12.8 +80.1	+35.0% + 6.8 +15.1 +37.2

① 제품 A와 B는 어떤 단계에 있는지를 설명하시오.

② 어떤 제품이 저가격을 더 높은 경쟁우선순위로 삼고 있는가? 그리고 그 이유는?

4. 기술혁신의 구성요소인 ① 기초연구, ② 응용연구, ③ 개발, ④ 실행에 대하여 설명하시오.
5. 모듈러 설계와 표준화의 차이점에 대하여 기술하시오.
6. 제품생산에서 모듈러 설계가 적용되는 실제의 예를 설명해 보시오.
7. 가치분석에서 가치의 개념들 중 사용가치를 특히 중요시하는 이유에 대해 설명하시오.
8. 프로토타이핑의 역할에 대하여 설명해 보시오
9. 새로운 서비스 개발 사이클에 대해 설명해 보시오.
10. 서비스 전달 시스템 디자인이 왜 중요한지를 설명해 보시오.

Chapter 7
프로세스 설계와 배치

관련 이야기 유연한 프로세스 및 아웃소싱[1)]

라잔(Rajan)은 아직도 눈을 감으면 어린 날 더운 날씨에 고생하는 가족을 위해 아버지와 함께 유리 병으로 환기구를 만들었던 것이 떠오른다. 그 뒤로 1988년 아버지는 AIRVENT FANS Co.를 시타푸라(Sitapura) 지역에 세웠다. 그 후 라잔이 회사 경영에 합류하고 경영권을 인계받았을 때는 인도 전역으로 성장하여 이제는 OEM 브랜드 중 가장 인기 있는 회사가 되었다.

이렇듯 오랫동안 건실히 성장해오던 회사는 최근 걱정거리가 생겼다. 경쟁 회사가 늘어난 것이 첫 번째이고 선풍기 수요가 급증하고 있는 것이 두 번째이다. 선풍기 수요는 2020년에 120만으로 예측되는데 현재 라잔의 공장에서의 생산량으로는 수요를 충분히 충족할 수 없다. 라잔은 이 문제를 해결하기 위해 오랜 친구이자 컨설팅을 하고 있는 비시와나스(Vishwanath)에게 도움을 요청했다.

비시와나스는 라잔의 회사를 꼼꼼히 정리하고 분석하기로 했다. 우선 AIRVENT FANS의 주력 상품인 천장 선풍기는 기계 부품과 플라스틱 커버 등 다양한 부품을 제조하거나 공급받은 후 전체 조립하고 포장하여 출고되는 제조 과정을 가진다. 라잔의 회사는 총 28종류의 천장 선풍기를 제조하여 판매한다.

천장 선풍기 공장은 강철 스탬프 스테이션, 사출 성형 설정, 압출 튜브 설정, 리베팅 파트, 도장 파트 2개, 최종 조립 및 포장을 위한 조립 라인 등으로 다소 복잡하되 병렬적으로 구성되었다. 알루미늄 다이캐스트와 같은 다른 부품들은 제조하지 않고 따로 구매한다. 8시간씩 2교대로 1년에 250일 동안 가동된다. 공장의 배치는 일괄 생산과 조립 라인 유형으로 되어 있다. 최종 조립 라인은 4개의 스테이션, 모터의 최종 조립, 테스팅, 다른 부품과의 포장, 알맞은 날개 세트와의 포장으로 구성되며 곧이어 최종적으로 출하된다. 현재의 설정으로, 공장은 하루에 3200개의 팬을, 연간 80만 팬의 생산을 최대 용량으로 제공할 수 있었다.

현재의 설정은 매년 잘 작동하여 수요를 충족시켰다. 그러나 이 시스템이 더 이상 작동하지 않게 되었으며, 생산 불일치는 회사가 2017년 수요를 완전하게 충족시키지 못한 결과를 낳았다. 라잔은 비

1) Anshuman TripathyShikha Safaya, “Airvent Fans. Co,” Harvard Business Review Cases, 2018을 참조.

시와나스에게 '현재의 자원을 이용한 생산성 증가가 가능한지, 아니면 아웃소싱이 불가피한지에 대한 것'과 '일부 사업장을 아웃소싱해야 한다면 어느 것이어야 하는가?'라는 질문을 했다.

비시와나스는 선풍기 전체와 모터에 대한 상세한 자재명세서를 작성하고, 공정 시간과 함께 선풍기 제조를 위한 상세한 순서 및 수요 데이터를 요청했다. 재고의 보유비용과 각 기계의 설치비용을 또한 요구했다. 비시와나스는 회사의 생산능력과 예상 수요의 차이를 분석하고자 했다. 모터에 대한 자재명세서는 이전에 한 번도 작성된 적이 없었으며, 공정 순서도 명확하게 기재된 적이 없어서 여러 부서가 비시와나스에게 보고서를 제출하는 데 이틀이나 걸렸다. 그리고 그는 제조 과정과 문제가 있는 영역과 잠재적 폐기물 발생이 어디서 나타나는지에 대해 피드백을 받았다. 자료들을 통해 그는 AIRVENT 공장에게 즉각적으로 필요한 것은 생산 공정을 동기화시키는 것이며, 자본을 투자하거나 일부 운영을 아웃소싱할 수 있음을 알았다.

새로운 제품은 생산 프로세스에서 실제 생산이 이루어져야만 물리적으로 존재하게 된다. 프로세스 설계에서는 제품을 생산하기 위해 사용되는 장비와 인력 등의 고려가 중요하다. 프로세스에 관한 의사결정은 주로 프로세스의 흐름을 조직하고, 적절한 제품-프로세스 믹스(mix)를 선택하며, 전략적 요구사항을 충족시키도록 생산 프로세스를 적응시키는 것과 관련이 있다.

그리고 설비배치란 공장 또는 서비스시설 내에서 각 부서의 위치선정과 각 부서에서의 시설배열을 말한다. 즉, 설비배치는 시스템을 통하는 고객이나 자재의 흐름이 원활히 이루어질 수 있도록 부서, 작업장 및 시설을 배열하는 것으로 자재운반의 최소화, 작업자에게 미치는 위험의 감소, 생산 프로세스의 균형유지, 작업자의 사기앙양, 공간활용, 노동력의 효과적 활용 등과 같은 사항들과 관련이 있다.

7.1 프로세스의 종류

생산 프로세스를 크게 다섯 가지 형태로 나누어 볼 수 있는데, 여기에는 프로젝트, 주문생산(job shop), 묶음생산(batch), 조립생산(assembly line) 그리고 연속생산 프로세스가 있다.

프로젝트 프로젝트는 일회성 생산에 흔히 적용된다. 즉, 프로젝트는 반드시 시작과 끝이 있는 프로세스이다. 프로젝트를 선택한 기업은 고객에게 그들의 경험이나 노하우(know-how) 등과 같은 기업의 능력을 판매한다.

프로젝트에서는 유연성이 중요하므로 장비는 범용장비가 널리 활용된다. 그리고 프로세스의 불확실성이 높기 때문에 분권화 조직이 일반적이다.

주문생산 주문생산은 고객의 요구에 맞추어 다양한 제품을 생산한다. 따라서 프로세스 내에서 일정한 생산의 흐름을 발견할 수 없다. 즉, 워낙 다양한 제품을 생산하므로 각 제품별로 독특한 가공 또는 처리순서가 존재한다. 주문생산 시스템의 성과는 작업자의 기능이나 프로세스 기술에 의하여 제한을 받으며, 가격보다는 품질, 납기, 유연성이 요구되며 이러한 유연성은 작업자의 기능에도 요구된다.

생산시스템의 주요 과업은 규격제품을 납기 내에 완성하는 것이다. 다른 시스템에 비하여 재공(in-process)재고가 비교적 많으며, 시장의 변화요구에 부응하기 위해서 분권화 통제가 요구된다.

묶음생산 뒤에서 설명될 조립생산은 동종의 제품을 장시간 생산한 후에 이종의 제품생산을 위해 생산을 전환하는 것이 일반적이다. 이때 동종의 제품 생산기간을 '생산런(production run)'이라고 한다. 묶음생산의 경우는 이 생산런이 대량생산보다 훨씬 짧은 것이 특징이다. 즉, 동종의 제품을 단기간 생산한 후 곧 이종으로 전환을 하는 방식으로 조립생산방식과 주문생산방식의 중간 형태라고 할 수 있다.

따라서 적은 수량의 제품에 대해서는 제품변경능력과 신제품 도입에 대한 적절한 능력이 요구되나, 다량의 반복생산 제품에 대해서 가격이 중요한 주문획득 기준이 된다. 묶음생산에서는 제품범위 및 수량범위가 넓기 때문에 프로세스는 유연성이 높은 범용기술이 요구된다.

조립생산 조립생산 프로세스는 약간의 비표준화가 있기는 하나 대규모 주문량으로 가격경쟁에 의해서 표준품을 판매할 때 적절하다. 일반적인 구현형태로는 컨베이어벨트 시스템을 들 수 있다. 따라서 제조 프로세스는 낮은 제조원가 실현을 위해 전문화 장비를 활용하며 유연성은 상대적으로 적게 강조되는 편이다.

제조원가는 주로 프로세스에의 투자에 의존하며 재공재고수준은 낮다. 생산조직은 일반적으로 집권화 조직에 의한 통제가 요구된다.

연속생산 연속생산 프로세스는 제품범위가 좁은 표준제품에 적절하며, 제품변경이나 신제품 도입률이 비교적 낮을 때 적용된다. 생산제품의 형태가 조립생산은 주로 플라스틱용기, 자동차, 전자부품 등과 같이 단속형(discrete product)인 데 반하여, 연속생산은 주로 화학약품, 시멘트, 철강, 설탕 등처럼 연속형(continuous product)인 특징이 있다. 연속생산에서는 가격이 주요 경쟁요소이며, 조직은 집권화가 요구된다.

기업이 어떤 프로세스 기술을 선택하느냐 하는 것이 중요한데, 이것은 시장특성, 생산수량, 제품구조에 의해 영향을 받게 된다. 즉, 어떤 제품의 수요가 충분히 크고 오래 지속될 것이 확실하다면 전용 생산라인을 설치하여 연속생산 형태를 취하는 것이 유리하고 여러 가지 품목을 적은 양으로 생산해야 한다면 유연성이 큰 주문생산 형태를 취하는 것이 유리하다. 이들 다섯 가지 생산프로세스에 대한 특성들이 [표 7-1]에 나타나 있다.

표 7-1 서로 다른 프로세스기술의 특성

특 성	프로젝트	주문생산	묶음생산	조립생산	연속생산
장비 및 물리적 배치 특성					
설비의 크기	유동적	일반적으로 작음	적당한 크기	흔히 큼	큼
공정흐름	특정한 흐름이 없음	몇 개의 주요 흐름	한두 개의 주요흐름	엄격한 흐름	분명한 흐름
공정속도	유동적	느 림	보 통	빠 름	아주 빠름
생산지속기간	아주 짧음	짧 음	보 통	길	아주 길
공정기술의 변화율	느 림	느 림	보 통	빠 름	빠 름
직접노동 및 인력 특성					
인력소요량	높 음	아주 높음	유동적	낮 음	아주 낮음
작업자 기술수준	높 음	높 음	복합적	낮 음	유동적
작업자 훈련필요성	아주 높음	높 음	보 통	낮 음	유동적
자재 및 정보통제 특성					
자재소요량	유동적	예측이 어려움	예측이 쉬움	예측가능	예측이 아주 쉬움
생산정보요구량	아주 높음	높 음	유동적	보 통	낮 음
생산일정계획	불확실, 빈번한 변화	불확실, 빈번한 변화	유동적, 빈번한 변화	정해진 계획으로부터 약간의 변화	비유동적, 기술에 따른 순서

그림 7-1 프로세스 수명주기

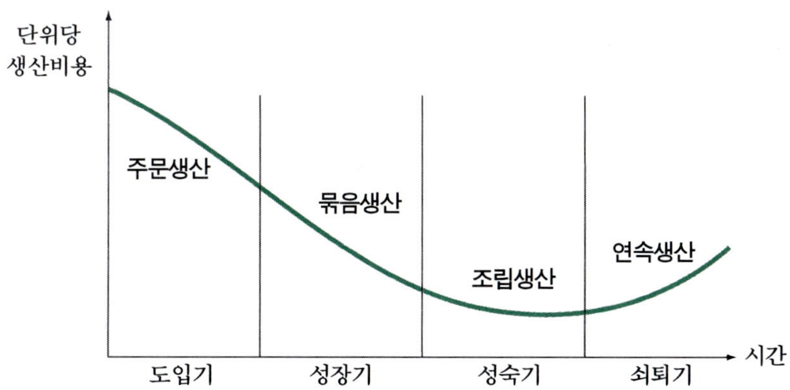

프로세스기술은 [그림 7-1]에서 보듯이 일반적으로 제품수명주기 단계와 관련된 수명주기를 갖고 있다.

시간이 경과함에 따라 단위당 생산비용은 성숙한 제품에 대해 감소한다. 제품의 도입기부터 쇠퇴기까지 생산 프로세스는 조직, 생산량, 프로세스 혁신율 그리고 자동화에 있어서 변화를 겪게 된다. 프로세스 조직은 일반적으로 도입기에는 주문생산 프로세스이다가 제품이 하나의 상품으로 되면 연속적인 생산 프로세스로 옮겨간다. 생산량과 자동화는 도입기에는 낮으나, 성숙기와 쇠퇴기에는 높아진다. 이러한 변화는 시간이 지남에 따라 일어나며 다음 7. 2에서 보듯이 생산자의 제품구조와 프로세스 구조 사이에서 조화를 필요로 한다.

7.2 제품-프로세스 믹스

제품구조는 표준화정도가 낮은 한두 개의 제품생산, 다품종 소량생산, 소품종 대량생산, 표준품 대량생산으로 흔히 구분되는데 이러한 제품구조와 생산 시스템의 프로세스 기술은 [그림 7-2]와 같은 행렬로 나타낼 수 있다.

제품—프로세스 행렬에서 행은 생산 프로세스가 주문생산에서 연속생산으로 이르는 과정에서의 주요 단계를 나타내며, 열은 제품의 초기 도입에서 표준화 제품에 이르기까지 제품수명주기상의 주요 단계를 나타내고 있다.

제품이 일련의 단계를 거치는 것과 마찬가지로, 생산 프로세스 또한 일련의 단계를 거친다. 제품수명주기와 프로세스 수명주기는 대각선상에서 보다 잘 맞게 된다.

예로써 다품종 소량생산과 묶음생산 프로세스는 적절한 조합이라고 할 수 있으나, 표준품 대량생산과 주문생산 프로세스는 경제성이 없다. [그림 7-2]에서 대각선에서 떨어진 모서리 부분은 경제성이 없는 영역을 나타내고 있다. 제품구조와 공정기술에 따라 경쟁유형, 생산과업 및 운영통제방법에는 차이가 있다.

예를 들면 [그림 7-2]에서 보는 바와 같이 표준화 정도가 낮고 소량생산에 가까운 경우 생산과업의 우선순위는 유연성과 품질에 있는 반면, 표준화 정도가 높고 대량생산에 접근할수록 생산과업의 우선순위는 프로세스 간의 상호 의존성과 원가에 있음을 알 수 있다.

그림 7-2 제품-프로세스 행렬

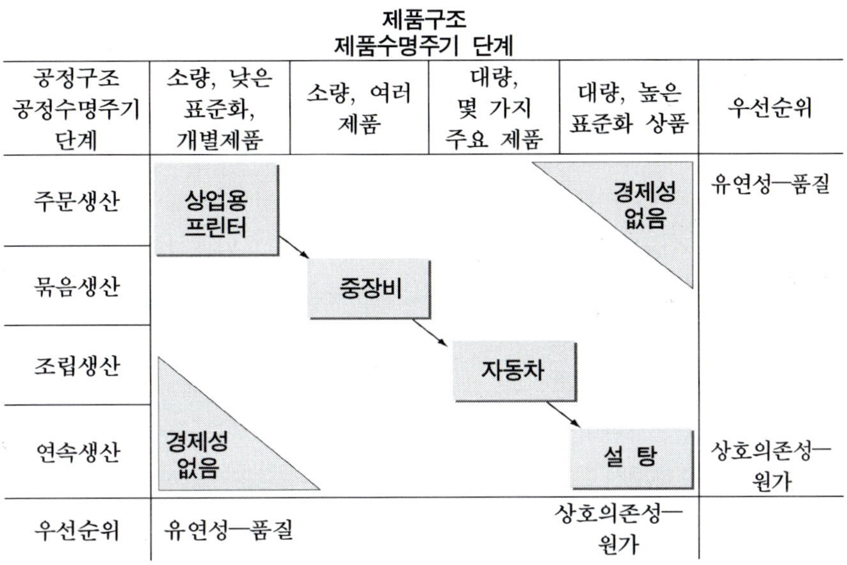

프로세스 기술은 제품의 원가, 품질, 납기, 유연성 등과 같은 생산시스템의 성과에 영향을 미친다. 그러므로 프로세스 기술의 선택은 경쟁전략에 입각한 생산전략적 관점에서 이루어져야 한다. 예를 들어 원가우위전략에서는 낮은 제조원가가 중요하므로 이를 위해서 대량생산과 제품중심적인 프로세스 기술이 바람직하다. 반면에 혁신적인 제품설계에 의한 차별화를 추구할 경우 이에 부응하기 위하여 생산시스템은 유연성이 확보된 프로세스 중심적인 기술이 요구된다.

7.3 설비배치

부서나 작업장내의 시설 배열은 일반적으로 작업흐름의 형태에 의하여 결정된다. 배치형태로는 프로세스별 배치, 제품별 배치, 고정형 배치 그리고 혼합형 배치가 있다.

프로세스별 배치 프로세스별 배치는 동일한 기능을 수행하는 모든 작업자와 장비를 한 장소에 모아 비슷한 활동을 수행하도록 하는 배치형태이다. 작업이 진행중인 부품은 미리 설정된 작업순서에 따라 한 장소에서 다른 장소로 계속 이동해 간다. 상이한 제품은 상이한 프로세스 요구와 작업순서를 나타낸다. 이처럼 다양한 프로세스 요구를 취급하는 데 있어서는 범용기계의 사용이 유연성을 제공한다. 이러한 설비를 운전할 작업자는 반숙련 또는 숙련공이다.

프로세스별 배치는 작업순서가 아니라 형태별로 설비를 배열하기 때문에 설비의 고장이나 작업자 결근에 따라 시스템이 중단될 가능성이 적다. 또한 모든 품목이 로트(lot)로 가공되므로 연속적인 작업 사이에 상호의존성이 상당히 낮은 편이다.

제품별 배치 제품별 배치는 대량의 제품이나 고객이 시스템을 통하여 원활하고 빠르게 흘러가도록 하는 데 사용된다. 이는 반복적이고 표준화된 프로세스작업을 요하는 표준화된 제품이나 서비스의 경우에 적합하다.

작업은 일련의 표준화된 과업으로 분해가 가능하여 노동과 설비의 전문화가 용이하다. 대량생산으로 말미암아 설비에 많은 투자를 하더라도 경제적이다. 하나 또는 몇 개의 제품이 생산되므로 제품의 기술적 프로세스 요구에 따라 배치하도록 해야 한다. 즉, 작업장은 제품이 생산되는 작업순서에 따라 배열된다. 더욱이 각 제품이 동일한 작업순서를 따르기 때문에 제품을 운반하는 데 컨베이어 같은 자재운반설비를 사용할 수 있다.

이러한 배치의 결과 나타나는 라인을 제조업에서는 생산라인 또는 조립라인이라 한다.

제품별 배치에서는 노동 및 설비의 이용률이 높은 편이다. 따라서 제품별 배치에 수반되는 높은 설비비용을 상쇄할 수 있다. 제품은 한 작업에서 다른 작업으로 빨리 이동하므로 재공품도 쌓이지 않게 된다. 그러나 작업들이 서로 밀접하게 연관되어 있으므로 기계의 고장이나 빈번한 결근이 발생하면 전체 시스템이 중단될 가능성이 높다. 그러므로 유지보전 활동이 작업 중 기계고장 확률을 감소시키기 위하여 의무적으로 이루어진다.

고정형 배치 고정형 배치에 있어서 작업 진행중인 제품은 한 작업장에서 다른 작업장으로 이동하지 않고 한 곳에 고정되어 있는 반면 작업자, 자재 및 설비가 이동한다. 이러한 형태는 제품별, 프로세스별 배치와 아주 대조적이다. 제품의 성격상 고정형 배치형태를 취하는 경우는 무게, 크기, 부피 등으로 제품을 이동하기가 곤란한 경우이다. 고정형 배치의 경우에는 자재와 설비의 적시배달에 관심을 두어 작업장의 유휴나 혼잡을 피해야 한다.

혼합형 배치 위에서 설명한 기본적인 배치형태에는 각기 장·단점이 있으므로 어느 한 가지의 배치형태로 모든 요구를 충족시킬 수 없다. 따라서 기본적인 배치형태를 혼합하여 사용하는 경우가 일반적이다. 예컨대, 수퍼마켓에서는 본질적으로 프로세스별 배치형태를 취하지만 재고품 저장소와 계산대에서는 컨베이어를 사용하는 경우를 들 수 있다.

7.4 프로세스별 배치설계

운반비용 기준에 의한 배치방법 작업장 사이에 흐르는 자재의 취급(운반)비용을 최소로 하는 배치를 결정하기 위해 다음 공식을 사용한다.

$$총비용 = \sum_{i=1}^{n}\sum_{j=1}^{n} T_{ij}C_{ij}D_{ij}$$

여기서,

T_{ij} = 작업장 i와 작업장 j 사이의 운반횟수

C_{ij} = 작업장 i에서 작업장 j까지의 단위거리당 운반비용(또는 시간)

D_{ij} = 작업장 i에서 j까지의 거리

n = 작업장의 수

위의 식에서 T_{ij}와 C_{ij}는 상수이고, D_{ij}만이 작업장 i와 j의 위치에 의존하는 변수이다. 따라서 총비용을 최소로 하는 특정 D_{ij}조합을 찾는 것이 필요하다.

최초의 특정배열에 대해 총비용을 계산한 후에 총비용을 감소시킬 수 있는 배열을 생각할 수 있다. 이는 작업장들의 위치를 맞바꾸어 가며 이전 배치에서의 비용과 비교하면서 더 나은 해를 찾아가는 탐색적 기법을 통해 가능하다. 그러나 이러한 탐색적 방법을 통해 모든 가능해를 다 비교하려면 엄청난 시간이 소요되므로 작업장의 수가 많을 때에는 컴퓨터를 이용하는 것이 바람직하다.

체계적 배치기법(systematic layout planning, SLP) 작업장 사이의 관계가 근접을 요한다든지 또는 서로 멀리 떨어져 있어야 한다든지 하는 경우에 단순히 수송비용만을 고려하는 계량적 방법은 사용될 수가 없다. 이러한 경우에는 체계적 배치기법을 사용한다.

그림 7-3 작업관련표

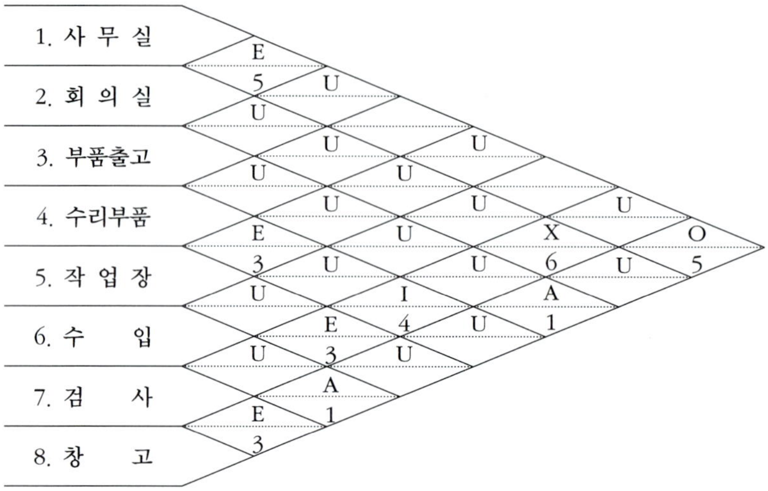

기 호	근접의 필요 정도	기 호	근접이유
A	절대 필요	1	자재의 흐름
E	특히 중요	2	감독의 용이
I	중 요	3	같은 작업자가 책임짐
O	보 통	4	의사소통이 용이
U	중요하지 않음	5	편의상
X	바람직하지 않음	6	소음방지

이 기법의 핵심은 자재의 흐름과 작업장 간의 상호관계를 기초로 하여 작업관련표를 작성하는 것이다. 자재의 흐름은 조립도표나 절차표 또는 흐름분석표 등을 기초로 하여 분석하고 작업장 간의 상호관계는 근접의 필요 정도와 근접해 있어야 할 이유 등에 따라 [그림 7-3]의 A, E, I, O, U, X 의 6가지로 나누어 고려한다.

[그림 7-3]이 8개의 작업장을 대상으로 한 작업관련표이다. 여기서 보면 부품출고와 창고 간의 관계는 A로 표시되어 있으며, 근접의 이유는 1로 나타나 있다. 그것은 이 두 작업장이 절대적으로 가까이 위치해 있어야 함을 나타내며, 그 이유는 두 작업장 간의 자재이동량이 많기 때문이다.

작업관련표가 완성되면 이를 기초로 하여 [그림 7-4]와 같은 작업관련도표를 작성한다. 작업관련도표는 각 작업장을 사각형으로 나타내고 작업장을 연결하는 데 필요한 선의 수로서 관련 정도를 나타낸다. 작업관련도표에 각 작업장의 소요면적을 고려하면 면적관련도표가 도출된다. 면적관련도표가 작업관련도표와 다른 점은 도표의 작성과정에서 작업장을 표시하는 사각형이 소요면적을 반영한다는 점이므로 작업관련도표를 생략하고 바로 면적관련도표를 작성할 수 있다.

그림 7-4 작업관련도표

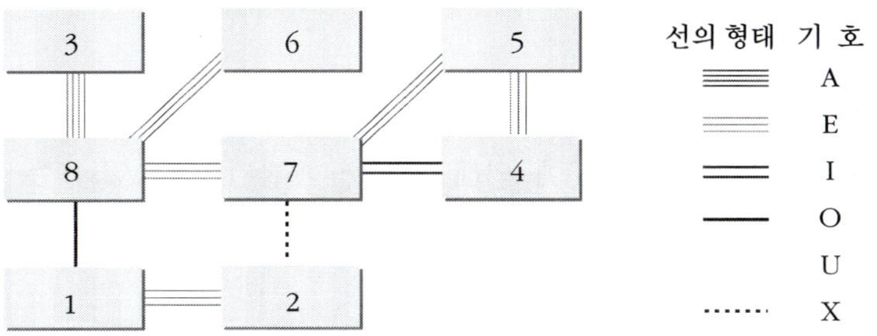

면적관련도표가 도출되면 운반설비 등의 기타 사항을 고려하여 현실적인 배치안을 작성할 수 있다. 체계적 배치기법 자체에는 최종 배치안을 도출해 내는 과정이 포함되어 있지 않으며, 일반적으로 육안으로 그 효율성을 검사한다.

컴퓨터를 이용한 배치방법 작업장 수가 많아지게 되면 지금까지 설명한 방법으로는 만족할 만한 배치안을 찾아낼 수가 없다. 컴퓨터를 이용한다고 최적안을 찾는다는 보장은 없지만, 짧은 시간에 수많은 배치안을 분석해 볼 수 있다는 데에 그 장점이 있다.

컴퓨터를 이용한 배치방법은 배치안을 도출해 내는 방법에 따라 구성방식과 개선방식으로 크게 나누어 볼 수 있다. 구성방식에 속하는 기법은 입력자료를 근거로 자체적으로 배치안을 도출해 내는 방식이고, 개선방식에 속하는 기법들은 사용자가 제시한 최초 배치안을 탐색적 방법을 통해 개선시켜 가는 방식이다.

구성방식의 대표적인 예로는 *CORELAP*(COmputerized RElationship LAyout Planning)과 *ALDEP*(Automated Layout DEsign Program) 등을 들 수 있고, 개선방식으로는 *CRAFT*(Computerized Relative Allocation of Facilities Technique)를 들 수 있다. 여기에서는 *CRAFT*와 *CORELAP*만 간략히 설명하고자 한다.

① *CRAFT*: 아머(Armour)와 부퍼(Buffa)가 1963년 개발한 기법으로 운반비용의 최소화를 목적으로 한다. *CRAFT*를 사용하기 위해서는 작업장 간의 이동횟수, 단위

거리당 운반비용, 필요면적, 그리고 최초의 배치안이 입력자료로 준비되어 있어야 한다. *CRAFT*는 임의의 두 작업장 또는 세 작업장의 위치를 바꾸어 보고 운반비용이 감소되는가를 계산한다. 이 경우 아무 작업장이나 그 위치를 바꿀 수 있는 것은 아니며, 작업장의 소요면적이 같거나 또는 서로 이웃해 있는 작업장들만을 고려대상으로 한다. 운반비용이 더 이상 감소되지 않을 때까지 이 과정을 반복하여 최종배치안을 도출하게 되는데, *CRAFT* 역시 총비용을 최소화하는 최적배치안을 도출해 낸다는 보장은 할 수 없다.

② *CORELAP*: *CRAFT*가 운반비용을 기초로 하여 배치안을 도출해 내는 데 반해 리(Lee)와 무어(Moore)에 의해 1967년 개발된 *CORELAP*는 작업관련표를 기초로 하여 배치안을 도출해 낸다. *CORELAP*에서는 알파벳으로 표시된 근접도를 다음과 같이 숫자로 전환하여 이용한다.

$$A=6,\ E=5,\ I=4,\ O=3,\ U=2,\ X=1$$

작업장 i와 j가 주어져 있을 때 근접도를 $V(r_{ij})$라 하고 총작업장 수를 n이라 한다면, *CORELAP*에서 사용하는 배치기준인 작업장 i의 총근접도 TCR_i는 다음과 같이 정의된다.

$$TCR_i = \sum_{j=i}^{n} V(r_{ij})$$

여기서 $i=j$일 때 $V(r_{ij})$는 0으로 정의한다. *CORELAP*는 *TCR* 값이 가장 큰 작업장을 제일 먼저 선택하여 배치하고 이 작업장을 1이라고 둔다. 그 다음 작업관련도표를 근거로 작업장 1과 가장 관계가 있는 작업장을 선택하여 이를 작업장 2라 한다. 작업장 1과 2가 배치된 경우 다시 작업관련도표를 검토하여 먼저 작업장 1과 다음에 작업장 2와 가장 관계가 있는 작업장을 선택하여 작업장 3이라 둔다. 이러한 과정을 반복하여 모든 작업장이 배치되면 최종배치안이 도출된다. *CORELAP* 역시 다른 기법들과 마찬가지로 최적 배치안을 도출해 낸다는 보장은 없다.

7.5 Cellular 배치

Cellular 제조 cellular 제조는 공정의 유사성에 의해 부품들을 그룹핑한 후 각 부품군의 처리가 용이하도록 이종의 기계들을 적절히 모아 셀을 구성하는 생산방식이다.

그림 7-5 기능별 배치와 cellular 배치

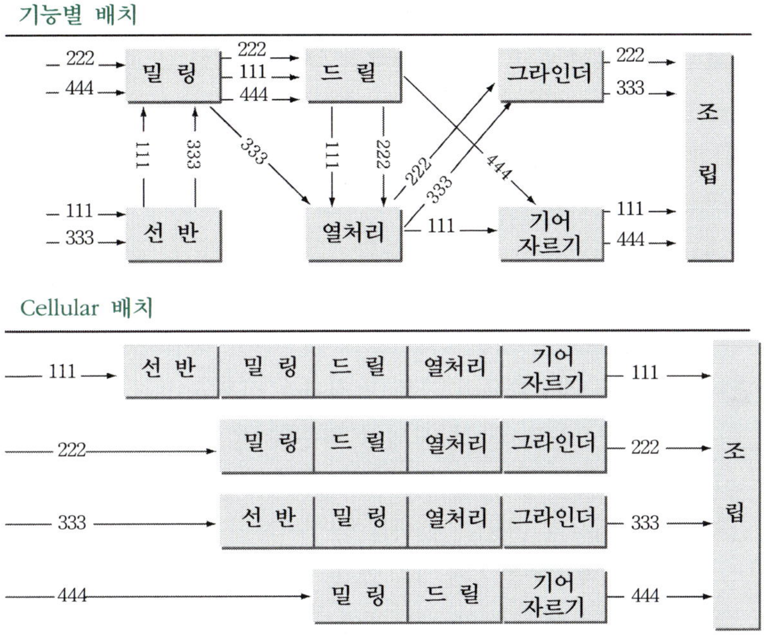

[그림 7-5]는 전형적인 기능별 배치와 cellular 배치를 비교해 보이고 있다. 그림에서 보듯이 기능별 배치가 비교적 복잡하게 얽혀 있는 프로세스 흐름을 갖고 있는 반면, cellular 배치는 기계가 유사부품군에 필요한 모든 작업을 한 셀에서 처리할 수 있도록 배치되어 있어 자재의 흐름을 단순화시킬 수 있다.

프로세스를 cellular 제조방식으로 설계할 경우 생산시간이 단축되며, 준비시간과 프로세스 재고가 줄어들고 자재흐름이 단순화되는 이점이 있다.

집단 관리기법 대량생산과 달리 다품종소량생산의 경우 생산해야 할 제품의 종류가 많고 생산량과 납기가 다양하며, 소재로부터 제품까지의 변환과정이 복잡하고 생산 프로세스가 개개의 제품에 따라 다르다. 또한 다양한 제품에 대한 수요의 동적 특성으로 인해 설비의 과부족이 생기기 쉽고 복잡한 재료흐름으로 인해 일정계획이 어렵다. 그러므로 다품종소량생산은 대량생산에 비하여 비효율적인 것이 일반적이다.

이를 해결하기 위해 집단 관리기법이라는 기법이 개발되었다. 집단 관리기법

(group technology, *GT*)은 부품의 형태, 치수, 재질, 가공 프로세스, 설비 등의 유사성이나 동질성을 합리적인 방법에 따라 그룹핑하여 다품종소량생산에서 로트의 크기를 대량화하고 프로세스 설계를 합리화하며, 각 그룹 내에서 기기와 공구를 공동사용하고 준비시간, 프로세스 간 운반거리, 가공대기를 감소시킨다. 뿐만 아니라 그룹 내에서의 반복작업에 따라 작업자의 숙련도를 높일 수 있어 대량생산에서 얻을 수 있는 생산성 향상의 이점을 다품종소량생산에서도 실현시킬 수 있다.

이처럼 *GT* 개념에 의해 생산관리를 하기 위해서는 원자재부터 완제품까지의 자료의 흐름을 중요시해야 하는데, 이를 위해 *GT*도 다양한 부품의 그룹생산에 필요한 분석코딩 시스템이나 그룹일정계획, 설비배치 등에 중점을 두어야 한다.

경제적이고 능률적인 생산을 위해서는 계획과 관리를 정보흐름과 적절히 연결시켜야 하는데, *GT*는 생산계획—프로세스계획—생산일정계획—생산실시—생산통제의 5단계로 구성된 정보흐름의 모든 단계에서 적용되어야 할 것이다.

*GT*를 생산프로세스에 도입할 경우의 이점은 다음과 같다.

첫째, 생산프로세스가 종래의 기능식 배치에서 *GT* 배치로 전환됨으로써 준비시간과 작업장에서의 이동이 줄어들어 생산성이 증가한다.

둘째, 설계비용을 줄일 수 있고, 설계의 표준화를 기할 수 있다.

셋째, 한정적인 작업순환 내에서 반복작업이 수반되기 때문에 작업자의 숙련도를 향상시킬 수 있다.

넷째, 각 셀 내에 적은 수의 작업자들로 작업팀이 이루어지기 때문에 작업자 상호간의 인간관계를 향상시킬 수 있다.

다섯째, 기계 및 공구의 소요량, 합리적인 기계의 부하계획 및 최적경비를 정확하게 예측할 수 있다.

여섯째, 수치제어 프로그램을 개선시킬 수 있고, 기계센터를 효율적으로 이용할 수 있다.

7.6 요 약

새로운 제품에 대한 도입이나 기존의 제품에 대한 폐기 등 제품에 대한 설계가 이루어지고 나면 생산 프로세스를 통해 실제적인 물리적 생산과정을 거치게 된다. 따라서 생산 시스템에 대한 설계가 이루어질 때 생산 프로세스도 마땅히 설계되어야 한다. 이러한 생산 프로세스를 설계하고자 할 때 고려해야 할 요소로는 크게 프로세스의 흐름을 어떻게 할 것인가의 여부, 현 단계에서 가장 적합한 제품-프로세스 믹스의 선택 여부를 생각할 수 있다.

생산시스템 내에서 이러한 역할을 담당하는 생산 프로세스를 형태별로 5가지로 나눌 수 있는데, 이들은 각각 프로젝트, 주문생산, 묶음생산, 조립생산, 연속생산과 같다. 생산 프로세스들은 각각 서로 장 · 단점들을 가지므로, 생산환경이 달라짐에 따라 가장 적합한 생산 프로세스는 항상 바뀌게 된다. 이렇게 영향을 미치는 환경으로는 시장특성, 생산수량, 제품구조 등을 들 수 있으며, 아울러 하나의 제품에 대해서도 제품의 수명단계에 따라서 가장 유리한 프로세스는 일반적으로 계속 바뀌게 된다. 따라서 프로세스에도 수명주기가 존재하며, 프로세스 수명주기는 제품 수명주기와 서로 밀접한 관련을 가지게 된다. 이러한 제품-프로세스 간의 모든 조합들을 행렬로 나타낸 것을 제품-프로세스 행렬이라고 한다. 그런데 제품-프로세스 행렬상에서 모든 조합이 가능한 것은 아니며, 아울러 상대적으로 소수의 조합만이 생산 가능함과 동시에 경제적으로 유리하게 된다.

생산 시스템을 설계하는 데 있어 설비배치란 시스템을 통하는 고객이나 자재의 흐름이 원활하도록 부서, 작업장 및 시설을 배열하는 것으로 고려할 사항으로는 자재운반의 최소화, 작업자에 미치는 위험감소, 생산 프로세스의 균형유지, 유연성과 등이 있다.

기본적인 배치형태로는 동일한 기능을 수행하는 모든 작업자와 장비를 한 장소에 모아 비슷한 활동을 수행하도록 하는 프로세스별 배치와, 대량제품이나 고객이 시스템을 통해 원활하고 빠르게 흘러가도록 하는 데 사용되는 제품별 배치, 제품이 이동하는 대신 작업자, 자재 등이 이동하는 고정형 배치, 기본적인 배치형태를 혼합하여 사용하는 혼합형 배치 등이 있다.

프로세스별 배치설계 방법으로는 정량적 기준에 의한 배치방법, 체계적 배치기법, 컴퓨터를 이용한 배치방법 등이 있으며 컴퓨터를 이용한 배치방법은 배치안을 도출해 내는 방법에 따라 구성방식과 개선방식으로 나누어 볼 수 있다.

cellular 제조는 한 가지 또는 많은 종류의 기계가 하나의 셀(cell)을 단위로 그룹지어지는 프로세스의 한 형태로, 전형적인 기능식 프로세스 배치는 비교적 복잡하게 얽혀 있는 프로세스 흐름을 갖고 있는 반면, cellular 배치는 기계가 유사부품군에 필요한 모든 작업을 처리할 수 있도록 배치되어 있어 자재의 흐름을 단순화시킬 수 있다.

문제 및 토론

1. 오퍼레이션스 경영 분야에서 프로세스 선택에 관한 의사결정에서 사용되는 기준으로는 어떠한 것이 있으며, 그 기준에 따라 프로세스를 분류하고 비교·설명하시오.
2. 제품의 수명주기에 따른 프로세스 기술의 단계적 변화에 대해 설명하시오.
3. 제품—프로세스 행렬의 각 셀에 해당하는 산업들에 대해 각각 특징별로 분류하고 예를 들어 설명하시오.
4. 다음의 제품들에 적당한 공정을 설계하시오.

   맥주, 아이스크림, 명함, 자동차, 전화, 양복
5. 배치의 목적 및 고려해야 할 사항에 대하여 기술하시오. 어떻게 배치가 효율성에 영향을 미치는가?
6. 프로세스별 배치와 제품별 배치는 어떻게 다른지 설명하시오.
7. 공정별 배치, 제품별 배치, 그리고 혼합형 배치가 서비스 산업에서는 어떻게 적용될 수 있는지 설명하시오.
8. 다음의 직종들은 어떤 형태의 배치가 적당하겠는가?

   ① 청과물 상점　　② 주택건설업

   ③ 전자기기 조립업체　　④ 대학
9. 컴퓨터를 이용한 배치방법인 *CORELAP*과 *CRAFT*에 대하여 비교 설명하시오.
10. 집단관리기법(*GT*)의 개념은 무엇인가? 집단관리기법을 생산 프로세스에 도입할 경우의 이점에 대하여 기술하시오.

Chapter 8

입지계획

관련 이야기

옴니채널을 최대한 활용하는 방법[1]

오프라인 유통업체들의 최대 도전 중 하나는 Amazon과 같은 온라인 판매업체들과 경쟁할 수 있는 전략을 찾는 것이다. 예를 들어, Walmart와 JCPenney는 그들의 오프라인 상점을 보완하기 위해 전자 상거래 운영에 상당한 투자를 했지만, 이러한 하이브리드 유통업체들이 직면하고 있는 경제는 여전히 힘들다. 두 업체 모두 2016년에 점포 폐쇄를 발표했다.

상점과 웹사이트를 모두 운영하는 유통업체의 경우, 전통적인 옴니채널 전략은 온라인-오프라인 교차 쇼핑을 장려하여 상점에서만 쇼핑을 하는 고객들도 온라인으로 구매하도록 하고, 그 반대의 경우도 발생하게 되었다. 프로모션과 쿠폰은 이러한 행동을 촉진하는 한 가지 방법이며, Macy's, Bed Bath & Beyond, Home Depot같은 유통업체들은 이를 일상적으로 사용한다.

고객이 자신들과 더 강한 관계를 맺고 있고 자신들로부터 더 많은 것을 구매하고 있다는 것을 보여주는 믿음에서, 대부분의 유통업체들은 고객이 온라인-오프라인 두 채널 모두에서 쇼핑을 하기를 원한다. 또한 고객들을 온라인 채널로 유도하는 것은 오프라인 유통업체들이 웹 사이트와 모바일 앱을 지원하기 위해 IT에 투자한 막대한 비용을 합리화하는 데 도움이 된다. 그러나 오프라인에서 온라인으로의 이동을 장려하는 것은 다음과 같은 몇 가지 주요 사항을 무시한다. 상점에서 쇼핑을 하는 고객들은 부분적으로 충동구매를 더 많이 하기 때문에 구매를 더 많이 하는 경향이 있다. 이러한 소비자들은 또한 의복, 신발, 화장품 등과 같은 촉각적이고 경험적인 상품들을 더 많이 구입하려고 한다. 그리고 온라인보다 상점에서 가격 비교를 하는 것이 더 어렵기 때문에, 그들은 가격을 비교하는 것을 덜 한다.

"만약 고객들이 정기적으로 당신의 상점에 온다면, 당신은 그들이 온라인 쇼핑을 하도록 부추겨서는 안 됩니다,"라고 저자는 충고한다. 더 수익성 있는 플레이는 온라인 쇼핑객들이 환경적으로 더 많은

---

1) Fue Zeng, Xueming Luo, Yifan Dou, and Yuchi Zhang. "HOW TO MAKE THE MOST OF OMNICHANNEL RETAILING," Harvard Business Review, July-August 2016.을 참고.

돈을 쓰게 유도할 수 있는 당신의 상점에 들어오도록 유도하는 것이라 하면서, "그것이 이기는 옴니채널 전략"이라고 말한다. 어떻게 해야 할까? 연구는 상점에서만 교환될 수 있는 쿠폰과 멀리 떨어져 사는 이전의 온라인 쇼핑객들을 대상으로 하는 것이 잘 작동될 수 있다는 것을 보여준다. Walmart와 일부 다른 소매업체들이 이미 시행하고 있는 또 다른 전략은 주문을 그들의 집으로 배달하는 것이 아니라 픽업을 위해 지역 상점으로 보내는 것을 온라인 고객들에게 무료 배송과 같은 인센티브를 제공하는 것이다. 마지막으로, 상점으로의 이동에 드는 실제 비용이나 인지 비용을 줄이면 (예를 들어, 대중교통 근처에 상점을 배치하거나 충분한 주차 공간을 확보함으로써) 멀리 사는 온라인 고객들에게 더 방문하려는 경향이 생길 수 있다.

저자는 옴니채널 전략의 일부로 오프라인 상점을 보유하는 것의 장점을 보여주는 또 다른 추세로 온라인으로만 시작한 기업들이 오프라인 매장에 투자하기 시작한 것을 지적한다. 예를 들어, 5월에 Amazon은 추가적인 오프라인 매장들을 열 계획을 발표했다 (이미 Seattle에서 하나를 운영하고 있다). Amazon은 이러한 확장에서 Warby Parker(안경)와 Bonobos(의류) 등 기존 온라인 전용 유통업체들처럼 실제 매장을 열었다. "온라인 쇼핑은 매우 목표 지향적이고 거래적이다"라고 저자는 이야기하면서, "전통 유통업체들의 강점은 매장 내 쇼핑 경험인데, 그 점을 잘 활용해야 한다."라고 조언한다.

생산능력계획(capacity planning)이란 생산시스템의 제품이나 서비스의 공급능력을 말하며 기업경쟁력의 한계를 규정하는 것과 관련이 있다. 기업이 소비자의 니즈에 따른 수요를 원만히 충족시키기 위해서는 부족하지도 넘치지도 않는 생산능력을 갖춰야 한다. 즉 적절한 수준의 생산능력을 확보하기 위한 생산능력계획은 기업의 발전을 위한 필수조건이라 할 수 있다. 만일 생산능력이 충분하지 못하면 고객을 상실할 염려가 있고, 경쟁자들의 시장진입을 초래할 것이며, 적시에 서비스를 제공할 수 없게 된다. 반대로 생산능력이 지나치면 관리비용이 증가하고, 공급과잉으로 가격인하를 가져올 수 있으며, 생산시설 투자를 위해 차입한 자금을 갚기가 어렵게 된다. 따라서 생산능력을 적절하게 계획할 필요가 있다.

입지문제는 제품에 대한 수요의 변동 또는 신제품의 도입 때문에 발생한다고 볼 수 있다. 입지분석은 대안 위치들의 유·무형적 비용을 평가하여 관련 총비용을 최소로 하는 위치를 선택하게 해준다.

8.1 생산능력계획의 의의

생산능력결정의 중요성

생산능력이란 생산 프로세스로부터 얻을 수 있는 산출물로 시간단위당 산출량으로 측정되어진다. 생산능력의 결정은 기업의 주요전략(마케팅, 입지계획 등)과 밀접한 관련이 있으며 다음과 같은 중요성을 가진다.

① 생산능력결정은 제품이나 서비스의 미래수요에 대한 회사의 생산능력을 보여준다.

② 생산능력결정은 운영비용에 영향을 미친다.

③ 생산능력결정은 운영의 유연성에 영향을 미친다.

④ 생산능력결정은 현재 사용가능한 자원의 장기적 사용과 밀접한 관련이 있다.

생산능력의 측정

생산능력은 어떤 특정한 기간 동안 생산할 수 있는 최대의 양을 의미한다. 이러한 생산량은 특정기준에 따라 달라짐으로 사전에 측정기준이나 조건이 명확히 정의되어야 한다. 한 종류의 제품을 생산하는 경우에는 생산능력 표시에 별 어려움이 없지만 여러 가지 제품을 생산하는 회사의 경우 전체 생산능력을 나타내는 데 어려움이 있다. 따라서 이 경우에는 생산한 결과물을 측정하는 것보다 가용투입물을 측정함으로써 생산능력을 나타내는 경우도 있다.

[표 8-1]은 산업에 따른 몇 가지 측정단위를 나타낸 것이다.

표 8-1 산업별 생산능력 측정단위

산 업	생산능력 측정단위	
	투입(가용자원)	결과물
자동차	노동시간, 기계시간	자동차 대수
철 강	용광로 크기	생산 강철 톤수
극 장	좌석수	팔린 티켓수
소매업	매장면적	매출액

설계생산능력과 유효생산능력

지금까지 우리는 생산능력을 정의 및 측정을 위해 작업과 관련된 요소들만을 고려하였으나 생산능력(capacity)은 다음과 같은 2가지 방법으로 재정의 및 측정될 수 있다.

디자인 생산능력(Design Capacity) : 이상적 상황에서의 최대 산출량
유효생산능력(Effective Capacity) : 구조적 제약(작업준비, 장비점검 등) 하에서의 최대 산출량

일반적으로 디자인 생산능력은 유효생산능력보다 크며 때때로 실제 생산은 원료부족이나 작업자의 결근, 기계고장의 원인으로 유효생산을 넘지 않는 경우가 있다.

이 두 가지 측정방법은 시스템 효율의 측정에 매우 유용하며 그 기준으로 능률(efficiency)과 이용률(utilization)이 사용된다.

$$\text{능 률(efficiency)} = \frac{\text{실제생산}}{\text{유효생산능력}}$$

$$\text{이용률(utilization)} = \frac{\text{실제생산}}{\text{디자인 생산능력}}$$

대부분 매니저의 주된 관심은 측정되는 능률에만 관심이 있으며 위의 방법으로

측정시 생산이 효율적으로 이루어지는 것만을 보여주게 되어서 시스템 구조상의 잘못은 보여주지 못한다. 다음 예는 디자인 생산능력 50대/일, 유효생산능력 40대/일, 실제생산량 36대/일인 경우이다.

표 8-2 유효생산능력의 결정요인

제품, 서비스요인	디자인, 입지, 설비배치, 환경, 제품/서비스 믹스
프로세스 요인	양, 질적 요인
인적 요인	직무내용, 경험, 동기부여, 보상, 결근 및 이직률
운영요인	일정, 자재관리, 품질보증
외부요인	제품표준, 안전규칙, 노조, 오염규제

$$\text{능}\quad\text{률} = \frac{\text{실제생산}}{\text{유효생산능력}} = \frac{36}{40} = 90\%$$

$$\text{이용률} = \frac{\text{실제생산}}{\text{디자인 생산능력}} = \frac{36}{50} = 72\%$$

위에서 보는 것처럼 이 시스템의 능률은 90%로서 생산이 잘되는 것처럼 보이나 이용률은 72%에 불과하다. 결과적으로 디자인 생산능력에 비해 상대적으로 낮다는 것이며 이를 극복하기 위해 유효생산능력을 직원교육, 시설 유지보수 등을 통한 시스템의 구조를 개선하여 시스템의 이용률을 높여야 할 것이다. [표 8-2]는 유효생산능력의 결정요인을 보여준다.

8.2 생산능력계획

생산능력계획의 목적은 비용을 최소화하면서 시장수요에 맞는 생산능력의 수준을 결정하는 것이다. 생산능력에 관한 의사결정은 장기의 설비계획(facility planning), 중기의 총괄계획(aggregate planning) 및 단기의 일정계획(scheduling)으로 구분될 수 있다.

장기의 설비계획은 장기적인 수요변화에 대처하기 위해 건물, 각종 장비 및 시설 등과 같이 획득이나 처분에 보통 1년 이상의 장기간이 소요되는 생산설비에 관한 계획을 말한다. 중기의 총괄계획은 모든 제품라인을 총괄하여 향후 약 1년에 걸쳐 월별 또는 분기별로 수립되며, 생산능력은 고용, 해고, 잔업 및 하청의 크기 등에 의해 조정된다. 단기의 일정계획은 생산능력을 작업, 주문 또는 활동에 적절하게 할당하는 작업을 하게 된다.

여기서는 생산능력에 관한 의사결정 중 장기의 설비계획만을 다루기로 하고 나머지는 해당되는 장에서 다루어진다. 장기의 설비계획을 다루는 방법으로 흔히 사용되는 의사결정나무(decision tree) 기법이 있다.

의사결정나무는 연속적인 의사결정을 요구하는 상황에서 연속적이고 다기간의 의사결정과정을 도식화한, 마치 나무의 줄기에서 가지가 뻗어나가는 듯한 형태를 가진다. 의사결정나무의 일반적인 구조는 의사결정지점, 기회분기점, 성과(이득) 등으로 이루어진다. 의사결정나무의 구조는 [그림 8-1]과 같다.

그림 8-1 의사결정나무의 구조

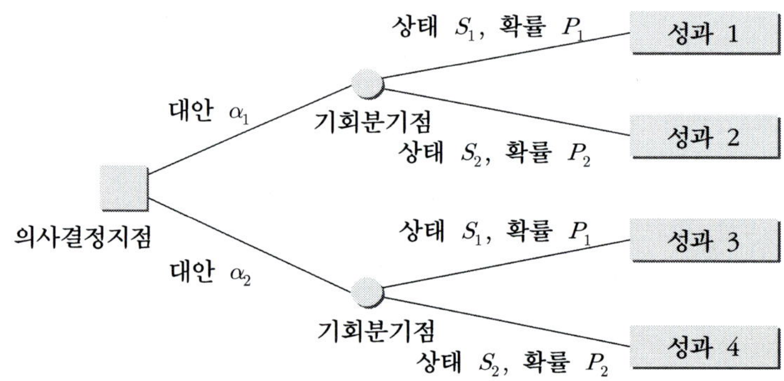

[그림 8-1]에 나타나 있는 바와 같이 의사결정나무의 분석을 위한 첫 번째 단계는 의사결정지점(decision point)에서부터 시작한다. 그리고 이런 의사결정지점에서는 선택할 수 있는 대안(a_1, a_2)을 표현한다. 의사결정자는 의사결정지점에서 하나의 대안을 선택한다. 다음으로 대안들의 가지는 또 다른 의사결정지점이나 기회분기점 혹은 성과와 연결된다.

기회분기점은 원으로 표시되며, 미래에 대한 상태가 확률적으로 발생하고 있는 지점을 뜻한다. 이 기회분기점에서 나온 가지 위에는 미래의 상태와 이 상태의 발생확률이 기입된다. 미래상태의 발생확률은 의사결정나무가 위험 하에서의 의사결정을 지원하기 위한 기법이기 때문에 알려져 있다고 가정한다. 그리고 기회분기점에서 나온 가지는 다시 의사결정지점이나 성과 혹은 다른 기회분기점과 연결이 된다.

의사결정나무 문제를 풀 때에, 나무의 끝에서부터 시작하여 역으로 작업한다. 역으로 문제를 풀 때에 각 단계에서 기대값을 계산한다. 일단 기대값이 계산이 되면, 각 의사결정시점에서 가장 높은 이익을 가져다주는 가지를 제외한 나머지 모든 가지를 제거한다. 이런 과정이 최초의 의사결정시점에 도달할 때까지 계속된다. 그러면 의사결정문제가 풀려지게 된다.

[예제 8. 1] 유망 컴퓨터의 안암대리점은 최근 수년 동안 높은 판매성장률을 기록해왔다. 그러나 최근 주요 경쟁회사가 자기 지역에 예정대로 설립되는 경우 판매가 계속 증가할 지에 대해 걱정을 하면서 다음의 3가지 방안을 생각하고 있다. 첫 번째는 현재의 대리점을 확장하는 것이다. 두 번째는 새로운 장소로 이동해 가는 것이다. 그리고 마지막 대안은 아무 일도 하지 않고 그대로 있는 것이다. 확장하거나 이동하려는 의사결정은 거의 시간이 걸리지 않으므로 대리점은 수입을 상실하지 않는다고 가정한다. 만약 첫 해에 그대로 있는 상태에서 판매성장이 이루어진다면 확장 여부에 대한 의사결정을 해야 할 것이다.

이외 필요한 가정과 조건은 다음과 같다.

1. 컴퓨터 사용인구의 증가로 높은 성장이 계속 이루어질 확률은 55%이다.
2. 새로운 입지로의 이동에 따른 높은 성장의 경우 연간 195,000의 수익(단위: 천원)을 가져다 줄 것이고, 낮은 성장의 경우 연간 115,000의 수익을 가져다 줄 것이다.
3. 확장에 따른 높은 성장의 경우 연간 190,000의 수익을 가져다 줄 것이고, 낮은 성장의 경우 연간 100,000의 수익을 가져다 줄 것이다.
4. 기존 대리점 그대로 있는 경우 높은 성장이 나타나면 연간 170,000의 수익을 가져다 줄 것이고, 낮은 성장이 나타나면 연간 105,000의 이익을 가져다 줄 것이다.
5. 현 위치에서의 확장에는 87,000의 비용이 들어간다.
6. 새로운 위치로의 이전에는 210,000의 비용이 든다.
7. 만약 성장이 높아 둘째 해에 기존의 위치를 확장하더라도 비용은 여전히 87,000이 들것이다.
8. 각 방안에 대한 운영비용은 동일하다.

이제 향후 5년간 안암대리점에 최적인 선택을 하기 위한 의사결정나무를 구성한 후 적절한 결론을 내리시오(여기서는 이자율은 고려하지 않음).

• 풀 이 •

아래 그림이 이 문제에 대한 의사결정나무를 보여준다. 네모로 표시된 두 개의 의사결정지점이 있고 원으로 표시된 세 개의 기회분기점이 있다. 최상의 선택은 아무것도 하지 않고 그대로 있는 것으로

703,750(=0.55×(170,000+680,000)+0.45×105,000×5)의 수익을 얻는다. 새로운 위치로의 이동에 대한

585,000(=0.55×195,000×5+0.45×115,000×5-210,000)이나 확장에 대한

660,500(=0.55×190,000×5+0.45×100,000×5-87,000)과 비교해 보았을 때 더 큰 이득을 가져다준다.

[안암대리점의 의사결정나무]

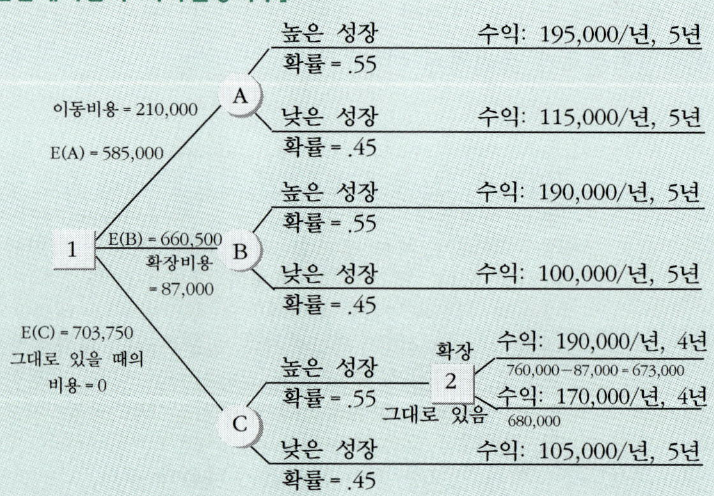

8.3 입지결정

입지결정

생산시스템에 대한 입지결정(location decision)은 가장 기본적인 의사결정 중 하나라고 할 수 있다. 일단 입지가 결정되면 기업은 상당기간 동안 그 위치에서 생산활동을 계속해야 하며 그 활동들은 기업의 수익과 비용에 중요한 영향을 미친다. 그런 의미에서 입지결정은 시스템 설계의 근간이 되며 생산자원의 장기적 사용을 결정하는 중요한 의사결정이다.

입지결정의 필요성

① **시장확대전략**: 금융기관이나 패스트푸드 체인 등은 시장확대전략의 일환으로 새로운 곳에 새로운 점포를 개설하려 한다.

② **수요의 증가**: 제품이나 서비스의 수요가 증가하는 경우에 기존의 장소에 대한 확장에도 시장수요가 충족되지 않을 때에 새로운 곳에 공장이나 점포를 증설해야 한다.

③ **생산구조의 변화**: 생산에 필요한 기본적인 투입요소의 변화, 예를 들어 어업이나 벌목사업의 경우 자원고갈에 의해 더 이상의 사업진행이 어려울 때 사업장의 이동이 일어나게 된다.

④ **기타 요인**: 비용구조의 변화나 공해규제 같은 환경적 요인의 변화로 인해 입지를 변경할 필요가 있을 수 있다.

입지결정의 본질

입지결정은 기업에서 흔히 일어나는 경우는 아니지만 사업에 중요한 영향을 미치는 요소이다. 특히 매니저들은 객관적인 시각으로 언제 그리고 어떤 옵션들이 입지결정에 유용한지를 따져본 다음 신중한 결론을 내려야 할 것이다.

– 입지결정 전략의 중요성

다음과 같은 이유로 입지결정은 생산 시스템 설계에 매우 중요한 부분이다.

첫째, 입지결정의 효과는 매우 장기적이며 한번 결정이 난 후 여러 부대시설 등의 고정비용이 투입되면 사후의 변경에 막대한 영향을 주며 그 변경 자체를 무산시킬 수 있다.

둘째, 입지결정은 투자와 운영비용에 영향을 미쳐 기업의 수익성에 영향을 준다. 잘못된 입지결정으로 인한 운송비의 증가나 노동력의 부족은 생산비 증가로 직접 귀결되며 타사와의 경쟁력에서도 뒤처지게 된다.

마지막으로 입지결정은 기업의 공급사슬전략에도 영향을 미친다.

– 입지결정의 기준

일반적으로 영리기업일 경우 최대이윤을 실현할 수 있는 곳에 입지를 선정하려 할 것이며 비영리기업(공공기관, 병원 등)일 경우 최소의 비용으로 서비스 제공이 유리한 곳에 입지를 선정하려 할 것이다. 또한 이와 같은 경제적 기준 외에 관습이나 도시환경 등의 비경제적 기준도 함께 고려되는 경우도 있다. 한편 웹기반을 둔 사업들은 입지결정에 크게 영향을 받지 않는다.

입지결정의 절차

입지결정의 절차는 일반적으로 기업의 규모나 제품의 특성, 경영자의 특성에 따라 접근방법이 다르지만 일반적으로 다음과 같은 절차를 따른다.

① 입지대안을 판단하기 위한 평가기준을 결정(수입이나 지역서비스)

② 입지결정요소의 중요성 파악(시장의 위치나 원재료의 공급)

③ 입지대안의 전개

④ 각 대안의 평가와 최적안 선정

입지결정의 요인

입지결정에 여러 가지 요인들이 영향을 미치고 있다. 하지만 종종 한 가지 또는 몇 가지 요소만이 입지결정시 중요한 역할을 하기도 한다.

중요한 요인으로 다음을 들 수 있다.

① **원료공급이 용이한 위치:** 수송비 절감, 원재료의 부패방지를 위해 원료공급지에 근접하여 위치한다.

② **시장의 근접성:** 소매업과 서비스업은 경쟁업체와 큰 차이가 없으므로 고객이 접근하기 쉬운 즉 소비자의 이용편리성이 중요한 요소가 된다.

③ **노동력:** 단순한 노동인구만을 고려하는 것이 아니라 숙련된 기술을 가진 노동력 확보가 용이한 지역에 입지해야 한다. 또한 임금수준은 노동집약적 산업에서 입지

선정을 결정하는 중요한 요소이다.

④ **기타**: 기후, 지역사회의 태도, 종업원의 생활환경(의료, 금융, 문화, 교통여건), 추후 성장시 예상되는 시설확장 가능성 등도 고려해야 한다.

입지분산과 글로벌 입지

원래 산업의 입지는 유리한 입지조건을 갖춘 특정지역에 집중되는 경향이 있는데 수송기술의 발달과 정보통신기술의 발전, 지역간 임금수준격차의 해소 등의 이유로 한 곳에 모여 있기보다 좀더 유리한 지역에 분산 위치하는 경향이 나타나고 있다. 즉 이제는 입지결정에 있어서 지리적 조건이나 거리의 개념이 크게 작용하지 않는 것이다.

이와는 예외적으로 JIT(just-in-time) 시스템에서는 공급자가 공장의 근처에 입지하여 자재를 사용 직전에 공급할 필요가 있다. 그러므로 공급자는 수요자의 공장근처에 입지하는 것이 최고 입지순위가 된다.

해외공장의 입지조건 중 가장 중요한 부분은 바로 거대시장의 위치와 그에 따른 근접성이다. 입지조건에서 미국과 같은 거대시장을 가진 국가에 공장을 세워서 수출시 발생하는 비용과 시간을 절약하여 전체적인 비용절감을 꾀하는 방법과 해외 직접투자의 방법으로 (현지법인 또는 현지생산) 외국시장으로의 침투와 확대에 목적을 두며 또한 관세와 같은 무역장벽을 피할 수 있다.

8.4 입지결정의 계량적 접근

계량적 접근방법의 개요

입지선정을 위해 계량적 모형을 활용할 수 있다. 그러나 복잡한 산업입지문제를 하나의 계량적 모형에 의존하여 해결할 수는 없다. 계량적 모형으로 표현하기 어려운 가장 복잡한 상황은 다수 공장의 입지, 설비능력, 수송의 최적화라는 문제이다. 즉, 다수의 기존설비가 주어져 있고 여기에 새로 다수의 설비를 추가하려 할 때, 신설 설비의 수와 규모 그리고 입지, 총체적 수송 시스템을 동시에 최적화하는 모형은 아직 알려져 있지 않다.

단지 신설설비들의 수, 규모, 입지에 대한 몇 가지 대안을 먼저 정하고 각 대안별로 수송해법을 반복하여 그 중 제일 좋은 대안을 선택하는 정도로 해결할 수 있을 뿐이다. 계량적 모형에서는 물론 계량적으로 측정할 수 있는 입지요인들만이 고려될 수 있다. 따라서 계량적 모형은 입지분석과정에서 경영자의 의사결정을 도와주는 보조적 수단으로서 의의를 갖는다.

요인평가법(Factor rating system)

전통적 입지결정 방법 중 요인평가에 의한 방법은 질적 요인까지 고려하여 각 대안을 비교 검증한다. 연관된 요소들에 가중치를 두어 그 값에 대한 합을 평가하는 방법으로 의사결정자들에게 질적 정보를 제공하며 그 순서는 다음과 같다.

① 고려하여야 할 입지요인을 선정

② 선정된 입지요인에 대한 가중치 부여(이때 가중치의 합은 1이 되게 함)

③ 각 대안들의 모든 요소들에 점수(평점)를 부여(0 ~ 100점)

④ 각 요소들의 점수와 가중치를 곱하여 가중평점을 구한 다음 그 결과를 모두 합하여 총평점을 얻는다.

⑤ 총평점이 가장 높은 후보지를 입지로 선정한다.

요인평가법의 예가 [표 8-3]에 주어져 있다. 이 예에서는 최종적으로 대안 1이 선택이 된다.

표 8-3 요인평가법의 예시

입지요인	가중치	평점		가중평점	
		대안1	대안2	대안1	대안2
단위생산원가	0.50	100	60	0.50*100 = 50	0.50*60 = 30
노동력	0.10	80	80	0.10*80 = 8	0.10*80 = 8
유틸리티	0.05	70	90	0.05*70 = 3.5	0.05*90 = 4.5
수송편의성	0.20	40	70	0.20*40 = 8	0.20*70 = 14
생활환경	0.15	80	90	0.15*80 = 12	0.15*90 = 13.5
계	1.00			81.5	70

수송해법에 의한 방법

일정한 공급량과 수요량을 갖는 공급지들과 수요지들이 주어졌을 때 모든 가능한 수송로에 수송량을 최적으로 할당해 줄 수 있는 방법으로 수송해법이 있다. 만일 기존의 공급지와 수요지에 새로이 어떤 공급지나 수요지가 추가된다고 해도 수송해법은 동일하게 적용될 수 있을 것이다. 이러한 원리를 입지결정에도 이용할 수 있다.

신설하려는 설비가 공급목적의 설비(예컨대 창고, 판매업소)일 경우 기존의 수송시스템에 공급지를 하나 더 추가하면 되고, 수요목적의 설비라면 수요지를 하나 더 추가하면 된다.

베버의 산업입지론

현대적 산업입지론은 독일의 경제학자 베버(Weber)에서 비롯되었다고 할 수 있다. 베버의 입지결정과정은 다음과 같이 3단계로 나누어 볼 수 있다.

① 주어진 원료산지와 시장들의 위치를 고려하여 수송비 최소지점을 찾아내고,

② 앞에서 구한 수송비 최소지점과 별도로 조사된 노무비 최소지점을 비교하여 보다 유리한 지점을 선택하며,

③ 둘 이상의 공장을 합쳐서 한 곳에 집중시킬 때의 집중효과를 고려하여 최종적으로 입지결정을 하는 단계적 접근방법을 택하고 있다.

수송비 최소지점의 선택 베버는 입지삼각형이라는 방법으로 이 단계를 설명한다. 입지삼각형은 하나의 시장과 두 군데의 원료산지로 구성된다. 이 삼각형의 경계선상 또는 내부의 어느 지점에서 수송비 최소점을 찾을 수 있다고 보는 것이다. 최소점의 위치를 시행착오적 과정을 거쳐 총수송비가 최소가 되는 지점을 찾을 수 있다.

노동비의 고려 앞에서 구한 최소지점의 주위에 노무비 면에서 유리한 지점이 있는가를 조사한다. 입지를 수송비 최소지점에서 노무비 절약지점으로 옮기면서 이에 따라 거리가 먼 지점을 버리고 가까운 곳의 다른 원료산지를 찾아 새로운 입지삼각형을 만들어 본다. 새로운 입지삼각형을 만든 후, 다시 제1단계로 돌아가서 이 삼각형 내의 최소수송비 지점을 구한다. 이러한 방법에 의해서 노동비를 최소화할 수 있다.

대량집중효과의 고려 단 하나의 공장에 대한 입지결정은 앞의 2단계까지로 끝나지만 다수의 공장들을 동시에 입지하려 할 때는 분산과 집중의 득실을 고려해야 한다. 다수 공장이 있을 때는 여러 가지 공장들 중에 겹치는 지역이 존재한다면 이

지역 내에 입지를 정하고 이 지역을 통합한다.

8.5 요 약

생산능력계획은 기업의 경쟁력 한계를 규정하는 것과 관련이 있다. 만일 생산능력이 충분하지 못하면 고객을 상실할 염려가 있고, 경쟁자들의 시장진입을 초래할 것이며, 적시에 서비스를 제공할 수 없게 된다. 반대로 생산능력이 지나치면 관리비용이 증가하고, 공급과잉으로 가격인하를 가져올 수 있으며, 생산시설 투자를 위해 차입한 자금을 갚기가 어렵게 된다. 따라서 생산능력을 적절하게 계획할 필요가 있다.

생산능력에 관한 의사결정은 장기의 설비계획(facility planning), 중기의 총괄계획(aggregate planning) 및 단기의 일정계획(scheduling)으로 구분될 수 있다.

장기의 설비계획은 장기적인 수요변화에 대처하기 위해 건물, 각종 장비 및 시설 등과 같이 획득이나 처분에 보통 1년 이상의 장기간이 소요되는 생산설비에 관한 계획을 말한다. 중기의 총괄계획은 모든 제품라인을 총괄하여 향후 약 1년에 걸쳐 월별 또는 분기별로 수립되며, 생산능력은 고용, 해고, 잔업 및 하청의 크기 등에 의해 조정된다. 단기의 일정계획은 생산능력을 작업, 주문 또는 활동에 적절하게 할당하는 작업을 하게 된다. 장기적인 설비계획은 보통 서로 연관된 일련의 의사결정문제들이 계층별로 이루어지게 되므로 의사결정나무(decision tree)로 해결 가능하다.

생산능력계획과는 달리 입지문제는 설비나 건물을 위치시킬 장소를 결정하는 문제이다. 시설물의 입지선정의 문제는 제품 · 서비스의 수송이 관련되어 있고 설비배치 또한 입지에 의해 영향을 받게 되므로 생산시스템의 중요한 부분을 구성하게 된다.

입지결정에서 고려하는 요인으로는 프로세스 투입요소, 프로세스 산출요소, 프로세스의 특성, 개인적 선호, 정부의 산업입지정책 등이 있으며, 이러한 요인들을 복합적으로 고려하여 결정하며, 입지의사결정에 관련해서는 계량적 방법 등을 이용하여 결정한다.

문제 및 토론

1. 베버의 산업입지론에 대하여 설명하시오.
2. 입지결정의 요인에는 어떠한 것들이 있는지 비교적 구체적인 예를 들어 설명하시오.
3. 고려기업은 자사 제품의 앞으로 10년간의 수요예측을 바탕으로 소유 시설의 일부를 자동화할 것인지 아니면 시설 전부를 자동화할 것인지를 결정해야만 한다.

   시설의 일부를 자동화하는 경우에는 처음 3년 동안의 수요에 관계없이 3년 뒤에 시설 전부의 자동화 여부를 다시 결정할 수 있다.

   처음 3년간 수요가 높을 확률은 0.7, 수요가 낮을 확률은 0.3이다. 처음 3년간 수요가 높았을 때 남은 7년 동안의 수요가 높을 확률은 0.8, 낮을 확률은 0.2이고, 처음 3년간 수요가 낮았을 때 남은 7년 동안의 수요가 높을 확률은 0.1, 낮을 확률은 0.9이다.

   시설 전부의 자동화에는 2억원이 소요되고 시설의 일부 자동화에는 1억원이 소요되며 3년 뒤에 시설 전부를 자동화하는 경우에는 추가로 1.5억원이 더 소요될 전망이다.

   시설의 일부를 자동화한 경우에 처음 3년간 수요가 높을 경우에는 매년 2,000만원의 이익이 생기고 처음 3년간 수요가 낮을 경우에는 매년 1,000만원의 이익이 생긴다. 3년 뒤에 시설 전부를 자동화하는 경우 남은 7년간 수요가 역시 높을 경우 매년 3,000만원의 이익이 생기며 남은 7년간 수요가 낮을 경우 매년 1,500만원의 이익이 생긴다. 3년 뒤에 시설 전부를 자동화하지 않으면 이익은 시설의 일부를 자동화한 앞의 경우와 같다.

   시설 전부를 자동화한 경우는 처음 3년간 수요가 높을 때 매년 2,500만원의 이익이 생기고 처음 3년간 수요가 낮을 때는 매년 1,200만원의 이익이 생긴다. 그리고 남은 7년 동안의 이익은 시설의 일부를 먼저 자동화하고 3년 뒤에 시설 전부를 자동화한 경우와 같다.

   이 회사가 어떤 결정을 내려야 하는지를 Decision Tree 기법으로 보이시오.
4. 다음의 입지 A, B, C 중 요인평가법을 사용하여 총 평점이 가장 높은 곳을 찾으시오.

입지요인	가중치	평 점		
		A	B	C
고객편의	0.40	80	70	60
노동력	0.15	50	90	80
유틸리티	0.15	40	30	30
교 통	0.20	70	70	90
입지환경	0.10	50	60	50
계	1.00			

5. 전략적 관점에서 제품생산 입지와 서비스 입지의 차이점을 설명하시오.

제 3 편

생산과 공급사슬

제 9 장　리소스계획(*MRP* & *JIT*)
제10장　재고관리
제11장　공급사슬관리(*SCM*)

Chapter 9

리소스계획(MRP & JIT)

관련 이야기 AI 실행의 근본적 결함[1]

많은 경영자들은 기계학습 애플리케이션의 사업 잠재력에 열광하고 있다. 그러나 비즈니스 리더들은 종종 인공지능의 이점을 완전히 실현하기 위해서는, 사람들의 기술을 향상시켜야 하고, 인공지능에 능통한 노동력을 만들어야한다는 주요 이슈를 간과한다.

인공지능(AI)이 기업들이 비즈니스 프로세스를 자동화할 수 있는 큰 기회들을 제공하고 있다는 데는 의심의 여지가 없다. 하지만, 사업 프로세스에 기계학습 애플리케이션을 넣을 준비를 할 때, 바둑이나 포커에서 이길 수 있는 컴퓨터가 시장에서 이기도록 확실히 도울 수 있을지에 대해서는 판타지를 갖지 않기를 권고한다.

더 나은 참조 포인트는 ERP(Enterprise Resource Planning) 시스템 또는 다른 엔터프라이즈 시스템을 구현한 경험이 될 것이다. 효과적인 ERP 구현은 많은 기업들의 경쟁력을 강화시켰지만, 많은 다른 회사들은 그 경험이 더 악몽이라는 것을 알았다. 약속된 기회들은 결코 결실을 맺지 못했던 것이다.

스마트 머신을 순전히 비용 절감의 기회로 보는 회사들은 모든 잘못된 장소와 모든 잘못된 방법에 스마트 머신을 넣을 가능성이 높다. 이 회사들은 새로운 프로세스를 상상하기 보다는 기존 프로세스를 자동화할 것이다. 이런 회사들은 역할을 업그레이드 하는 것보다는 일을 줄일 것이다. 기업들은 AI 구현이 ERP 악몽의 재조명에 불과하다는 사실을 알게 될 것이다.

---

1) Jeanne Ross. "The Fundamental Flaw in AI Implementation," Sloan Management Review, Winter 2018.을 참고.

리소스계획이란 작게는 수천개에서 많게는 수십만개의 품목과 수개의 작업장에 대한 기간별 생산계획으로 그 방대함과 복잡함으로 인해 보통 총괄계획, 주생산일정, 자재소요계획, 일정계획(또는 생산활동통제)의 네 개 활동으로 나누어 순차적으로 수행된다. 총괄생산계획(aggregate production planning, *APP*)은 6~18개월의 계획기간을 가지는 중기의 계획으로, 기업의 사업목표를 생산활동에 반영시키는 것이 주요 목표라고 할 수 있다. 주생산일정(master production schedule, *MPS*)은 총괄생산계획을 개별품목의 계획으로 세분화하는 과정이다. 다음의 자재소요계획(material requirements planning, *MRP*)에서는 *MPS*에서 확정된 계획이 원활히 수행될 수 있도록 생산시스템에 필요한 자재와 기타 자원을 제때에 조달 · 공급될 수 있는 계획을 수립한다. 마지막으로 일정계획(scheduling)은 생산공정을 통제하는 데 있어서 필수적인 활동으로, *MRP*의 발주계획이 생산현장에서 실행될 수 있도록 제반 주문 또는 작업의 순서를 일별 또는 교대조별로 결정한다.

80년대에 들어오면서 일본 기업들의 획기적인 성공은 전세계적으로 많은 관심을 불러일으켰다. 일본 기업의 성공은 제조분야를 중심으로 이루어졌으며 그 성공의 가장 중요한 핵심은 적시생산(just-in-time, *JIT*) 시스템으로 알려져 있다. *JIT* 시스템은 일본 도요타 자동차사에서 개발된 생산 시스템으로 소비자가 원하는 제품을 적시에 적량 생산하여 공급하고자 하는 생산철학을 기초로 하고 있다. 숀버거(Schonberger)는 *JIT*를 "생산 및 제조관리의 복잡성을 단순화한 생산 시스템"이라고 설명한다.

부족한 공간, 부족한 부존자원 등은 우리나라와 마찬가지로 일본의 기업환경의 특수성이라고 볼 수 있다. 이와 같은 천연자원의 부족이 일본 기업들에게 경쟁력 강화를 위하여 고부가가치, 저렴한 가격, 고품질의 제품을 생산하려는 노력으로 나타나게 된 것이다. 더불어 일본 기업들은 일찍부터 낭비의 최소화를 생산 시스템의 가장 중요한 목표로 추구하였다. 제품의 가치창출에 기여하지 않는 모든 요소는 낭비로 간주하고, 이를 제거하기 위하여 노력한 결과가 *JIT* 시스템으로 구현된 것이라고 할 수 있다. 그리고 낭비의 최소화는 고객이 원하는 시기에, 원하는 제품을, 원하는 만큼만 생산할 때 성취할 수 있는 개념으로 정립되었다.

또 전후 일본 기업의 종업원들은 작업자 간의 집단의식 또는 조직체 의식이 강하였으며, 성장욕구가 높고, 일 중심의 생활자세와 검소함을 갖고 있었다. 많은 일본 기업에서는 이와 같은 특성을 반영하여 종신고용제, 회사 단위의 노동조합, 승진기회 균등제도 등을 관례화하는 한편, 현장 종업원의 능력을 최대한 활용하도록 관리 노력을 집중하여 왔다. *JIT* 시스템에서 작업자들은 품질이 좋은 제품만을 다음 프로세스로 보내야 할 책임을 진다. 또한 현장 작업자들은 품질분임조나 제안제도 등의 참여 형태를 통하여 생산 프로세스를 개선하여야 할 책임도 아울러 가진다. 이와 같이 일본 작업자들의 문화적 특이성은 *JIT* 시스템의 중요한 구성원리의 하나인 종업원 능력의 최대한 활용을 가능하게 하였다.

9.1 리소스계획과 주변활동과의 연계관계

[그림 9-1]은 계획활동의 시간변수에 따라 장기, 중기, 단기로 나누어 위에서 아래로 각 계획활동들을 정리하였다.

그림 9-1 리소스계획 활동

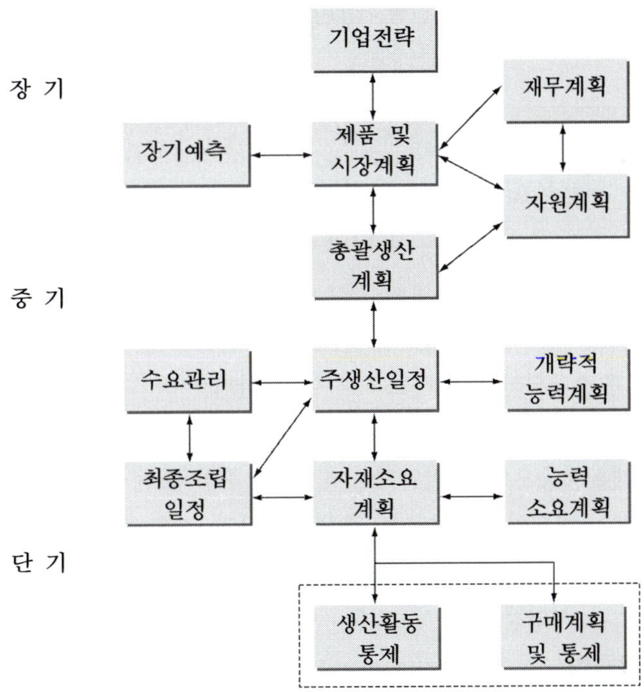

장기계획은 일반적으로 1년에 한 번 수립되며, 1년 이상의 계획기간을 가진다. 중기계획은 보통 6개월에서 18개월의 계획기간을 가지며, 월별 또는 분기별 시간단위로 계획이 수립된다. 단기계획은 하루에서 수주일을 대상으로 실제로 현장에서 집행하기 위한 세부계획 및 통제에 관한 것이다. [그림 9-1]에서 리소스계획 활동에 해당되는 것은 중기에서 단기에 이르는 활동들이다.

장기계획

장기계획은 향후 수년간의 기업목적, 목표를 설정하는 데에서 시작한다. 기업전략은 주어진 기업역량과 경제적 · 정치적 여건 속에서 설정된 목적 및 목표를 어떻게 성취하는가에 대한 장기계획이다. 전략계획에는 제품라인, 품질 및 가격수준, 그리고 시장침투목표 등의 설정이 포함된다. 이들에 대한 계획과 장기예측의 결과는 제품 및 시장계획을 통해 향후 수년간 생산될 품목에 대한 장기생산계획으로 구체화되며, 개별시장과 제품 라인별 목표로 전환된다. 재무계획은 이들 계획의 자금 소요량과 투자보상율 목표에 비추어 실행가능성 여부를 분석하게 된다. 자원계획은 장기생산계획을 성취하기 위하여 필요한 시설, 장비, 인력을 분석, 검토하게 된다.

중기계획

총괄계획 총괄계획(aggregate planning)이란 기업의 전략을 성취하기 위한 제조부문의 역할을 반영하며, 주로 총괄적인 산출량에 의하여 명시된다. 어떤 기업에서는 회사 전체의 월별 또는 분기별 매출액으로 명시되기도 하고, 또 어떤 기업에서는 공장별 또는 주요 제품군별로 부피나 무게에 의하여 명시되기도 한다. 총괄계획을 달성하기 위해서는 주생산일정과 밀접한 연계관계를 유지하여야 하며, 특히 주생산일정의 합이 총괄계획과 일치하도록 하여야 한다.

주생산일정 주생산일정(master production schedule, *MPS*)이란 총괄계획의 후속 생산계획활동으로 개별완제품에 대한 주별 또는 월별 생산일정표이다. 계획기간은 3개월에서 6개월이 보통이다. 주생산일정의 계획대상이 되는 품목을 *MPS* 품목이라고 부르는데, 일반적으로 최종완제품들이 *MPS* 품목이 되지만 기업에 따라서는 제품의 모델이나 사양품목이 *MPS* 품목이 되기도 한다.

수요관리 수요관리(demand management)란 수요예측, 고객주문, 창고 및 유통 과정에서의 수요, 기업 내 계열 공장 간의 수요, 서비스 수요 등 모든 생산능력

수요의 근원을 파악하여 생산계획 부문에 제공하여 주는 기능이다. 총괄계획은 총괄적인 척도에 의한 월별 · 분기별 투입자료를 필요로 하는 데 반하여, 후속되는 주생산일정은 각 완제품의 수량에 대한 일별 또는 주별 자료를 수요관리 기능으로부터 제공받는다.

개략적 생산능력계획 주생산일정이 수립되면 이를 시행하기 전에 주어진 생산능력에 비추어 실현 가능한 계획인가를 먼저 검토하게 된다. 총괄계획에서는 생산능력의 수요와 공급의 균형을 맞추기 위해 총괄적인 척도와 월별 또는 분기별 자료를 사용한다. 그러므로 월별(또는 분기별) 생산능력의 수요와 공급이 일치한다고 하더라도, 한 달의 기간 동안 개별완제품의 주별 또는 일별 생산능력 수요와 공급에는 차이가 있을 수 있으며 이를 조정하는 기능이 필요하다. 개략적 생산능력계획(rough-cut capacity planning)은 각 완제품의 *MPS*가 필요로 하는 생산능력을 계산하여 주어진 *MPS*의 실현 가능성을 검토하고 생산능력 수급의 잠재적인 문제점을 평가하여 관리자에게 제공한다.

단기계획

자재소요계획 주생산일정은 각 *MPS* 품목이 언제, 얼마나 생산될 것인가를 제시하지만 그들이 구체적으로 어떻게 생산될 것인가를 알려주지는 않는다. 그러므로 주생산일정이 완료되면, 이는 다시 자재소요계획(material requirements planning, *MRP*) 시스템으로 투입되어 자재명세서(bill of materials, *BOM*)에 따라 하위단계의 조립품, 부품, 그리고 원자재의 필요량 및 필요시기를 산출하는 데 사용된다.

능력소요계획 *MRP* 계획이 완성되면 이는 다시 능력소요계획(capacity requirements planning)을 통해 그의 실행가능성을 검토 받게 된다. 능력소요계획은 상위단계의 개략적 능력계획에 비해 훨씬 더 상세하고 세부적인 자료를 통해 각 작업장의 주별 생산능력의 수요와 공급의 차이를 비교 분석하여 그 결과를 관리자에게 제시하게 된다.

최종조립일정 최종조립일정(final assembly schedule)은 이름 그대로 최종완제품을 조립하는 데 필요한 생산프로세스의 일정계획을 수립하는 활동이다. 모델 또는 사양품목의 수에 비해 최종완제품의 가짓수가 월등히 많은 자동차업체와 같은 기업에서는 반제품 또는 사양품목의 단계까지는 계획생산을 하고 완제품의 생산은 고객의 주문이 들어온 후에 최종조립일정을 수립하여 완제품의 생산을 하는 것이 일반적이다.

생산활동통제 생산활동통제(production activity control)는 작업현장의 생산활동을 통제하는 일정계획, 투입/산출 계획 및 통제 등의 제반활동을 말한다. 자재소요계획이 확정되면 이로부터 작업현장에서 하루하루 생산활동을 수행하도록 하는 세부적인 생산일정이 필요하며 이를 일정계획(scheduling)이라고 한다.

투입/산출 계획 및 통제(input/output planning and control)란 일정계획을 실행하는 과정에서 각 작업장으로의 계획투입과 실제투입의 차이 그리고 각 작업장에서의 계획산출과 실제산출의 차이를 검토하여 작업현장의 활동을 통제하는 활동의 하나이다.

구매계획 및 통제 구매계획 및 통제활동은 자재소요계획에 명시된 자재의 구입과 인수를 계획하고 통제하는 활동이다.

9.2 총괄생산계획

총괄계획은 개별품목에 대한 세부적인 계획을 후단계로 미루고 기업의 장기적인 전략계획과 일관성을 유지하는 향후 6~18개월 동안의 전체적인 생산윤곽을 그리는 활동으로 이해할 수 있다. 공장이 여럿인 기업은 각 공장별로 월별 또는 분기별 생산규모를 결정하고, 제품의 가짓수가 많은 기업은 제품의 유사성에 따라 소수의 제품군으로 나누어 제품군별 생산규모를 우선 총괄계획에서 결정하게 된다. 총괄계획의 측정단위는 하나의 제품군에 다양한 제품이 포함되어 있으므로 규격이 다른 제품의 개수로 표시하기보다는 공통적으로 사용될 수 있는 화폐금액, 노동시간, 부피, 중량 등의 단위가 주로 사용된다.

예를 들어서 야채농장의 총괄계획을 생각하여 보자. 한 해의 농사계획을 짜면서 처음부터 토마토 몇 개, 오이 몇 개 등의 세부적인 계획을 하기보다는 농장주가 얼마의 시간과 노력을 토양, 식수, 잡초 처리 등의 일에 투여할 수 있는지를 고려하여 전체적인 농사규모(생산능력)를 결정하는 것이 옳은 순서일 것이다. 개별품목의 세부적인 생산량은 이런 전체적인 윤곽을 잡고난 후 그 틀 내에서 결정하는 것이 바람직하다고 할 수 있을 것이다.

자동차 제조업체의 경우에는 다양한 종류의 승용차와 트럭을 생산하게 된다. 이 경우에도 승용차와 트럭 각각의 전체적인 생산규모를 결정한 후 개별 차량에 대한 세부적인 생산계획을 점진적으로 결정하는 것이 일반적이다. 총괄계획의 측정단위로는 차량의 대수보다는 각 차종에 공통적으로 적용될 수 있는 노동시간 또는 기계시간 등의 측정단위가 일반적으로 사용된다. 엔진의 생산계획도 마찬가지로 어떤 차에 어떤 엔진이 부착될 것인지를 고려하지 않고 4기통 엔진과 6기통 엔진의 생산량을 과거의 엔진 수요자료에 의해 먼저 총괄적으로 계획하게 된다.

이번에는 백화점의 경우에 총괄계획의 개념이 어떻게 적용될 수 있는지 생각해 보자. 공간할당을 할 때 관리자는 여성의류 코너에 20%, 아동의류 코너에 30% 등의 의사결정을 먼저하고, 각 코너 별로 바지나 셔츠, 그리고 상표별로 공간을 할당하게 된다. 이 경우 총괄계획의 측정단위는 평방미터 또는 평방피트 등이 될 수 있다.

이상의 예를 통해서 볼 수 있듯이 총괄계획단계에서는 세부적인 사항에 대한 계획보다는 전체적인 중장기 생산능력에 맞추어 전반적인 생산윤곽을 결정한다. 수천, 수만 종의 제품과 수개의 작업장에 대한 생산계획을 한 번에 수립한다는 것은 많은 시간과 비용이 소모될 뿐 아니라, 계획 자체도 국부적 효율성 위주의 계획이 되기 쉽다. 이러한 이유로 총괄생산계획은 총괄적인 수량에 의해 수립되며, 총괄생산계획에서 총괄의 대상이 되는 항목은 제품군 외에도 노동과 시간을 들 수 있다.

제 품 군 유사한 수요, 프로세스, 노동의 구성수준, 재료를 필요로 하는 제품 또는 서비스의 집합을 제품군이라고 한다. 예를 들면 직경이 0.5″인 드릴과 0.75″인 드릴은 프로세스 및 제품과 관련된 모든 측면에서 서로 유사하므로 하나의 제품군(product family)으로 분류할 수 있다.

표 9-1 제품수요의 통합

분기 / 제품수요	1/4	2/4	3/4	4/4
승용차(대) 트 럭(대)	200 50	300 300	500 200	100 200
총괄수요(일)	550	1,500	1,600	800

각 제품군은 상이한 측정척도를 가지는 다양한 품목들로 구성되므로, 제품군에

대한 척도는 모든 구성품목에 공통적으로 적용될 수 있는 공통적인 척도를 필요로 하며, 주로 사용되는 척도로는 수량, 금액, 표준시간, 중량, 부피 등이 이용된다.

[표 9-1]은 소형 승용차와 트럭을 생산하는 자동차업체를 예로 들고 있다. 이 업체는 두 제품을 하나의 제품군으로 통합하기 위해 총괄단위로 작업시간을 사용하고 있다. 총 계획기간은 1년이고 분기별로 계획을 수립한다. 승용차는 대당 2일의 생산기간이 소요되고 트럭은 3일이 소요된다. 통합된 자료에서 1/4분기의 계획치 550일은 승용차 200대를 생산하는 시간과 트럭 50대를 생산하는 시간의 합이다.

노 동 노동시간을 총괄계획의 측정단위로 사용할 경우 노동력의 유연성이 중요한 변수가 될 수 있다. 노동의 유연성이란 노동력의 활용 정도를 말한다. 만일 노동의 유연성이 매우 높다면 기업 내의 모든 노동자가 어느 프로세스에서 근무해도 별 문제가 발생되지 않을 것이다. 이 경우 모든 노동자를 하나의 노동력 군으로 묶을 수 있다. 하지만 노동력의 유연성이 부족한 경우, 즉 각 제품의 생산에 필요한 기술들이 서로 확연히 구분되는 경우는 비슷한 기술끼리 묶어 여러 개의 하부그룹으로 분류하여 각 그룹별로 다른 제품군의 생산에 할당하게 되며, 총괄계획의 절차도 그만큼 복잡하게 된다.

시 간 계획기간(planning horizon)이란 계획의 대상이 되는 기간으로, 총괄생산계획의 경우 보통 6~18개월을 사용한다. 총괄계획에서는 이 기간 동안의 산출률, 재고수준, 고용수준, 잔업 및 하청수준 등을 결정하게 되는데, 여기서 고려할 사항은 계획기간 동안 몇 번의 의사결정을 하여야 하는 가이다. 일단위의 의사결정은 너무 빈번하고 연단위의 의사결정은 계절수요의 변동을 고려하기에 적합하지 않다. 보통의 경우 총괄생산계획에서는 월단위 또는 분기단위를 의사결정의 시간단위로 하고 있다. 시간단위가 결정되면 각 시간단위별로 제반 사항에 대한 의사결정을 하게 된다.

9.2.1 총괄생산계획의 수립과정

총괄생산계획은 일반적으로 [그림 9-2]와 같은 과정을 통해 수립된다. 계획 기간 내 각 시점의 제품군별 수요를 결정한 후, 이 수요를 충족시킬 수 있는 대안(생산율, 고용수준, 재고량, 잔업량 등의 결정)들을 작성한다. 그리고 장기적인 전략계획, 제약요인, 비용 등을 고려하여 가장 적합한 대안을 선택하게 된다.

각 과정별로 세부적인 활동을 살펴보면 다음과 같다.

그림 9-2 총괄생산계획의 수립과정

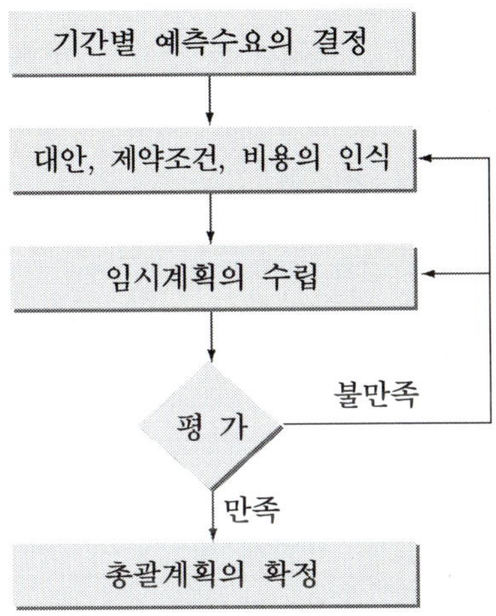

기간별 예측수요의 결정

총괄생산계획을 수립하기 위한 첫 번째 단계는 계획기간 동안의 각 시간단위별 수요를 결정하는 것이다. 총괄생산계획에서는 수요를 총괄적인 단위(수량, 무게, 화폐단위 등)로 예측한다. 예를 들어, K사는 드릴을 만드는 회사로 $\frac{1}{4}$인치 드릴과 $\frac{3}{8}$인치 드릴을 만든다고 하자. 이 회사에서 총괄생산계획 수립을 위한 수요예측을 할 경우, 개별제품 각각의 수요를 예측하는 것이 아니라, 총괄적인 척도로 측정된 개별제품의 수요를 합하여 제품군의 총수요를 예측한다.

대안, 제약조건, 비용의 인식

총괄생산계획수립의 두 번째 단계는 파악된 수요를 충족시킬 대안을 수립하는 것이다. 이를 위해 우선 결정해야 할 사항은 계획기간의 길이, 계획의 시간단위(월별 또는 분기별), 그리고 총괄계획에서 결정하여야 할 의사결정변수(산출률, 고용수준, 재고수준, 잔업, 하청 등)이다. 이들이 결정되면 의사결정변수에 영향을 주는 요인을 선별하고, 계획을 수립하는 데 걸림돌이 되는 제약조건을 인식하여 적절한 총괄계획대안들을 작성한다. 그리고 각 대안들을 수행하는 데 발생하는 비용요소들을 조사하여야 한다.

의사결정변수 총괄계획에서의 의사결정변수는 크게 두 가지로 나눌 수 있다. 하나는 수요에 영향을 미치는 마케팅적인 의사결정변수이고, 다른 하나는 산출량에 영향을 미치는 옵션들이다.

기업은 다음의 옵션을 활용하여 수요를 변화시킬 수 있다.

① **대체수요의 활용**: 공급능력은 연중 대체로 일률적인 데 반하여 수요는 계절적인 요인 등으로 큰 폭의 변동이 있을 수 있다. 수요의 변동은 비수기 중에는 생산능력의 활용성을 저하시키고 초과수요기에는 품절의 발생을 초래하게 된다. 이와 같은 수요와 공급의 부조화를 완화시키기 위한 방법으로서, 서로 상반된 수요주기를 갖는 제품/서비스를 제품믹스로 하여 연중 생산능력의 균등화를 도모할 수 있다.

예를 들면, 여름철에 주로 수요가 발생하는 냉방기를 생산하는 업체에서 비수기 중의 유휴자원을 냉방기와 상반된 수요주기를 가지는 난방기를 생산하는 데 활용한다면 연중 생산능력의 수요를 고르게 함으로써 생산의 효율을 높일 수 있을 것이다.

서비스 산업의 경우 야외오락시설(에버랜드, 서울랜드 등) 산업은 겨울철에 수요가 급락하는 산업이다. 그래서 겨울철의 유휴인력을 효과적으로 활용하기 위해 스키장, 눈썰매장 등을 개장하여 수요의 연간 분포를 고르게 하는 예를 볼 수 있다.

대체수요 대안의 가장 중요한 핵심은 특정기에 몰려 있는 생산자원의 수요를 모든 기간에 걸쳐 균등하게 분포하도록 유도함으로써 생산자원의 활용성을 높이는 데 있다.

② **가격의 조정**: 비수기 판매증진을 위한 가장 전형적인 방법은 가격할인이라 할 수 있다. 가격할인은 주로 성수기의 수요를 비수기로 분산시키기 위해 이용된다. 의류 및 계정 상품들의 비수기 중 가격할인, 열차나 비행기의 평일할인제도, 전화의 심야할인제도 등을 예로 들 수 있다. 이 방법도 수요의 변동폭을 줄임으로써 생산계획의 수립을 용이하게 하며 생산자원의 활용도를 높이고자 하는 것이다.

공급에 영향을 미치는 의사결정변수들은 고용수준, 재고수준, 잔업, 하청 등을 들 수 있다. 각각의 변수와 공급과의 관계를 살펴보면 다음과 같다.

① **고용수준관리**: 관리자는 예측된 수요와 비교하여 고용수준이 높으면 해고를 통하여, 고용수준이 낮으면 신규채용을 통하여 고용수준을 관리함으로써 생산능력에 영향을 미칠 수 있다. 이 옵션은 법규적으로 수요의 변화에 따라 고용수준을 자유롭게 변화시킬 수 있어야 하며, 주로 미숙련 노동을 필요로 하고 풍부한 유휴인력이 있

는 산업에서 유용한 전략이다. 하지만 숙련노동이 필요한 산업의 경우 노동시장이 제한되어 있고, 새로운 근로자들에 대한 교육훈련에 드는 경비와 시간 등으로 그 활용 폭이 매우 좁다.

특히 해고의 경우는 대부분의 산업에서 계약조건, 노조의 반대 등으로 자유롭지 못하다. 하지만 여행사, 건설업, 농업부문 등에서는 빈번한 해고와 고용이 상례화되어 있기도 하다.

② **재고의 조정**: 기업은 일정한 생산율을 유지하면서 수요가 적은 기간 동안은 재고를 축적하고, 이 재고를 성수기의 수요를 충당하는 데 사용할 수 있다. 이와 같은 재고의 사용은 생산율 및 고용수준을 안정시킬 수 있지만 재고유지를 위한 비용이 많이 든다. 완제품은 부가가치가 크므로 주문이 왔을 때 즉시 조립할 수 있는 상태인 부품 또는 반제품의 상태로 재고를 유지하는 것이 바람직하다.

서비스의 경우는 저장될 수 없는 상품이므로 서비스 수요의 변동에 재고의 옵션을 이용할 수 없지만, 특정 서비스 산업의 경우, 예를 들면 통신서비스 산업의 경우 수요가 많지 않을 때 미리 주택이 들어설 지역에 케이블을 설치하는 식으로 실제수요에 앞서 서비스 재고를 축적하기도 한다.

③ **잔업 및 근로시간 단축**: 잔업 또는 단축근무도 역시 수요의 변동에 대응하기 위한 수단으로 사용된다. 잔업은 정상근무시간 이외의 초과근무를 하여 수요의 증가에 대응하는 방법이다. 그러므로 잔업은 정상근무수당보다 비용이 비싸게 든다. 보통의 경우 정상근무수당의 1.5배를 지급한다. 이러한 이유로 관리자는 가능한 잔업의 사용을 제한한다. 게다가 많은 경우 근로자들은 초과근무를 원하지 않으므로 잔업시의 생산성은 평상시보다 낮은 수준이고 불량의 발생이 높게 나타난다. 단축근무는 수요에 비하여 고용수준이 높은 경우 사용되는 방법이다. 주로 고도의 기술이 필요하며 인력대체가 어려운 프로세스 중심(process focus)의 기업에서 사용된다.

④ **하청**: 단기적인 생산능력의 부족은 하청(subcontracting)에 의해서 해결할 수 있다. 하청업자들은 서비스를 공급할 수도 있으며, 부품을 공급하거나 조립프로세스를 대신할 수도 있다. 만일 하청업자가 기업자체 내에서 생산하는 것보다 우수한 품질의 부품 및 서비스를 공급하거나, 보다 값싼 비용으로 조립할 수 있는 경우 하청은 단기적인 수요공급대책이 아닌 생산프로세스의 일부로서의 역할을 담당할 수 있다.

의사결정요인 간의 관계 파악 총괄생산계획에서 의사결정요인들의 관계는 크게 두 가지의 관점에서 살펴볼 수 있다. 하나는 각 기간별 고용수준의 결정에 관한 것이며, 다른 하나는 재고수준의 결정에 관한 것이다.

① **고용수준의 결정**: 현재의 고용수준은 전기 말의 고용수준, 당기의 신규고용, 그리고 당기의 해고에 의해 결정된다. 이를 식으로 표현하면 다음과 같다.

$$W_t = W_{t-1} + H_t - F_t\ ,\ t=1,\ 2,\ \cdots,\ N$$

여기서,

$W_t = t$기 말의 고용수준

$H_t = t$기의 신규고용

$F_t = t$기의 해고

$H_t \cdot F_t = 0$(한 기에 해고와 신규채용이 동시에 발생하지 않는다는 가정을 수식으로 표현한 것임)

예를 들어 3월 말 안암공업사의 근로자가 10명이고, 4월 초에 5명을 신규채용하기로 하였다면, 4월 말 안암공업사의 근로자는 15명이 된다. 하지만 고용수준이 반드시 위의 3가지만으로 결정되는 것은 아니다. 휴직, 질병, 규율에 의한 해고 등 예기치 않은 노동력의 손실이 발생할 수도 있다. 그러므로 이러한 손실이 적지 않은 경우는 각 기에 발생할 것으로 기대되는 손실분을 고려하여 고용수준을 산출하여야 한다. 또한 한 기에 해고와 신규채용이 동시에 발생하지 않는다는 가정은 둘의 수치를 비교하여 순증가만을 표시함으로써 완화시킬 수 있다. 예를 들어서 신규채용이 10명이고 해고가 4명이면 6명의 신규채용이 발생한 것으로 간주한다.

② **재고수준의 고려**: 각 기간의 재고수준은 전기 말의 재고, 당기의 생산량, 그리고 당기의 수요에 의해 결정된다. 이를 식으로 표현하면 다음과 같다.

$$I_t = I_{t-1} + P_t - D_t\ ,\ t=1,\ 2,\ \cdots,\ N$$

여기서,

$I_t = t$기 말의 재고수준

$P_t = t$기의 생산량

$D_t = t$기의 수요량

냉방기를 생산하는 안암공업사에서 6월 말 300대의 재고를 보유하고 있다고 하자. 이 회사가 7월 중 500대의 수요를 기대하고, 420대를 생산하기로 계획하였다면, 7월 말의 재고수준은 300+420−500=220으로 기대할 수 있다.

물리적 제약조건의 고려 총괄생산계획을 수립하는 데는 각 기업별로 처한 상황과 조건에 의해 여러 가지 제약이 존재하게 된다. 이러한 제약은 물리적 제약조건과 정책적 제약조건으로 분류할 수 있다.

물리적 제한요인으로는 신규고용인원에 대한 제약, 최대생산수준에 대한 제약, 재고 저장공간에 대한 제약 등을 들 수 있으며, 정책적 제한요인으로는 안전재고의 수준, 최저재고수준, 잔업 및 하청의 수준, 품절에 의한 판매유실과 부재고(back order) 등에 대한 제약들이 있다. 계획수립자는 이러한 제약조건들을 모두 만족시킬 수 있는 대안을 고려하게 된다.

총괄계획과 관련된 여러 가지 비용들 효율적인 총괄계획대안을 도출하기 위해 계획수립자는 총괄계획과 관련된 비용에 대한 자료를 갖고 있어야 한다. 계획수립자들이 총괄생산계획 수립시 주로 고려하는 비용들은 다음과 같다.

① **정규임금**(regular-timecosts): 정규 상근고용인들에게 정규노동시간에 대해 지급되는 임금으로 특별급여를 포함한다. 특별급여란 정규직원에게 부여되는 의료보험, 주택공급, 연금 및 유료휴가 등을 말한다.

② **잔업비용**(overtime costs): 정규노동시간 이외의 초과근무를 할 때 지급되는 비용으로 보통 특별급여를 제외한 정규임금의 1.5배를 지급한다.

③ **채용 및 해고비용**: 채용비용은 구직광고로 인한 비용, 면접비용, 신규 채용자에 대한 교육, 훈련비, 채용기간 동안의 생산성 손실, 초기 서류처리비용 등을 포함한다. 해고비용에는 퇴직면담비용, 해직수당 및 퇴직금 등의 비용이 포함된다. 일반적으로 해고비용과 신규채용비용은 동일 기에 발생하지 않는 것으로 가정한다.

④ **시간제 및 임시직 고용비용**: 시간제 또는 임시직과 같은 비상근고용인은 상근종업원에 비해 고용수준 조정도 용이하고 임금도 저렴하므로, 수요의 변동 폭이 큰 건설업, 레스토랑, 슈퍼마켓 등에서 많이 활용되고 있다.

⑤ **재고비용**: 재고비용은 재고에 묶인 자본의 정체로 인한 기회비용 및 재고의 보관, 유지 및 창고비용, 도난으로 인한 손실 및 폐기비용, 보험료, 세금 등을 포함한다.

⑥ **부재고**(back order) **및 품절비용**: 이 비용들은 소비자의 수요를 제때에 만족시키지 못하므로 발생하는 비용인데 평가하기가 매우 어렵지만 무시할 수 없는 중요한 비용항목이다. 부재고비용은 품절이 발생하였지만 약정기일 이후로 지연선적이 가능한 경우에 발생하는 비용으로 기업이미지의 손상으로 인한 비용과 약정기일을 지키지 못한 데 대한 벌과금 등이 포함된다. 품절비용은 품절이 곧 판매유실로 이어질 때 발생하는 비용으로 판매유실로 인한 이익금, 신용의 상실로 인한 잠재적 미래이익의 감

소 등이 포함된다.

총괄계획의 구체화 및 확정

제시된 다양한 총괄계획대안들을 구체화한다. 즉, 계획기간 내의 각 시간단위별로 계획된 생산량에 대해 생산율, 재고 및 부재고의 누적 정도, 하청에 의한 생산수준, 그리고 고용수준(고용, 해고, 잔업, 비상근고용 포함) 등의 구체적인 수치를 결정한다. 그리고 구체화된 계획이 여러 제약조건들을 만족시키는지, 또 제약조건을 만족시키는 계획들 중에서 가장 비용 효율적인 대안을 선택하여 최종 총괄계획을 수립한다.

수립된 총괄생산계획에 대해 다시 위원회를 소집해서 부서 간의 갈등의 소지가 있는지, 만일 있다면 타협과 조정을 통해 최종적인 수정을 가하게 된다. 이렇게 해서 확정된 총괄계획은 반드시 모든 부서들이 만족해하는 계획은 아닐 수 있지만, 기업 내부적으로 동의된 하나의 공통적인 목표의 역할을 하게 된다.

9.2.2 총괄생산계획의 수립전략

기업은 다양한 의사결정 옵션을 통해 변동하는 수요와 생산능력의 균형을 성취하고자 한다. 수요에 영향을 미치는 옵션들은 생산보다는 마케팅의 영역에 가까우므로 여기서는 생산능력에 영향을 미치는 옵션의 활용에 관한 몇 가지 기본전략에 대해 논하기로 한다.

고용수준, 재고, 잔업, 하청 등의 옵션을 활용하는 기본적인 전략으로는 다음의 세 가지를 들 수 있다.

수요추적전략 수요추적전략(chase strategy)은 생산율 또는 고용수준을 조정하여 계획기간 동안의 수요변화에 대응하는 전략이다. 주요한 특징은 재고나 단축작업(idle time)을 사용하지 않는다는 것이다. 수요추적전략에서 주로 사용하는 옵션에는 상근 또는 비상근의 고용, 해고, 잔업, 하청 등을 들 수 있다. 수요변동에 따라 고용, 잔업, 하청의 수준을 변화시킴으로써 수요에 적응한다. 예를 들면 성수기에는 신규고용, 잔업, 또는 하청을 통해, 비수기에는 해고를 통해 생산율을 조정한다.

이처럼 수요추적전략은 수요의 변화에 따라 생산율이 변동하므로 재고수준과 작업적체량(backlog)의 수준을 낮출 수 있다. 하지만 계획기간 동안 생산율, 고용수준을 조정하는 데 많은 비용이 드는 단점이 있다. 또한 수요의 변화에 따라 해고 및 신규 고용이 발생하므로 고용의 불확실성으로 인한 사기저하, 생산성의 손실, 품질저하 등의 문제가 발생할 수 있다.

고정수준전략 고정수준전략(level work-force strategy)은 계획기간 동안 고용수준을 일정한 수준으로 고정시키는 전략을 말한다. 고용수준과 함께 생산율도 일정하게 유지하면서 주로 재고를 통해 수요의 변동에 대응할 수도 있고, 잔업/단축작업 그리고 하청 등의 옵션을 활용하여 수요의 변동에 대응하기도 한다. 이 전략은 안정적인 생산수준과 고용수준의 유지를 통한 비용의 감소를 가져오지만, 재고누적, 잔업, 단축작업, 작업적체량(backlog)으로 인해 전체적인 비용이 증가할 수 있다.

혼합전략 수요추적전략과 고정수준전략이 혼합된 전략으로서 일반적으로 널리 채택되는 전략이다.

9.2.3 총괄생산계획기법

총괄계획의 수립을 위하여 기업에서 일반적으로 사용하는 기법은 가장 단순한 형태인 시행착오법이다. 이외에도 수송기법을 이용한 도표법, 선형계획법, 선형의사결정기법, 경영계수기법, 매개변수를 이용한 기법, 탐색의사결정기법 등이 총괄계획수립을 위하여 개발되어 있다.

시행착오법

이 기법은 총괄생산계획수립 시 가장 널리 이용되는 기법으로 계획자의 경험과 직관에 의해 대안을 결정하고 시행착오(trial & error) 과정을 거쳐 점진적으로 만족한 총괄계획을 도출해 가는 방법이다. 이 기법의 전개과정은 다음과 같다.

① 가능한 전략들을 나열한다.

② 각 전략들을 이용하여 임시적인 계획을 마련한다.

③ 다른 계획과 비교를 한다.

④ 필요한 부분을 수정한다.

⑤ 다시 ②번 과정으로 간다.

시행착오법은 위와 같은 절차를 만족한 계획이 도출될 때까지 반복하게 된다.

이 기법의 가장 큰 단점은 수립된 계획이 얼마나 양호한 계획인지를 판단할 수 있는 근거가 전혀 없다는 것이다.

다음의 예를 통해 시행착오법의 구체적인 적용방법을 알아보자.

안암맥주(주)는 향후 12개월에 대해 총괄계획을 수립하고자 한다. 주조방법이나 포장의 종류에 따라 여러 제품으로 나뉘지만 경영진에서는 이들을 하나의 제품군으로 하고 갤론(gallon)을 총괄척도로 채택하였다.

향후 12개월의 맥주 수요는 [그림 9-3]과 같이 예측되고 있다. 그림은 여름을 성수기로, 겨울을 비수기로 하는 맥주수요의 전형적인 패턴을 보여준다. 안암맥주의 경영진은 다음의 세 가지 총괄계획을 검토하고자 한다.

① **고정수준전략**(I) : 일정한 고용수준과 생산율을 유지하며 수요의 변동은 재고로 충당한다.

② **고정수준전략**(II): 일정한 고용수준과 생산율을 유지하되 6, 7, 8월의 성수기 동안은 고용수준의 20%에 해당하는 잔업을 통해 생산율을 조정한다.

③ **수요추적전략**: 신규채용과 해고를 통해 수요의 변동에 대응한다.

앞의 세 가지 전략을 평가하기 위해 다음과 같이 비용과 자원에 대한 자료가 제시되었다.

그림 9-3 안암맥주의 수요예측

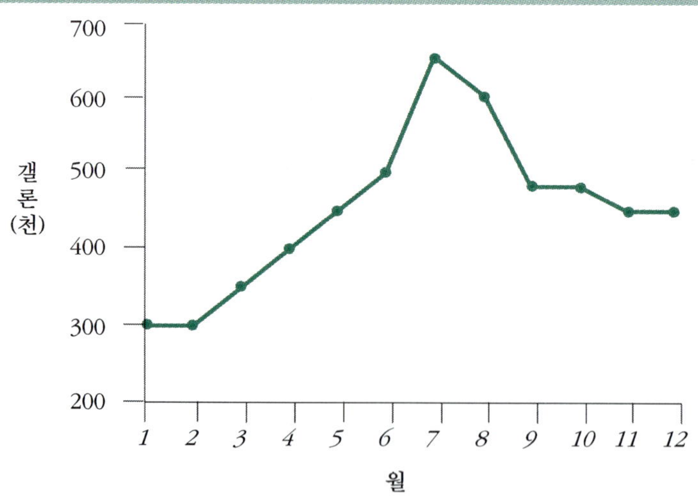

㉮ 각 종업원은 정규시간작업을 통해 매달 10,000갤론의 맥주를 생산할 수 있다. 잔업 중에도 동일한 생산율을 가정한다. 그러나 잔업은 6월에서 8월까지만 사용할 수 있다. 기초의 고용수준은 40명으로 가정한다.

㉯ 각 종업원의 월평균 정규임금은 100만원이다. 잔업은 정상임금의 150%를 지급받으며 정규시간의 20% 한도 내에서 할 수 있다.

㉰ 신규채용의 비용은 일인당 100만원, 해고비용은 200만원이다.

㉱ 맥주 생산비용은 갤론당 2,000원이며, 월 재고유지비용은 생산비용의 3%(또는 갤론당 월 60원)이다.

㉲ 기초재고는 50,000갤론이라고 가정하고, 12개월이 끝난 직후의 재고도 50,000갤론을 유지하는 것으로 한다. 모든 수요를 충족시켜야 하며, 품절은 허용하지 않는다.

[표 9-2]~[표 9-4]는 세 가지 전략에 의한 총괄계획과 각각의 계획에서 발생하는 정규고용, 신규채용/해고, 잔업, 그리고 재고의 모든 비용을 평가하여 요약하고 있다. 하청, 임시직, 품절 등은 이 예에서는 허용되지 않으므로 제외되었음을 유의하라.

첫 번째 대안을 평가하는 데 있어서 우선 결정하여야 할 것은 수요와 재고량에 대한 목표를 충족하기 위해 필요한 고용수준의 규모이다. 기초와 기말재고가 동일한 것으로 가정하므로 필요한 고용규모는 향후 1년 동안 총수요를 생산할 수 있는 수준이

표 9-2 고정수준전략(Ⅰ)

	1월	2월	3월	4월	5월	6월	7월	8월	9월	10월	11월	12월	계
자 원													
정규노동	45	45	45	45	45	45	45	45	45	45	45	45	
잔업(%)	—	—	—	—	—	—	—	—	—	—	—	—	
생산계획량(천)	450	450	450	450	450	450	450	450	450	450	450	450	5400
판매예측치(천)	300	300	350	400	450	500	650	600	475	475	450	450	5400
재고(월말) (천)	200	350	450	500	500	450	250	100	75	50	50	50	
비 용													
정규노동(백만원)	45	45	45	45	45	45	45	45	45	45	45	45	540.0
잔업(백만원)	—	—	—	—	—	—	—	—	—	—	—	—	
고용/해고(백만원)	5	—	—	—	—	—	—	—	—	—	—	—	5.0
재고(백만원)	12	21	27	30	30	27	15	6	4.5	3	3	3	181.5
총비용(백만원)	₩62	₩66	₩72	₩75	₩75	₩72	₩60	₩51	₩49.5	₩48	₩48	₩48	₩726.5

* 기초재고는 50,000갤론임.

면 된다. [표 9-2]의 월별 수요(판매예측치)를 모두 합하면 연간 수요는 총 5,400,000 갤론이 된다. 한 작업자의 연간 생산량은 120,000갤론(=10,000갤론×12개월)이므로, 45명(5,400,000/120,000)의 작업자가 필요하다는 계산이 나온다. 45명으로 고용수준을 운영할 때 월별 재고량과 관련비용은 [표 9-2]와 같이 계산될 수 있다.

두 번째 대안은 잔업이 사용될 수 있으므로 약간 더 복잡하다. 만일 Y명이 두 번째 대안을 위한 고용규모라면, 다음의 식이 성립하여야 한다.

$$9(10,000Y)+3[(1.2)(10,000Y)]=5,400,000$$

9개월간의 월생산량은 10,000Y갤론이며, 잔업이 사용되는 3개월 동안은 이 수량의 120%를 생산하게 된다. 위의 식을 Y에 대하여 풀면 $Y=43$명이라는 결과가 나온다. [표 9-2]는 43명의 종업원규모로 두 번째 대안을 적용할 때의 재고와 관련비용의 계산을 보여준다. [표 9-3]은 이 대안의 재고와 관련비용의 계산결과를 요약하고 있다.

세 번째 전략은 신규채용과 해고를 통해 수요의 변동에 대응하게 된다. 각 월의 수요로부터 해당 월의 종업원 규모를 구하게 된다. [표 9-4]는 대안 3의 기간별 종업원 수와 관련비용의 계산결과를 보여주는데, 이 경우 매월 50,000단위의 최소수준 재고를 유지하도록 계획이 수립되어 있음을 유의하라.

표 9-3 고정수준전략(II)

	1월	2월	3월	4월	5월	6월	7월	8월	9월	10월	11월	12월	계
자 원													
정규노동	43	43	43	43	43	43	43	43	43	43	43	43	
잔업(%)	—	—	—	—	—	20	20	20	—	—	—	—	
생산계획량	430	430	430	430	430	510	510	510	430	430	430	430	5400
판매예측치	300	300	350	400	450	500	650	600	475	475	450	450	5400
재고(월말)	180	310	390	420	400	410	270	180	135	90	70	50	
비 용													
정규노동	43	43	43	43	43	43	43	43	43	43	43	43	516.0
잔 업	—	—	—	—	—	12.0	12.0	12.0	—	—	—	—	36.0
고용/해고	3	—	—	—	—	—	—	—	—	—	—	—	3.0
재 고	10.8	18.6	23.4	25.2	24.0	24.6	16.2	10.8	8.1	5.4	4.2	3.0	174.3
총비용	₩56.8	₩61.6	₩66.4	₩68.2	₩67.0	₩79.6	₩71.2	₩65.8	₩51.1	₩48.4	₩47.2	₩46.0	₩729.3

* 기초재고는 50,000갤론임.

표 9-4 수요추적전략

	1월	2월	3월	4월	5월	6월	7월	8월	9월	10월	11월	12월	계
자 원													
정규노동	30	30	35	40	45	50	65	60	48	48	45	45	
잔업(%)	—	—	—	—	—	—	—	—	—	—	—	—	
생산계획량	300	300	350	400	450	500	650	600	475	475	450	450	5400
판매예측치	300	300	350	400	450	500	650	600	475	475	450	450	5400
재고(월말)	50	50	50	50	50	50	50	50	50	50	50	50	
비 용													
정규노동	30	30	35	40	45	50	65	60	48	48	45	45	541
잔 업	—	—	—	—	—	—	—	—	—	—	—	—	—
고용/해고	20	—	5	5	5	5	15	10	24	—	6	—	95
재 고	3	3	3	3	3	3	3	3	3	3	3	3	36
총비용	₩53	₩33	₩43	₩48	₩53	₩58	₩83	₩73	₩75	₩51	₩54	₩48	₩672

* 기초재고는 50,000갤론임.

표 9-5 비용요약

고정수준전략(I)	
정규임금	₩540,000,000
고용/해고	5,000,000
재고유지	181,500,000
총 계	₩726,500,000
고정수준전략(II)	
정규임금	₩516,000,000
고용/해고	3,000,000
재고유지	36,000,000
잔 업	174,300,000
총 계	₩729,300,000
수요추적전략(III)	
정규임금	₩541,000,000
고용/해고	95,000,000
재고유지	36,000,000
총 계	₩672,000,000

[표 9-5]는 각 대안의 연간 비용을 정리하여 요약한 것이다. 본 예의 주어진 상황 하에서는 세 번째 대안이 최소비용 계획임을 알 수 있다. 그러나 대안 3의 내용을 보면 고용규모가 30명에서 65명의 사이에서 증감을 보이고 있다. 이와 같이 채용/해고를 통한 과도한 고용규모의 변동은 종업원의 사기를 저하할 뿐 아니라 노조의 결성을 야기해 장기적으로 더 큰 노동비용을 초래할 수도 있다. 이러한 문제를 완화시키기 위하여 고용수준을 성수기와 비수기로 나누어 차등화하는 이원적 고정수준전략을 고려할 수도 있다. 또한 위의 세 가지 전략의 혼합적인 형태를 다시 고려할 수도 있다. 이와 같이 시행착오법은 계획대안을 하나하나 나열해 가면서 만족할 만한 한 해를 찾아가는 것이다.

총괄계획을 작성할 때, 경우에 따라서는 [그림 9-4]와 같은 누적도표를 활용하는 것이 도움이 될 수 있다. 그림은 대안 1의 누적생산곡선과 누적수요곡선을 보여주는데 특정 시점에서 두 선의 차이는 그 시점의 재고량(생산곡선이 수요곡선의 위에 있을 때) 또는 부재고(수요곡선이 생산곡선의 위에 있을 때)를 표시한다. 이와 같은 그림표를 사용하면 시각적인 효과로 해서 보다 용이하게 제약조건을 만족시키는 계획시안을 도출할 수 있다.

그림 9-4 수요와 생산의 누적도표

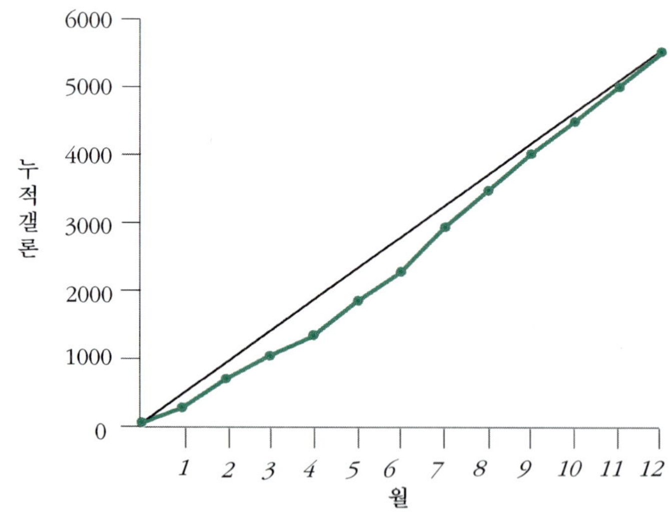

[예제 9. 1] 안암백화점은 시간제 근로자에 대해 다음 13주 동안의 고용계획을 수립하고자 한다. 이 백화점에서 시간제 근로자는 정식직원의 결손 시 그 업무를 대신한다. 시간제 근로자는 평상시에 주당 최고 20시간을 일할 수 있고, 업무량이 많은 경우 5시간까지 더 근무할 수 있다. 13주 동안의 기간별 시간제 근무자에 대한 수요는 다음과 같이 예측되며, 현재의 고용수준은 10명이다.

[표 1] 주별 인력수요 (단위: 명)

주	1	2	3	4	5	6	7	8	9	10	11	12	13	계
수 요	5	6	8	15	17	20	15	15	10	16	14	14	12	167

안암백화점의 인사담당자는 고정수준전략과 수요추적전략의 두 가지 전략대안을 고려하고 있다. 각 전략별로 구체적인 내용은 다음과 같다.

① 고정수준전략: 작업적체(backlog)나 하청에 의한 생산 없이 일정한 고용수준을 유지하고자 한다. 단축근무(under time)를 최소화하되 잔업은 수요의 변동에 따라 사용될 수 있다. 이 전략은 근로자로 하여금 고용에 대한 보장을 통해 생산성의 향상을 얻을 수 있다는 것이다.

② 수요추적전략: 이 전략은 기간별로 수요에 따라 고용수준을 조절한다. 하지만 잔업, 단축근무, 하청은 허용하지 않는다. 이 전략은 비용상 불리한 잔업의 사용을 없앨 수 있다는 장점이 있다.

안암백화점은 총괄생산계획을 수립하는 데 다음과 같은 제약조건을 가진다.

③ 물리적 제약: 교육능력의 한계로 기별 최대 신규고용인원은 10명 이하로 제한된다.

④ 정책적 제약: 작업대기는 허용되지 않는다. 즉 모든 업무는 당기에 처리된다. 주별 잔업시간은 정상근무시간(20시간)의 25%까지 허용된다.

안암백화점의 비용구조는 다음과 같다.

정규임금 = 주당 100,000원
잔업수당 = 정규임금의 150%
신규고용비용 = 1인당 120,000원
해고비용 = 1인당 200,000원

• 풀 이 •

1) 각 대안별로 계획시안을 수립한다.

① 고정수준전략: 업무대기나 하청을 사용할 수 없으므로, 수요가 가장 큰 6기를 기준으로 고용수준을 결정한다. 잔업이 가능하므로 1인당 최대 근로시간은 주당 25시간(= 20×1.25)이다. 6기의 수요 20은 정상근무시간인 20시간을 기준으로 하였으므로 16명(20/1.25)이면 해결될 수 있다. 그러므로 1주 초에 추가로 6명을 고용하여 이 수준을 계속 유지시킨다. 계획시안은 다음과 같다.

[표 2] 고정수준전략에 의한 생산계획

	계획기간													
	1	2	3	4	5	6	7	8	9	10	11	12	13	총 계
수 요	5	6	8	15	17	20	15	15	10	16	14	14	12	167
	16	16	16	16	16	16	16	16	16	16	16	16	16	208
신규고용	6													6
해 고														0
잔 업					1	4								5

② 수요추적전략: 이 전략에서는 매주 고용과 해고를 통해 수요와 고용수준을 일치시킨다. 그러므로 여러 주에 해고와 신규고용이 발생하게 되며, 계획시안은 다음과 같다.

[표 3] 수요추적전략에 의한 생산계획

	계획기간													
	1	2	3	4	5	6	7	8	9	10	11	12	13	총 계
수 요	5	6	8	15	17	20	15	15	10	16	14	14	12	167
	5	6	8	15	17	20	15	15	10	16	14	14	12	167
신규고용		1	2	7	2	3				6				21
해 고	5						5		5		2		2	19
잔 업														0

2) 두 전략의 비교: 다음의 표는 두 전략에 의해 수립된 생산계획을 비용 면에서 비교한다.

[표 4] 두 전략 간의 비교

	대 안	
	고정수준전략	수요추적전략
정규작업	208×100 = 20,800	167×100 = 16,700
잔 업	5×150 = 750	0
채 용	6×120 = 720	21×120 = 2,520
해 고	0	19×200 = 3,800
총 계	22,270(천원)	23,020

3) 두 계획 중 비용 면에서 우수한 계획(여기서는 고정수준전략)이 만족스러운 계획인가를 평가하여 만족스럽지 못하면 이 계획의 일부를 수정하여 재계획한 후 수정 전의 계획과 비교한다.

도표법

도표법은 선형계획법의 변형으로 바우만(E. H. Bowman)에 의해 처음 개발되었다. 도표법은 몇 가지 전제조건만 만족된다면, 주어진 제약조건에서 수요를 충족시키는 최소비용계획을 쉽게 도출할 수 있는 기법이다. 도표법에서 만족되어야 할 전제조건은 다음의 두 가지이다.

① 정규근로시간, 잔업, 하청, 재고/부재고 등에 의한 최대/최소 허용치와 관련 제반 비용 및 각 기별 수요예측치는 알려져 있다.

② 모든 비용은 제품의 수량과 선형관계를 갖는다.

이와 같은 가정 하에서 도표법은 계획기간 동안의 최적생산계획을 수립할 수 있다. 도표법을 사용하기 위해서는 먼저 계획기간에 대한 생산능력, 수요예측치, 기초재고수준, 각 기간별 비용에 대한 자료를 [표 9-6]과 같은 형태로 도표화한다. 표에서는 계획기간이 4기인 것으로 가정하고 있다.

[표 9-6]을 보면 두 개의 기간이 나타나는데, 종축의 기간은 공급을 위한 생산기간을 나타내고, 횡축의 기간은 각 기별 수요를 나타내기 위한 것이다. 첫 번째 행은 기초재고에 관련된 행으로, 기초재고는 계획기간의 모든 기의 수요를 충족시키기 위해 사용될 수 있다. 만일 20개의 기초재고가 존재하는데, 이를 2기의 수요를 충족시키기 위해 사용한다면 기초재고행의 2번째 기에 20을 기록하게 된다. 두 번째 행은 1기의 정규근무에 관한 계획이 기록되고, 3번째 행은 1기의 잔업에 의한 생산계획이, 4번째 행에는 1기의 하청에 의한 생산계획이 기록된다. 5-7행은 2기의 각 옵션별 계획이, 8-10행은 3기의 계획이 기록된다. 우측 끝의 두열은 각 계획기간별로 이용 가능한 총생산능력(맨 마지막 열)과 미사용 생산능력을 기록한다. 기초재고 행의 1기의 재고유지비용이 0인 것은 이 재고는 계획기간 이전에 발생한 비용이므로 계획기간 내에서 고려하지 않기 때문이다.

[표 9-6]은 각 칸의 우상 귀에 표시된 작은 박스에는 각 옵션의 사용비용이 기록된다. 예를 들면, 1기에 정규근무를 이용하여 생산하여 1기의 수요에 충당할 경우 비용은 r이 된다. 하지만 1기에 정규근무를 이용하여 생산한 것으로 2기의 수요를 충당하는 경우는 생산비용 r에 1기간의 재고 유지비용 h를 더하여 $r+h$가 된다.

표 9-6 수송기법을 이용한 도표(일반적인 형태)

		판매기간				미사용 생산능력	총 생산능력
		1	2	3	4		
생산기간	기초재고	0	h	$2h$	$3h$		I_0
1	정규작업	r	$r+h$	$r+2h$	$r+3h$		R_1
	잔　업	c	$c+h$	$c+2h$	$c+3h$		OT_1
	하　청	s	$s+h$	$s+2h$	$s+3h$		S_1
2	정규작업	X	r	$r+h$	$r+2h$		R_2
	잔　업	X	c	$c+h$	$c+2h$		OT_2
	하　청	X	s	$s+h$	$s+2h$		S_2
3	정규작업	X	X	r	$r+h$		R_3
	잔　업	X	X	c	$c+h$		OT_3
	하　청	X	X	s	$s+h$		S_3
4	정규작업	X	X	X	r		R_4
	잔　업	X	X	X	c		OT_4
	하　청	X	X	X	s		S_4
예측수요		D_1	D_2	D_3	D_4+I_4		

* h: 기별 단위당 재고유지비용
b: 기별 단위당 부재고 비용
r: 정상근무에 의한 생산 시 단위당 생산비용
c: 잔업에 의한 생산 시 단위당 생산비용
s: 하청에 의한 생산 시 단위당 생산비용
I_0 : 기초재고
R_t : t기의 정상근무에 의한 생산능력
OT_t : t기의 잔업에 의한 생산능력
S_t : t기의 하청에 의한 생산능력
D_t : t기의 예측수요

2기에 하청을 이용하여 생산해서 4기의 수요를 충당하면 단위비용이 얼마가 될까? 하청에 의한 생산비용 s에 2기간의 재고유지비용 $2h$를 더하여 $s+2h$가 된다. 유사하게 1기의 수요를 2기의 잔업으로 충족시킨다면, 그만큼의 부재고가 발생하게 되어 단위당 비용은 $c+b$가 된다. 모든 행에서 비용은 그 기간에 생산하여 그 기간의 수요를 충족시킬 때 가장 낮음을 알 수 있다. 그렇지 않은 경우에는 재고 또는 부재고의 비용이 들기 때문이다.

구체적인 계획수립과정은 다음과 같다.

① 각기의 총생산능력을 미사용 생산능력란에 옮겨 적는다.

② 기간 1로부터 시작해서 수요를 충족시키기 위한 최소비용 공급방법을 찾는다.

③ 선택된 공급방법의 란에 미사용 생산능력을 넘지 않는 범위 내에서 가능한 많은 양의 수요를 할당한다.

④ 할당된 수요를 미사용 생산능력으로부터 차감한다. 미사용 생산능력이 0이 되면 그 행은 최소비용의 고려 시 제외한다.

⑤ 당해기의 수요를 모두 충족시키지 못한 경우, 모든 수요를 충족시킬 때까지 과정 ②와 과정 ④를 반복한다.

⑥ 각 기에 대하여 과정 ②에서 ⑤를 반복한다.

[예제 9. 2] 안암기업은 전화기를 생산하는 업체로 다음 해의 네 분기에 대한 생산계획을 수립하고자 한다. 향후 1년간의 분기별 수요예측치는 다음과 같다.

[표 1] (단위: 대)

기 간	1/4	2/4	3/4	4/4	계
수 요	300	850	1,500	350	3,000

이 기업에 주어진 비용요소와 제약조건은 다음과 같다.

비용요소

h: 기별 단위당 재고유지비용 = 1,000원

r: 정상근무에 의한 생산 시 단위당 생산비용 = 10,000원

c: 잔업에 의한 생산 시 단위당 생산비용 = 15,000원

s: 하청에 의한 생산 시 단위당 생산비용 = 19,000원

제약조건

현재 보유재고는 250대이고, 연말의 기대보유재고로 300대를 유지하고자 한다. 각 분기별로 사용가능한 정규작업능력은 450, 450, 750, 450대이며, 초

과 근무는 정규작업시간의 20%를 초과하지 못하며, 하청에 의한 최대 공급량은 기별로 200대까지 가능하다. 부재고와 품절은 허용되지 않는다.

[표 2] 수송기법을 이용한 생산계획의 전개 예 (금액단위: 천원)

		판매기간				미사용 생산능력	총 생산능력
		1	2	3	4		
생산기간	기초재고	[0] 250	[1]	[2]	[3]	~~250~~ 0	250
1	정규작업	[10] 50	[11] 400	[12]	[13]	~~450~~ ~~400~~ 0	450
1	잔 업	[15]	[16]	[17] 90	[18]	~~90~~ 0	90
1	하 청	[19]	[20]	[21] 20	[22]	~~200~~ 180	200
2	정규작업	X	[10] 450	[11]	[12]	~~450~~ 0	450
2	잔 업	X	[15]	[16] 90	[17]	~~90~~ 0	90
2	하 청	X	[19]	[20] 200	[21]	~~200~~ 0	200
3	정규작업	X	X	[10] 750	[11]	~~750~~ 0	750
3	잔 업	X	X	[15] 150	[16]	~~150~~ 0	150
3	하 청	X	X	[19] 200	[20]	~~200~~ 0	200
4	정규작업	X	X	X	[10] 450	~~450~~ 0	450
4	잔 업	X	X	X	[15] 90	~~90~~ 0	90
4	하 청	X	X	X	[19] 110	~~200~~ 90	200
예측수요		300	850	1,500	650	270	3,750

• 풀 이 •

계획의 수립과정은 다음과 같다.

1) 먼저 각 칸의 우측상단에 해당 비용요소들을 기입한다. 부재고가 허용되지 않으므로 좌측 하단의 칸들은 고려할 필요가 없으므로 X표를 하였다. 기별 생산능력을 미사용 생산능력란으로 옮겨 적는다. 총생산능력과 총수요의 차이가 270임을 확인할 수 있다. 이는 모든 수요를 다 충족시킨 후에도 270대분의 생산능력이 미사용분으로 남는다는 것을 의미한다. 또 4기의 수요를 650대로 기록한 것은 4기의 예측치 350대에 4기 말 보유해야 할 재고 300대를 더하여 기록한 것이다.

2) 각 분기별로 앞에서 설명한 ②~⑤의 과정을 수행한다. 1기에서 보유재고를 수요충족에 사용할 경우 비용이 0이므로 가장 우선적으로 최대한 할당하였고 나머지 50대의 수요는 정규작업을 통하여 공급한다. 각 대안별로 계획치를 할당한 후 미사용 생산능력으로부터 차감한다. 결과는 [표 2]에 요약되어 있다.

3) 총비용의 계산은 각 칸에 기입된 계획치에 비용을 곱한 것들의 합으로 계산될 수 있다. 계산해 보면 38,280,000원이 소요됨을 알 수 있다.

이상의 과정에 의해 수립된 생산요소별 생산계획을 정리하면 다음과 같다.

[표 3] 생산요소별 생산계획

기 간	정규작업	잔 업	하 청	기말재고
1	450	90	20	510
2	450	90	200	400
3	750	150	200	0
4	450	90	110	300

9.3 주생산일정

주생산일정(master production schedule, *MPS*)이란 *MPS* 품목에 대한 생산일정표이다. 여기에서 *MPS* 품목이란 주생산일정의 계획 대상품목으로서, 기업에 따라 상이하며 주로 완제품을 가리키나 때로는 제품의 모듈이나 반제품, 사양품목을 의미하기도 한다. 주생산일정의 계획기간은 보통 3개월에서 6개월이며, 계획기간 내의 시간단위는 일주일이 일반적이다.

이러한 특성을 가진 주생산일정은 네 가지 중요한 기능을 가진다.

① *MPS* 품목에 대한 구매주문 및 생산을 계획한다. *MPS*는 어떤 *MPS* 품목이 언제 얼마나 주문 또는 생산되는지를 보여준다.

② 자재소요계획의 주요 투입자료이다. 자재소요계획은 *MPS*에 근거하여 반제품, 부품, 원재료 등 하위품목의 주문시기 및 수량을 결정하게 된다.

③ 개략적 능력소요계획을 통하여 인력, 기계, 동력 등 생산자원의 필요량을 결정하는 기초자료로 사용된다. 총괄계획은 총괄적인 단위를 다루기 때문에 개별품목의 생산계획인 *MPS*가 보다 정확한 능력소요 분석의 기초를 제공할 수 있다.

④ *MPS*는 고객에게 물품의 인도를 사전에 약정할 수 있는 근거자료로 활용될

수 있다. 생산이 계획된 제품을 고객의 실제주문에 할당하는 것에 의하여 어떤 제품이 언제 얼마나 약정되어 있는지를 추적할 수 있고, 약정되지 않은 수량에 대하여 주문약정을 할 수 있게 된다.

[그림 9-5]는 주생산일정과 연관된 주변활동들을 보여준다. 그림에 나타난 각 활동에 대해서는 앞 장에서 간략하게 설명하였으므로 여기서는 총괄계획과 주생산일정간의 관계에 대하여 주로 살펴보기로 하자.

그림 9-5 *MPS*와 주변계획활동

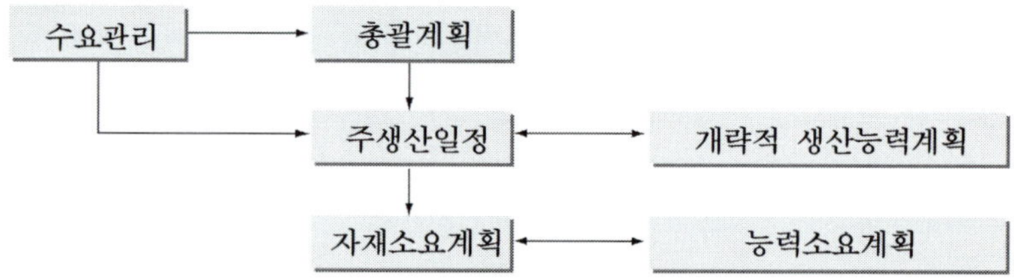

총괄계획(aggregate planning)이란 기업의 전략적 사업계획을 성취하기 위한 제조부문의 역할을 반영하는 것으로 주로 총괄적인 산출량 또는 투입량에 의하여 명시된다. 어떤 기업에서는 회사 전체의 월별 또는 분기별 매출액으로 명시되기도 하고, 또 어떤 기업에서는 공장별 또는 주요 제품군별로 부피나 무게에 의하여 명시되기도 한다. 총괄계획을 달성하기 위해서는 *MPS*와 밀접한 연계관계를 유지하여, 품목별 *MPS*의 합이 총괄계획과 일치하도록 하여야 한다. 이런 의미에서 총괄계획은 *MPS*의 주요 투입자료이며 또한 주요 제약 여건이기도 하다. 총괄계획과 *MPS*의 제약적 연관관계는 [표 9-7]에서 쉽게 관찰할 수 있다.

[표 9-7]에서 천공기는 총괄계획 수립을 위하여 사용되는 제품군의 이름인데, 천공기의 월별 총괄계획이 주생산일정을 수립하면서 개별완제품(1/4인치 드릴과 3/8인치 드릴)의 주별 계획으로 세분화되어 있음을 볼 수 있다. 1월 중 각 천공기의 주별 *MPS*의 합은 같은 기간의 총괄계획과 일치하며, 2월과 3월의 총괄계획량도 유사하게 세분화되어진다.

표 9-7 총괄계획과 *MPS*와의 관계

천공기의 총괄계획

1월	2월	3월
1,200	1,500	1,400

주생산일정(1월분)

	1주	2주	3주	4주	합계
1/4인치	200	300	250	100	850
3/8인치	100	50	150	50	350

9.3.1 주생산일정의 수립

본 절에서는 주생산일정을 수립하는 과정을 논하기로 한다. 편의상 주생산일정을 수립하는 과정을 기대보유재고(projected on-hand inventory)의 계산, *MPS*의 수량과 시기의 결정, 그리고 가용주문약정량(available-to-promise, *ATP*)의 계산으로 나누었다.

기대보유재고의 계산대보유재고(projected on-hand inventory)란 매 기말에 기업이 보유할 것으로 기대되는 재고의 양을 말하는데, 수식적으로는 다음과 같이 나타낼 수 있다.

$$I_t = I_{t-1} + MPS_t - \max(F_t, O_t) \qquad (1)$$

$I_t = t$기 말의 기대보유재고
$MPS_t = t$기의 생산량
$F_t = t$기의 예측 수요치
$O_t = t$기의 실제 고객주문량(t기를 납기로 하는 실제 고객 주문)

위 식에서 보이듯이 t기 말의 기대보유재고(I_t)는 전기에서 이월된 재고(I_{t-1})와 t기 중에 완료된 생산량(*MPS* 수량)에서 t기 중의 수요를 감한 것이다. 주생산일정을 수립하는 계획 시점을 현재로 할 때, t기의 실제 수요는 예측된 수요치(F_t)와 일치할 수도 있고, 현재까지 기장된 t기의 실제 고객 주문량(O_t)일 수도 있으며, 또 그 외의 다른 수치일 수도 있다. 그러나 기대보유재고를 계산할 때 주로 사용되는 관행은 F_t

와 O_t 중의 큰 수를 t기의 수요로 하여 I_t를 계산하는 것이다. [표 9-8]은 특정 모델의 선풍기를 생산하는 기업의 두 달치 주 생산일정을 보여준다. 이 기업은 3월과 4월 중의 선풍기 수요가 각기 80과 160단위이며, 월 중 고르게 분포할 것으로 예측하고 있다([표 9-8]의 예측수요 행 참조).

표 9-8 기대보유재고의 계산

기 간		3월				4월			
		1주	2주	3주	4주	1주	2주	3주	4주
예측수요		20	20	20	20	40	40	40	40
주문량		23	15	8	4	0	0	0	0
기대보유재고	45	22	2	−18					
MPS 수량									

두 번째 행인 실제주문 행은 계획을 수립하고 있는 현재 시점까지 기장된 실제 고객주문의 기간별 선적약정량을 나타낸다. 3월 첫 주의 실제 고객주문은 예측수요를 초과하나, 그 이후 점차 감소하여 계획시점 현재 4월 중 선적을 위하여 기장된 고객주문은 없다. 현 시점을 0주 말이라 할 때, [표 9-8]의 기대보유재고 행을 보면 0주 말의 기대보유재고가 45임을 알 수 있다. *MPS* 수량을 0으로 놓고 식 (1)을 이용하여 계산할 때, 우리는 아래 표에서와 같은 각 주별 기말 기대보유재고를 얻을 수 있다. 세 번째 주의 기대보유재고는 음수이다. 따라서 적당량의 물품이 3주 초까지 조달되지 않는다면 세 번째 주에 보이는 음수의 재고(−18)만큼 품절이 발생할 수 있다. 즉, 3주의 부재고는 적당량의 *MPS*가 계획되어야 함을 의미한다.

MPS 수량의 시기와 규모의 결정

주생산일정 수립 시 유의할 사항은 기대보유재고의 값이 음수가 되지 않도록 하는 것이다. *MPS* 계획자는 앞에서 본 바와 같이 일단 *MPS* 수량을 0으로 놓고 기대보유재고를 계산하다가, 기대보유재고가 음수가 될 때마다 적당량의 *MPS* 수량을 계획함으로써 0 또는 그 이상의 기대보유재고를 항시 유지할 수 있다. [표 9-9]는 [표 9-8]의 연속으로 로트 크기를 80으로 할 때의 *MPS*를 보여준다. 마지막 행인 가용주문약정량(*ATP*)은 다음 절에서 설명하기로 한다.

표 9-9 *MPS* 수량의 결정

기 간		3월				4월			
		1주	2주	3주	4주	1주	2주	3주	4주
예측수요		20	20	20	20	40	40	40	40
주문량		23	15	8	4	0	0	0	0
기대보유재고	45	22	2	62	42	2	42	2	42
MPS 수량		0	0	80	0	0	80	0	80
가용주문약정		7		68			80		80

가용주문약정량의 계산

많은 거래의 경우, 고객은 즉각적인 인도보다는 미래의 어느 시점에서 물품이 조달되도록 주문을 하게 된다. 주문약정량이란 공급기업이 미래의 특정 시점에 대해 선적을 약속할 수 있는 완제품의 수량을 말하는데, 기업은 주생산일정표 상에 기간별 가용주문약정량을 기록, 유지함으로써 고객의 주문에 대한 인도 선적일을 효과적으로 결정할 수 있다. 가용주문약정량을 계산하는 방법은 기업에 따라 또는 관행에 따라 조금씩 다를 수 있으나 많이 사용하는 방법은 다음과 같다.

$$ATP_t = (I_{t-1} + MPS_t) - \sum_{i=t}^{t^*-1} O_i$$

ATP_t = t기를 납기로 하여 선적의 약정이 가능한 물량 수량,
I_{t-1} = 기초 재고로서 1기를 제외한 다른 모든 기에 대하여 이 값은 0으로 놓는다.
MPS_t = t기 중의 *MPS* 수량
t^* = t기 이후에 최초로 *MPS* 수량이 0보다 큰 시점
O_i = i 기에 선적이 약정된 실제 수요량

t기에 약정할 수 있는 수량은 1기일 경우에는 기초재고와 1기의 *MPS* 수량을 더한 값에 다음 *MPS* 수량이 설정되는 기의 바로 전 기까지 기장된 모든 실제 수요를 뺀 값이며, 2기 이후에는 기대보유재고를 고려하지 않고 단지 그 기의 *MPS* 수량에서 다음 번 *MPS* 수량이 설정되는 기의 바로 전까지 기장된 모든 실제 수요를 뺀 값을 말한다. 유의할 사항은 가용주문약정량은 첫 번째기 또는 *MPS* 수량이 0보다 큰 기에만 계산되며, 첫 번째기 이외에는 *ATP* 계산시 기대보유재고의 양을 전혀 고려하지 않는다는 것이다.

[표 9-9]에서 보이는 1주와 3주의 ATP는 다음과 같이 계산된다.

$$
\begin{aligned}
ATP_1 &= \text{기초재고} + MPS_1 - (\text{2주까지의 실제수요}) \\
&= 45 + 0 - (23 + 15) \\
&= 7 \\
ATP_3 &= MPS_3 - (\text{3주에서 5까지의 실제수요}) \\
&= 80 - (8 + 4 + 0) \\
&= 68
\end{aligned}
$$

1주의 ATP는 1주나 2주 중의 어느 시점을 납기일로 하여 7단위에 대한 고객 주문을 추가적으로 약정할 수 있음을 의미하며, 3주의 ATP도 마찬가지로 3주에서 5주 사이에 68단위에 대해 추가적으로 허용할 수 있는 주문약정 수량을 의미한다. 6주 이후에 대하여 기장된 실제 주문은 아직 없으므로 6주와 8주의 MPS 수량은 모두 주문약정이 허용되는 수량이다. 제조부문과 판매부서와의 연결고리로서 역할을 좀더 관찰하기 위하여 다음 예를 들어 보기로 하자. [표 9-10]은 [표 9-9]의 MPS가 설정된 직후 0주 중에 접수한 고객주문을 접수 순서대로 요약하고 있다.

표 9-10 고객 주문자료

주 문	수 량	납 기
1	5	2주
2	38	5주
3	24	3주
4	15	4주

[표 9-10]에서와 같이 새로운 주문이 접수되면 판매부서는 그 주문이 접수되는대로 주문 수락의 가부를 결정하여야 한다. 첫 번째의 주문은 그 납기가 2주이고 1주와 2주 사이에 허용된 주문약정량(ATP_1)보다 작으므로 주문을 수락할 수 있으며, 주문 수락과 동시에 ATP_1은 2로 수정되어야 한다. 두 번째와 세 번째 주문도 그 합이 ATP_3을 초과하지 않으므로 주문을 고객의 지시대로 수락할 수 있다. 이들의 주문기장과 동시에 ATP_3은 6단위(=68−62)로 감소, 조정된다. 그러나 이제 네 번째 주문은 3주에서 4주 사이에 허용된 주문약정량 6단위를 초과하기 때문에 다음 중의 적절한 조치가 요구된다.

— 주문의 거절
— *MPS*의 수정
— 분할 선적(4주에 6단위, 6주에 9단위)
— 선적 기일의 변경(4주에서 6주로)

[표 9-10]의 예에서 처음 세 개의 주문만을 수용하고 네 번째 주문은 기각했다고 하자. [표 9-11]은 이들 거래의 결과를 반영한 수정된 주생산일정표이다.

표 9-11 *MPS*의 수정

기 간		3월				4월			
		1주	2주	3주	4주	5주	6주	7주	8주
예측수요		20	20	20	20	40	40	40	40
주문량		23	20	32	4	38	0	0	0
기대보유재고	45	22	2	50	30	−10	30	−10	30
MPS 수량		0	0	80	0	0	80	0	80
ATP		2		6			80		80

[표 9-11]로부터 우리는 실제수요, 기대보유재고, 그리고 가용주문약정량의 세 행에 변화가 발생하였음을 볼 수 있다. 특히 5주와 7주에서 음수의 기대보유재고가 관찰된다. 이제 여기서 우리에게 제기되는 의문점은 과연 *MPS* 작성자가 이들 음의 기대보유재고를 어떻게 처리하는가이다.

처음 5주 동안의 총예측수요는 120단위이다. 그러나 이들 120단위의 예측수요 중 단지 117단위만이 현시점에서 실제수요로 기장되었다. 반면에 동기간 중의 총공급은 기초재고 45단위와 3기 중에 생산 완료될 80단위의 선풍기를 합쳐서 총 125단위이다. 이 기간 중 총공급과 총실제수요와의 차이는 8단위이며, 이는 1주와 5주 사이에 추가적으로 선적을 약정할 수 있는 고객주문은 8단위인 것을 의미하며, 이는 1주와 3주의 가용주문약정량으로 기록되고 있다. 만일 앞으로 발생할 1주와 5주 사이의 추가적인 실제수요가 8단위 이하라면 5주 말에 관찰되는 10단위의 음의 재고는 전혀 문제가 되지 않을 것이다. 그러나 4주와 5주의 실제수요가 동기간의 예측수요와 일치하게 되면, 즉 4주를 납기로 하여 16단위, 그리고 5주를 납기로 하여 2단위의 추가적인 실제수요가 발생한다면, 다섯 주의 총품절량은 10단위가 될 것이다. [표 9-11]로부터 우리는 다음의 두 가지 교훈을 얻는다.

첫째는 만일 판매부서가 주생산일정표에 기재된 가용주문약정량을 초과하여 주문기장을 하지 않는다면, 그리고 *MPS* 수량이 계획대로 적시에 도달한다면, 기업이 고객에게 약정한 납기를 위배하는 일은 절대로 발생하지 않을 것이다. 그 이유는 *ATP*가 공급(*MPS* 수량)과 실제수요와의 차이에 의해서 계산되기 때문이다.

둘째로 기대보유재고를 계산할 때 사용되는 수요는 예측수요와 실제수요 중의 큰 수를 취하기 때문에 기대보유재고가 음수라 하더라도 항상 품절을 유발시키지는 않는다는 것이다.

[예제 9. 3] 다음의 표는 한 품목의 *MPS* 기록표이다. 0주 말의 재고가 5단위이고, 로트크기는 50단위라고 할 때, 다음의 질문에 답하라.

(a) 기대보유재고, *MPS* 수량, 그리고 가용주문약정량(*ATP*)을 결정하시오.

기 간		주 별									
		1주	2	3	4	5	6	7	8	9	10
예측수요		20	10	40	10	0	0	40	20	30	10
주문량		30	20	5	8	0	0	0	0	0	0
기대보유재고	5	25	5	−35							
MPS 수량		50									
ATP		5									

(b) 다음과 같이 연속적으로 3개의 주문이 도착되었다. 이 주문들을 수락할 수 있는가? 만일 그렇다면 (a)에서 만들어진 *MPS* 기록표는 어떻게 수정되어야 하는가? 필요하다면 분할 선적도 가능하다.

주 문	수량(개)	납 기
1	15	6주
2	4	2주
3	32	3주

• 풀 이 •

(a) [표 1]은 완성된 *MPS* 기록표를 보여준다. 기대보유재고가 음수가 되지 않도록 하여 *MPS* 수량을 결정하면 1주의 *MPS* 수량 외에 3주, 7주, 그리고 8주에 *MPS* 수량이 필요하게 될 것이다. [표 2]에서 보여지는 1주와 3주의 *ATP*는 다음과 같이 계산된다.

$$ATP_1 = \text{기초재고} + MPS_1 - (\text{2주까지의 실제수요})$$
$$= 5 + 50 - (30 + 20)$$
$$= 5$$

$$ATP_3 = MPS_3 - (\text{3주에서 6주까지의 실제수요}) = 50-(5+8+0+0) = 37$$

7주 이후에는 실제 주문이 없으므로 *MPS* 수량이 바로 해당 기의 *ATP* 수량이 된다.

(b) 새로운 주문이 접수되면 판매부서는 그 주문이 접수되는대로 주문 수락의 가부를 결정하여야 한다. 첫 번째의 주문은 그 납기가 6주이고 3주와 6주 사이에 허용된 주문약정량(ATP_3)보다 작으므로 주문을 수락할 수 있으며 주문 수락과 동시에 ATP_3은 22로 수정되어야 한다. 2번째 주문도 ATP_1을 초과하지 않으므로 주문을 고객의 지시대로 수락할 수 있다. 그리고 ATP_1은 1로 감소, 조정된다. 그러나 세 번째 주문은 ATP_3(=22)을 초과하므로 한 번에 충족시킬 수는 없고, 3주에 23개(=1+22)와 7주에 9개로 나누어 분할선적을 약정할 수 있다. 이에 따라 ATP_1과 ATP_3은 0이 되고, 7주의 *ATP*는 41로 감소한다. 그리고 이들 주문을 수락함에 따라 각 기의 실제 주문량과 기대보유재고도 적절히 수정한다. 접수된 주문을 반영한 개선된 *MPS* 기록이 [표 2]에 나타나 있다. 이 계획의 뒷부분은 음의 재고를 나타낸다. 따라서 수요예측의 정확성 여부를 확인하여야 한다. 만약 3, 4주의 수요예측이나 7주에서 10주 사이의 수요예측이 유효하다면 추가적인 *MPS* 수량을 계획할 수도 있다.

[표 1] 완성된 *MPS*기록표

기 간		주 별									
		1주	2	3	4	5	6	7	8	9	10
예측수요		20	10	40	10	0	0	40	20	30	10
주문량		30	20	5	8	0	0	0	0	0	0
기대보유재고	5	25	5	15	5	5	5	15	45	15	5
MPS 수량		50		50				50	50		
ATP		5		37				50	50		

[표 2] 수정된 *MPS*기록표

기 간		주 별									
		1주	2	3	4	5	6	7	8	9	10
예측수요		20	10	40	10	0	0	40	20	30	10
주문량		30	24	28	8	0	15	9	0	0	0
기대보유재고	5	25	1	11	1	1	-14	-4	26	-4	-14
MPS 수량		50		50				50	50		
ATP		0		0				41	50		

주생산일정의 동결

생산계획을 수립할 때 강조되어야할 중요한 사항은, 계획이라고 하는 것이 책상 서랍에 보관하고 있다가 1년에 한 번씩 꺼내서 행하는 그런 연중행사가 아니라는 것이다. 계획이란 마치 [그림 9-6]에서와 같이 끊임없이 두루마리를 회전시켜 가는 것과 같은 지속적인 활동인 것이다. 시간이 흐름에 따라 두루마리의 왼쪽은 감겨 사라지고, 오른편은 펼쳐져 나타나는 것과 같이 새로운 자료가 투입됨에 따라 이것을 반영하도록 *MPS*의 수정 및 재계획이 지속되어 간다.

수요예측의 속성상 가까운 장래의 수요예측이 먼 장래의 수요예측보다 더 정확할 것이다. 그러므로 현 시점이 주생산일정이라고 하는 두루마리의 오른쪽으로 이동함에 따라 보다 정확한 수요예측이 가능하고, 이에 따라 *MPS*의 수정이 불가피하다. 총괄계획과 *MPS*의 연계관계를 유지하기 위하여 총괄계획도 유사한 방법으로 수정되며 어느 한쪽의 변화는 다른 쪽의 균형적 변화를 유발한다.

그림 9-6 ***MPS*의 두루마리식 작성**

	1	2	3	4	5	6	7	……			
품목 1	40	30	30	30	40	50	40				
품목 2	20	20	40	40	40	50	50				
품목 3	30	50	40	40	30	30	40				
품목 4	60	100	100	60	80	80	70				

←— 동 결 —→ ←— 일부수정가능 —→ ←— 수정가능 —→

그러나 너무 빈번한 계획의 수정은 바람직스럽지 못하다. 예를 들어 주어진 생산계획을 실행하기 위해 이미 필요한 종업원이 고용되고 자재가 구입되었다면, 계획의 수정은 유휴 노동력이나 미사용 자재에 대한 재고의 증가를 초래할 수 있다. 그래서 많은 기업은 일단 *MPS*가 작성되면 [그림 9-6]에서와 같이 처음 수주 또는 한두 달의 계획은 동결시키고 그 기간 내에서는 계획의 변화를 허용하지 않는다. 계획을 수립하는 데는 두 가지의 요인—현실성과 안정성—을 고려하여야 한다. 즉, 계획은 현실을 정확하게 반영하여야 한다. 그러나 계획의 현실성에 너무 치중하다 보면, 계획의 안정성이 저하된다. 아무리 현실을 정확하게 반영하는 계획이라도 그것이 수시로 변경된다면, 그 계획을 믿고 추진할 수가 없게 된다. 훌륭한 계획은 현실성과 안정성의 균형적 조화에 달려 있다고 할 수 있다. 그러므로 *MPS* 작성자는 두루마리식의 *MPS* 작성에 의하여 변화하는 수요에 유동적으로 대응하여야 하며, 또한 적절한 동결기간을 설정하여 *MPS*의 안정성을 유지하여야 한다.

9.3.2 개략적 생산능력계획

개략적 생산능력계획(rough-cut capacity planning, *RCCP*)이란 주생산일정에 의해 요구되는 생산능력 소요량을 측정하고 주요 작업장의 가용 생산능력과 비교하여 주어진 *MPS*의 실현 가능성을 개략적으로 분석하는 작업을 말한다. *RCCP*의 "개략적"이 의미하는 것은 *RCCP*가 뒤에서 논할 생산능력소요계획(capacity requirements planning, *CRP*)에 비하여 단순한 자료를 사용하며, 단지 몇몇 주요 병목작업장에 대하여만 생산능력의 분석을 행한다는 것이다. 병목작업장이란 같은 생산라인에 있는 타 작업장에 비하여 열등한 생산능력을 가진 작업장으로써, 이 작업장에 대한 생산능력의 소요량이 생산능력의 가용량을 빈번히 초과하는 작업장을 말한다. 생산라인의 산출을 최대화하기 위하여 관리자는 이들 병목작업장의 생산능력을 최대한 활용하도록 집중 관리하여야 한다. [그림 9-7]은 3개의 작업장으로 형성된 생산라인을 보여준다.

그림 9-7 세 개의 작업장으로 형성된 생산라인

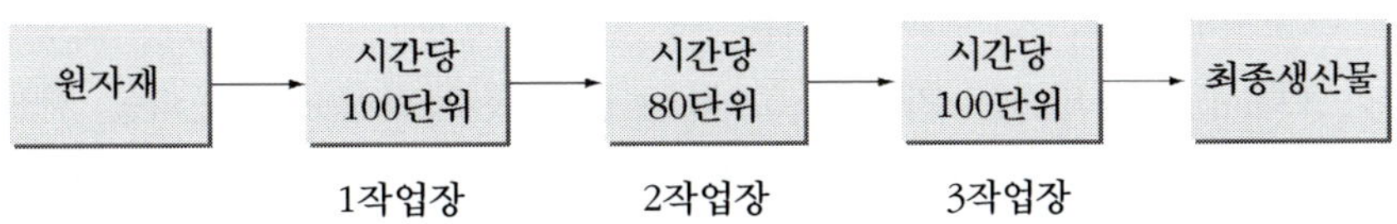

이 생산라인에서 생산되는 제품의 시장수요가 시간당 90단위라고 가정하자. 1작업장과 3작업장은 시간당 100단위를 생산할 수 있으나 이 생산라인의 시간당 산출률은 80단위로 병목작업장의 생산능력에 의하여 좌우된다. 이 생산라인에서 1작업장과 3작업장은 초과 생산능력을 보유하기 때문에 어느 정도의 생산능력 유실은 생산라인

의 생산성에 영향을 미치지 않는다. 그러나 2작업장이 1단위에 해당하는 생산능력을 유실한다면, 이는 곧 전체 생산라인이 1단위 생산능력을 유실하는 것과 동일한 효과이다. 그러므로 병목작업장에 대한 집중적인 관리는 필수적이며 *MPS* 단계에서는 병목작업장만을 고려하여 *MPS*의 실현 가능성을 검토하는 것이다. *RCCP*에는 여러 가지 방법이 있으나 본 절에서는 비율법만을 설명하기로 한다. 비율법이란 개략적 생산능력계획의 가장 단순한 방법으로써 각 완제품의 표준노동 또는 기계시간을 이용하여 주어진 *MPS*의 총소요생산능력을 산정하고, 이를 다시 역사적 작업비율에 따라 각 작업장에 분배하는 방법이다. [표 9-12]는 비율법의 개념을 설명하기 위하여 사용될 두 완제품의 *MPS*와 각 완제품 생산에 소요되는 총 직접노동시간을 나타내는 노동시간 표준치를 요약하고 있다.

표 9-12 *MPS*와 표준노동시간

(a)

주		1	2	3	4	5	6	7	8	9	10	11	12
MPS 수량	A	40	40	40	45	45	45	40	40	40	35	35	35
	B	20	20	20	17	17	17	23	23	23	26	26	26

(b)

제 품	단위당 평균노동시간
A	0.95시간
B	1.85시간

비율법의 첫 번째 단계는 [표 9-12] (b)에 나타나 있는 노동시간 표준치를 이용하여 주어진 *MPS*가 필요로 하는 공장 전체적인 생산능력을 계산하는 것이다. 표준노동시간에 대하여 100%의 생산성을 가정할 때, [표 9-13]의 세 번째 열에서 보이는 바와 같이 1주의 총직접노동소요시간은 75.00(=40(0.95)+20(1.85))시간이며, 그 이후의 수치도 유사하게 계산할 수 있다(적절한 수치를 계산하여 [표 10-13]의 빈칸을 채우시오).

표 9-13 비율법에 의한 소요생산능력

작업장	역사적 작업비율	1	2	3	4	5	6	7	8	9	10	11	12
갑 을 병	0.60 0.30 0.10	45 22.5 7.5											
총소요생산능력	1.00	75											

비율법의 두 번째 단계는 1단계에서 계산된 기간별 총소요생산능력을 역사적 비율에 따라 작업장별로 분배하는 것이다. 작년도의 생산 및 회계자료를 분석한 결과 갑, 을, 그리고 병의 세 작업장이 병목작업장으로 나타났다. 그리고 두 제품의 작년도 총작업시간에 대한 갑, 을, 병 세 작업장의 작업비율은 각각 60%, 30%, 그리고 10%였다고 가정하자. 비율법은 이와 같이 과거 자료에 의하여 얻어진 이들 작업비율에 따라 각 작업장에 예상되는 직접노동시간을 산정한다. [표 9-13]은 이러한 과거의 작업비율을 적용하여 계산된 작업장별 직접노동시간을 보여준다. 1주의 경우 [표 9-13]의 *MPS*로부터 예상되는 각 작업장의 직접노동시간은 다음과 같다.

1. 작업장의 예상 직접노동시간=75×0.60=45시간
2. 작업장의 예상 직접노동시간=75×0.30=22.5시간
3. 작업장의 예상 직접노동시간=75×0.10=7.5시간

[표 9-13]에서와 같은 예상소요생산능력이 산정되면, 관리자는 이를 총괄계획에서 허용된 가용 생산능력과 비교하여 주어진 *MPS*의 실현가능성을 검토하게 된다. 예상소요생산능력이 허용된 정규작업과 조업시간의 범위 내에 있고 기타 선적 납기나 재무적 측면을 고려하여 적절하다면 관리자는 제시된 *MPS*를 결재하게 되며, 결재된 *MPS*는 다시 자재소요계획으로 투입되어 원자재와 부품의 시차별 소요량을 계산하는데 사용된다. 그러나 만일 위의 제 조건이 맞지 않는다면 *MPS* 작성자는 일차적으로 고객과의 타협에 의한 선적기일의 변경 또는 취소나 *MPS* 수량의 조정을 통하여 *MPS*의 수정을 기하게 된다. 그리고 *RCCP*를 통하여 수정된 *MPS*의 실현가능성을 다시 검토하게 된다.

비율법은 투입자료가 단순하고 계산절차가 간편하여 실무에서 많이 활용하고 있다. 그러나 비율법은 각 작업장별로 소요생산능력을 분배하기 위하여 역사적 작업비

율을 사용하기 때문에 비율법에 의해 산정된 작업장별 생산능력소요량은 과거의 제품믹스가 미래에도 지속된다는 가정 하에서만 유효하게 사용될 수 있다. 그러므로 비율법은 기간별 제품믹스가 불안정한 수요를 가지는 기업에서 사용하기는 부적절하다.

9.3.3 *MPS*의 환경

*MPS*의 제 환경은 *MPS*의 작성에 중대한 영향을 미친다. *MPS*는 총괄계획에 반영된 기업전략을 제조부문의 세부계획인 자재소요계획과 일정계획(scheduling)에 전달하는 역할을 한다. 기업전략의 선택에 따라 재고를 어떤 형태(원자재, 조립품, 완제품 등)로 유지할 것인가가 결정되며, *MPS* 계획자는 이에 따라 적절한 *MPS* 단위를 결정하여야 한다. *MPS* 환경은 기업이 전략적으로 보유하려고 하는 주요 재고의 형태에 따라 ① 재고형 생산(make-to-stock), ② 주문식 생산(make-to-order), 그리고 ③ 주문식 조립(assemble-to-order)의 세 가지로 나뉜다.

재고형 생산 재고형 생산은 기계배치가 제품 위주인 기업에서 주로 사용되는 생산형태이며, 제품 위주의 설비배치전략은 소수의 표준품 소비재를 생산하는 기업에 적절한 기업전략이다. 이들 제품 위주의 설비배치형 기업은 주로 수요예측(실제 고객주문이 아닌)에 따라 생산하며, 즉각적인 조달이 필수적이므로 완제품의 형태로 재고를 유지하는데, 이와 같은 형태의 생산방식을 재고형 생산이라 한다. 재고형 생산 하에서 주로 선정되는 *MPS* 단위는 최종 완제품이며, 따라서 *MPS*는 각 개별 완제품이 언제, 얼마나 생산될지를 나타낸다. [그림 9-8]은 재고형 생산이 다수의 원자재로부터 소수의 표준품 소비재를 생산하는 형태임을 나타내고 있다.

그림 9-8 *MPS*의 환경

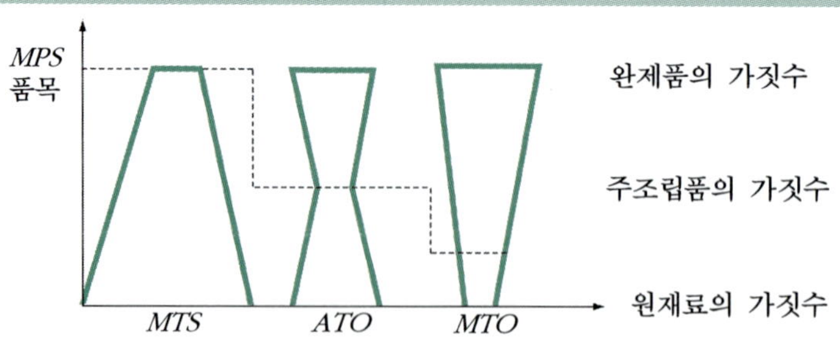

주문식 생산 주문식 생산이란 완제품 재고를 거의 보유하지 않고 고객의 주문을 받은 후 제품을 생산하는 방식인데, 프로세스 위주의 기계배치를 하는 기업에서 주로 적용하고 있다. 주문식 생산은 고객의 제품명세가 주문마다 상이하여 제품의 수가 방대한 반면에 제품은 소량의 불규칙한 수요패턴을 가지는 기업환경에 적절하다. 이런 기업환경에서는 제품의 설계와 제조에 필요한 상당한 조달시간이 허용된다. 따라서 이들 기업에 있어서 우선적인 경쟁력 요소는 신속한 조달보다는 품질이나 제품의 유연성이다. 또한 *MPS* 단위도 [그림 9-8]에서와 같이 그 수가 상대적으로 작고 수요가 보다 안정적인 원자재나 저위 공통부품 또는 조립품의 수준에서 선정된다.

주문식 조립 주문식 조립(assemble-to-order)은 재고형 생산과 주문식 생산의 중간 형태로서 조립품이나 주요 부품의 형태로 재고를 보유하고 있다가 고객의 주문이 있으면 이들을 완제품으로 조립하는 생산방식이다. 이와 같은 생산방식을 채택하는 기업의 특징은 [그림 9-8]에서와 같이 상대적으로 적은 조립품과 사양품(option)을 조립하여 무수히 많은 종류의 완제품을 생산하는 것이다. 이들 기업이 다루는 제품은 일반적으로 주문식 생산 하에서 보다는 표준화되어 있으며, 고객은 상대적으로 짧은 리드타임을 기대한다. 따라서 이들 기업은 리드타임과 제품 유연성(flexibility)을 향상시키기 위하여 *MPS* 단위를 조립품이나 주요 부품의 수준으로 하고 *MPS* 품목까지는 재고형 생산으로 리드타임을 줄이며, 그 이후의 생산 프로세스에 대하여는 주문식 생산을 하여 제품 유연성을 높이고자 한다.

9.4 자재소요계획

완제품을 생산하기 위해서는 그 훨씬 이전에 원재료와 부품을 구입하여야 하며, 이들을 가공, 조립하여 하나의 완제품을 생산하는 것이다. 주생산일정은 무엇이 필요한가에 관한 것을 다룰 뿐, 어떻게에 관한 것은 고려하지 않는다. 즉, 어떤 제품을 언제까지 얼마나 생산해야 할지는 명시하지만, 그 계획의 달성을 위하여 필요한 원자재와 부품의 구입, 가공, 조립의 시기 및 수량은 고려하지 않는다. 따라서 주생산일정이 확정되면 이를 계획대로 수행할 수 있도록 생산 시스템은 필요한 자재와 기타 자원이 제때에 조달·공급될 수 있도록 자재계획(material requirements planning,

MRP)을 수립하게 된다. 자재소요계획 시스템이 바로 이 작업을 담당하고 있다.

자재소요계획 시스템의 목적은 종속수요 품목의 계획과 통제를 통하여 최소의 비용으로 주생산일정을 완수하는 데 있으며, 이를 위하여 다음의 네 가지 기능을 수행한다.

① *MPS*의 달성을 위하여 필요한 종속수요 품목들의 소요량과 우선순위를 결정한다.

② 능력소요계획과 일정계획을 위한 기초자료를 제공한다.

③ 외부로부터 조달되는 원재료나 부품의 소요량을 적시에 구매부서로 조달되도록 한다.

④ 작업현장에서의 작업진행상태를 파악하여 필요시에는 재계획을 통하여 작업간의 정확한 우선순위를 유지한다.

다시 말해서 *MRP* 시스템의 주요기능은 제품의 생산이나 조달 활동에 필요한 자재를 필요한 때에, 필요한 양만큼, 필요로 하는 곳에 조달하는 데 있으며, 주문 또는 생산지시를 하기에 앞서 사전에 계획을 수립하고 검토할 수 있도록 하는 것이다.

9.4.1 *MRP* 시스템의 3대 투입자료

MRP 시스템은 [그림 9-9]에서 보는 바와 같이 주생산일정, 자재명세서, 그리고 재고상태기록의 세 가지 정보를 이용하여 자재소요계획을 수립하게 된다. 주생산일정이 확정되면 이는 *MRP* 시스템으로 투입되고, *MRP* 시스템은 자재명세서와 재고상태기록철의 정보를 이용하여 투입된 주생산일정을 완수할 수 있도록 자재계획을 결정한다. 산출된 자재계획은 다시 능력소요계획 시스템으로 투입되어 실행가능성을 검토받게 되며, 만일 실행가능하다고 평가되면 그 자재계획을 토대로 일정계획과 구매계획을 수행하게 된다. 만일 능력소요계획의 분석결과 실행이 가능하지 않은 자재계획은 그 분석결과와 함께 다시 *MRP* 시스템으로 넘겨져 필요한 부분의 수정을 가하게 된다.

그림 9-9 *MRP*의 3대 투입자료

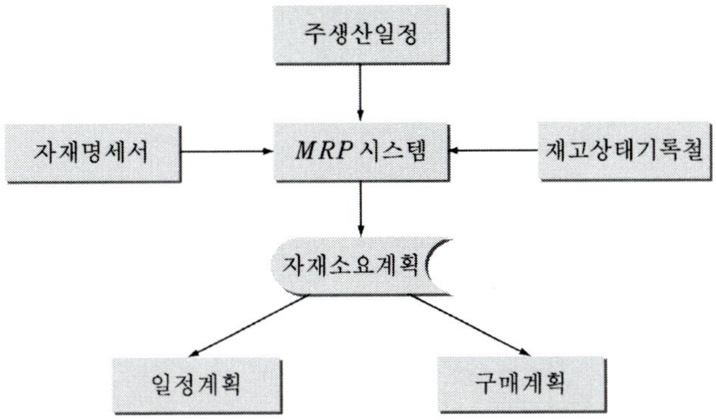

(1) 주생산일정

앞에서 설명한 바와 같이 *MPS*는 총괄생산계획을 기초로 개별 완제품 또는 제품 모듈별로 기간별 생산종료시점과 수량을 기술해 놓은 것이다. 보통 *MPS*는 주단위로 작성되지만 일단위, 시간단위로 작성하는 것도 가능하다.

(2) 자재명세서

완제품 한 단위를 생산하는 데 필요한 부품의 품명 및 수량, 그리고 각 부품과의 상하관계를 단계별로 나타낸 기록표로, *MPS*를 완수하는 데 필요한 부품 및 자재의 총소요량을 계산하는 데 사용된다.

예를 들어서 [그림 9-10]과 같은 의자를 만든다고 하자. 의자를 만들기 위해서는 등받이 부분과 다리 부분을 결합하고, 거기에 밑받침을 깔고, 그 위에 쿠션을 올려 완성한다. 그러므로 최종제품인 의자를 조립하기 전에 이미 부분조립품이 완성되어 있어야 한다. 부분조립품 중에서 등받이 부분은 다리 한 개와 2개의 세로대로 구성된다. 다리 부분은 4개의 다리와 8개의 가로대로 구성된다. 여기서 가로대와 세로대는 같은 부품이 사용된다.

그림 9-10 의자의 구조

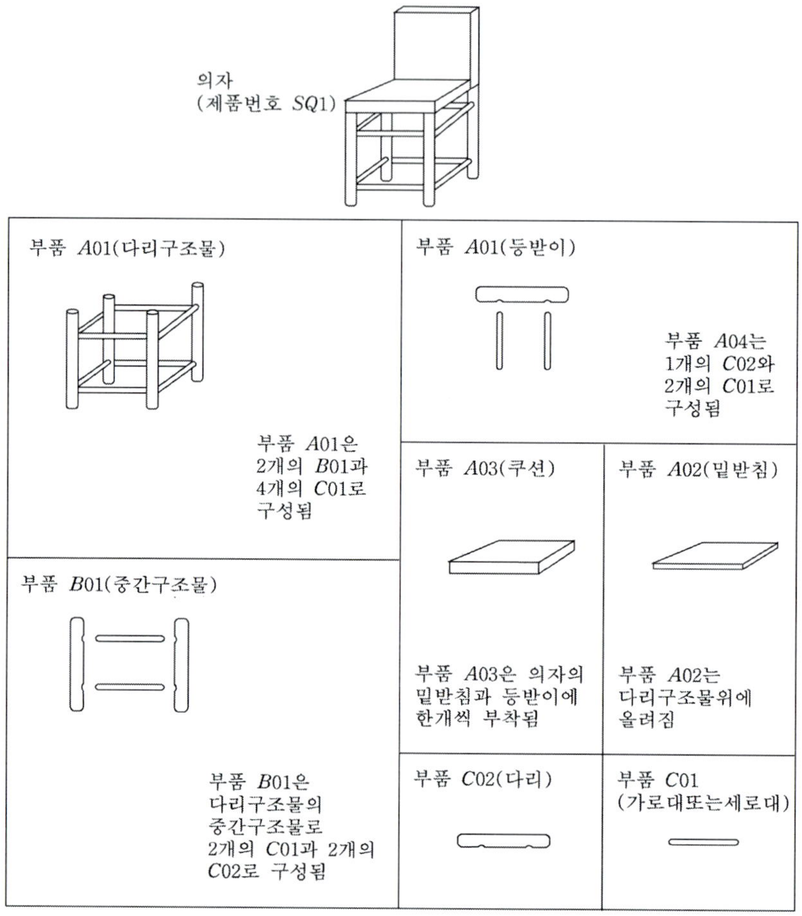

의자의 자재명세자료는 [그림 9-11]과 같은 그림으로 나타낼 수도 있고, [표 9-14]와 같이 표로 나타낼 수도 있다. [그림 9-11]에서 괄호 속의 수치는 상위 품목 한 단위의 생산을 위해 필요한 해당 품목의 수량을 나타낸다. 또 [표 9-14]에서는 상위 품목과 하위 품목을 구분하는 방법으로 들여쓰기(indentation)를 사용하고 있다. 예를 들어서 품목 *SQ*1의 직속하위 품목인 *A*01~*A*04는 한 번의 들여쓰기에 의해서, 이들 *A*부품들의 직속하위 품목은 다시 한 번의 들여쓰기로 부품 간의 상하관계가 표시되어 있다.

그림 9-11 제품구조표

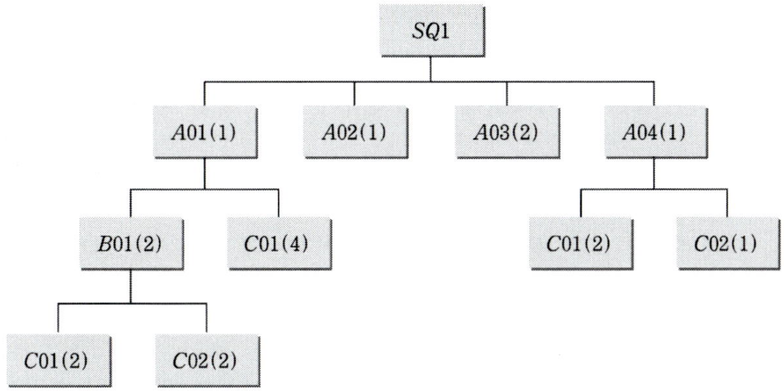

표 9-14 자재명세서

품목번호	품　　명	수　　량
*SQ*1	*SQ*1의자	1
*A*01(1)	다리구조물	1
*B*01(2)	중간구조물	2
*C*01(2)	가로대	2
*C*02(2)	다리	2
*C*01(4)	가로대	4
*A*02(1)	밑받침	1
*A*03(2)	쿠션	2
*A*04(1)	등받이	1
*C*01(2)	가로대	2
*C*02(1)	다리	1

(3) 재고상태기록철

마치 기업에서 각 직원마다 한 장씩 인사기록카드를 작성하듯이 기업이 보유하는 모든 품목의 각각에 대하여 해당 품목의 입출입 정보 및 재고상태를 기록 유지한다. 재고상태기록에는 각 품목의 품목번호, 품목명, 단계부호(level code), 리드타임(lead time), 표준원가, 발주량, 주문비용, 주문량결정법, 안전재고, 현보유재고량, 재고할당량(allocated inventory), 기발주주문량(scheduled order), 페깅정보(pegging information) 등의 정보들이 포함된다. 재고상태기록철은 *MRP* 전개 시 기존에 알려진 자재의 상태에 관한 정보와 순소요량의 계산 등 각종 계산에 이용되는 정보를 제공한다.

다음은 재고상태기록철에서 기록되어 있는 몇몇 주요항목들에 대한 설명이다.

단계부호

단계부호는 모든 품목에 하나씩 주어지는데, *MRP*를 전개하는 데 있어서 계산의 중복을 없애고 계획의 효과성을 향상시키기 위하여 필요한 부호이다. 단계부호는 다음과 같은 방법으로 각 품목에 부여된다.

먼저 각 품목에 단계부호를 다음과 같이 부여한다.

그림 9-12 제품구조표

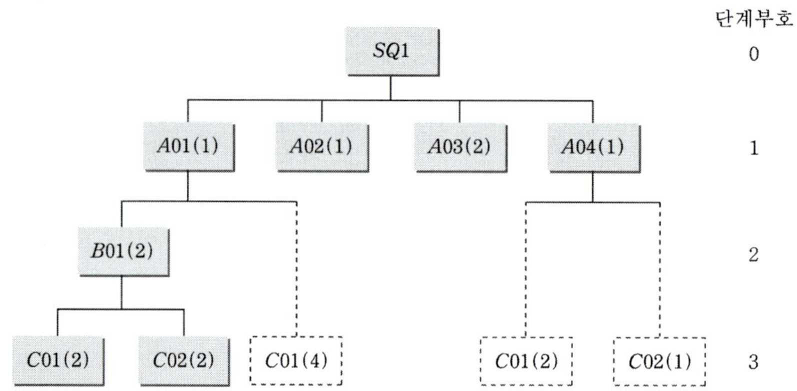

완제품: 0

완제품의 직속하위 품목: 1

직속하위 품목의 차하위 품목: 2

일단 모든 품목에 위와 같은 방법으로 단계부호를 부여하되, 2개 이상의 단계부호를 부여받은 품목에 대하여는 그 중에서 가장 큰 값을 그 품목의 단계부호로 결정한다. 예를 들어서 [그림 9-12]에서 품목 *C*01과 *C*02는 최초에 두 개(2와 3)의 부호가 주어지지만, 둘 중 큰 값인 3이 최종적으로 이들 두 품목의 단계부호로 확정지어지게 된다.

MRP에서 단계부호를 사용하는 이유는 두 가지이다. 첫째, 여러 제품의 생산에 공통적으로 사용되는 부품의 경우, 자칫하면 중복적으로 여러 번 MRP 전개를 할 수 있다. 그러나 단계부호가 0인 품목들에 대해 자재계획을 세우고, 그 다음은 단계부호가 1인 품목들을 그리고 다시 단계부호가 2인 품목들의 순으로 MRP 전개를 하면 각 품목의 단계부호는 하나이므로 품목별로 한 번만 전개를 하면 된다. 둘째, 단계부호의 순으로 단계별로 계획을 전개하면, 보다 효율적인 자재계획을 수립할 수 있다. 왜냐하면 특정 품목의 자재계획을 전개하고자 할 때는 이미 그 품목을 필요로 하는 모든 상위 품목들의 자재계획이 끝난 상태이기 때문에 그 품목에 대한 전체적인 수요를 파악할 수 있기 때문이다. 또한, 부분적인 수요정보보다는 모든 수요를 파악하여 자재계획을 수립할 때보다 비용효과적인 계획의 수립이 가능하다.

[예제 9.4] 다음의 제품구조표를 이용하여 각 품목별로 단계부호를 결정하시오. 네모 밖의 숫자는 리드타임을 나타내고 괄호 속의 숫자는 상위 품목 한 단위를 생산하기 위한 각 품목의 소요량을 나타낸다.

[완제품 X의 제품구조표]

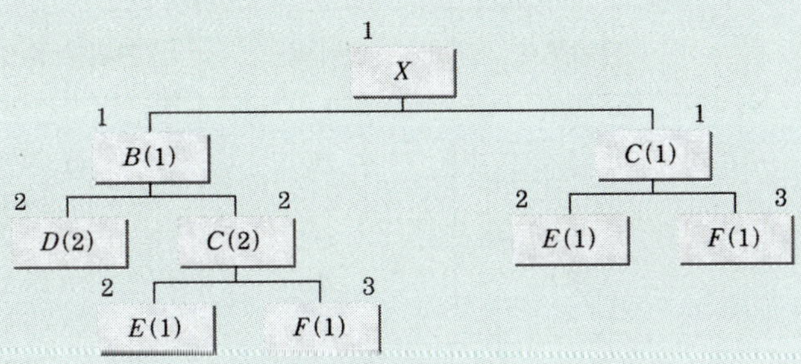

• 풀 이 •

우선 각 부품에 대하여 단계부호를 부여한다. 완제품 X를 0으로 하여 하위 품목으로 갈수록 1씩 증가한다. 부품 C, E, F는 두 개의 단계부호를 갖는데, 이 경우는 큰 수를 이 부품의 단계부호로 설정한다.

[단계부호를 부여한 제품구조표]

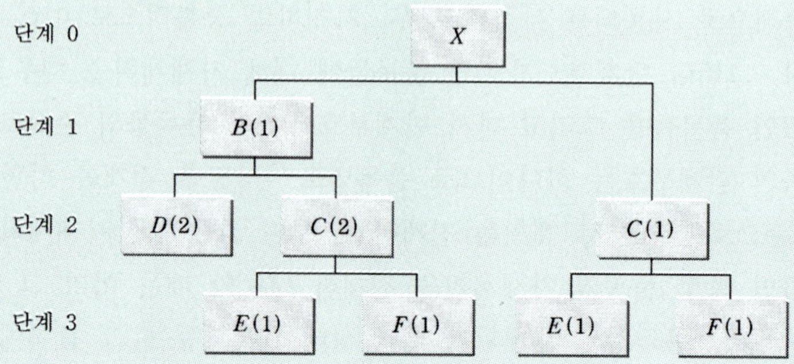

[예제 9. 5] 예제 10. 4의 제품구조표를 이용하여 완제품 X 10단위를 만들기 위한 각 부품의 총소요량을 계산하시오.

•풀 이•

각 부품의 수량은 단계부호가 낮은 부품부터 구해야 한다.

[품목별 총소요량의 계산]

단계부호	항 목	단위당 수량	X 10단위를 위한 부품별 총소요량
0	X	1	10
1	B	1(=1×1)	10
2	C	3(=1×2+1)	30
2	D	2(=1×2)	20
3	E	3(=1×2×1+1×1)	30
3	F	3(=1×2×1+1×1)	30

리드타임

리드타임은 부품 및 원자재를 주문하는 순간부터 이 부품이 주문자에게 도착하는 순간까지의 시간으로, 다음과 같은 4개의 요소로 구성된다.

① **총가공시간**(run time): 실제 생산 프로세스에 소요되는 시간으로, 작업장 내 또는 기계 내에서 제품 한 단위를 생산하는 데 걸리는 시간에 생산수량을 곱하여 계산할 수 있다.

총가공시간 = 단위당 가공시간 × 생산수량

② **작업준비시간**(setup time): 기계나 설비가 생산 프로세스를 시작할 수 있도록 준비(장비조정, 주유, 기록 등)하는 데 소요되는 시간을 말한다.

③ **이동시간**(moving time): 한 작업장에서 후속의 다른 작업장으로 원료 및 반제품이 이동하는 시간을 말한다.

④ **대기시간**(queue time): 작업이 도착해서 프로세스가 시작되기 전까지 작업장에서 기다리는 시간을 말한다.

이상의 4개의 요소 중에서 가공시간, 작업준비시간, 그리고 이동시간은 대체적으로 정확한 사전 측정이 가능하다. 그러나 대기시간은 작업장의 혼잡도에 따라 변하므로 정확한 사전 예측이 어려울 뿐 아니라, 리드타임의 거의 대부분을 차지한다. 업계의 조사에 따르면 대기시간이 리드타임에서 차지하는 비중은 기업에 따라 상당한 차이가 있으나, 대다수의 업체에서 80%에서 90%를 차지하는 것으로 알려져 있다. 그러므로 리드타임 관리에 있어서 대기시간의 감축이 가장 중요한 사항이라 할 수 있다.

주문량결정법

주문량을 결정하는 방법으로는 다양한 방법이 개발되어 있으나 본서에서는 가장 단순한 순소요량법과 고정주문량법에 대해서만 설명하기로 한다.

순소요량법 순소요량법(lot-for-lot)은 주문량을 결정하기 위하여 특별한 방법을 사용하는 것이 아니라, 매번 필요한 수량(순소요량)만큼만 주문 또는 생산하는 방법이다. 필요한 만큼만 주문하기 때문에 재고를 최소화할 수 있으나, 수요의 변동에 따른 주문량의 변동폭이 커서 생산비용의 증가를 초래하거나 생산활동의 안정성을 저해할 수 있다. 이 방법은 화폐가치가 높은 상위 품목(단계부호가 낮은 품목)들에 주로 사용된다.

고정주문량법 고정주문량법은 매 주문시마다 일정량을 주문하는 방법으로 *MRP의* 전개 전에 주문량 또는 생산량이 미리 결정된다. *EOQ* 모형이 고정주문량을 결정하는 데 주로 사용된다. 고정주문량법의 단점으로는 수요변동이 심한 품목의 경우 품절 또는 재고누적으로 인한 비용이 증가할 수 있다는 것이다. 하지만 항상 일정한 수량을 주문하므로 구매 또는 생산활동의 안정성을 기할 수 있다는 장점이 있어,

하위 품목(단계부호가 높은 품목)에 주로 적용된다.

페깅정보

자재명세서가 한 품목을 구성하는 하위 품목들에 관한 정보를 제공하는 데 반해, 페깅정보(pegging information)는 각 부품의 상위 품목에 대한 정보를 제공한다. 이 정보는 하위 품목의 조달 또는 생산에 계획의 차질이 발생했을 때, 상위 품목의 생산에 어떤 영향을 미치는지, 그리고 어떤 고객의 주문이 그로 인해 영향을 받는지를 추적할 수 있도록 한다. 구체적인 내용은 뒷 절에서 설명하기로 한다.

9.4.2 MRP 전개의 2대 원리

MRP 시스템은 부품전개와 리드타임의 상쇄라는 두 가지 원리들에 의해 전개되는데, 각 원리에 대한 구체적인 설명은 다음과 같다.

부품전개

부품전개(part explosion)는 주생산일정에 명시된 완제품의 생산량을 그 제품의 생산에 필요한 모든 부품에 대한 수요로 전환시키는 것으로, 각 품목에 대한 현재의 보유재고, 인수예정량 등을 고려하여 계산된다. 즉 완제품 및 부품의 기초재고 및 인수예정량(scheduled receipts)을 고려하여 완제품에 대한 생산량을 각 부품들에 대한 순소요량으로 전환한다.

그 과정은 다음과 같다.

① *MPS*로부터 완제품의 생산계획에 대한 자료를 입수한다.

② 완제품의 현재보유재고 및 기 발주주문량을 고려하여 총소요량으로부터 순소요량을 구한다.

③ 완제품의 순소요량을 통해서 직속하위 품목의 총소요량을 구한다.

④ 직속하위 품목의 보유재고 및 인수예정량을 고려하여 순소요량을 구한다.

⑤ 최종하위 품목까지 위의 과정을 되풀이하며 모든 부품에 대하여 순소요량을 구한다.

예를 들어서 [그림 9-11]의 제품구조표에서 완제품 *SQ*1에 대한 총소요량이 150

이고 현재 보유재고가 20, 기 발주주문이 30이라고 하자. 그러면 완제품 *SQ*1에 대한 순소요량은 (150－20－30)＝100으로 계산된다. 이어서 완제품 *SQ*1 한 단위를 만드는 데 부품 *A*01이 한 단위 필요하므로 부품 *A*01에 대한 총소요량은 *SQ*1의 순소요량 100개에 의해서 100(＝1×100)개로 계산될 수 있다. 또 부품 *A*01의 보유재고가 25개라면 부품 *A*01의 순소요량은 75개로 계산된다. 부품 *B*01은 부품 *A*01의 하위 품목으로 *A*01 한 단위를 만드는 데 두 개가 필요하므로 총소요량은 75×2＝150이 되고, 여기에 현재 부품 *B*01의 재고 및 인수예정량을 감하면 생산 또는 주문해야 할 부품 *B*01의 순소요량을 구할 수 있다.

리드타임의 상쇄

부품전개를 통해서 우리는 완제품을 생산하는 데 각 부품들이 얼마만큼 주문, 공급되어야 하는지를 파악할 수 있다. 그러나 아직 완제품을 제때에 생산하기 위해 각 부품들이 언제 주문되고, 공급되어야 하는지를 파악할 필요가 있다.

예를 들어, 학위논문의 작성과정을 생각하여 보자. 논문 제출일에 맞추어 논문을 완성하기 위해서는 구체적인 계획이 수립되어야 할 것이다. 이를 위해 우선해야 할 작업과 각 작업에 소요되는 시간(lead time)을 추정하게 된다. 그리고 논문 마감일로부터 역순으로 마지막 작업부터 리드타임을 감해 가면, 논문작성에 필요한 각 작업이 언제 시작하고 언제 끝나야 하는지에 대한 세부일정을 수립할 수 있게 된다. 만일 각 작업의 리드타임에 대한 추정이 불확실한 경우 각 작업별로 여유시간을 두어 불확실성에 대비할 수도 있다.

자재소요계획도 이와 유사하게 완제품의 납기일에서 시작하여 리드타임을 거꾸로 빼나오면서(lead-time offsetting) 하위 품목들에 대한 생산 시작시간과 종료시간을 결정하면 완제품의 납기에 부응하는 자재계획을 수립할 수 있다. 이와 같은 리드타임의 상쇄를 통해 뒤에서부터 거꾸로 계획을 수립하는 방법을 후방일정(back scheduling)이라고 한다. 후방일정은 뒷단계 품목들의 납기에 차질을 빚지 않는 한에서 앞단계 자재들의 공급을 가급적 지연시키는 효과가 있어 다음의 몇 가지 이점이 있다.

① 원재료의 구입을 가능한 늦추므로 이로 인한 기회비용의 손실을 방지할 수 있고, 원재료의 보관비용을 감소시킬 수 있다.

② 재공품재고를 감소시킬 수 있다.

③ 완제품재고의 저장시간이 감소되므로 보관비용을 감소시킬 수 있다.

후방일정을 적용하기 위해서는 리드타임에 대한 정확한 예측이 필요하다. 부정확한 리드타임 자료의 사용은 재고누적과 결품의 빈번한 발생을 초래하게 되어, 계획 시스템으로서의 *MRP* 시스템의 신뢰도가 감소하게 된다.

9.4.3 *MRP* 기록표

[표 9-15]에서 보는 바와 같이 *MRP* 기록표는 계획기간(planning horizon), 총소요량(gross requirements), 인수예정량(scheduled receipts), 기대보유재고(projected on-hand), 인수계획량(planned receipts), 발주계획(planned order releases)의 6개 항목으로 구성되어 있다. *MRP* 기록표는 여러 가지 면에서 *MPS* 기록표와 유사하다. 각 항목별로 구체적인 내용은 다음과 같다.

표 9-15 *MRP* 기록표의 형태

			계획기간(주)									
			1주	2	3	4	5	6	7	8	9	10
X	총소요량			20		10		20	5		35	10
리드타임 =1	인수예정량											
	기대보유재고	25	25	5	5	0	0	0	0	0	0	0
순소요량법	인수계획량					5		20	5		35	10
	발주계획				5		20	5		35	10	

MRP의 계획기간 *MRP*의 계획기간은 보통 주(week) 단위로 설정되며, 그 길이는 최종완제품의 납기로부터 각 부품의 리드 타임을 상쇄하여 최하위 품목의 주문 및 생산 시작 시점까지의 기간을 최소계획기간으로 하며, 보통 그 이상으로 결정된다. 최소계획기간은 생산일정을 간트차트로 작성해 보면 쉽게 알 수 있는데, 최하위 품목의 생산을 시작하는 시점부터 완제품의 조립이 완료되기까지의 기간이 된다.

총소요량 총소요량(*GR*)이란 완제품 또는 부품의 기간별 총수요를 나타내는 항목이다. 독립수요 품목인지 종속수요 품목인지에 따라, 독립수요 품목의 *GR*은

MPS 수량에 의해 결정되고 종속수요 품목의 *GR*은 상위품목의 발주시점 및 발주량을 알려주는 발주계획에 의해 결정된다.

인수예정량 인수예정량(*SR*)행은 기 발주주문(open order)에 관한 것으로, 이미 주문을 하여 공급자가 현재 생산 중에 있거나 수송 중이어서 가까운 미래의 어느 시점에 인수될 것으로 기대되는 수량을 기록하고 있다.

기대보유재고 기대보유재고(*POH*)란 특정시점의 기말에 보유할 것으로 기대되는 재고수량으로, 기말이 기준이므로 0기부터 표기된다. 구체적인 계산은 다음과 같다.

① 0기의 기대보유재고(기초재고): 재고상태기록으로부터 입수함.

② 1기 이후의 *POH*: 1기 이후의 수량은 전기 말의 기대보유재고에 당기에 인수되는 수량(인수예정량과 인수계획량)을 더한 합계에서 당기의 총소요량을 제하고 남은 수량이 된다. 식으로 표현하면 다음과 같다.

$$POH_t = (SR_t + PR_t + POH_{t-1}) - GR_t$$

[예제 9.6] 다음의 제품구조표를 이용하여 최종완제품 *G*의 생산계획을 후방일정에 의해서 간트차트로 작성하시오. 그리고 완제품 *G*의 *MRP* 기록표의 최소계획기간을 계산하시오. 완제품 *G*의 납기는 8주 초로 하고, 괄호 속의 숫자는 각 품목의 리드타임을 나타낸다.

[완제품 *G*의 제품구조표]

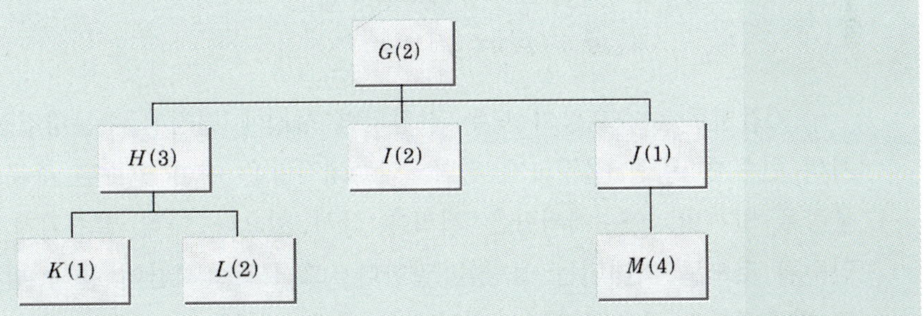

• 풀 이 •

① 후방일정에 의해 완제품 *G*에 대한 간트 차트를 작성하면 다음과 같다.

[완제품 G의 생산계획]

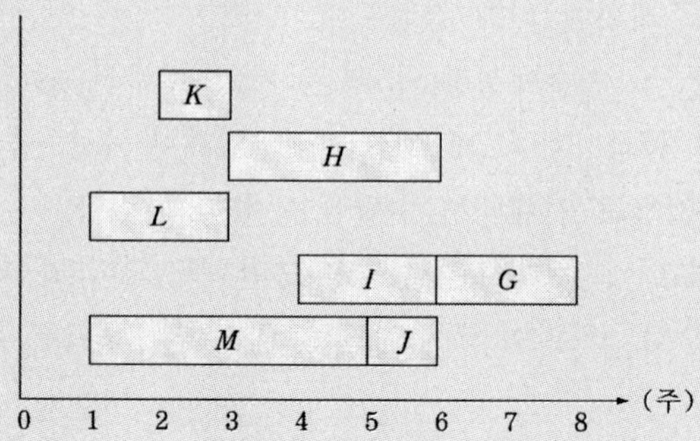

② 완제품 G를 7주 말까지 완성하기 위해서는 부품 L과 M이 1주 초에 생산을 시작해야 한다. 그러므로 완제품 G를 생산하기 위한 MRP 기록표의 최소계획기간은 7주이다.

인수계획량 인수계획량(PR) 행은 앞으로 발주될 주문에 의해 인수될 것으로 기대되는 수량을 기록하는 행으로, 기대보유재고가 음수가 되거나, 안전재고 이하로 떨어질 것으로 예상되는 시기에 계획된다. 인수계획량을 결정하기 위해서는 먼저 해당 품목의 순소요량(net requirements)을 결정하여야 하는데 순소요량 NR_t는 다음과 같이 계산된다.

$$\begin{aligned} NR_t &= t\text{기의 총소요량} - \text{보유재고} \\ &= GR_t - (POH_{t-1} + SR_t) \end{aligned}$$

기간별로 순소요량이 모두 결정되면 사전에 결정된 주문량결정법을 적용하여 각 기의 인수계획량을 결정하게 된다. 인수예정량은 이미 발주된 주문에 의해 곧 인수될 물량을 말하며, 인수계획량은 계획은 잡혀 있으나 아직 발주되지 않은 주문에 의해 인수될 것으로 기대되는 물량을 말한다. 그러므로 시간이 흘러 발주계획이 실현되면 그 발주계획과 관련된 인수계획량은 인수예정량으로 바뀌게 된다.

발주계획 발주계획(POR) 행은 인수계획량이 제때에 인수될 수 있도록 하기 위하여 언제 그 수량을 주문할 것인가를 기록하는 행이다.

9.4.4 *MRP*의 전개

이제 [그림 9-10]의 예에서 들었던 의자(품목번호 *SQ*1)에 대한 *MRP* 기록표를 작성해 보기로 하자. *MRP* 기록표를 작성하기 위해서는 앞에서 언급한 것처럼 *MPS*, 자재명세서, 재고상태기록의 정보가 필요하다. [표 9-16]은 *SQ*1의 *MPS*와 자재명세서, 그리고 재고상태기록철로부터 입수된 각 품목의 재고 및 주문정보를 요약하고 있다. 또 [표 9-17]은 이러한 자료를 통해 자재소요계획이 수립되는 과정을 보여준다.

표 9-16 *MRP* 전개를 위한 자료

(a) *SQ*1의 *MPS*

주	1	2	3	4	5	6	7	8	9	10
MPS		20		10		20	5		35	10

(b) *SQ*1의 제품구조표

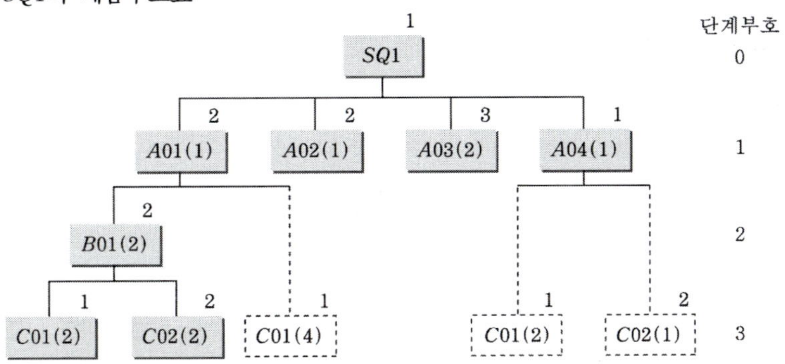

(c) 각 품목의 재고 및 주문정보

품 목	현재고	인수예정량	주문량	안전재고 또는 리드타임
*SQ*1	25	—	순소요량	—
*A*01	4	2주차 25개	순소요량	—
*A*02	4	1주차 25개	25	—
*A*03	16	3주차 70개	70	15
*A*04	25	—	40	20
*B*01	2	—	순소요량	안전리드타임 1주
*C*01	22	—	순소요량	20
*C*02	25	—	순소요량	—

*MPS*의 수량이 결정되면 자재명세서와 재고상태기록으로부터 *SQ*1의 생산을 위해 필요한 부품의 목록, 재고수량, 리드타임, 그리고 단계부호를 파악하여 단계부호가 0인 품목들부터 자재계획을 수립하게 된다.

먼저 단계부호가 0인 완제품 *SQ*1의 *MRP* 기록표 작성을 시작으로 [표 9-17]과 같이 자재계획을 수립하게 된다. *SQ*1의 총소요량은 *SQ*1이 독립수요 품목이므로 *MPS* 수량에 의해 결정된다.

총소요량이 결정되면 *SQ*1의 현재고, 즉 0기의 재고로 어느 기간까지의 소요량을 충당할 수 있는지 파악한다. *SQ*1의 기초재고는 25개로 2주의 총소요량 20개를 충족할 수 있다. 하지만 4주의 소요량 10개는 3주 말 기대보유재고가 5이므로 순소요량이 5개 발생한다. 이 순소요량을 충족시키기 위해서는 4주 초까지 적당량의 인수가 계획되어야 한다. 이 품목의 주문량결정법은 순소요량법이므로, 4주에 5개가 인수되도록 계획(인수계획량)을 잡는다. 그리고 리드타임 1주를 상쇄하여 3주에 5개를 주문하도록 발주계획을 한다. 6주의 경우 5주 말의 재고와 6주의 인수예정량이 0이므로, 총소요량 20개가 그대로 순소요량이 된다. 따라서 6주의 인수계획량은 20이 되고, 이 인수계획량이 6주에 인수될 수 있도록 5주에 20개의 발주계획을 잡고 있다. 6주, 8주, 그리고 9주의 발주계획도 유사한 방법으로 결정한다.

품목 *SQ*1의 발주계획이 모두 잡히면, *SQ*1의 직속하위 품목인 부품 *A*01, *A*02, *A*03, *A*04 등에 대한 총소요량을 결정한다. 예를 들어, *SQ*1의 3주차 발주계획 5는 3주초부터 5개의 *SQ*1에 대한 생산을 시작한다는 것을 의미한다. 그리고 5개의 *SQ*1에 대한 생산이 3주초부터 시작할 수 있기 위해서는 부품 *A*01, *A*02, *A*03, *A*04의 적당량이 각각 3주초까지 공급되어야 한다. 그러므로 품목 *SQ*1의 3주차 발주계획 5는 부품 *A*01~*A*04의 3주차 총소요량을 유발하게 되는 것이다. 부품 *A*01~*A*04의 3주차 총소요량은 품목 *SQ*1의 3주차 발주량 5를 [표 9-16] (b)에 나타난 부품별 단위당 필요량을 각각 곱하여 결정하게 된다.

위의 예에서는 단계부호가 0인 품목이 *SQ*1밖에 없으므로 단계부호가 1인 품목들의 자재계획을 바로 시작하게 되나, 단계부호가 0인 또 다른 품목들이 있는 경우에는 그들의 각각에 대하여 발주계획을 세우고 동시에 각각의 직속하위 품목들에 대한 총소요량을 모두 기록하게 된다. 이와 같은 과정을 거쳐 단계부호가 0인 품목들의 *MRP* 기록표의 작성이 끝나면, 단계부호가 1인 품목들의 총소요량이 모두 결정된 상태이다. 이 상태에서 단계부호가 1인 품목들의 *MRP* 기록표 작성을 시작하게 된다.

표 9-17 완제품 *SQ*1에 대한 *MRP*의 전개

(a)

1주	2	3	4	5	6	7	8	9	10
	20		10		20	5		35	10

(b)

			주									
			1주	2	3	4	5	6	7	8	9	10
*SQ*1	*GR*			20		10		20	5		35	10
리드타임 1	*SR*											
	POH	25	25	5	5	0	0	0	0	0	0	0
순소요량법	*PR*					5		20	5		35	10
	POR				5		20	5		35	10	

(×1) (×1)

(c)

			주									
			1주	2	3	4	5	6	7	8	9	10
*A*01	*GR*				5		20	5		35	10	
리드타임 2	*SR*			25								
	POH	4	4	29	24	24	4	0	0	0	0	0
순소요량법	*PR*							1		35	10	
	POR					1		35	10			

(×2)

(d)

			주									
			1주	2	3	4	5	6	7	8	9	10
*A*02	*GR*				5		20	5		35	10	
리드타임 2	*SR*		25									
	POH	4	29	29	24	24	4	24	24	14	4	4
주 문 량 25	*PR*							25		25		
	POR					25		25				

(×2)

(e)

			주									
			1주	2	3	4	5	6	7	8	9	10
*A*03	*GR*				10		40	10		70	20	
리드타임 3	*SR*				70							
주 문 량 70	*POH*	16	16	16	76	76	36	26	26	26	76	76
안전재고 15	*PR*									70	70	
	POR						70	70				

(×1)

(f)

			주									
			1주	2	3	4	5	6	7	8	9	10
*A*04	*GR*				5		20	5		35	10	
리드타임 1	*SR*											
주 문 량 40	*POH*	25	25	25	20	20	40	35	35	40	30	30
안전재고 20	*PR*						40			40		
	POR					40			40			

(×2)

(g)

			주									
			1주	2	3	4	5	6	7	8	9	10
*B*01	*GR*					2		70	20			
리드타임 2	*SR*											
안전리드타임 1	*POH*	2	2	2	2	0	0	0	0	0	0	0
순소요량법	*PR*							70	20			
	POR				70	20						

(×2) (×2) (×4)

(×2)

(h)

			주									
			1주	2	3	4	5	6	7	8	9	10
*C*01	*GR*				140	124		140	120			
리드타임 1	*SR*											
안전재고 20	*POH*	22	22	22	20	20	20	20	20	20	20	20
순소요량법	*PR*				138	124		140	120			
	POR			138	124		140	120				

(×1) (×2)

(×2)

(i)

			주									
			1주	2	3	4	5	6	7	8	9	10
*C*02	*GR*				140	80			40			
리드타임 2	*SR*											
	POH	25	25	25	0	0	0	0	0	0	0	0
순소요량법	*PR*				115	80			40			
	POR		115	80			40					

부품 *A*01, *A*02, *A*03, *A*04는 *SQ*1의 직속하위 품목으로 *SQ*1의 발주계획에 의해 각각의 총소요량이 결정된다. 그래서 *SQ*1의 발주계획과 부품 *A*01, *A*02, *A*03, *A*04의 총소요량은 시기와 수량이 모두 일치한다. 단, *A*03의 경우는 수량이 일치하지 않는데, 그 이유는 *SQ*1을 한 단위 생산하는 데 2개의 *A*03이 필요하므로 부품 *A*03의 총소요량은 *SQ*1의 발주 계획량에 2를 곱하여 계산되었기 때문이다. 발주계획이 실제로 실행되면 인수계획량은 인수예정량 행으로 *MRP* 시스템에 의하여 자동적으로 옮겨진다. 인수계획량을 결정할 때 부품 *A*02, *A*03, *A*04는 고정주문량법을 사용하므로 발주계획량이 순소요량과 일치하지 않고 미리 정해진 고정주문량을 적용함을 볼 수 있다. 특히 *A*03, *A*04는 안전재고가 설정되어, *A*04의 경우 [표 9-17] (f)의 5주차 총소요량 20은 4주 말 기대보유재고를 통해서 충족시킬 수 있지만 유사시를 대비해 항상 20개의 안전재고를 유지하기로 하므로 새로운 주문을 내고 있다.

단계부호가 1인 품목의 경우도 각 품목의 *MRP* 기록표 작성이 끝날 때마다 다음 품목으로 넘어가기 전에 그 품목의 직속하위 품목의 총소요량을 먼저 결정한다. 그리고 단계부호가 1인 모든 품목에 대하여 이 과정이 끝나면, 단계부호가 2인 품목들의 총소요량은 이미 모두 결정된 상태이며, 따라서 그들에 대한 *MRP* 전개를 할 준비가 완료되어 있다.

단계부호가 2인 부품은 *B*01 하나밖에는 없다. 부품 *B*01은 부품 *A*01의 직속하위 품목이므로 총소요량은 부품 *A*01의 발주계획과 시기가 일치한다. 하지만 수량은 부품 *A*01 한 단위를 만들기 위해 2단위가 필요하므로 부품 *A*01의 발주계획량에 2배를 하여 결정한다. 여기서 주의할 사항은 [표 9-17]의 (g)에서 보면 부품 *B*01의 발주계획이 모두 한주씩 앞당겨져 기록되어 있는데, 이는 안전리드타임(safety lead time)을 1주로 설정하였기 때문이다. 이는 공급자의 조달기간에 불확실성이 높은 기업에서 공급자의 조달지연으로 인한 계획의 차질을 방지하기 위하여 흔히 사용하는 방법이다.

단계부호가 3인 부품은 부품 *C*01, *C*02가 있는데, 이들은 여러 품목의 생산에 사용되는 공통 부품이므로 이들의 총소요량을 결정하는 것은 간단하지 않다. 먼저 부품 *C*02는 부품 *A*04와 *B*01에서 사용되며 총소요량은 다음과 같이 결정된다.

3주차 총소요량 = 부품 *B*01의 3주차 발주계획량 × 2
= 70 × 2

4주차 총소요량 = 부품 *B*01의 4주차 발주계획량 × 2

+부품 *A*04의 4주차 발주계획량×1

=(20×2)+(40×1)

=80

7주차 총소요량=부품 *A*04의 7주차 발주계획량×1

=40

부품 *C*01는 부품 *A*01과 *A*04, 그리고 *B*01에서 사용되므로 총소요량 결정시에 세 가지 부품의 발주계획을 모두 고려해야 한다. 부품 *C*01의 4주차 총소요량의 계산 과정만 살펴보면 다음과 같다.

4주차 총소요량=부품 *A*01의 4주차 발주계획량×4

+부품 *A*04의 4주차 발주계획량×2

+부품 *B*01의 4주차 발주계획량×2

=(1×4)+(40×2)+(20×2)=124

[예제 9. 7]

다음의 부분적으로 완성되어 있는 *MRP* 기록표를 완성하시오.

① 주문량을 80으로 하는 고정주문량법을 이용하시오.

② 순소요량법(lot-for-lot법)을 이용하시오.

		주									
		31	32	33	34	35	36	37	38	39	40
xxx	*GR*		60				35		45		60
	SR		80								
리드타임 4	*POH* 20										
안전재고 10	*PR*										
	POR										

• 풀 이 •

① 고정주문량 80을 이용하여 *MRP*를 전개하면 다음과 같다.

		주									
		31	32	33	34	35	36	37	38	39	40
xxx	*GR*		60				35		45		60
	SR		80								
리드타임 4	*POH* 20	20	40	40	40	40	85	85	40	40	60
안전재고 10	*PR*						80				80
	POR		80				80				

② 순소요량법을 이용하여 전개하면 다음과 같다.

			주									
			31	32	33	34	35	36	37	38	39	40
XXX	*GR*			60				35		45		60
	SR			80								
	POH	20	20	40	40	40	40	10	10	10	10	10
리드타임 4 안전재고 10	*PR*							5		45		80
	POR			5		45		60				

9.4.5 *MRP*의 재계획

앞에서 우리는 자재계획의 수립방법에 대하여 살펴보았다. *MRP* 계획은 현재까지 알려진 주문자료와 수요예측치를 기초로 작성된다. 그러나 시간이 흐름에 따라 고객의 주문에 변동이 발생할 수 있고, 수요예측이 수정될 수 있으며, 또한 생산에 관련된 상황도 변하게 된다. 예를 들어서 고객이 선적일자의 변경을 요청할 수도 있고, 공급자의 공급지연으로 필요한 부품이 제때에 조달되지 못하여 생산에 차질이 생기기도 한다. 이에 따라 *MRP* 계획도 새로운 정보를 반영하여 주기적으로 또는 필요시마다 재계획을 할 필요가 발생한다.

*MRP*의 재계획 시에는 다음과 같은 두 가지 문제의 고려가 필요하다.

① 얼마나 자주 *MRP*를 다시 전개할 것인가?

② 어느 범위까지 재계획할 것인가?

모든 업무에 있어 수립된 계획의 변경은 상황에 대한 정확한 대처라는 측면도 있지만 계획의 너무 잦은 변경은 계획의 안정성을 해쳐 업무의 혼란을 가중시킬 수 있다. 하지만 업무의 안정성만을 위해 변화를 반영하지 않으면 그 계획은 실제와는 동떨어진 계획이 되므로, 재계획 시에는 계획의 현실성과 안정성을 잘 고려하여 계획의 변경빈도 및 범위를 결정하여야 한다.

재계획의 방법

상황의 변화가 발생할 경우 *MRP*를 재계획하는 방법으로는 주기적 재계획 시스템, 순변화 시스템, 필터기법을 이용한 재계획 시스템 등이 있다.

주기적 재계획 시스템 주기적 재계획 시스템(regenerative *MRP* system)은 일종의 배취 시스템으로 재계획의 주기를 미리 정해놓고, 그 주기 중에 발생하는 변화를 모아두었다가 주기가 되면 한꺼번에 처리하여 재계획을 수립하는 시스템이다. 이 방법은 모든 품목에 대하여 자료를 집적시켰다가 한꺼번에 처리하므로 자료처리과정에서 발생할 수 있는 오류의 가능성을 줄일 수 있으며, 일단 자재계획이 수립되면 주기 중에는 그 계획대로 생산활동이 수행되므로 계획의 안정성을 높일 수 있다. 그러나 변화하는 상황에 대한 처리속도가 주기 말까지 지연되므로 계획의 현실성은 저하될 수 있다.

순변화 시스템 순변화 시스템(net change *MRP* system)은 변화가 발생하는 즉시 그 정보를 입수하여 영향을 받는 품목에 대한 자재계획을 수정하는 시스템이다. 이 시스템은 변화가 발생할 때마다 부분적으로 *MRP* 계획을 수정하기 때문에 자료처리과정에서 오는 오류의 가능성이 크며, 수시로 계획의 수정이 이루어지기 때문에 현실성은 크나 계획의 안정성을 해쳐 현장에서 이를 그대로 따르기가 쉽지 않다.

필터기법을 이용한 재계획 위의 두 가지 시스템은 안정성과 현실성에 있어 장단점이 있다. 그러므로 필터 시스템(filtering system)을 이용하여 주기적 재계획 시스템과 순변화 시스템을 동시적으로 사용하는 방법이 많이 사용된다.

그림 9-13 필터기법을 이용한 재계획

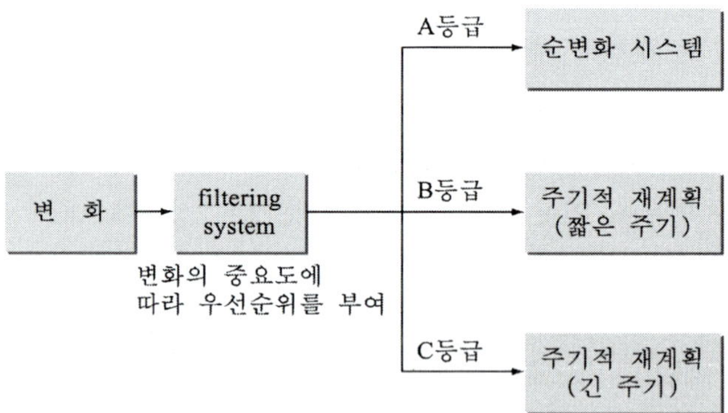

이 방법은 [그림 9-13]과 같이 변화에 대한 정보가 유입되면 필터라는 분류장치를 통하여 유입된 자료를 중요도에 따라 등급을 나누게 된다. 시급하게 반영하여야 할 정보는 A등급으로 분류하고 순변화 시스템에 의해 처리하도록 한다. B등급의 변화정보는 주기적 재계획 시스템을 적용하되 상대적으로 짧은 주기를 적용하고, C등급의 정보는 상대적으로 긴 주기를 적용한 주기적 재계획 시스템으로 처리하도록 한다.

페깅정보

MRP 시스템에서는 상위 품목의 생산계획에 변화가 발생하면, 그 영향이 하위 품목의 생산계획에까지 미치게 된다. 이러한 경우 기존에 수립된 계획에 대한 수정이 필요한데, 그 방법은 자재명세서부터 하위 품목에 관한 정보를 얻어, 변화가 발생한 품목과 관련된 품목에 대해서만 *MRP*를 재전개하면 된다. 하지만 하위 품목에 변화가 발생하는 경우에는 *BOM*은 상위 품목에 대한 정보를 주지 못한다. 이러한 경우 재고상태기록표에 있는 페깅정보(pegging information)를 이용하면 관련된 상위 품목의 생산계획에 변화된 상황을 반영시킬 수 있다.

페깅정보는 단계부호가 0인 품목인 경우 소비자의 주문에 관한 정보를 저장하고 있고, 하위 품목의 경우는 상위 품목의 발주계획(*POR*)에 관한 정보를 저장하고 있다. 상위 품목이 하나인 품목의 경우 그 총소요량은 상위 품목의 발주계획과 일 대 일로 연결된다. 하지만 상위 품목이 2개 이상인 경우, 그 총소요량은 2개 이상의 상위 품목의 발주계획과 관련이 되므로 기존 생산계획의 수정과정에서 선택의 문제가 발생할 수도 있다. 예를 들어서 [표 9-17] (i)에서 부품 *C02*는 상위 품목 *B01*, *A04*의 발주계획에 영향을 준다. 만일 부품 *C02*의 3주차 총소요량 140개가 생산이 완료된 후 품질검사를 해보니까 불량품이 발견되어 140개 중 80개만 사용할 수 있다고 가정하자. 이때 사용가능한 80개를 어느 품목의 생산에 사용할 것인가는 쉽게 결정할 수 있는 문제가 아니다. 이러한 경우 관리자의 의사결정이 필요하게 된다. 또 부품 *C02*의 *MRP* 기록 중 5번째 주의 발주계획에 따라 주문된 수량 40개가 운송도중의 사고로 7주차까지 도착이 불가능하다고 공급업체로부터 통보가 왔다고 하자. 그러면 부품 *C02*에 대한 7주의 총소요량 40에 대한 생산을 할 수 없게 되고, 그 영향은 부품 *A04*의 7주의 발주계획에도 영향을 미치게 된다. 더 나아가서 부품 *A04*는 안전재고까지 모두 사용하여도 8주의 총소요량 35개를 생산할 수 없고, 결국 완제품 *SQ1*을 9주에 34개밖에는 생산하지 못하므로 소비자의 주문 35개를 만족시킬 수 없게 된다. 이처럼 페깅정보는 이러한 계획의 차질에 관한 정보를 사전에 관리자에게 주어 변화에 대처할 수 있도록 한다.

9.4.6 예외적 계획주문

MRP 시스템은 개별 부품의 단계부호에 따라 자동적으로 전개되어 모든 품목의 발주계획을 수립하게 된다. 하지만 *MRP* 기록이 완료된 후에 하위 품목의 공급지연 등의 문제가 발생한다면 계획과 실제 발생할 상황 간에 차이가 발생하게 되고, 한 품목의 발주계획의 차질은 다른 연관품목들의 자재계획에 영향을 미치게 된다.

예를 들어서 생산프로세스에 이상이 생겨 조달되는 제품의 수량이 부족하거나 납품이 지연되는 경우, 잔업 등을 통해 부족한 수량을 채우거나, 이전에 육로로 운송되던 것을 비행기로 운송하는 등의 방법을 통하여 리드타임을 한시적으로 축소하여 생산일정이 원래의 계획대로 수행되도록 할 수 있다. 이 경우 한시적으로 리드타임이 축소된 품목들의 주문을 예외적 계획주문(firm planned order, *FPO*)으로 지정하여 *MRP* 시스템에 의하여 자동적으로 처리되는 것을 방지한다. *MRP* 시스템에 의하여 자동적으로 이들 품목의 주문이 처리될 경우 원래의 리드타임이 적용되므로 한시적으로 축소시킨 리드타임이 계획에 반영되지 않기 때문이다. *FPO*는 한시적으로 발생하는 변화에 대해 시스템의 안정성을 제고하기 위한 방안이다. 한시적으로 주문량결정법이나 인도선행시간에 변화를 주어야 할 필요가 있는 주문에 대하여 *FPO*로 표시하고 예외적으로 처리함으로써 변화에 대한 계획의 적응력을 제고할 수 있다.

9.4.7 서비스용 부품의 처리

자동차 타이어의 경우 자동차 생산에 필요한 종속수요가 있고, 타이어 교체를 위한 수요를 충족시키기 위하여 시장에 직접 판매하는 독립수요 또한 발생하게 된다. 이처럼 종속수요 품목이면서 독립수요 품목(서비스용 부품으로 이용되는 경우)인 경우 종속수요뿐 아니라 독립수요도 파악하여 자재계획에 반영시켜야 하지만 이것은 간단한 문제가 아니다. 이 문제를 해결하기 위한 방법은 다음 두 가지가 있다. 안전재고를 설정하여 이를 서비스 부문의 수요에 이용하는 방법과, 두 수요에 대해 다른 부품번호를 이용하는 방법이다.

첫 번째 방법은 고정된 안전재고를 설정해야 하므로 품절 또는 불필요한 재고가 증가할 수 있다는 단점이 있다. 하지만 다른 부품번호를 이용하는 경우는 이러한 불합리성을 제거할 수 있다. 타이어의 원래 부품번호가 #301이라고 하자. 그리고 타이어에 대한 독립수요를 처리하기 위하여 가상의 부품번호 #301-1을 정의한다.

[그림 9-14]에서 보는 바와 같이 가상의 품목번호(301-1)의 리드타임을 0으로 하고 원제품의 상위 품목으로 설정한다. 그러면 부품 301의 수요는 원래의 상위 품목인 각 자동차로부터 오는 수요와 독립수요를 반영하는 품목 301-1의 수요를 모두 수용할 수 있게 된다.

그림 9-14 가상의 제품번호를 이용한 서비스부품 수요의 처리

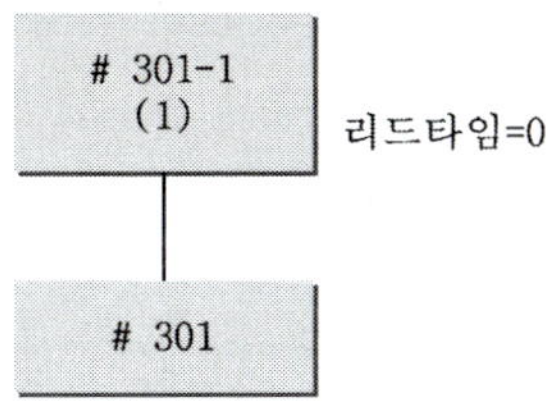

예를 들면 3주에 부품 301-1의 총소요량이 20이고, 다른 상위 품목으로부터 온 부품 301의 총소요량이 40이라고 하자. 부품 301-1은 리드타임이 0이므로 같은 기의 발주계획에 20이 기록되며, 이는 다시 하위 품목인 부품 301의 총소요량에 더해지게 된다. 그러므로 부품 301의 총소요량은 60이 된다.

9.4.8 능력소요계획

MRP 시스템의 가장 중요한 특성 중의 하나는 *MRP*의 산출물인 자재계획이 관리자가 세부적인 능력계획을 하는 데 필요한 기초자료로 활용될 수 있다는 것이다. 주생산일정이 수립되면 개략적 능력계획(rough-cut capacity planning)을 통해 주요 생산자원과 비교하여 그 실행가능성을 검토 받게 되지만, 개략적 능력계획은 아직 종속수요 품목의 자재계획이 완성되기 전에 이루어지기 때문에 그 정확성에 문제가 있다. 개략적 능력계획은 이름 그대로 주생산일정의 실행가능성을 개략적으로 검토하는 것이며 몇몇 주요 작업장에 대하여 주로 수행된다. 따라서 자재계획이 수립되면 그 자재계획이 실행가능한지 그리고 자재계획의 모계획인 주생산일정이 실행가능한지를 보다 세부적이고 정밀하게 검토할 필요가 있으며, 이러한 과정이 능력소요계획

(capacity requirements planning, *CRP*)이다.

능력소요계획은 여러 가지 면에서 주생산일정 수립 단계에서의 개략적 능력계획과는 차이가 있다. 첫째로 *CRP*는 *MRP* 시스템으로부터 산출된 시차별 자재계획(time-phased materials plan)을 사용한다. 각각의 부품에 대한 실제적인 로트와 리드타임을 고려하여 산출한 부품들의 발주계획과 인수계획을 사용하여 능력계획을 한다. 둘째로 *CRP*는 부품이나 반제품의 현재고와 인수예정량을 감한 순소요량에 대해서만 능력계획을 한다. 셋째로 작업현장에서 프로세스가 진행 중에 있는 주문에 대하여는 완료된 프로세스는 제외하고 앞으로 남은 부분에 대해서만 능력계획을 하게 된다. 넷째로 *CRP*는 서비스 부품에 대한 수요 등 *MPS* 단계에서 파악되지 않는 수요를 모두 포함하여 능력계획을 한다. 이를 위하여 *CRP*는 *MRP*로부터의 자재계획을 필요로 함은 물론, 자재명세서, 부품의 생산에 필요한 작업장별 프로세스 순서(routing files), 각 프로세스에서의 표준생산시간, 리드타임 자료, 그리고 각 개별 작업장에서 현재 진행 중인 작업에 관한 자료 등을 필요로 한다.

그림 9-15 능력소요계획의 과정

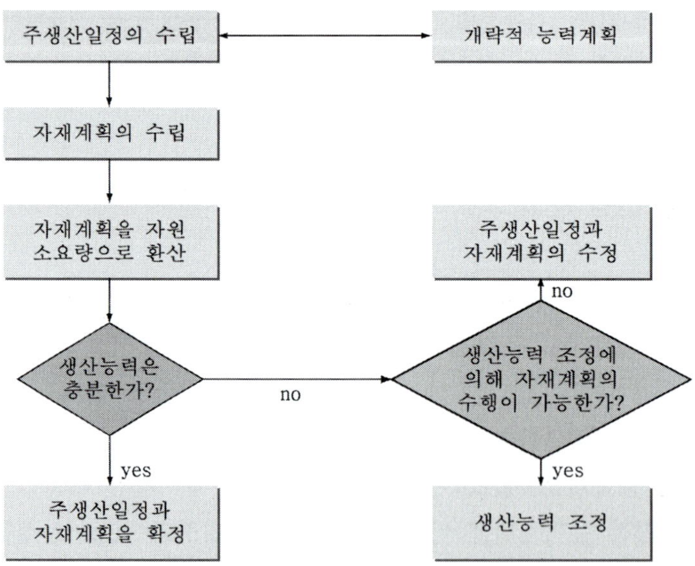

[그림 9-15]는 능력소요계획의 과정을 보여준다. 그 과정은 임시적 주생산일정

의 확정으로부터 시작되며, 그 주생산일정에 의하여 *MRP* 시스템은 자재계획을 수립한다. 자재계획은 다시 *CRP*로 입력되어 자원(능력) 소요량으로 환산된다. 자재계획으로부터 환산된 능력소요량의 자료는 [그림 9-16]과 같은 형태이며, 각 작업장에 대하여 작성된다. [그림 9-16]은 임의의 한 작업장에 대하여 자재계획이 요구하는 시차별 작업부하량(time-phased load)을 그 작업장의 현재 생산능력과 비교하고 있다.

[그림 9-16]과 같은 정보가 주어지면 관리자는 특정 작업장에서 *MRP*의 자재계획이 실행가능한지, 어느 기간에 생산능력에 문제가 있는지를 쉽게 파악할 수 있다. 만일 모든 작업장에서 생산능력상의 문제가 없다고 판정되면 주어진 자재계획 그리고 주생산일정은 확정된다. [그림 9-16]은 4주째가 과부하가 되어 있음을 보여준다. 그러나 이 문제는 앞뒤의 기간으로 과부하된 양을 약간 이동시킴으로써 쉽게 해결될 수 있을 것으로 보인다. 과부하된 부분이 5주로 이동하면 공급지연이 발생하며, 3주로 이동하면 재고의 증가를 의미한다. 그리고 이러한 결정은 시스템과 주생산일정에 전달되어 관련된 수정이 이루어져야 할 것이다. 경우에 따라서는 특정기간에 잔업을 추가로 설정하든지, 인력을 보충하든지, 또는 하청 등에 의하여 능력의 부족분을 조정할 수도 있다. 이러한 방법을 동원해도 생산능력의 수요과 공급의 균형이 맞지 않을 경우에는, 주생산일정의 수정이 불가피하게 된다.

그림 9-16 임의의 작업장에 대한 시차별 부하량

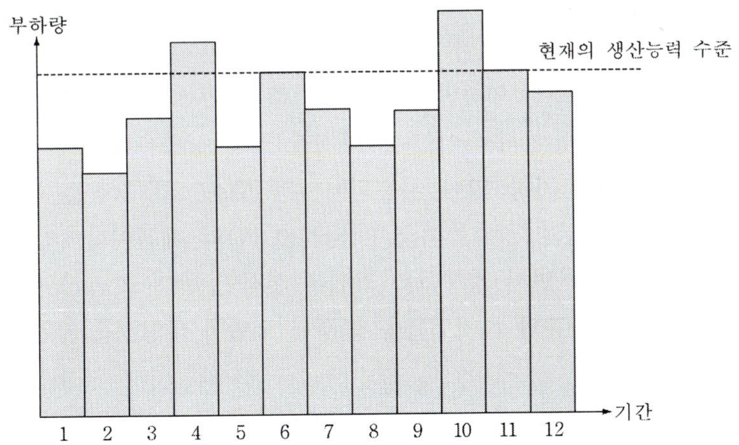

상위 시스템의 자료를 입력받아 이를 분석하고, 분석된 결과를 다시 상위 시스템으로 피드백하여 상위 시스템의 수정을 돕는 시스템을 폐쇄회로 시스템(closed-loop system)이라고 부른다. *MRP*와 *CRP*가 결합되어 *MRP*의 정보를 *CRP*가 입력받아 능력검토를 하고, 문제점을 다시 *MRP* 또는 *MPS*로 피드백시키는 시스템을 폐쇄회로 *MRP* 시스템이라고 한다.

9.5 *ERP* 시스템

ERP(Enterprise Resource Planning)는 구매, 생산, 영업 및 재무, 회계, 인사 부서 등 전분야의 업무 프로세스를 체계적으로 통합하는 기능을 한다. 단위 조직별로 수행되는 업무를 IT로 통합수행하게 됨으로써, 불필요한 중복작업을 제거하는 등 비용최소화에 기여를 하게 된다. 또한, 업무의 효율화로 경쟁력을 강화시켜 글로벌 경쟁에서 유리한 위치를 제공해 준다.

하지만, 단순히 *ERP* 프로그램의 구입만으로 문제가 해결되는 것은 아니다. *ERP*를 도입하기 전에 먼저 자사의 자원상태 및 경영현상에 대한 전반적인 이해를 해야 한다.

*ERP*를 도입한다고 무조건 성공하는 것은 아니다. 도입목적을 분명히 하고, 경영층의 적극적인 참여 등이 확보되어야 긍정적인 결과를 얻을 수 있는 것이다.

Forbes 보도에 의하면 2012년 기준 *ERP* 소프트웨어 글로벌 시장 점유율은 SAP 25%, Oracle이 13%이었다. 하지만 국내 상황은 글로벌 시장과는 조금 다르다. 2011년 국내에서 가장 많이 사용되어지는 *ERP* 프로그램은 독일 SAP(50.3%), 국내 업체인 더존비즈온(17.9%), 미국 Oracle(9.8%)의 제품이다. 참고적으로 SAP는 *ERP* 프로그램에 집중하면서 경쟁력을 키워온 회사인 반면, Oracle은 데이터베이스 전문업체에서 다양한 종류의 IT기업들을 인수해 오면서 다양성을 추구해온 회사이다.

[예제 9.8] 지난해 국내 ERP 애플리케이션 시장 8.2% 성장[2)]

2012년 국내 *ERP* 애플리케이션 시장은 1,383억원(소프트웨어 라이선스 기준) 규모로 2011년 대비 8.2%의 성장했다. 해당 시장은 2013년에는 전년 대비 6.1% 성장한 1,473억원대 규모가 예상되며, 2017년까지 연평균 6.8%의 성장을 통해 2017년에 1,923억원 규모에 이를 것으로 전망된다.

2012년 국내 *ERP* 애플리케이션 시장은 수요회복과 특정 산업에서의 투자 증가에 힘입어 전년도에 비해 높은 성장률을 보였다. 이는 전자/전기, 반도체, 철강, 자동차 등을 비롯한 제조시장을 중심으로 *ERP* 고도화 수요가 형성되었고, 통신시장에서는 계열사 통합을 위한 대규모 차세대 *ERP* 구축사업의 실시와 같은 호재 덕분인 것으로 파악된다. 반면, 중소규모 시장에서는 SaaS(Software as a Service) 기반 *ERP* 솔루션 출시를 통해 벤더 경쟁이 심화되고 있다.

한국IDC에 따르면, 기존에 재무, 물류, 생산 등에 적용되었던 *ERP* 시스템의 고도화 작업 및 재구축이 지속적인 *ERP* 시장성장을 견인하고 있다고 한다. 핵심 *ERP* 기능을 확장하여 *CRM*, *SCM* 등 외부 시스템과의 업무 프로세스까지 통합하기 위해 확장형 *ERP* 등과 같은 다양한 솔루션에 대한 관심이 꾸준히 증가하고 있고, 시스템 구축 시간 및 전체 프로젝트 비용을 단축시키기 위해 베스트 프랙티스(Best Practice) 기반으로 최적화된 산업별 *ERP* 패키지를 제공하는 벤더가 늘어나는 추세이다. 또한, 과거에 *ERP*를 적용하지 않던 산업군에서도 활발하게 *ERP*를 도입하는 사례가 늘어날 것으로 전망된다. 아울러 모바일 환경에서 접근하는 *ERP* 사용자의 증가도 *ERP* 시장성장에 영향을 미칠 것으로 내다봤다.

9.6 적시생산(*JIT*) 시스템의 정의 및 목적

도요타 자동차사는 부존자원이 절대적으로 부족한 일본의 여건 속에서 일찍이 낭비 없는 생산의 중요성을 인식하고 자국의 상황에 맞는 독특한 생산 시스템을 개발하였는데, 이것이 *JIT* 시스템이다. *JIT* 시스템은 20여년의 시행착오를 거쳐 70년대 후반에 완성되었으며, 80년대부터 구미의 기업 그리고 우리나라의 기업에도 도입되기 시작하였다. *JIT* 시스템은 모든 프로세스에 걸쳐 필요한 때, 필요한 것(부품, 원재료 등)을 필요한 만큼만 생산함으로써 생산시간을 단축하고 재고를 최소화하여 낭비를 없애고, 대내외적인 환경변화에 신속하고 유연하게 대응코자 하는 생산 시스템이다. 낭비(waste)란 비용만 발생시키고 부가가치(value added) 창출에 기여하지 않는 활동 또

---

2) 한국IDC(www.idckorea.com) 사이트 내용 발췌, '한국 ERP 애플리케이션 시장 분석 및 전망, 2013-2017: 2012년 리뷰'.

는 자원으로서 즉각적으로 제거되어야 하는 요소이다. *JIT* 시스템은 이러한 낭비로서 7가지를 들고 있다. 즉, 불량의 낭비, 재고의 낭비, 과잉생산(overproduction)의 낭비, 운반의 낭비, 비합리적인 프로세스에 의한 낭비, 동작의 낭비, 대기의 낭비가 그것이며, 이 7가지 낭비의 극소화가 *JIT* 시스템이 추구하는 기본목표이다.

MRP 시스템이 필요한 제품을 수요예측에 의하여 생산하는 것과 달리, *JIT* 시스템은 고객의 실제 수요율에 일치하는 생산을 추구한다. 이를 위하여 *JIT* 시스템에서는 다양한 제품을 소규모의 로트(lot)로 수요율에 따라 생산할 수 있도록 생산준비시간을 최소로 단축하는 데 노력을 집중하고 있다. 이는 주어진 생산여건 하에서 최적의 생산비용을 추구하는 서구의 생산통제 시스템과는 상반되는 생산관리의 접근방법이라고 할 수 있다.

JIT 시스템이 그 기본목적인 낭비의 극소화를 성취하기 위하여 추구하는 주요 원리로는 풀(pull) 시스템의 적용, 재고의 개념에 대한 재인식, 생산 준비시간(machine setup time)의 최소화, 로트 크기의 축소, 리드타임의 최소화, 생산의 평준화, 부품과 작업방법의 표준화, 무결함 생산의 추구 등을 들 수 있다. 이 외에도 *JIT* 시스템은 공급자와의 밀접한 관계유지, 종업원의 유연성, 그룹테크놀로지의 활용에 의한 생산자원의 재배치, 예방적 보수유지, 그리고 지속적인 향상 등을 추구한다. 다음 절에서는 *JIT* 시스템에서 적용하는 자재 흐름의 기본원리인 풀 시스템을 먼저 살펴보도록 한다.

9.7 풀 시스템

자재흐름의 원리는 풀 시스템(pull system)과 푸시 시스템(push system)으로 나눌 수 있다. 푸시 시스템은 전통적인 생산 시스템에서 흔히 볼 수 있는 자재 흐름의 원리로서, 선프로세스가 후프로세스의 필요에 관계없이 선프로세스의 일정계획에 따라 자재를 생산하여 후프로세스로 밀어 보내는 것과 같은 형태로 자재를 인도하는 시스템이다. *MRP* 시스템은 진보된 형태의 푸시 시스템이라고 할 수 있다. 주생산일정에 의해 생성된 자재의 소요량을 기초로 각 작업장에 생산지시가 하달되며, 각 작업장은 다시 하달된 생산지시를 기초로 하여 효율적인 일정계획(scheduling)을 수립하고 이에 따라 생산을 수행하게 된다. *MRP* 시스템은 선작업장의 생산 종료시간과 후작업장의 수요시점을 일치시킴으로써 재고를 최소화하는 것을 그 목적으로 한다. 이를 위하여 *MRP* 시스템은 후속 작업장이 필요로 하는 부품의 수량과 시점을 사전에 예측하고, 적시에 필요한 부품이 후속 작업장에 도착할 수 있도록 선작업장의 생산 시작시점을 계획하게 된다. 그러나 *MRP* 계획을 실행하는 과정에서 상황변화(기계 고장, 고객주문 변경, 공급품의 도착 지연 등)가 발생하여, 선작업장이 생산을 종료하는 시점이 되면 후작업장은 그 품목을 더 이상 필요로 하지 않거나 다른 품목을 필요로 하는 경우가 속출하게 된다. 이에 따라 재고가 과도하게 누적되고, 또 재고는 많지만 정작 필요한 품목은 없는 기현상이 빈번하게 발생하게 된다.

풀 시스템은 적시생산 시스템에 적용하는 자재 흐름의 원리이다. 사전에 설정된 각 작업장의 일정계획에 따라 부품을 생산하여 후프로세스로 밀어 보내는 대신에, 풀 시스템은 후프로세스가 필요에 따라 선프로세스로 가서 물품을 인출하는 형태를 취하게 된다. 그리고 선프로세스는 후프로세스에 의하여 인출된 양만큼만 부품을 생산한다. 풀 시스템의 개념에서는 자재의 이동이 고객의 수요로부터 시작하게 된다. 고객주문에 의하여 최종 조립프로세스의 완제품 재고가 인출되면, 최종 조립 프로세스는 인출된 양만큼의 생산에 필요한 부품을 선프로세스(이를 작업장 A라고 하자)로부터 인출하여 완제품 조립을 시작한다. 또한 작업장 A도 완성 부품의 인출이 발생하였으므로, 인출된 품목의 생산에 필요한 부품을 그것의 선프로세스로부터 인출하여 생산을 시작하게 된다. 그리고 똑같은 원리가 작업장 A의 선프로세스에서도 적용된다. 즉, 풀 시스템에서는 최종 고객의 수요가 생산 시스템의 프로세스 활동을 연쇄적으로 잡아당기는 형태로 발생하는 것이다. 그리고 이와 같은 풀의 개념은 외부 공급자에게까지 확장하여 적용될 수 있다.

9.8 적시생산(*JIT*) 시스템의 생산계획과 생산평준화

JIT 시스템 하의 생산계획의 목적은 생산평준화를 실행하는 데 있다. 생산평준화(production leveling)란 인력소요량뿐만 아니라 자재소요량의 분포를 가능한 한 균등화시키는 것을 말한다. *JIT* 시스템에서 자재 흐름의 기본은 풀 시스템이고, 풀 시

스템에서는 후속 작업장(사용자)이 필요에 따라 선행 작업장(공급자)으로 가서 물품을 인출하게 된다. 이와 같은 상황에서 후속 작업장의 물품 인출량이 불규칙하게 발생하게 되면, 선행 작업장은 불확실성을 흡수하기 위하여 과도한 인력, 장비, 잔업, 또는 재고보유에 따른 낭비가 발생하게 된다. 따라서 생산의 평준화는 *JIT* 시스템의 성공을 위하여 필수적인 요소이다.

생산의 평준화란 두 가지 측면에서 생각할 수 있다. 첫째는 한 작업장 내에서 시간대별 작업 부하량을 일정하게 유지하는 것이다. 작업장의 시간대별 작업량이 불규칙하게 주어지면 빈번한 잔업이 발생하게 되며, 인력 및 장비의 과잉투자에 의한 낭비가 발생할 수 있다. 둘째는 작업장 간의 균등한 작업 부하량 분배이다. 작업장 간의 작업 부하량이 불균형적이면, 필연적으로 병목작업장이 발생하며 이는 생산지연, 계획변경, 유휴시간 증가 등의 문제점을 야기하게 된다. 생산의 평준화를 유지하기 위해서는 전술한 바와 같이 우선 준비시간 최소화에 의한 로트 크기 축소가 선행되어야 한다. 그리고 또한 주생산일정의 안정적 유지가 필요하다.

MRP 시스템을 사용하는 기업에서는 주생산일정이 확정되면 *MRP* 시스템에 의해 하위 품목들에 대한 소요계획이 수립되나, *JIT* 시스템은 이를 필요로 하지 않는다. 왜냐하면 완제품에 대한 주생산일정이 결정되고 그것에 기초하여 최종조립일정이 결정되면, 풀 시스템을 적용하기 때문에 하위 품목에 대한 생산을 끌어당기는 형태로 생산통제가 이루어지기 때문이다.

최종조립일정(final assembly schedule, FAS)은 최종조립품을 언제까지, 얼마나 조립해야 하는지를 명시한다. 최종조립일정의 계획기간은 주생산일정에 비해 훨씬 짧으며(보통 10일), 일별로 작성되고 일별 조립 품목의 작업순서까지도 명시하고 있다. 최종조립일정은 다음의 두 가지 단계를 거쳐 결정된다.

① 주생산일정에 의해 월간 생산량이 확정되면, 다음과 같이 월간 작업일수로 나누어 일간 생산량을 구한다.

$$\text{하루 필요량} = \frac{\text{월간 필요생산량}}{\text{월간 작업일수}}$$

② 각 제품의 수요율을 고려하여 각 제품의 일간 작업순서를 결정한다.

JIT 시스템에서 어떻게 매일의 생산율과 제품믹스를 결정하는가를 살펴보기 위하여 한 자동차 회사의 예를 들어 보자. 이 회사는 1주일에 5일 근무하며, 일간 작업시간은 2교대로 하여 16시간이다. 표준형(standard), 고급형(executive), 왜곤(wagon)

등 세 가지 차종을 조립생산하는데, 다음 달의 필요생산량은 주생산일정에 의하면 총 18,000대라 한다. 따라서 한 달을 4주로 할 때, 주당 생산량은 4,500대이며, 하루 900대 또는 1교대당 450대를 조립하여야 한다. 세 차종의 수요비율이 4 : 3 : 2라고 하면, 이들의 1교대당 생산량은 각각 200대, 150대, 100대가 된다. 일일 생산율이 결정되면 생산 평준화의 다음 단계는 생산주기시간(cycle time)을 구하는 것이다. 생산주기시간이란 생산라인의 산출속도를 말하는데, 현대자동차 울산 공장의 경우 아반떼의 주기시간은 2분 내외이다. 즉, 약 2분마다 완성된 아반떼가 한 대씩 산출되는 것이다. 위 예의 경우, 주기시간은 다음과 같이 계산할 수 있다.

$$\text{주기시간} = \frac{\text{하루 작업시간}}{\text{일일 필요생산량}} = \frac{16\text{시간} \times 60\text{분}}{900\text{대}} = 1.067\text{분}$$

마지막으로 조립 차종의 순서 결정을 고려하여 보자. 기존의 생산 시스템에서의 접근방법은 생산준비의 횟수를 줄이기 위하여 한 가지 제품을 다량 생산한 후에 다음 제품으로 생산전환을 하는 것이 일반적이다. 그러나 이와 같은 방식은 초과생산을 초래하여 재고를 누적시킴으로 *JIT*의 개념과는 상반되는 개념이다. 따라서 *JIT* 시스템에서는 하나의 차종을 모두 생산하고 다음 차종의 생산으로 넘어가는 것이 아니라, 각 차종의 수요율에 맞추어 번갈아 가면서 생산하게 된다. 만일 9대를 한 생산주기(표준 4대, 고급 3대, 왜곤 2대)로 한다면 즉, *SSSS*—*EEE*—*WW*의 순으로 생산한다면, 주기시간은 9(1.067)=9.6분이 된다. 그리고 만일 실제 생산능력에 비추어 9.6분의 주기시간을 맞출 수 있다면 위의 순서는 최종조립일정으로 확정된다. 이와 같이 확정된 일정은 한 달 내내 계속 반복된다. 위의 조립일정보다 생산평준화를 위하여 더 이상적인 방법은 *SEWSESSEW*와 같이 각 제품의 로트 크기를 1로 하는 것이다. 그러나 잦은 생산전환은 생산교체 준비시간이 매우 짧지 않다면 과도한 시간이 소모되어 9.6분의 주기시간을 맞출 수 없다. 따라서 로트 크기를 적절히 조절하여 주어진 주기시간을 맞추어야 할 것이다. 그러나 가능한 한 생산교체 준비시간을 단축하여 로트 크기를 줄임으로써 각 작업장에 주어지는 작업 부하를 균등화할 수 있다.

이와 같이 일별 생산량을 일정한 수준으로 유지함으로써 선행 작업장이나 공급업체가 보다 쉽게 수요에 대처할 수 있다. 또한 1일 기준으로 고객의 수요에 맞출 수 있으므로 생산량과 수요율을 거의 일치시켜 재고를 극소화할 수 있다.

9.9 Synchro-*MRP* 시스템

품목의 수가 매우 많고, 이에 따라 빈번한 생산변경(machine changeover)이 요구되는 기업의 경우에는 *JIT* 시스템의 적용이 쉽지 않다. 오토바이로 유명한 야마하사가 바로 그런 경우로, 이 회사는 450개 이상의 오토바이 모델을 1,750개의 사양 선택 품목과 200,000개의 부품으로부터 생산하고 있다. 또한 이 회사는 제품과 부품의 설계변경이 빈번하여, 칸반 시스템만을 가지고는 적절한 생산통제가 어려웠다. 이러한 문제를 극복하기 위하여 이 회사는 *MRP*와 칸반을 결합한 하나의 시스템을 개발하게 되었다. *PYMAC*(pan Yamaha manufacturing control)이라는 이름을 가진 이 시스템은 Synchro—*MRP*로서 더 알려져 있다.

많은 기업의 경우 한 공장 내의 원재료와 부품을 가공하는 잡샵(job shop)의 형태와 가공된 부품을 조립하는 조립 라인으로 구성된다. 야마하에서도 부품을 제작하고 가공하는 프로세스는 공정 위주로 배치에 의한 잡샵(job shop)의 형태로, 그리고 오토바이의 조립 프로세스는 반복적 생산을 위한 흐름 라인으로 운영하였다. 그리고 부품의 가공 및 제작은 *MRP* 시스템에 의하여, 조립 프로세스는 칸반 시스템에 의하여 통제하도록 하였다. 이와 같이 *PYMAC* 시스템은 *MRP*와 칸반 시스템이 결합된 형태의 생산통제 시스템이다. 이 경우 제작 및 가공 프로세스와 조립 프로세스의 생산 흐름을 일치시키기 위하여, *MRP* 시스템의 계획 시간단위를 조정할 필요가 있다. 야마하에서는 *MRP* 시스템에서 통상적으로 많이 사용되는 일주일 대신에 하루 단위로 하였다. 즉, 원재료나 부품의 발주계획을 하루 단위로 작성하여, 제작 프로세스와 조립 프로세스가 하나의 전체 시스템으로 일관성 있게 통제되도록 하였다. 그러나 *MRP* 계획의 시간단위를 세분화함에 따라 엄청난 컴퓨터 처리시간이 소요된다. 예를 들어서, 야마하의 경우도 처음에는 일간 자재소요계획을 수립하는 데 211시간이 소요되었는데, 후에 지속적인 노력에 의하여 4시간으로 단축하였다. 이와 같은 컴퓨터 처리시간과 비용에도 불구하고 Synchro—*MRP* 시스템은 *MRP*나 *JIT* 중의 하나만으로는 생산통제가 어려운 기업에 보다 융통성 있는 생산통제의 수단을 제공한다.

9.10 부품과 작업방법의 표준화

부품의 표준화, 공통부품의 사용, 작업방법의 표준화는 반복적 생산의 효율을 향상시킨다. 예를 들어서, 100개의 다른 품목으로부터 10가지의 제품을 생산하는 기업과 똑같은 제품을 생산하는 데 1,000가지의 다른 부품을 사용하는 기업을 비교하여 보라. 두 기업에 대한 수요가 동일하다고 할 때, 전자의 경우가 훨씬 개별 부품의 수요가 많을 것이며, 따라서 생산의 반복성이 증가한다. 즉, 각 작업자의 생산 노력이 동일한 과업이나 작업방법에 반복적으로 적용될 수 있다. 반복성이 증가함에 따라 작업자의 학습효과가 누적되고, 이에 따라 보다 높은 생산성을 기대할 수 있는 것이다. 부품과 작업방법을 표준화함으로써 불필요한 재고와 작업절차를 제거할 수 있으며, *JIT* 시스템의 목표인 낭비의 극소화를 달성할 수 있다.

9.11 무결함 생산의 추구

전통적으로 생산관리 시스템에서는 무결함 생산(zero defect production)을 실현 불가능한 것으로 간주하였다. 생산성과 품질은 동전의 앞뒷면과 같아 동시에 추구될 수 없으며, 어느 한 쪽이 강조되면 다른 한 쪽을 상실하는 상반된 개념으로 받아들여져 온 것이 일반적이었다. 따라서 주어진 생산성 수준에서 로트 허용 불량률(lot tolerance percent defective, *LTPD*)과 합격 품질준수(acceptable quality level, *AQL*)의 조정만이 가능하다고 여겼던 것이다. 전통적인 품질관리에서는 생산과정에서 불량품의 생산은 불가피하며, 따라서 소비자의 기대와 제품명세서에 개략적으로 일치된 적절한 수준의 적정불량률을 추구하여 왔다. 이에 반하여 *JIT* 시스템은 적정불량률의 개념을 부정하며, 모든 제조 프로세스에서 결함의 모든 원인을 제거하기 위한 끊임없는 노력을 하고 있다.

무결함 생산을 달성하기 위하여 *JIT*는 품질분임조(quality circle)를 운영하고 있으며, 지도카(Jidoka), 즉 품질문제가 발생한 시점에서 바로 그 문제를 해결(quality at the source)함으로써 불량률의 최소화를 추구하고 있다. 지도카란 프로세스 상의 비정상이나 결함이 발생하였을 때, 이를 처음 발견한 현장 작업자가 즉각적으로 설비나 활동을 중지시키도록 하는 제도를 말한다. 지도카를 사용하면 결함의 통제가 쉽게 된다. 왜냐하면, 시간이 경과하여 시스템의 문제점이 복잡한 생산구조 속으로 섞여 들어가기 전에, 멈추어진 설비에 대하여 현장 작업자들이 즉각적으로 집중적인 주의를 기울임으로써 프로세스 상의 비정상이나 결함의 개선이 보다 용이하기 때문이다. 더불어 지도카는 작업자의 능력을 최대로 발휘할 수 있도록 하는 동기부여의 수단이 될 수 있다.

JIT 시스템이 보여준 성과는 시스템 구성원의 끊임없는 문제제기와 그에 대해 대안 탐색의 결과로서 나타난 것이다. *JIT*에서는 어떤 문제가 발생하면 그 원인을 찾아가는 방법으로 "5 Why System"이란 방법을 사용한다. 다음은 *JIT*의 창시자인 도요타자동차의 전 부사장 오노 다이이치의 저서에서 인용한 것이다.

① "왜 기계가 멈추었는가?"
과부하가 걸려서 휴즈가 끊어졌기 때문이다.

② "왜 과부하가 걸렸는가?"
베어링의 윤활이 충분하지 못했기 때문이다.

③ "왜 충분히 윤활하지 못했는가?"
윤활펌프가 충분히 자아올리지 못하였기 때문이다.

④ "왜 충분히 자아올리지 못했는가?"
펌프의 축이 마모되어 흔들거리기 때문이다.

⑤ "왜 마모되었는가?"
스트레이너(여과기)가 장착되어 있지 않아 찌꺼기가 들어갔기 때문이다.

이러한 과정을 거쳐 품질문제가 발생하는 근본적인 원인을 찾아 대처하기 때문에 *JIT*는 무결함 생산(zero defect production)을 가능하게 한다.

9.12 칸반 시스템과 *MRP* 시스템의 비교

칸반 시스템과 *MRP* 시스템은 모두 그 기본 목적이 필요한 물품을 적시에 생산하는 데 있다. 그러나 이 목적을 성취하는 방법에는 많은 차이가 있다. 가장 중요한 몇 가지 차이는 다음과 같다.

① *MRP* 시스템은 기본적으로 계획에 기초한 개념이다. 즉, 주생산일정에 기초하여 자재소요계획이 세워지면 이의 실행가능성을 검토한 후 확정하고, 실제 생산이 이에 따라 시행되도록 하는 일종의 푸시 시스템이다. 반면에 *JIT*는 사용자가 필요에 따라 공급자로부터 물품을 인출하는 풀 시스템이다.

② *MRP* 시스템은 컴퓨터와 정교한 정보처리 시스템을 활용하여 하위 부품이나 원자재의 구매 또는 생산 계획을 수립하는 반면에, 칸반 시스템은 칸반과 같은 단순한 시각적 도구를 통제 시스템으로 활용한다. *MRP* 시스템에서는 생산현장을 통제하기 위해서 발주계획(planned order release), 우선순위 변경, 긴급 독촉사항 등의 많은 서류처리가 발생한다. 그러나 칸반 시스템은 각 작업장의 생산이나 자재의 이동을 통제하는 데 재사용이 가능한 칸반 카드를 사용하기 때문에 서류처리의 필요성을 제거할 수 있다.

③ *MRP* 시스템은 자재소요 계획을 수립하기 위하여 자재명세서와 리드타임을 사용한다. 그런데 문제는 리드타임을 구성하는 대부분의 시간(보통 90% 정도)이 대기시간이라는 데 있다. 대기시간은 작업장에 대기하는 여러 주문 간의 우선순위에 의하여 결정되며 시간에 따라 변화한다. 만일 주문들의 작업순서를 미리 알고 있다면 대기시간을 정확하게 산정할 수 있을 것이다. 그러나 자재소요 계획단계에서는 작업순서를 알 수 없으며, 따라서 대기시간의 산정치가 리드타임의 계산에 적용된다. 그리고 이것은 실제 리드타임과 크게 차이가 있을 수 있다. 따라서 리드타임을 상쇄시켜 결정한 자재계획의 정확성에 문제점이 제기된다. 그러나 풀 시스템이 적용되는 칸반 시스템에서는 하위 품목에 대한 자재소요 계획이 필요 없기 때문에 리드타임의 상쇄로부터 오는 문제가 발생하지 않는다.

④ 칸반 시스템을 성공적으로 실행하기 위하여 필수적인 개념은 생산의 평준화이다. 왜냐하면 칸반 시스템에서는 후프로세스가 선프로세스로 가서 부품을 인출하게 되는데, 만일 인출량이 불규칙하게 되면 선프로세스는 이에 대비하기 위하여 많은 재고와 자원의 낭비가 발생하게 된다. 반면에 MRP 시스템에서는 선프로세스가 사전계획에 따라 생산하여 후프로세스로 자재를 이동시키기 때문에 생산 평준화의 중요성이 별로 제기되지 않는다.

⑤ 칸반 시스템은 수요율과 생산율을 일치시키려는 풀 시스템의 원리에 의해 운영되기 때문에 필요한 만큼씩만 소량씩 생산하게 된다. 따라서 로트 크기를 감소시키기 위하여 준비시간의 단축에 집중적인 노력을 경주하게 된다. 그러나 MRP 환경에

서는 주어진 준비비용과 재고유지비용 수치에 근거한 최적 생산량을 계획하여 비교적 큰 로트 크기의 생산을 하게 된다. 즉, *MRP*의 원리는 준비시간을 외생적으로 주어진 고정된 변수로 보나, 칸반 시스템을 적용하는 *JIT* 업체에서는 준비시간을 향상시켜야 할 통제가능 변수로 간주한다.

⑥ *MRP* 시스템을 적용하는 기업은 일반적으로 가격에 기초한 단기적인 계약에 의한 공급자 관계를 유지하는 경향이 있다. 그러나 칸반 시스템에서는 공급자가 칸반에 의해 전체 시스템의 일부로 간주되며 소규모의 빈번한 조달이 요구되기 때문에 소수의 공급자에 대한 장기적인 동반자 관계가 필수적이다.

⑦ 칸반 시스템에서는 *JIT* 철학에 의해 최소의 재고로 생산 시스템을 운영하기 때문에 작업자들의 품질향상에 대한 인식이 높다. 반면에 *MRP*의 상황에서는 대규모 로트에 의한 초과생산(overproduction)을 하기 때문에 불량품이 발생해도 재고에 의해 보충될 수 있으며, 따라서 작업자의 품질에 대한 인식도가 낮다.

⑧ 이상의 차이에도 불구하고 *MRP* 시스템과 칸반 시스템은 나름대로의 최적 사용분야가 있다. 칸반 시스템은 수요가 안정적이고 반복적인 생산이 가능한 경우에 최선의 효과를 낼 수 있다. 왜냐하면 *JIT* 시스템의 생산 평준화의 개념은 매일매일의 수요가 안정적이라는 가정에 근거하기 때문이다. 따라서 수요가 이산적이고 불규칙하게 발생하는 상황에서는 *MRP* 시스템이 보다 효과적이라 할 수 있다. [그림 9-17]은 *MRP* 시스템과 칸반 시스템의 사용영역을 요약하고 있다.

그림 9-17 *MRP*와 *JIT*의 사용

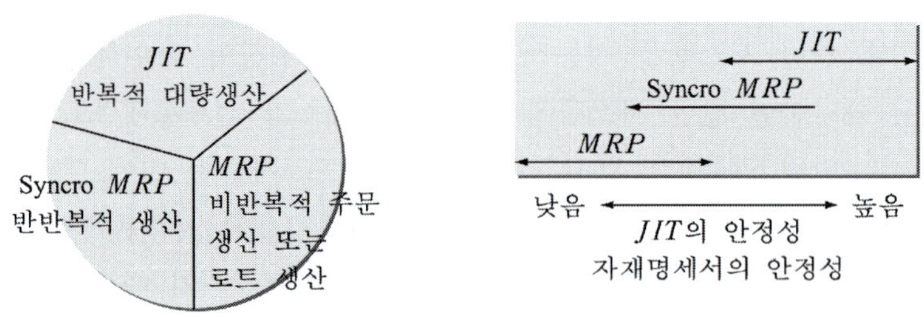

표 9-18 *JIT 및 MRP 시스템의 비교*

차이점	JIT 시스템	MRP 시스템
재 고	부채(재고)를 줄이기 위한 부단한 노력을 경주함.	자산(재고)은 예측오차를 보호함. 안전재고는 미래의 불확실성 때문에 필요함.
로트 크기	꼭 필요한 양만큼 부품제조 및 구매. 최소량의 로트 크기 추구함.	생산준비비용(혹은 주문비용)과 재고유지비용의 균형을 맞추는 로트 크기 결정. 너무 많지도 적지도 않음.
생산준비	빠른 생산준비로 생산에 미치는 영향을 최소화함. 빠른 교체는 작은 로트 크기를 가능케 하고 다종의 부품을 자주 생산토록 함.	관심이 적음. 최대생산량이 목표임. 빠른 교체를 위한 노력이 부족함.
대기행렬	대기시간을 최소로 함. 문제 발생 시 바로 원인을 규명하여 개선함. 대기 기간이 짧을 때 문제개선이 쉬움.	필요한 투자임. 대기물은 선행작업에 문제가 있을 때 후속작업을 계속하게 해줌.
외주처	우호관계. 시스템의 일부로 생각함. 소량의 부품을 수시로 배달함.	상거래 관계. 동일한 부품의 외주처가 다수임.
품 질	무결점. 품질이 100% 아니면 생산에 지장이 있음. 품질상의 문제는 근원지에 개선함.	약간의 폐기물 인정. 불량품이 발생한 이후에 품질관리기사에 의하여 원인 규명함.
장비정비	자주 효과적으로 함. 기계고장은 최소화함.	필요한 때에 함. 대기물이 있기 때문에 결정적임은 아님.
조달기간	짧게 유지함. 이는 독촉의 필요성을 줄이므로, 마케팅, 구매 및 제조를 단순하게 함.	길면 길수록 좋음. 감독관과 구매부서도 긴 조달기간을 바람.
작업자	의견일치에 의한 경영. 의견일치 후 변화가 가능	명령에 의한 경영. 새로운 시스템이 작업자에 관계없이 설치됨.

[표 9-18]은 본 절에서 살펴본 두 시스템의 차이를 제반 요인별로 나누어 요약하고 있다.

9.13 적시생산(*JIT*) 시스템의 집행실시

JIT 시스템의 가장 대표적인 성공사례는 *JIT* 시스템을 처음 개발한 도요타사이다. 그러나 도요타사의 뒤를 이어 수많은 일본 기업들이 *JIT* 시스템을 도입하였으며, 미국에서도 IBM, 휴렛패커드, GM, 블랙 앤 데커 등 많은 기업이 *JIT*를 도입하여 성

공적으로 운영하고 있다. 우리나라의 경우도 현대자동차나 만도, 금호타이어 등 많은 기업이 *JIT*를 도입하여 사용하고 있다.

JIT 시스템의 완전한 효과는 아직 미지수이지만, 몇몇 성공사례로부터 관찰한 일부 결과를 보면 재고, 인건비, 품질, 매출액 등에서 획기적인 향상을 실현할 수 있음을 알 수 있다. 그러나 *JIT* 시스템은 그 효과만큼이나 실패의 위험도 높다. 많은 기업이 *JIT* 시스템을 도입하여 운영하였으나, *JIT*의 도입에 성공한 기업보다 실패한 기업이 훨씬 많은 것으로 알려져 있다. 그 이유는 무엇인가? *JIT* 시스템은 *MRP* 시스템이나 다른 재고통제 시스템과는 성격이 매우 다르다. *JIT* 시스템은 도요타사에서 30년 이상 동안 진화적으로 시행착오를 겪으면서 개발된 시스템이다. 다시 말해서 *JIT* 시스템은 하나의 독립적인 하드웨어적 도구가 아니라 조직에 근거를 두고 있으며, 경영이념과 종업원 의식구조에 그 뿌리를 두고 있다. 따라서 칸반 시스템이나 품질분임조와 같은 제도는 하나의 독립된 시스템으로서 개별적으로 활용할 수 있는 것이 아니라 전체 시스템의 한 부분으로서 유기적인 조화를 이룰 때 그 효과를 발휘할 수 있는 것이다. 이와 같은 점에 유의하면서, *JIT* 시스템의 집행실시에 유효한 몇 가지 요인을 요약하면 다음과 같다.

최고경영자의 적극적인 참여 다른 모든 시스템의 경우와 마찬가지로 *JIT* 시스템도 최고경영자의 적극적인 참여 없이는 성공을 기대할 수 없다. 최고경영자가 단지 *JIT* 시스템의 도입을 지시하고, 거기에 필요한 비용을 결재하여 주는 것만으로는 부족하다. 경영자는 *JIT*의 성공적인 집행실시를 위하여 필요한 조직의 변화에 대하여 명확하게 인식하여야 한다. 그리고 *JIT* 집행실시의 장기계획을 수립하여 점진적이며, 지속적으로 조직원의 의식개선을 추구하여야 할 것이다.

현장종업원의 역할 *JIT* 시스템의 성공적인 집행실시를 위해서는 현장에 대한 강력한 통솔력이 필요하다. 안정된 고용을 보장하고 반복적인 훈련을 실시하며 종업원의 참여를 시스템화한다. 품질분임조와 같은 소집단 활동을 권장하여 모든 종업원이 문제해결에 참여하도록 한다. 그리고 다기능 작업자를 양성한다.

최종 조립라인으로부터 시작 최종 조립라인으로부터 시작하여 생산 평준화의 개념을 적용하고, 소규모 로트와 빈번한 생산전환이 가능하도록 준비시간의 단축에 최대한의 노력을 집중한다. 또 작업장 간에 발생하는 부품 수요의 불확실성을 제거하도록 표준규격의 컨테이너를 사용한다.

선행 프로세스로 확산 최종 프로세스에서 생산의 평준화가 이루어지면, 이를 다시 선행 프로세스로 확장 적용한다. 생산준비 시간을 줄이고, 자원의 유연한 흐름을 위하여 설비를 재배치하고, 표준 컨테이너를 사용하고, 작업자의 다기능화를 추진하며, 공장 내의 임시보관 창고를 제거한다.

조립 프로세스와 제작 프로세스의 산출률의 일치 조립 프로세스와 제작 프로세스(fabrication)의 산출률을 일치시키기 위하여, 초기 단계에는 가급적 모든 프로세스가 초과능력을 가지도록 조정한다. 그리하여 생산지연이 발생하는 프로세스는 이 초과 능력을 사용하도록 한다.

JIT의 개념을 외부공급자에게 확장적용 급자는 가급적 소수로 제한하며 장기 계약관계를 유지하며, 주문계획을 안정화시키고 소량의 부품을 수시로 공급하도록 한다. 제품개발 단계에서부터 공급자를 참여시켜, 공급물품에 대한 공급자의 정확한 이해를 도모한다. 그리고 공급자의 *JIT* 도입에 필요한 관리기술 및 제 자원을 지원한다.

9.14 요 약

총괄계획에 있어서 주지하여야 할 가장 중요한 사항은 총괄계획의 역할이 고용규모, 재고수준, 그리고 생산수준의 결정에 기업전략계획을 반영시키는 것이라는 것이다. 세부적인 생산계획은 다루지 않되, 생산 시스템의 운영이 기업의 전략적 방향과 일치하도록 하는 데 총괄계획의 중요성이 있는 것이다.

주생산일정은 기업의 다른 모든 기능부서와 관련이 있다. 모든 관련 부서로부터 적절한 투입자료를 제공받을 때 오퍼레이션스 부서는 총괄계획과 기업의 목표를 달성할 수 있기 때문이다. 그러나 타부서와의 연관관계는 그들이 제공하는 투입자료로 끝나는 것이 아니다. *MPS*는 종종 기능부서 간의 상호 연관관계를 증진시키는 촉매역할을 한다. 예를 들어서 오퍼레이션스 부문은 안정적인 고용수준을 유지하면서 주요 작업장의 이용률을 향상시키도록 *MPS*를 작성할 수 있다. 그러나 이런 전략은 고객수요의 변화에 신속하게 적응하는 기업의 유연성을 감소시키는 경향이 있으며, 유연성의 감소는 마케팅적 측면에서 볼 때 기업을 위하여 바람직하다고 볼 수 없다. 그러므로 *MPS*를 확정하기 전에 조달능력, 재고 그리고 빈번한 생산일정의 변경에 따른 비용증가 등 제 변수 간의 상충관계(trade-offs)에 대한 균형적 검토가 필요하다.

자재소요계획은 원재료, 부품, 반제품 등과 같은 종속적 수요 품목에 대한 주문 및 생산계획을 처리하도록 만들어진 종합정보관리 시스템이다. *MRP*는 주생산일정을 주정보로 하며, 여기에 자재명세서와 재고상태기록철의 정보를 추가적으로 고려하여 수립된다. *MRP* 전개의 2대 원리는 부품전개와 리드타임의 상쇄라는 두 가지 원칙들로, 이들은 *MRP*의 전개에 있어서 가장 핵심적이며 기본적인 원칙들이다.

*MRP*에 의해 산출된 자재계획은 현재 알려진 정보를 이용하여 수립한 계획 값이지 실제로 발생한 사실이 아니다. 그러므로 시간이 흐르면서 수요 자료의 변동 또는 생산 프로세스 상의 지연 등이 발생하게 되고, 이에 따라 *MRP* 기록도 새로운 정보를 반영하여 주기적(regenerative MRP) 또는 수시로(net-change MRP) 재계획되어야 한다.

본장에서 설명한 *JIT* 시스템은 반복생산의 설계 및 통제를 위한 가장 대표적인 개념이다. *JIT* 시스템에서는 만일의 경우에 대비하는 생산을 지양하고 필요한 물품을 필요한 때에 필요한 만큼만 생산하도록 추구하며, 풀 시스템에 의하여 이를 실현하도록 한다. *JIT* 시스템의 목적은 생산 시스템 내의 모든 낭비를 제거하는 데 있으며, 이는 생산 시스템에 대한 수요율과 생산 시스템의 생산율을 경제적으로 일치시킬 수 있을 때 달성될 수 있다.

문제 및 토론

1. 기업의 리소스계획 의사결정은 어떤 단계를 거쳐 수립되는가를 설명하고, 각 단계별로 특징들을 비교 · 설명하시오.

2. 총괄계획에서 의사결정변수로 사용될 수 있는 요인으로는 어떤 것들이 있으며, 고려되는 비용요인들에는 어떤 것들이 있는지 서술하시오.

3. 총괄계획의 주된 요소에는 어떠한 것들이 있으며, 이들 간의 관계에 대하여 설명하시오.

4. 안암기업은 다음 해의 총괄계획을 수립하고자 한다. 다음 해의 월별 수요예측치는 다음과 같다.

월	1	2	3	4	5	6	7	8	9	10	11	12
예 측	190	230	260	280	210	170	160	160	220	250	260	180

위의 자료에서 보듯이 수요의 계절 변동폭이 다소 높다. 예를 들어서 3, 4월과 10, 11월의 수요는 다른 달에 비하여 상대적으로 높은 것을 알 수 있다. 안암기업은 20명의 종업원이 있으며, 각 종업원은 월 10단위를 생산할 수 있다. 그리고 제품의 생산비용은 단위당 6,000원이 든다. 단위당 재고유지비용은 월 5,000원이며, 품절비용은 단위당 월 10,000원이 든다. 안암기업은 1월 초에 2명의 종업원을 신규로 채용하기로 하였으며, 이들 중 한 명은 임시직으로 5월까지만 일하게 된다. 2명을 신규채용함으로 드는 추가적인 생산비용은 500,000원이다. 본문 [표 9-2]의 양식에 맞추어 총괄계획을 수립하고, 관련 비용을 계산하시오.

5. B회사는 맥주를 생산하는 업체로 수요에 계절적 요인이 명백히 존재한다. 향후 1년간의 수요예측치는 다음과 같다.

[B회사의 물품의 향후 1년간 분기별 수요] (단위: 대)

기 간	1분기	2분기	3분기	4분기	계
수 요	100,000	200,000	400,000	100,000	800,000

이 기업에 주어진 비용요소와 제약조건은 다음과 같다.

h: 기별 단위당 재고유지비용 = 50원

r: 정상근무에 의한 생산시 단위당 생산비용 = 500원

c: 잔업에 의한 생산시 단위당 생산비용 = 800원

o: 하청에 의한 생산시 단위당 생산비용 = 1,000원

현재 보유재고는 50,000개이고 연말의 기대보유재고로 30,000개를 유지하고자

하며, 각 분기별로 사용가능한 정규생산능력은 150,000, 150,000, 200,000, 150,000개이다. 초과근무는 정규작업시간의 15%를 초과할 수 없으며, 하청에 의한 최대 공급량은 기별로 25,000개까지 가능하다. 부재고와 품절은 허용되지 않는다. B회사의 총괄계획을 도표법을 이용하여 수립하시오.

6. C회사는 다양한 용도의 산업용 저울을 생산한다. C회사가 자기의 조립공장에 작업자를 신규고용하는 데는 150,000원이 들고 해고하는 데는 100,000원이 든다. 그 공장은 현재 72명의 고용수준으로 분기당 평균 360,000개의 저울을 생산한다. 초과근무는 분기당 30,000개, 하청은 10,000개로 제한되어 있다. 정규시간(재료비 포함)에는 저울 하나 조립하는 데 243,000원이 들고, 초과근무에는 270,000원이 든다. 또한 하청을 이용할 경우에는 330,000원이 든다. 현재의 재고수준은 40,000이며 경영진은 연말에도 이 수준을 원한다. 품절은 허용되지 않으며, 저울 하나를 재고로 유지하는 데는 분기당 30,000원이 든다. 내년의 저울에 대한 수요는 다음과 같다.

[내년도 C기업의 수요]

분 기	수 요
1	100,000
2	410,000
3	770,000
4	440,000
합 계	1,720,000

두 개의 고용수준 계획이 다음과 같이 제안되어 있다.

[제안된 내년도 생산총괄계획안 1과 2]

분 기	종업원 수	
	계획 1	계획 2
1	72	86
2	78	86
3	92	86
4	72	86

어느 계획이 더 우수한지를 평가하고, 그 이유를 설명하시오.

7. 서울시의 도로보수유지과는 서울시와 그 주변지역의 도로유지보수를 맡고 있다. 도로유지보수 감독자인 최씨는 보수를 위한 일정계획과 시의 예산에 기초한 내년도 충원계획을 제출하여야 한다. 일정계획보다 빨리 도로가 보수될 수는 없는데, 이는 작업자에 지급될 자금이 조달되지 않기 때문이다. 도로보수를 연기하는 것도 마찬가지로 불가능한데, 이는 일정계획에 맞춰서 도로보수를 하지 않으면 시 재정과 맞지 않기 때문이다.

최씨는 다음 네 분기 동안 필요한 노동시간을 12,000, 24,000, 38,000, 18,000으로 각각 추정하고 있다. 작업조의 22명의 작업자는 각각 분기당 520시간을 일할 수 있다. 작업자당 분기별 정규시간 임금은 6,240,000원이고, 초과근무는 한 시간당 18,000원의 비용이 든다. 초과근무는 각 분기별 정규시간 생산능력의 20%를 넘지 못한다. 작업자들은 3,000,000원에 고용될 수 있으며, 2,000,000원에 해고될 수 있다. 하청은 고려하지 않고 있다.

① 도로보수의 지연이 없고, 단축근무가 최소화되는 평준화 고용수준계획을 찾으시오. 이 계획의 총비용은 얼마이며, 얼마만큼의 단축근무가 발생되는가?

② 초과근무 없이 추적전략을 이용해 보시오.

8. 고려산업의 향후 8개월간 수요예측은 다음과 같다

월	1월	2월	3월	4월	5월	6월	7월	8월
예측	1,400	1,600	1,800	1,800	2,200	2,200	1,800	1,400

고려산업은 200개의 재고를 보유하고 있다. 품절비용은 단위당 100원이며, 재고유지비용은 단위당 20원/월이다. 고려산업은 수요추적전략을 사용하고자 한다. 작년 12월의 생산량은 1,600단위였고 100단위를 더 만들기 위해 노동자를 고용한 추가비용은 5,000원이고, 해고를 위한 비용은 100단위당 7,500원이다.

9. 주생산일정에서 가용주문약정량(*ATP*)의 재고정보가 어떻게 이용될 수 있는가?

10. 아래의 *MPS* 기록을 완성하시오. 현재 해당품목의 재고는 35단위가 있다. *MPS* 주문량은 매번 50단위로 한다.

현재보유재고: 35		주							
		1주	2주	3주	4주	5주	6주	7주	8주
예측수요		15	15	20	20	20	20	30	30
주문량		10	16	5	6	9	0	0	0
기대보유재고	35								
MPS 수량									

11. 아래의 *MPS* 기록을 완성하시오. 현재 해당품목의 재고는 85단위가 있다. *MPS* 주문량은 매번 100단위로 한다.

현재보유재고: 85		1월				2월			
		1주	2주	3주	4주	5주	6주	7주	8주
예측수요		75	75	50	50	65	65	70	70
주문량		50	0	60	6	40	70	0	0
기대보유재고	85								
MPS 수량									

12. 다음 자료는 어떤 최종품목에 관한 것이다.

—다음 10주간의 예측수요는 50, 75, 75, 100, 100, 0, 0, 50, 50, 75

—현재보유재고는 15단위이다.

—재고정책은 100단위의 로트로 생산하는 것이다.

—해당품목에 대한 실제 고객주문은 1주부터 60, 45, 20, 15, 0, 0, 0, 0, 0, 0 단위이다.

① *MPS*를 작성하고, 가용주문약정량(*ATP*)을 계산하시오.

② 세 주문이 다음 순서로 도착하였다.

주 문	수 량	요구하는 주
1	90	3
2	80	3
3	40	4

위의 주문을 어떻게 처리할 것인가?(단 순서에 따라 보내야 하고, 요구하는 선적날짜나 *MPS*를 변화하지 못한다고 가정하시오.) 또한 *MPS*는 어떻게 수정되는가?

13. 다음 각 용어를 간략히 설명하시오.

① 주생산일정　② 자재명세표
③ 재고상태기록철　④ 총소요량
⑤ 순소요량　⑥ 단계부호

14. 아래 그림은 (주)고려가 생산하는 제품 A의 제품구조표다. 현재 어떤 부품의 재고도 가지고 있지 않은데, 회사가 80단위의 제품 A를 생산하려 할 때, 구입 혹은 생산해야 하는 각 부품의 양을 결정하시오.

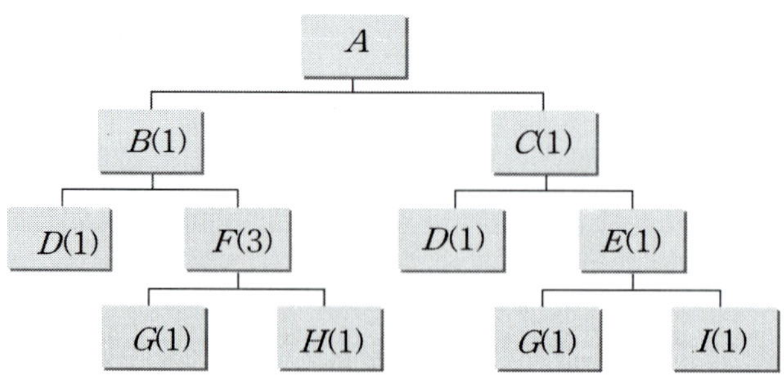

15. (주)소리는 휴대용 CD 플레이어를 생산하는 회사다. 각 제품은 서로 다른 기능을 가지고 있지만 상당수의 부품은 서로 공유한다. 다음 제품구조표에서는 각 제품마다 필요한 부속품과 수량을 보여주고 있다.

모델 A　　　　　　　　　　　　모델 B

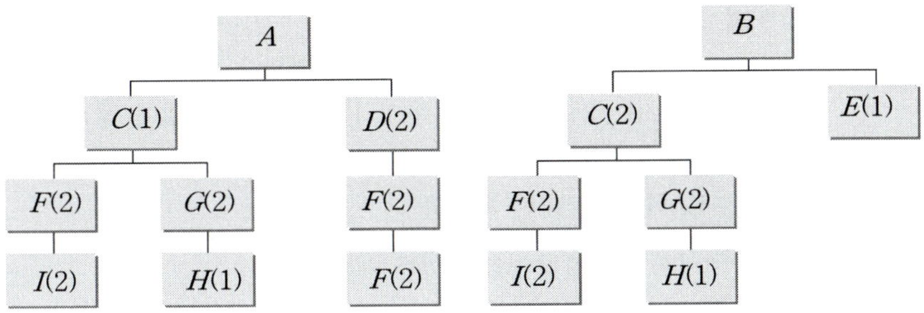

	현재보유재고	리드타임
모델 A	30	1
모델 B	50	2
부품 C	75	1
부품 D	80	2
부속 E	100	1
부속 F	150	1
부속 G	40	1
원재료 H	200	2
원재료 I	300	2

(주)소리는 예측을 통해서 주생산일정을 세우고, 계획에 따라서 생산한다. 이것에 따르면 모델 A는 700단위, 모델 B는 1,200단위를 10주차에 생산하려고 한다. *MRP*를 전개하시오(단, 주문량결정법은 순소요량법으로 한다).

16. (주)자동은 산업용 로봇을 제조하는 회사다. 이 회사는 앞으로 7주 후 40대의 산업용 로봇을 납품해야 한다. 아래의 정보를 사용해서 부품 G를 얼마큼 생산해야 하는지를 결정하시오(단 부품 G는 80단위씩 생산해야 한다. 또한 부품 G는 다른 로봇에서는 사용할 수 없다).

항 목	리드타임	보유재고	직속하위 품목
로봇	2	10	B, G, C(3)
B	1	5	E, F
C	1	20	G(2), H
E	2	4	
F	3	8	
G	2	15	
H	1	10	

17. 제품 P는 부품 K, L 그리고 W로 이루어져 있다. 부품 K는 3개의 부품 G와 4개의 부품 H로 만든다. 부품 L은 2개의 부품 M과 2개의 부품 N으로 만든다. 그리고 W는 3개의 부품 Z를 이용한다. 현재 보유재고는 20개의 부품 L, 40개의 부품 G, 그리고 200개의 부품 Z이다. 인수예정량은 3주차에 10개의 부품 K와 6주차에 30단위의 부품 K를 받는다.

100개의 제품 P가 7주차에 선적 예정이다. 리드타임은 부품 G, H, M이 1주일이고 나머지는 2주일이다. 제품 P의 조립에는 2주일이 필요하다. 다음에 답하시오.

① 제품구조표

② K, G, H에 대한 *MRP*표

18. 총소요량과 순소요량과의 차이를 설명하시오.

19. 효율적인 *MRP* 시스템을 운영하기 위해 필요한 5가지 투입자원을 설명하시오.

20. 다음 그림을 보고 저단계부호와 완제품 10단위를 만들기 위한 각 부품의 발주량을 계산하시오.

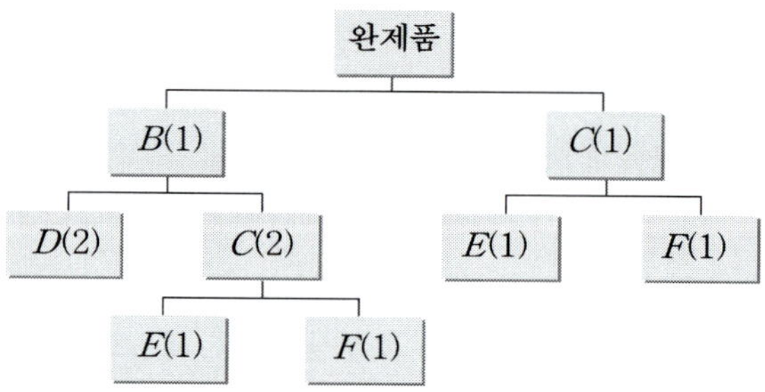

21. 위 20번 문제의 제품구조표와 다음 도표를 참조하여 *MRP* 기록표를 완성하시오.

품목명	리드타임	보유재고
완제품	1	10
B	2	20
C	3	0
D	1	100
E	1	10
F	1	50

22. 다음은 어느 제품 "갑"의 제품구조도에 대한 설명이다. "갑"의 생산을 위해서는 3단위의 부품 D와 2단위의 부품 F가 필요하다. "갑"제품의 리드타임은 1주이며, D와 F는 각각 1주와 2주의 리드타임이 필요하다. 고객은 제6주에 완제품 "갑" 10단위를 인도받도록 주문했다. "갑"제품 생산을 위한 각 부품의 총소요량과 순소요량을 계산하시오.

23. 제품 “을”은 제 7 주에 100단위가 납품되어야 한다. “을”을 조립하기 위해서는 1단위의 부품 T와 0.5단위의 부품 U가 필요하다. 또 부품 T는 1단위의 부품 V와 2단위의 부품 W 그리고 1단위의 부품 X로 만들어진다. 또 부품 U는 0.5단위의 부품 Y와 3단위의 부품 Z가 필요하다. 모든 부품은 기업 내에서 제조된다. 각 부품별 리드타임은 다음과 같다(부품 S: 2주, 부품 T: 1주, 부품 U: 2주, 부품 V: 2주, 부품 W: 3주, X: 1주, Y: 2주, Z: 1주).

① 제품구조도를 그리시오.

② 독립수요품목에 대한 총소요량을 계산하시오.

③ 다음 표와 제품구조도를 근거로 *MRP* 기록표를 작성하시오.

품목	보유재고	품목	보유재고	품목	보유재고	품목	보유재고
을	20	U	10	W	30	Y	15
T	20	V	30	X	25	Z	10

24. 일반적으로 *MRP*를 푸시 시스템이라고 하고 *JIT*를 풀 시스템이라 한다. 그 이유를 설명하시오.

25. *JIT*에서 제거하고자 하는 낭비에는 어떤 것이 있는가?

26. 풀 시스템과 푸시 시스템을 설명하시오.

Chapter 10

재고관리

관련 이야기 어떤 제품을 재고로 할 것인가?[1)]

제품의 특성에 집중함으로써, 소매업자들은 "그것이 바로 내가 원하는 것" 또는 "이 제품은 내가 더할 나위 없이 좋아할 만한 것이 아닐 수도 있지만, 그것에 충분히 가깝고, 나는 이 제품을 구입하겠다." 라고 말하는 고객의 수를 극대화할 수 있다. 이를 위해 다음의 단계들을 거쳐야 한다.

1) 고객에게 가장 중요한 특성들을 이해할 것

- 고객에게 중요한 특성들을 식별

  대부분의 소매업자들은 이미 그들의 제품들의 특성에 관해서 생각하고 있으며 그들의 범주에서 중요한 것을 쉽게 식별할 수 있다. 특성들에는 가격, 브랜드, 크기, 맛 그리고 색을 포함할 수 있다.
- 고객이 선호하는 제품을 제공하지 않을 경우 고객들이 무엇을 할지를 설명

  소매업체가 제품을 판매라인에서 제외하려고 할 때, 고객이 첫 번째 선택지를 찾지 못할 경우 다른 제품을 구매하려는 의지는 매우 중요하다.

2) 특성별 현재 및 잠재 판매 분석

- 최근 기간 동안 판매 데이터를 수집

  현재 보유하고 있는 SKU (Stock Keeping Unit)별 판매와 각 브랜드-보증 조합의 총 매출 점유율에 대해 아는 것에서 시작해야 한다. 이것이 모델의 기초이며, 일반적으로 6개월에서 1년 치의 최근 데이터를 살펴본다.
- 모든 잠재적 SKU에 대한 수요 예측

  어떤 SKU들이 한 자릿수 판매량을 보였다는 것은 이것들을 대체하면 매출을 증가시킬 수 있다는 것을 나타낸다. 하지만, 어떤 새로운 SKU가 잘 팔릴지에 대해 알아내는 것은 도전이다.
- 예측 개선

1) Marshall Fisher and Ramnath Vaidyanathan. “Which Products Should You Stock?,” Harvard Business Review, November 2012.을 참고.

이 계산은 실제로 가지고 있는 품목의 판매를 예상할 때 알 수 있듯이, 정확한 예측으로 이끄는 데 일부만 소요된다.

- 거래 등락에 대한 설명
  위에서 설명한 계산은 고객이 선호하는 옵션이 제공되지 않을 경우 다른 브랜드-보증 조합을 구매할 의향이 있을 수 있다는 사실을 명시적으로 설명하지 않는다.
- 자기실현적 예언 찾기
  소매업체는 자사의 고객들이 특정 유형의 제품을 구매하기를 원하지 않는다고 생각한다.

3) 분류 최적화

- 수익을 극대화할지 아니면 이익을 극대화할지를 결정한다. 소매업 환경에서 가장 자연스러운 이익 측정치는 총 마진(일반적으로 매출에서 판매된 상품 원가를 뺀 금액)이다.
- 잠재적인 SKU에 대한 가격을 결정한다. 분류를 최적화하려면 각 SKU가 얼마나 많은 수익을 창출할 수 있는지 알아야 한다.
- 최종적인 분류를 결정한다. 다음으로, 각 SKU의 예상 판매량을 소매 가격에 곱하여 잠재적 매출을 계산한다.

분석기법은 특히 어떤 SKU를 보유할 것인지를 결정하는 운영 수준에서 분류 계획에는 크게 적용되지 않았다. 분석을 사용하여 각 매장에서 고객이 선호하는 제품 속성에 대한 통찰력을 얻은 다음 이러한 통찰력을 기반으로 로컬화된 분류를 만들어낸다. 분류 계획은 같은 가게의 매출에 크게 기여할 수 있다. 하지만 잘못하면 소매업자를 수년 동안 해칠 수 있다.

제조업, 농업, 도·소매상, 병원과 같은 영리조직이든, 학교, 정부, 양로원과 같은 비영리조직이든, 어떤 형태로든 재고를 보유하게 되며, 따라서 재고관리의 문제가 발생하게 된다. 뿐만 아니라 가계부분도 의복, 식품, 비상금 등의 다양한 재고를 보유하고 있다. 이와 같이 재고의 문제는 경제의 모든 부문에서 발생하며, 총괄적으로 볼 때 재고투자는 총 *GNP*에서 상당한 비중을 차지하고 있다. 특히, 제조업체의 경우에는 원재료와 재공품 재고의 문제가 발생하는데, 이것은 생산계획 및 통제 문제와 직접적으로 연관되는 문제이다. 즉 제조업체의 경우, 생산과 재고통제의 문제는 분리하여 생각할 수 없는 결합적인 문제이다.

재고 관리자가 당면하는 문제는 상충적 과제로서, 외부 고객 및 기업 내부 수요의 변동에 유연하게 대처하고 생산에 있어 규모의 경제효과를 누리기 위하여 충분한 재고를 유지하여야 하며, 동시에 재고감축에 의한 경비절감을 도모하여야 한다. 과다한 재고는 많은 자금을 동결시킨다. 대부분의 기업은 상당한 금액의 자금이 재고자산에 잠겨 있다. 이 금액은 통상적으로 기업 총자산의 20~40%에 이르며, 따라서 부실한 재고관리는 기업의 자금압박을 가중시킬 뿐만 아니라 더 좋은 투자기회를 상실시킨다. 반면에 재고의 감소는 품절을 야기하고, 이에 따른 매출액 감소와 생산애로에 의한 생산성 감소를 유발할 수도 있다. 이에 합리적이고 과학적인 재고관리의 중요성이 강조된다.

10.1 재고의 기능적 분류

재고정책을 제대로 수립하기 위해서는 제조나 마케팅과 관련한 재고의 역할에 대한 이해가 필요하다. 그러나 얼마만큼의 재고이면 충분한가를 다룰 때 흔히 발생하는 오류는 개별 재고품목의 기능이나 품목 간의 상관관계를 고려하지 않고 모든 품목에 일률적으로 재고회전율의 개념을 적용한다는 것이다. 또한, 기업의 재고 관련 의사결정이 종종 회계 또는 재무 실무자에 의해 수행되며, 이에 따라 재고통제는 대개 사전에 정의된 회계적 목적에 따른 재고 분류를 기준으로 결정되어 왔다. 재고회전율이나 매출액과 대비한 재고 척도는 사후적인 분석 또는 보고목적에는 유용하지만, 계획단계에 통제의 목적으로 일률적으로 적용하는 것은 지양되어야 한다.

재고는 그 기능에 따라 크게 다음의 다섯 가지로 분류할 수 있다.

① 주기재고(cycle inventory)

② 안전재고(safety stock)

③ 예비적 비축재고(anticipation inventory)

④ 파이프라인 재고(pipeline inventory)

⑤ 분리용 재공품재고(decoupling inventory)

주기재고 주기재고란 재고품목을 한 단위씩 주문 또는 생산하여 소모하지 않고 주기적으로 일정한 로트 단위에 의해 조달하기 때문에 발생하는 재고이다. 로트 단위에 의한 조달의 이유는 여러 가지가 있을 수 있는데, 그 중에서 중요한 몇 가지는 다음과 같다.

— 대량구매, 수송, 생산에 의한 가격할인 또는 생산비용 절감

— 대량주문에 의한 주문횟수 감축으로 주문비용의 절약

— 기술적 제약요인

안전재고 안전재고는 완충재고(buffer stock)라고도 불리며, 수요와 공급의 단기적인 불확실성에 대비하여 보유하는 재고를 말한다. 그러므로 수요의 평균과 표준편차가 알려져 있고 리드타임이 정확하게 지켜지는 상황에서는 안전재고의 양은 고객서비스 수준에 의하여 직접적인 영향을 받는다. 여기서 서비스 수준이란 품절 없이 재고로부터 바로 충족되는 수요의 비율을 의미하며, 일반적으로 경영층에 의하여 주어지는 정책변수이다.

예비적 비축재고 예비적 비축재고란 수요의 상승을 기대하여 의도적으로 사전에 비축하고 있는 재고를 말한다. 예비적 비축재고는 주로 계절적 수요를 가지는 품목의 경우에 발생한다. 예를 들어서, 에어컨을 생산하는 업체에서는 여름 동안의 성수기를 대비하여 비수기인 겨울에 평균수요 이상의 에어컨을 생산함으로써 재고를 비축하여 성수기에 대비하는 것을 우리는 흔히 볼 수 있다. 예비적 비축재고는 예기되는 수요의 상승 이외에도 불량품, 정기적 시설보수, 파업 등에 대비하기 위한 재고를 포함하기도 한다.

파이프라인 재고 파이프라인 재고는 현재 수송 중에 있는 품목들을 말한다. 파이프라인 재고의 양은 품목의 수요율, 수송시간, 그리고 수송시간의 불확실성의 정도에 비례하게 된다.

분리용 재공품재고 [그림 10-1]은 세 개의 작업장으로 구성된 가상적 생산라인을 나타낸다. 원재료가 도착하면 첫 번째 작업장에서 생산 프로세스를 거친 후, 두 번째 작업장으로 이동하고, 다시 세 번째 작업장의 프로세스가 끝나면 완제품이 되어 최종소비자에게 유통된다. 이 경우 각각의 작업장은 상호 종속적인 관계를 가지게 된다. 왜냐하면 한 작업장이 어떤 원인(기계고장, 결근 등)에 의해서 프로세스 활동을 중단하면 다음 작업장도 생산활동을 계속할 수가 없기 때문이다. 그러나 만일 각 작업장 사이에 일정량의 재공품재고를 보유하게 되면 위에서와 같은 종속성으로부터 어느 정도 분리될 수가 있을 것이다. 선행 작업장이 정지하여도 후속 작업장은 재공품재고에 의해 지속적으로 생산활동을 수행할 수 있기 때문이다. 이와 같이 작업장 사이의 재공품재고는 프로세스 순서나 자재흐름으로부터 오는 작업장 간의 종속성을 해소시켜, 각 작업장이 독립적으로, 보다 효율적으로 운영될 수 있는 수단으로 사용될 수 있다. 이와 같은 용도의 재공품재고를 분리용 재공품재고라고 부른다.

그림 10-1 가상적 생산라인

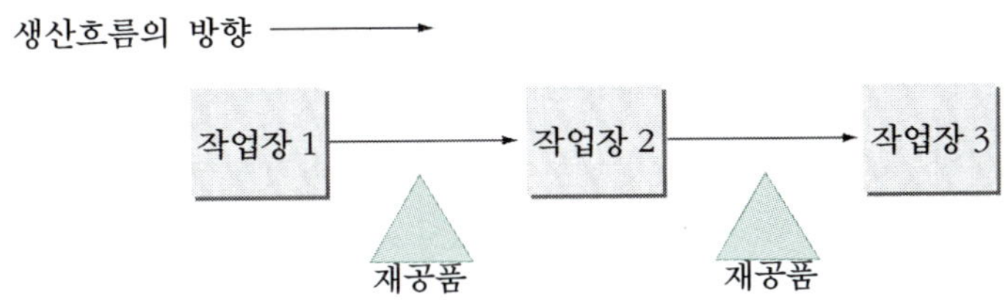

10.2 재고관련 비용

재고와 관련하여 고려해야 할 비용에는 구매단가, 주문비용, 재고유지비용, 품절비용의 네 가지가 있다. 이 네 가지의 비용을 하나씩 살펴보기로 하자.

구매단가 구매단가란 재고품목을 한 단위 구입하기 위하여 공급자에게 지불하는 금액을 말한다. 일반적으로 재고품목의 구매단가를 정확하게 산정하기는 쉽지 않다. 왜냐하면 물품의 단가는 공급자에 의해 수시로 바뀔 수 있고, 구입량에 따라 다른 가격이 적용될 수도 있기 때문이다. 구매단가의 정확한 파악은 두 가지 이유에서 중요하다. 첫째, 구매단가는 일정기간 동안의 총 구매비용을 산정하기 위한 기준이 된다. 둘째, 후술하는 재고유지비용이 주로 구매단가에 의하여 좌우되기 때문이다.

재고유지비용 재고유지비용이란 실제로 재고를 보유함으로써 발생하는 제 비용을 말한다. 재고를 보유함으로써 직접적으로 발생하는 비용으로는 창고비, 세금, 보험료, 고장, 파손, 도난, 진부화, 재고에 묶인 자금에 대한 기회비용 등을 들 수 있다. 재고유지비용을 구성하는 항목 중에서 가장 높은 비중을 차지하는 것은 재고에 묶인 자본의 기회비용이다. 재고유지비용은 보통 다음과 같이 계산된다.

$$\text{연간 재고유지비용} = \text{평균재고} \times \text{구매단가} \times i$$

위 식에서 i는 연간 재고유지비용률로서, 주로 평균재고투자액의 자본비용을 의미한다. 자본의 기회비용은 쉽게 설명될 수 있다. 이론적으로 생각할 때, 자금이 재고에 묶여서 포기해야 하는 투자안들의 가장 높은 수익률이 바로 재고유지로 인한 자본의 기회비용이 된다. 그러나 이와 같은 한계비용적 개념의 비용을 실무에 적용하기는 쉽지 않다. 예를 들어서 기회가 상실된 투자안의 내용은 시간이 변화함에 따라 다를 수 있고, 이에 따라 그들의 최고수익률도 수시로 변화한다. 그렇다면 수시로 다른 자본비용을 재고유지비용에 적용해야 하는가? 이론적으로는 그렇게 해야 하겠지만, 실제로 이와 같이 변동적인 비용요소를 재고유지비용의 분석에 활용하는 데에는 한계가 있다. 따라서 실제 재고 시스템에서는 일정기간 동안 고정된 자본비용률을 적용하다가, 기업환경에 중요한 변화가 발생할 때에만 다시 수정하는 것이 일반적이다.

제조업체의 경우에는 재고유지비용의 계산에 또 하나의 어려움이 있는데, 이는 재고자산의 평가와 관련이 있다. 재고자산을 평가하는 방법은 크게 두 가지로서 직접회계(direct costing)와 전부회계(absorption costing)를 들 수 있다. 직접회계는 재고의 양과 관련하여 직접적으로 변동하는 비용, 즉 직접재료비, 직접노무비, 그리고 간접제조경비 중 변동경비만으로 재고자산을 평가하는 방법이다. 이에 반해 전부회계는 직접재료비, 직접노무비, 그리고 간접제조 변동경비 이외에 간접제조 고정경비도 재고자산의 평가에 포함시키는 방법이다. 어느 방법에 의해 재고자산을 평가하느냐에 따라 재고투자액에 차이가 발생하게 되며, 따라서 재고유지비용도 달라진다. 재고유지비용률도 어느 방법에 기준을 두어야 하는지 명확히 해야 할 필요가 있다. 제조업체의 재고자산을 평가하는 데 대부분의 기업에서 적용하는 방법은 직접회계 방식이다.

주문비용 필요한 자재나 부품은 외부공급자로부터 구입하든지 또는 제조업체

내의 선프로세스로부터 조달받든지 하게 된다. 외부공급자로부터의 구입이든지 내부조달이든지 물품을 주문하여 획득하는 과정에서 비용이 발생하게 된다. 외부로부터 물품을 조달할 때 소요되는 제반 비용의 예로서는 주문처리 및 발송비용, 수송비, 검사비, 입고비 및 관련 인건비를 들 수 있다. 내부조달의 경우에는 생산준비비용(production setup cost)이 들게 된다. 생산준비비용이란 특정품목의 생산에 필요한 공구 및 장비의 교체, 필요자재의 준비, 보고서 작성 등과 관련하여 발생하는 비용을 말한다. 이제까지 열거한 주문비용의 항목들은 대개 주문의 크기보다는 주문횟수에 의하여 더 직접적인 영향을 받는다. 그러나 주문량이 크면 일정기간 동안 발생하는 주문횟수가 감소하게 된다. 예를 들어서 연간수요가 10,000개일 때, 1회 주문량이 1,000개이면 1년 동안 10번의 주문비용이 발생하지만, 주문량이 5,000개이면 두 번의 주문비용이 발생하게 된다. 따라서 주문량이 커질수록 연간 총주문비용은 감소한다. 그러나 주문량이 커지면 평균재고가 증가하여 전술한 재고유지비용이 상승한다.

품절비용 품절비용은 재고를 불충분하게 보유하기 때문에 발생하며 기업 외부적으로 발생하는 비용과 내부적으로 발생하는 비용을 나누어서 생각할 수 있다. 외부적 품절비용은 물품의 결손으로 고객의 주문에 즉각적으로 응하지 못하여 발생하는 부재고(backorder) 비용, 판매유실에 의한 이윤감소, 그리고 신용저하로 인한 미래의 이윤감소를 들 수 있다. 여기서 부재고란 물품이 다시 보충되면 우선적으로 처리하여야 할 미충족 수요를 말한다. 외부적 품절비용은 물품결손에 대한 고객의 반응에 따라 달라진다. 즉각적으로 충족되지 않은 수요에 대해 부재고 처리가 가능한지, 대체품목에 의한 충족이 가능한지, 아니면 바로 판매유실로 이어지는지에 따라 외부적 품절비용의 평가가 달라진다. 부재고가 발생하면 독촉비용, 긴급처리비용, 특별 발송 및 포장비용 등이 발생하게 된다. 품절에 대한 고객의 반응이 어떠하든지, 빈번한 품절은 신용의 실추를 유발하여 고객은 다시 물품을 구입하러 오지 않을 수도 있다.

내부적 품절비용은 원재료 부족이나 재공품의 부족으로 후프로세스의 생산유실에서 발생하는 유휴인력과 장비의 기회비용, 선적지연에 의한 손해배상 및 신용저하 등을 들 수 있다. 내부적 품절은 때론 일부 품목의 결손으로 인하여 전체 생산라인을 폐쇄(2011년 5월, 자동차 엔진용 부품 제조기업인 유성기업에서 노동자들이 주간 2교대제 등을 요구하는 파업이 발생하였고, 이에 대응한 유성기업의 직장폐쇄 조치로 인해 현대기아차를 포함한 대한민국 내 대부분의 완성차업체의 생산라인이 모두 멈출 위기에 처하기도 했다)시키게 되는 엄청난 비용을 유발할 수 있다.

10.3 재고관리 시스템

재고관리 시스템은 어떤 품목이 언제 얼마나 주문되어야 하는지를 지시하는 일련의 절차와 이를 수행하는 인력과 장비를 포함한다. 경제적인 재고량과 재발주점을 결정하기 위하여 수리적인 모형이 재고관리 시스템에 사용되기도 한다. 여기서는 가장 기본적인 두 가지 형태의 재고관리 시스템을 다루기로 한다.

정량발주 시스템과 정기발주 시스템

재고관리 시스템은 크게 정량발주 시스템과 정기발주 시스템으로 나눌 수 있다. 정량발주 시스템은 거래가 발생할 때마다 재고수준을 점검하는 영속재고 시스템(perpetual inventory system)으로서, 사전에 주문량 Q와 재주문점(*ROP*: Reorder Point)을 결정한다. 그리고 거래가 발생할 때마다 현재재고를 점검하여 재고수준이 재주문점 또는 그 이하로 떨어지면 Q개를 주문한다. [그림 11-2]는 정량발주 시스템의 재고통제정책을 요약하고 있다. 정량발주 시스템에서는 주문주기 동안에 품절이 발생할 수 있는 기간은 오직 조달리드타임(replenishment lead time) 동안뿐이다. 왜냐하면 재고가 재주문점 또는 그 이하로 떨어지면 주문을 하게 되는데, 만일 이때부터 주문량이 도착할 때까지 기대 이상의 수요가 발생하면 품절이 발생하게 된다.

그림 10-2 정량발주 재고체계

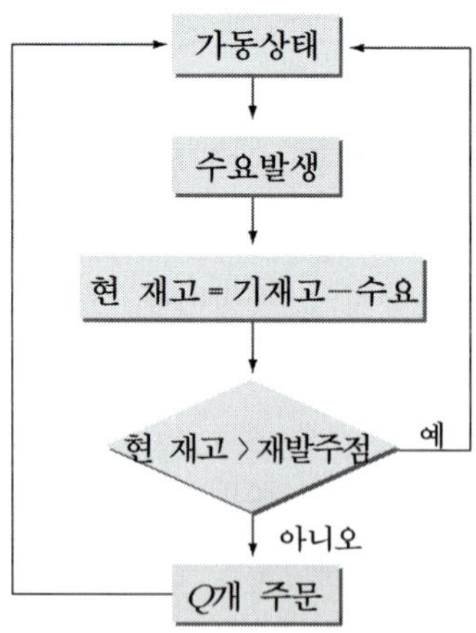

정량발주 시스템은 현 재고상태를 계속해서 점검하는 시스템이다. 그러나 기업에 따라서는 모든 품목의 재고량을 계속 점검하며 기록 · 유지해야 할 필요가 없을 수도 있고, 때로는 인력, 시간, 비용 등의 문제로 불가능할 경우도 있다. 따라서 실제로 몇몇 중요한 품목들은 정량발주 시스템과 같은 영속재고 시스템에 의하여 통제하고, 그 외의 상대적으로 덜 중요한 품목들은 다른 수단에 의하여 통제하는 것이 일반적으로 더 바람직하다. 정기발주 시스템은 정량발주 시스템하고는 달리 일정한 주기마다 재고의 점검을 하기 때문에 재고기록 유지에 들어가는 비용을 절약할 수 있다. 이에 따라 재고회전율이 낮거나 비교적 값이 덜 나가는 품목들의 재고통제에 정기발주 시스템이 흔히 사용된다.

정기발주 시스템에서는 주문과 주문 사이의 기간이 일정하며, 매 주문시점이 되면 현 재고를 점검한 후 사전에 결정한 최대 재고수준과 현 재고와의 차이만큼 주문을 하게 된다. 이는 마치 자동차의 주유를 매주 금요일마다 하는 경우와 유사하다. 이 경우 주문간격은 1주일이고, 만일 매번 주유 때마다 기름탱크를 가득 채운다면 주문량은 기름탱크의 용량과 주유시점의 잔여 휘발유와의 차이가 될 것이다. 즉, 지난 주의 휘발유 소비량만큼 이번 주에 주문을 하게 된다.

그림 10-3 정기발주 시스템의 흐름도

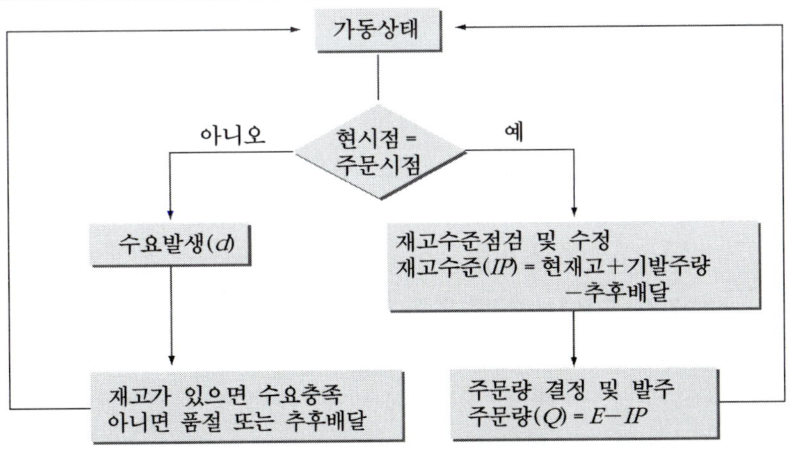

정기발주 시스템을 운영하기 위해서는 두 개의 의사결정변수의 값을 결정하여야 한다. 주문주기 또는 발주간격(order interval) T와 최대재고수준 E이다. 사전에 결정한 *T*에 의해서 주문시점이 되면 물건을 주문하게 된다. 이때 주문량은 *E*와 주문시점의 재고수준(inventory position)과의 차이에 의해서 결정된다.

정량발주 시스템에서는 주문량은 고정되어 있지만 주문주기는 일정하지 않다. 반면에 정기발주 시스템은 주문간격은 일정하지만 주문량은 수요량에 따라 변동할 수 있다. [그림 10-3]은 정기발주 시스템의 운영을 요약하고 있다.

10.4 재고관리모형

앞에서 정량발주 시스템과 정기발주 시스템의 운영원리에 대하여 설명하였다. 본 절에서는 이들 시스템의 의사결정변수인 주문량, 재주문점, 안전재고 등을 결정하는 수리적 모형을 논의하기로 한다.

정량발주모형

정량발주 시스템의 운영원리를 간략히 요약하면 다음과 같다. "재고수준이 *ROP*(재주문점)개 또는 이하로 떨어지면, *Q*(주문량)개를 주문한다." 따라서 정량발주 시스템을 운영하기 위해서는 사전에 *Q*와 *ROP*를 결정하여야 한다. 먼저 주문량의 결정모형을 살펴보기로 하자.

정량발주모형의 설명은 경제적 발주량(economic order quantity: *EOQ*)모형 또는 *EOQ*모형으로부터 출발한다. *EOQ*모형은 1915년 해리스(F. W. Harris)에 의하여 개발되었으며, 재고통제를 위한 가장 기초적인 모형이며 다음과 같은 가정을 전제로 한다.

① 단위시간당 수요율은 일정하다.
② 연간 수요가 확정적으로 알려져 있다.
③ 조달리드타임은 일정하다.
④ 단위당 구매비용 또는 생산비용은 주문량에 관계없이 일정하다.
⑤ 품절은 허용하지 않는다.
⑥ 주문비용(또는 생산준비비용)은 주문량에 관계없이 일정하다.
⑦ 재고유지비용은 주문량이 증가함에 따라 선형적으로 증가한다.

주문량을 결정하는 데 적용하는 기준은 재고관련 총비용의 최소화이다. 총비용은 보통 재고유지비용, 주문비용, 그리고 품절비용의 합으로 나타내는 것이 일반적이나, *EOQ*모형에서는 가정 ⑤에 따라 품절비용은 고려하지 않는다. 따라서 본장에서 의미하는 경제발주량 또는 *EOQ*란 재고유지비용과 주문비용의 합을 최소화하는 주문량을 말한다. 모형의 세부설명에 들어가기 전에 몇 가지 부호를 정의하도록 하자.

Q= 주문량

S= 매 주문시마다 발생하는 주문비용

C= 구매단가

I= 평균재고 1단위당 발생하는 연간 재고유지비용률

$h=IC$= 평균재고 1단위당 발생하는 연간 재고유지비용

D= 연간 수요

$TC(Q)$= 주문량을 Q로 할 때 연간 발생하는 주문비용과 재고유지비용의 합

[그림 10-4]는 *EOQ*모형에서 가정하는 재고증감의 형태를 보여준다. 주문량 Q가 인수되면 사선을 따라 재고수준이 일정한 수요율에 의하여 감소하게 된다. 그리고 *ROP*는 재주문점으로서 매번 재고가 이 수준에 오면 사전에 결정된 경제발주량을 주문하게 된다.

그림 10-4 *EOQ*모형의 행태

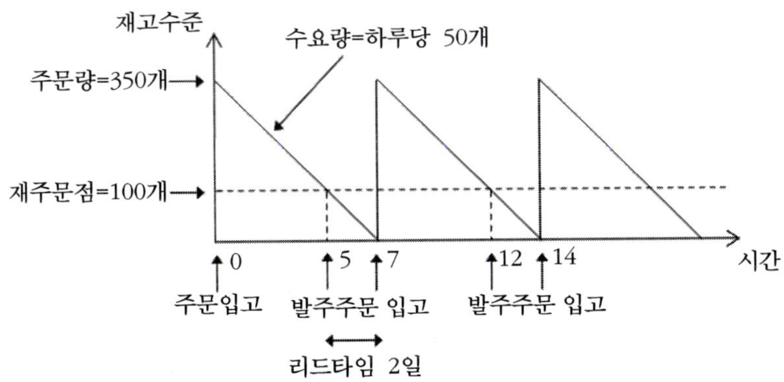

주문주기 T는 주문량 Q를 소비하는 데 걸리는 시간을 말하며 Q/D에 의하여 계산된다. 예를 들어서 연간 수요율(D)이 1,000개이고 주문량(Q)이 500개라면 Q를 소

모하는 데 걸리는 시간은 500/1000년 또는 반년이다. 또 만일 매번 500개씩 주문하고 연간 수요가 1,000개라면, 두 번의 주문에 의해서 연간 수요를 충족시킬 수 있다. 즉, 연간 주문횟수는 주문주기의 역수인 D/Q가 된다. 따라서 연평균 주문비용의 함수는 다음과 같이 결정된다.

$$\text{연평균 주문비용} = \frac{D}{Q}S \tag{1}$$

각 주문주기당 평균재고는 최대재고(Q)와 최소재고의 평균인 $\frac{Q+0}{2} = \frac{Q}{2}$이고 이 평균재고가 각 주문주기당 일정하다고 가정한다. 따라서,

$$\text{연평균 재고유지비용} = = \frac{Q}{2}h \tag{2}$$

이제 식 (1)과 식 (2)를 합하여 연간 총비용 함수를 구할 수 있으며, 이는 다음과 같다.

$$TC(Q) = \frac{DS}{Q} + \frac{Q}{2}h \tag{3}$$

식 (3)을 Q에 관하여 1차 미분하여 얻은 식을 0으로 놓고 Q에 대해 풀면 EOQ를 구할 수 있다.

$$\frac{dTC(Q)}{dQ} = -\frac{DS}{Q^2} + \frac{h}{2} = 0, \text{ 따라서}$$

$$Q^* = EOQ = \sqrt{\frac{2DS}{h}} \tag{4}$$

위 식의 Q^*를 경제적 발주량 또는 EOQ라고 하며, 식 (4)의 최적해 값이다. [그림 10-5]는 총비용, 재고유지비용, 주문비용, 그리고 경제적 발주량의 관계를 보여준다. 연간 재고유지비용과 연간 주문비용이 일치하는 점에서 최적주문량이 결정되어지는 것을 볼 수 있다. 정량발주 시스템에서는 재주문의 시점을 재고수준(inventory position)에 의하여 나타낸다. 즉, 해당품목의 재고수준이 재주문점에 도달하면 그 품목에 대한 주문을 하게 된다. 여기서 재고수준이란 현재고(on-hand inventory)뿐만 아니라, 기발주 주문(open order)에 의해 현재 수송 중에 있는 모든 물량을 포함한다.

그림 10-5 연간 총비용과 주문량의 관계

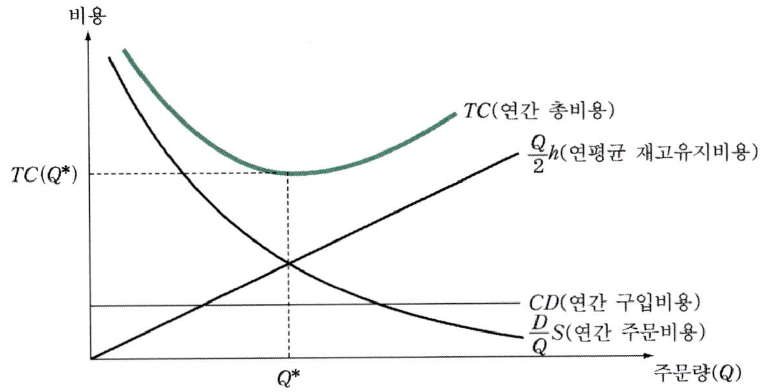

[예제 10.1] 대학구내 문구점에서는 매주 60개 정도의 적색 고려싸인펜을 학생들에게 판매하고 있다고 하자. 이 싸인펜의 원가는 200원이고 1,500원에 팔린다. 문방구는 이 싸인펜을 인근 도매상으로부터 조달하는데 매번 주문 시 120,000원의 주문비용이 발생하며, 재고유지비용은 싸인펜 원가의 연리 25%에 해당한다고 하자. 모든 *EOQ* 조건이 대략 만족한다고 할 때, 문방구에서 취할 이 싸인펜의 경제발주량은 얼마인가? 주문주기는 얼마인가? 그리고 연간 총주문비용과 재고유지비용을 구하고 이 둘을 비교하시오.

• 풀 이 •

우선 재고유지비용률과 단위를 일치시키기 위하여 싸인펜 수요를 연간 수요로 바꾸도록 한다(대신에 재고유지비용률을 주단위 이자율로 바꿀 수도 있다). 싸인펜의 연간 수요는 1년을 52주로 가정했을 때 3,120[D=(60개)(52주)]이다. 그리고 싸인펜의 재고유지비용은 연리이자율에 싸인펜 원가를 곱하여 얻는다. 즉, $h=(.25)(200)=50$ 이제 식 (5)에 따라 경제발주량은

$$Q^{*}=EOQ=\sqrt{\frac{2DS}{h}}=\frac{\sqrt{2(3,120)(120,000)}}{50}=3,870$$

이 되고, 주문주기는

$$T=\frac{Q}{D}=\frac{3,870}{3,120}=1.24\text{년 또는 } 64.5\text{주}$$

이다. 즉, 매 1.24년 또는 64.5주마다 3,870개의 싸인펜을 주문할 때 평균 연간 총비용을 최소화할 수 있다. 연평균 재고유지비용은 $\left(\frac{Q}{2}\right)h=\frac{3,870}{2}\times 50$ $=96,750$원이며, 연평균 주문비용은 $\frac{DS}{Q}=\frac{(3,120)(120,000)}{3,870}=96,744$원이다. 원래 *EOQ*에서 이 두 비용은 일치하게 되나 여기서는 소수점 이하 수를 반올림 처리하여 약간의 차이가 보인다.

연간 수요량과 조달리드타임이 알려진 경우에는 재주문점을 계산하기가 쉽다. 단순히 리드타임 L에 연간 수요율을 곱하여 얻을 수 있다. 즉, $ROP = DL$이 된다. 예를 들어서 [예제 11. 1]의 품목의 리드타임이 1개월 또는 $\frac{1}{12}$년이라고 하자. 그러면 재주문점 ROP는 $3,120\left(\frac{1}{12}\right) = 260$이다. 즉, 재고수준이 260이 되면 싸인펜에 대한 재주문을 낸다. 이 예에서는 리드타임이 주문주기보다 짧기 때문에 재고수준은 현재고와 일치한다.

한편, 총비용함수 $TC(Q)$가 주문량에 따라 얼마나 민감하게 반응하는가를 살펴보자. [예제 10. 1]에서 문방구가 3,870개 대신에 1,000개의 싸인펜을 매번 주문한다고 가정하자. 이 경우 연간 총비용 $TC(1,000)$은

$$\begin{aligned} TC(1,000) &= \frac{DS}{Q} + \frac{Q}{2}h \\ &= \frac{(3,120)(120,000)}{1,000} + \frac{(1,000)}{2}(50) \\ &= 374,400 + 25,000 = 399,400 \end{aligned}$$

이 된다. 그러므로 문방구는 $EOQ(=3,870)$ 대신에 1,000씩 주문함으로써 다음과 같이 추가적인 비용이 발생하게 된다.

$$TC(1,000) - TC(3,870) = 399,400 - (96,750 + 96,744) = 205,906$$

위의 계산과정을 일반화하여 다음과 같이 하나의 수식으로 모형화하면 주문량의 변화에 따른 총비용의 예민도를 쉽게 분석할 수 있다.

$$TC(Q^*) = \frac{DS}{Q^*} + \frac{Q^*}{2}h = \frac{DS}{\sqrt{\frac{2DS}{h}}} + \frac{\sqrt{2DSh}}{2} = \sqrt{2DSh}$$

위 식에서 Q^*는 최적주문량을 말하며, 임의의 주문량을 Q로 놓을 때 $TC(Q)$와 $TC(Q^*)$의 비율은

$$\begin{aligned} \frac{TC(Q)}{TC(Q^*)} &= \frac{\frac{DS}{Q} + \frac{Q}{2}h}{\sqrt{2DSh}} = \frac{1}{2Q}\sqrt{\frac{2DS}{h}} + \frac{Q}{2}\sqrt{\frac{h}{2DS}} \\ &= \frac{Q^*}{2Q} + \frac{Q}{2Q^*} = \frac{1}{2}\left[\frac{Q^*}{Q} + \frac{Q}{Q^*}\right] \qquad (5) \end{aligned}$$

가 된다. 식 (5)를 이용하여 [예제 10. 1]의 경우를 다시 고려하여 보자. EOQ 대신에 1,000개를 주문량으로 할 때의 추가적 비용을 분석하기 위하여 우선 $\frac{Q^*}{Q}$를 계산하면 $\frac{3,870}{1,000}=3.87$이다. 따라서 $\frac{TC(1,000)}{TC(3,870)}=\frac{1}{2}(3.87+\frac{1}{3.87})=2.06$이 되며, 이는 1,000개씩 주문할 때의 연평균 총비용이 최적비용에 비하여 2.06배 크다는 것을 의미한다. 여기서 한 가지 우리가 관찰할 수 있는 것은 총비용의 변화도는 주문량의 변화에 상대적으로 덜 민감하다는 것이다. 즉, 주문량의 오차계수는 3.87이지만 총비용은 이에 덜 미치는 2.06배 증가하였다. 이는 총비용의 주문량 변화에 대한 일반적인 현상이다. 이해를 돕기 위해, 주문량이 계산오류에 의하여 EOQ의 절반수준으로 결정되었다고 가정해 보자. 이 경우, 계산의 오류는 100%이지만$\left(\frac{Q^*}{Q}=2\right)$ 총비용의 변화는 25%이다$\left(\frac{TC}{TC^*}=1.25\right)$.

안전재고

안전재고는 완충재고(buffer stock)라고도 불리며, 수요와 공급(리드타임)의 단기적인 불확실성(편차)에 대비하여 보유하는 재고를 말한다. [그림 10-6]을 통해 수요의 불확실성(편차)이 있을 때, 안전재고는 리드타임 동안의 수요편차에 의해 결정됨을 알 수 있다.

그림 10-6 안전재고의 양

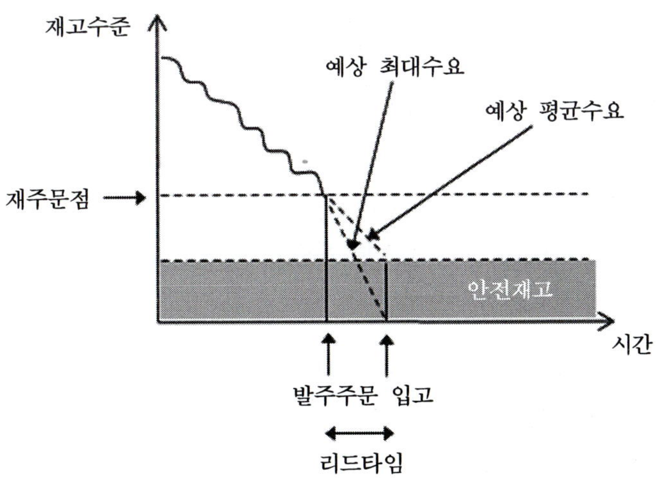

안전재고의 양은 뒤에서 설명할 서비스 수준(기업이 고객의 수요를 재고로부터 만족시킬 수 있는 능력의 정도)에 의해 영향을 받으며, 경우에 따라 수요와 리드타임의 평균 그리고 수요와 리드타임의 편차에 의해 결정된다. 이때, 주어진 기간(일, 주, 월, 년 등)의 수요가 확률적으로 변하고(단, 정규분포를 따른다고 가정한다) 이를 X라고 하자. 이 기간 동안의 평균수요를 $\overline{d}$라 하고, 이 평균수요에 대한 표준편차를 σ_d라 하면, 수요는 $X \sim N(\overline{d}, \sigma_d^2)$과 같은 분포를 따른다고 할 수 있다. 또한, 주문에 대한 리드타임 역시 확률적으로 변한다고 하고(수요와 마찬가지로 정규분포를 따른다고 가정한다) 이를 Y라고 하자. 평균 리드타임 기간(일, 주, 월, 년 등)을 $\overline{L}$라 하고, 평균 리드타임에 대한 표준편차를 σ_L이라 하면, 리드타임은 $Y \sim N(\overline{L}, \sigma_L^2)$과 같은 분포를 따른다고 할 수 있다. 이를 도식화 한 것이 아래 [그림 10-7]이다.

그림 10-7 수요와 리드타임의 변동에 의한 재고

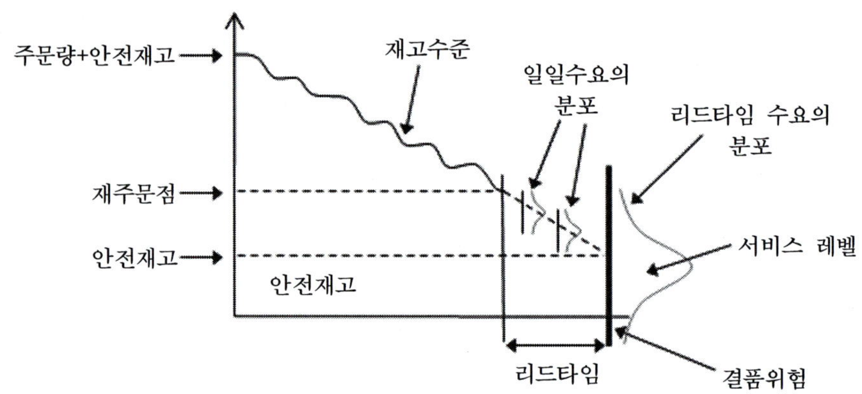

X와 Y, 즉 수요와 리드타임은 서로 무관하므로 독립이라 가정하고, 편의상 같은 기간단위, 즉 일, 주, 월, 년 등으로 측정된다고 하자. 이때, X만 고려하거나, Y만을 고려하거나, 또는 X와 Y 모두를 고려하는 다음의 경우를 살펴보자.

① **수요의 불확실성만 있을 경우**($X \sim N(\overline{d}, \sigma_d^2)$)

수요에만 불확실성이 존재할 경우, 안전재고의 양은 서비스 수준, 수요의 편차와 리드타임의 평균에 의해 결정된다. 리드타임이 L일 경우, L기간 동안 각각의 수요는 서로 독립이다. 즉, $X_1, X_2, \cdots, X_{L-1}, X_L$은 각각 독립변수가 된다. 하지만, 이 변수들이 모두 동일한 분포 $X \sim N(\overline{d}, \sigma_d^2)$를 따르기 때문에, 다음과 같은 분산을 얻을 수 있다.

$$\begin{aligned} Var(X_1 + X_2 + \cdots + X_{L-1} + X_L) &= Var(X_1) + Var(X_2) + \cdots + Var(X_{L-1}) + Var(X_L) \\ &= L \times Var(X) \end{aligned}$$

이를 자세히 풀면, 다음과 같은 식을 얻게 된다.

$\sigma_{dL}^2 = \sigma_d^2 + \sigma_d^2 + \sigma_d^2 \dots + \sigma_d^2$ (고정된 리드타임 동안의 수요의 분산)

$\quad = L \times \sigma_d^2$

$\sigma_{dL} = \sigma_d \times \sqrt{L}$

따라서 안전재고와 재주문점(ROP)은 아래와 같다.

안전재고 $= z\sigma_d \times \sqrt{L}$

$\therefore ROP = \overline{d} \times L + z\sigma_d \times \sqrt{L}$

그림 10-8 리드타임 동안 수요의 정규분포와 재주문점

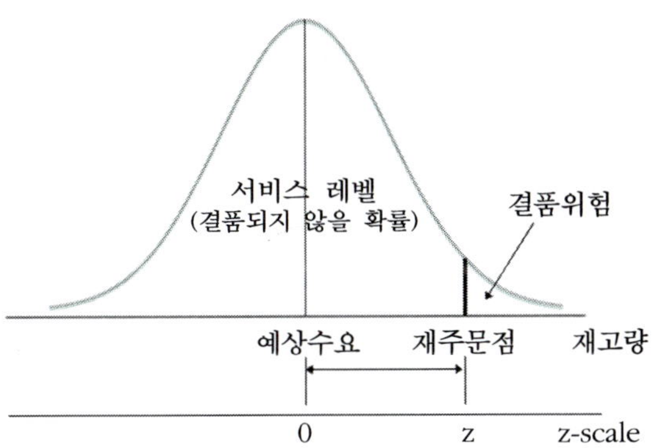

② **리드타임의 불확실성만 있을 경우**$(Y \sim N(\overline{L}, \sigma_L^2))$

리드타임에만 불확실성이 존재할 경우, 안전재고의 양은 서비스 수준, 수요의 평균과 리드타임의 편차에 의해 결정된다. 불확실한 리드타임 동안 수요는 d로 일정하다고 할 때, 수요에 대한 분산은 다음과 같다.

$$Var(d \times Y) = d^2 \times Var(Y)$$

이를 자세히 풀면, 다음과 같은 식을 얻게 된다.

$$\sigma_{dL}^2 = \sigma_{(d+d+d...+d)}^2 \text{(고정된 수요와 변동하는 리드타임 동안의 수요의 분산)}$$
$$= \sigma_{(d\times L)}^2 = d^2 \times \sigma_L^2$$
$$\sigma_{dL} = d \times \sigma_L$$

따라서 안전재고와 재주문점(ROP)은 아래와 같다.

$$\text{안전재고} = z\ d \times \sigma_L$$

$$\therefore ROP = d \times \overline{L} + z\ d \times \sigma_L = d \times (\overline{L} + z \times \sigma_L)$$

위의 식에서 d는 일정한 상수이고, $\overline{L} + z \times \sigma_L$는 고려할 수 있는 리드타임의 최대치라고 할 수 있다.

③ 수요와 리드타임 모두 불확실성을 가지고 있을 경우

수요($X \sim N(\overline{d}, \sigma_d^2)$)와 리드타임($Y \sim N(\overline{L}, \sigma_L^2)$) 모두 불확실성을 가지고 있을 경우, 안전재고의 양은 서비스 수준, 리드타임의 평균과 편차, 수요의 평균과 편차에 의해 결정된다. 또한, X와 Y는 서로 독립이므로, 안전재고와 재주문점은 아래와 같다.

$$\text{안전재고} = z \times \sqrt{L \times \sigma_d^2 + \overline{d} \times \sigma_L^2}$$

$$\therefore ROP = \overline{d} \times \overline{L} + z\ \sqrt{L \times \sigma_d^2 + \overline{d} \times \sigma_L^2}$$

서비스 수준

서비스 수준이란 기업이 고객의 수요를 재고로부터 만족시킬 수 있는 능력의 정도를 말한다. 서비스 수준은 기업의 정책변수로서 최고경영자에 의해 결정되는 것이 일반적이다. 일정수준의 서비스 목표가 설정되면, 재고관리자는 이를 성취하기 위한 최적 재고정책을 수립하게 된다.

만일 고객의 주문을 재고로 항상 만족시킬 수 있다면 서비스 수준은 100%가 될 것이다. 100%의 서비스 수준을 유지한다는 것은 대단히 많은 재고유지비용을 초래하기 때문에, 기업은 적당한 서비스 수준을 정하여 일부의 품절을 용인하게 된다. 그러나 제조업체의 경우 부품공급업체의 파업으로 일부 부품을 공급받지 못하여 전체 생산라인을 중단해야 하는 사태가 발생하는 것을 종종 볼 수 있다.

서비스 수준은 사용하는 용도에 따라 그 개념이 달라질 수 있으며, 특히 서비스 수준의 개념을 무엇으로 하는가에 따라 재주문점과 안전재고의 결정방법도 달라진다. 따라서 서비스 수준을 정할 때 어떤 개념의 서비스 수준인가를 명확히 할 필요가 있다. 여기서는 흔히 통용되는 세 가지 서비스 수준의 개념을 살펴보기로 하자.

주문주기 서비스 수준 주문주기 서비스 수준이란 조달리드타임 동안에 품절이 발생하지 않을 확률을 말한다. 이것은 품절에 대한 질적인 확률개념으로써, 품절의 양에 관계없이 한 주문주기 중 다만 한 단위의 품절이라도 발생하면 그 주기는 품절된 주기로 간주된다. 주문주기 서비스 수준은 다음과 같이 계산할 수 있다.

$$\text{주문주기 서비스 수준} = \frac{\text{연평균주문주기수} - \text{품절발생주기수}}{\text{연평균주문주기수}}$$

$$= 1 - \frac{\text{품절발생주기수}}{\text{연평균주문주기수}}$$

연간 서비스 수준 주문주기 서비스 수준은 한 품목에만 적용할 때는 유용하게 사용될 수 있다. 그러나 주문주기가 다른 여러 품목에 적용하는 데는 관리상 어려움이 있다. 예를 들어서 두 개의 품목 A와 B의 주문주기 서비스 수준이 90%라고 하자. 그런데 품목 A의 주문간격은 3개월이고 품목 B의 주문간격은 4개월이라면, 이 두 품목의 연간 서비스 수준은 달라진다. 즉, 품목 A의 연간 서비스 수준은 $(.90)^4 =$ 65.61%이고 품목 B의 연간 서비스 수준은 $(.90)^3 = 72.9\%$가 된다. 따라서 주문주기가 다른 다수의 품목을 다루는 재고 시스템에서는 서비스 수준을 연평균의 개념으로 적용하는 것이 관리상 더 용이하다. 주문주기를 T라 할 때, 연평균 서비스 수준은 다음과 같이 정의한다.

$$\text{연간 서비스 수준} = [\text{주문주기 서비스 수준}]^{\frac{1}{T}}$$

충 족 률 충족률(fill rate)이란 재고로부터 즉각적으로 충족된 수요의 비율을 말한다. 예를 들어서 수요가 100개인데 이 중 재고로 충족된 수요는 95라면, 충족률은 95%가 된다. 충족률은 다음과 같이 정의할 수 있다.

$$\text{충족률} = \frac{\text{주문주기당 평균수요} - \text{주문주기당 평균품절수}}{\text{주문주기의 평균수요}}$$

$$= 1 - \frac{\text{주문주기당 평균품절수}}{\text{연평균수요/주문횟수}}$$

$$= 1 - \frac{n(R)}{Q}$$

위 식에서 $n(R)$은 재주문점(ROP)을 R로 했을 때의 주문주기당 평균품절수를 말하며 다음의 수식으로 나타낼 수 있다.

$$n(R) = \int_R (x-R)f(x)dx, \text{ } X\text{가 연속변수일 경우}$$

위 식에서 X는 조달리드타임 중의 수요변수이며, $f(x)$는 변수 X의 확률함수이다. 변수 X가 정규분포 변수인 경우, 주문주기당 평균품절수량 $n(R)$은 표준화된 L—함수 $L(z)$에 의해 다음과 같이 구할 수 있다.

$$n(R) = \sigma_x L\left(\frac{X-\mu_x}{Q}\right) = \sigma_x L(z)$$

L—함수를 이용해 충족률을 다시 정의하면 다음과 같다.

$$\text{충족률} = 1 - \frac{\sigma_x L(z)}{Q}$$

서비스 수준이 주어진 경우의 정량발주모형을 살펴보자. 정량발주 시스템에서는 재고수준을 거래가 발생할 때마다 점검하여 재고수준이 재주문점에 도달하면 바로 주문을 하게 된다. 그리고 주문이 나간 후 그것이 도착할 때까지 발생하는 수요가 재주문점 R을 초과하면 품절이 발생하게 된다. 따라서 한 주문주기당 품절이 발생할 수 있는 기간은 조달리드타임 동안뿐이다. 수요가 확정적인 경우 재주문점 R은 조달리드타임 중의 평균수요, 즉 $R=DL$로 계산할 수 있었다. 그러나 수요가 불확실한 경우, 재주문점을 조달리드타임 중의 평균수요로 결정하게 되면 품절이 빈번하게 발생할 수 있다. 예를 들어서 수요가 정규분포 변수일 때 재주문점을 조달리드타임의 평균수요가 같도록 결정하면, 조달리드타임 중의 실제 총수요가 재주문점을 초과할 확률은 50%가 된다. 따라서 기업은 빈번히 발생하는 품절을 방지하기 위하여 일정한 서비스 수준을 결정하고, 그에 대응하는 안전재고를 보유하게 되며, 재주문점의 결정모형도

$$R = \text{조달리드타임 중의 평균수요} + \text{안전재고}$$

의 형태가 된다.

최고경영자에 의해 서비스 수준이 주어지면, 재고관리자는 이에 대응하는 주문량과 재주문점을 결정하게 된다. 주문량 Q는 불확실한 수요 하에서도 앞서와 같은 EOQ모형에 의해 결정한다. 물론 이와 같이 주문량을 결정하는 것이 최적의 방법은

아니다. 그러나 정확한 최적 주문량을 사용하지 않더라도 그 차이가 크지 않다면 총비용에 미치는 영향이 적기 때문에 일반적으로 사용되는 실용적인 방법이다. 이와 같이 주문량을 결정하면 재주문점의 결정만이 남는다. 다음의 예제는 서비스 수준으로서 충족률이 주어졌을 때 재주문점을 결정하는 과정을 보여준다.

[예제 10. 2] 안암 맥주대리점은 맥주의 재고통제를 위하여 정량발주 시스템을 사용하고 있다. 안암의 주간수요는 대체적으로 정규분포를 따르며 평균이 800박스이고, 표준편차가 40박스이다. 주간수요는 서로 독립이라고 가정한다. 맥주의 구입가격은 박스당 10,000원이며, 안암은 여기에다 3,000원의 순익을 부쳐 판매를 한다. 매 주문시마다 들어가는 주문비용은 150,000원이며 조달리드타임은 2주일이다. 안암은 재고유지비용으로서 구매단가의 연리 20%를 보고 있으며, 대부분의 품절은 판매유실로 생각하고 있다. 충족률을 99.5%로 유지하려면 주문량을 2,500박스(참고: $EOQ=\sqrt{\dfrac{(2)(800\times52)(150,000)}{(10,000)(0.2)}}=2,498\simeq$ 2,500으로 계산 됨)로 할 때 재주문점은 얼마이어야 하는가?

• 풀 이 •

조달리드타임 중의 수요를 X라 할 때, 이 기간의 평균수요 μ_x와 표준편차 σ_x는 각각 다음과 같다.

$$\mu_x = 2(800) = 1,600$$

$$\sigma_x = \sqrt{40^2+40^2} = 56.6$$

또한 정규변수 X로부터 표준정규변수 $Z=\dfrac{(X-\mu_x)}{\sigma_x}$가 된다.

$$\text{충족률} = 1-\frac{\sigma_x L(z)}{Q} = 1-\frac{(56.6)L(z)}{2,500} = 0.995$$

그러므로 $L(z)=(.005)\dfrac{2,500}{56.6}=0.2208$이 되며, 부록에 있는 $L-$함수표로부터 $Z=0.43$이 됨을 알 수 있다. 따라서 재주문점은

$$\begin{aligned} ROP &= \text{리드타임의 평균수요}+\text{안전재고} \\ &= \mu_x + (0.43)\sigma_x \\ &= 1,600+24.3 = 1,624 \end{aligned}$$

정기발주모형

수요가 알려져 있는 확정적 모형에서는 정기발주 시스템의 모형과 정량발주 시스템의 모형 간에 분석상의 차이가 없다. 그러나 수요가 불규칙적으로 발생하는 확률적 모형에서는 두 시스템의 차이가 명확히 나타난다. 즉, [그림 10-9]와 같은 정량발주 시스템에서는 매번 동일한 수량을 조달하지만, 주문간격은 수요율의 변화에 따라 달라질 수 있다. 물론 리드타임 기간 중에만 품절이 발생할 가능성이 존재한다. 반면에 [그림 10-10]과 같은 정기발주 시스템에서는 일정한 시간간격에 따라 주문을 하게 되나, 매 주문시마다 주문량은 수요율의 변화에 따라 달라질 수 있다. 주문량은 사전에 결정한 최대재고수준과 주문시점의 재고수준의 차이가 된다.

그림 10-9 정량발주 시스템

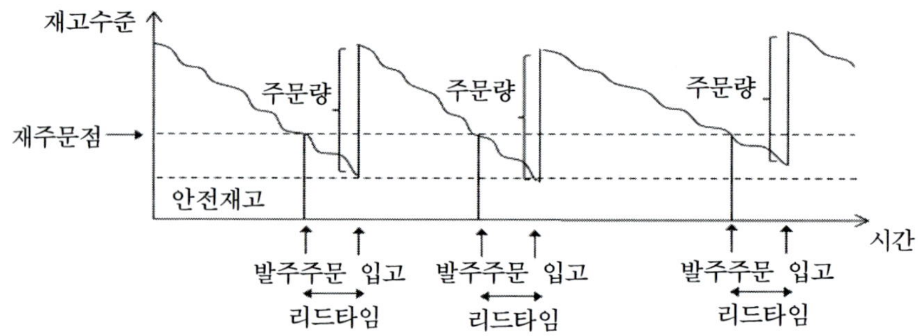

그림10-10 정기발주 시스템

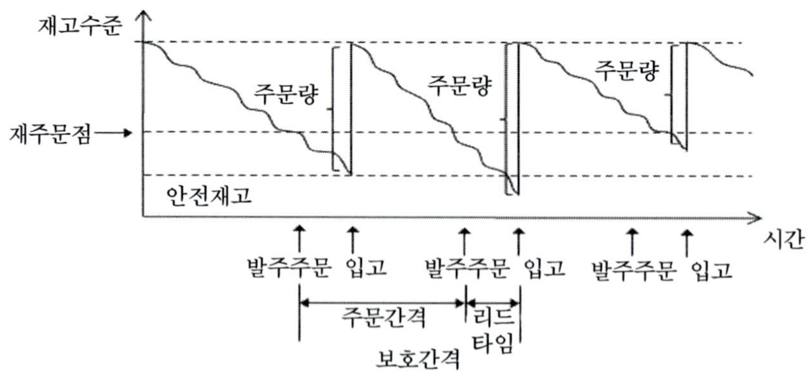

정기발주 시스템에서는 주문시점에서만 재고를 점검하여 필요한 수량만큼의 주문을 하게 된다. 때문에 주문주기의 어느 한 시점에 품절이 한 번이라도 발생하면 그 주문주기는 내내 품절의 상태에 있게 되며, 다음 주문주기에 재고를 점검하여 주문을 한다고 해도 그 주문량이 인수되기 전까지는 계속하여 품절의 상태에 있게 된다. 따라서 정기발주 시스템에서는 매 주문시마다 $(T+L)$기간 동안에 대해 수요의 불확실성에 대비한 안전재고를 고려하면서 최대재고량 E를 결정하여야 한다. 최대재고가 되는 시점은 바로 발주한 주문량이 입하되는 시점이다. 따라서 수요가 정규분포를 따를 때, 최대재고량 E는 다음의 식에 의하여 결정할 수 있다.

E = $(T+L)$ 동안의 평균수요 + $(T+L)$ 기간의 불확실성에 대비한 안전재고

$= \mu_{T+L} + Z_\alpha \cdot \sigma_{T+L}$

위 식에서 $\mu_{T+L} = (T+L)$ 동안의 평균수요

$\sigma_{T+L} = (T+L)$ 기간 동안 발생하는 수요의 표준편차

Z_α = 서비스 수준$(1-\alpha)$%에 대응하는 표준정규변수의 값

$Z_\alpha \cdot \sigma_{T+L}$ = 서비스 수준$(1-\alpha)$%에 대응하는 안전재고

여기서 한 가지 유의할 것은 정량발주 시스템에서는 수요변수가 조달리드타임 기간 동안의 수요를 의미하였지만, 정기발주 시스템에서는 (T+L)기간 동안의 수요라는 것이다.

주문주기 T는 EOQ 공식에 의해 개략적으로 구하는 것이 일반적인 방법이다. 예를 들어서 EOQ 공식에 의해 구한 주문량이 500이고 연간 수요가 1,500이라고 할 때, 주문주기 T는 $T = \frac{Q}{D} = \frac{500}{1,500} = \frac{1}{3}$년 또는 4개월이 된다.

주문주기 T와 최대재고량 E가 구해지면 주문량 q는 다음과 같이 계산한다.

$q = E -$ 재고점검 시점의 현재고

[예제 10. 3] 일양슈퍼에서 판매하는 전자수첩의 일일 수요는 정규분포를 따르며 평균수요가 10, 표준편차가 3인 정규분포를 따른다. 발주주기는 30일이며, 조달리드타임은 14일이다. 슈퍼의 주인이 98%의 충족률을 유지하고자 한다면, 안전재고와 최대재고수준은 얼마이어야 하는가? 또 발주시점의 현재고가 150개라면 주문량은 얼마인가?

•풀 이•

충족률이란 재고로부터 즉각적으로 충족된 수요의 비율을 말하며, 다음과 같이 정의한다.

$$충족률 = \frac{주문주기당\ 평균수요 - 주문주기당\ 평균품절수}{주문주기의\ 평균수요}$$

$$= 1 - \frac{주문주기당\ 평균품절수}{주문주기의\ 평균수요}$$

$$= 1 - \frac{n(E)}{T\mu_D}$$

위 식에서 μ_D는 연평균수요를 의미하며, 주문주기당 평균품절수 $n(E)$는 $(T+L)$기 동안의 수요 X가 정규분포변수인 경우, 표준화된 L−함수에 의해 다음과 같이 구할 수 있다.

$$n(E) = \sigma_{T+L} L\left(\frac{X-\mu_{T+L}}{\sigma_{T+L}}\right) = \sigma_{T+L} L(z)$$

여기서 $\sigma_{T+L} = \sqrt{3^2(30+14)} = 19.9$가 된다.

이제 충족률을 새롭게 정의하면,

$$충족률 = 1 - \frac{\sigma_{T+L} L(z)}{T\mu_D} = 1 - \frac{(19.9)L(z)}{30 \cdot 10} = 0.98$$

그러므로 $L(z) = (.02)\ 300/19.9 = 0.30151$이 되며, L−함수표로부터 $Z = 0.21$이 됨을 알 수 있다. 따라서

$$E = \mu_{T+L} + (0.21)\sigma_{T+L}$$
$$= 10(30+14) + 0.21(19.9)$$
$$= 440 + 4.179$$

이므로 최대재고수준은 444개, 그리고 안전재고는 4개이다. 또한 주문량 q는

$$q = E - 발주시점의\ 현재고$$
$$= 444 - 150 = 294$$

가 된다. 즉, 98%의 충족률을 유지하기 위하여 주인은 이번 발주시점의 주문량을 294개로 하여야 한다.

일괄조달

일반적으로 업체에서 각각의 개별품목을 각기 따로 주문하는 경우는 드물다. 어떤 품목들은 동일한 공급자로부터 구입되기도 하고, 또 어떤 품목들은 동일한 기계 및 설비에 의하여 생산된다. 따라서 이와 같은 관련 품목들을 하나의 제품군으로 하여 이들에 대한 재고통제정책을 일괄적으로 결정함으로써, 수송비용, 생산준비비용(setup cost), 또는 생산비용의 절감을 도모할 수 있다. 이와 같이 다수의 품목을 동일한 주문에 의하여 일괄적으로 물품을 주문하는 것을 일괄조달(joint replenishment)

이라고 한다. [그림 10-11]은 동일한 주문주기에 의하여 일괄적으로 조달되는 품목 A, B, C의 재고형태를 보여준다.

n개 제품을 하나의 제품군으로 하여 동일한 공급자로부터 일괄적으로 조달하려고 한다고 하자. 각 품목은 일괄 조달되지만 통계적으로 상호 독립적이다. 즉, 한 품목의 수요는 다른 품목의 수요에 영향을 미치지 않는다. 각 품목에 EOQ모형과 동일한 가정을 전제하고 확정적 상황 하에서의 일괄주문 재고통제모형을 살펴보도록 하자. 이 모형에서 결정하여야 할 의사결정사항은 ①일괄적 주문주기(T)와 ②각 품목의 주문량(Q_i) 또는 최대재고 수준(E_i)이다. 먼저 일괄주문되는 n개의 제품들에 대한 총비용함수 $G_n(T)$를 최소화하는 일괄적 주문주기 T를 구하도록 하자.

그림 10-11 품목 A, B, C의 일괄조달

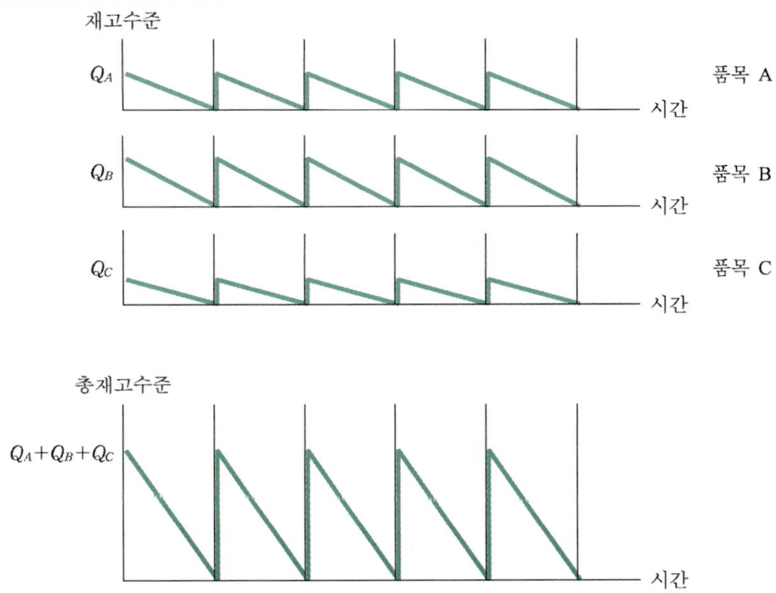

$$G_n(T) = \frac{\left(S + \sum_{i=1}^{n} s_i\right)}{T} + \frac{\sum_{i=1}^{n} TD_i h_i}{2} \qquad (6)$$

위 식에서

S = 일괄주문비용(major order cost)
s_i = 품목 i를 일괄주문에 포함하는 데 부가되는 주문비용(minor order cost)
T = 제품군 내의 모든 품목에 적용되는 공통주문주기
D_i = 제품 i의 연간수요
C_i = 제품 i의 단위당 구매비용
h_i = 제품 i의 단위당 연간재고유지비용 = IC_i

식 (6)은 제품군 내의 모든 품목의 연간 총 재고관련 비용을 더하여 얻어지는데, 개별 품목의 EOQ모형과 비교할 때 한 가지 차이점은 주문비용이다. 일괄조달의 경우에 주문비용은 제품군에 대한 주문으로 일괄적으로 발생하는 비용과 각 품목을 일괄주문에 포함시키는 데 따른 추가적인 주문비용의 합으로써 $(S + \Sigma s_i)$이 된다. 식 (6)을 최소화하는 T를 찾기 위하여 식 (6)을 T에 대하여 미분한 다음 이를 0으로 놓고 풀면,

$$\frac{dGn(T)}{dT} = -\frac{(S + \Sigma s_i)}{T^2} + \frac{\Sigma D_i h_i}{2} = 0$$

$$T^* = \sqrt{\frac{2(S + \Sigma s_i)}{\Sigma D_i h_i}} \qquad (7)$$

각 품목의 주문량 Q^*는 T^*기 동안의 수요 $D_i T^*$가 되며, 각 품목의 최대재고수준은 주문주기 동안의 수요와 조달리드타임 수요의 합이므로$(D_i T^* + LD_i)$가 된다.

[예제 10.4] ABC사는 다섯 개의 품목을 동일한 공급자 XYZ사로부터 조달한다. ABC사가 XYZ사에 주문할 때마다 매번 들어가는 일괄주문비용 S는 5,000원이다. 조달리드타임이 1달이고, 연간 재고유지비용이 구입비용의 20%라고 할 때, 다음표의 정보를 참조하여 최적재고정책을 결정하시오.

품 목	연간수요	단 가	추가주문비용(s_i)
1	1,000	500	500
2	2,500	600	1,000
3	800	350	1,500
4	3,200	1,200	1,000
5	1,800	1,500	1,000

● 풀 이 ●

위 표에 의하여,

$$\Sigma s_i = 500+1{,}000+1{,}500+1{,}000+1{,}000 = 5{,}000$$

$$\begin{aligned}\Sigma D_i h_i &= (1{,}000)(500)(.20)+(2{,}500)(600)(.20)+(800)(350)(.20)\\ &\quad +(3{,}200)(1{,}200)(.20)+(1{,}800)(1{,}500)(.20)\\ &= 1{,}764{,}000\end{aligned}$$

따라서 식 (8)에 의하여,

$$T^* = \sqrt{\frac{2(S+\Sigma s_i)}{\Sigma D_i h_i}} = \sqrt{\frac{2(5{,}000+5{,}000)}{1{,}764{,}000}} = 0.1065\text{년}$$

각 품목의 최대재고수준은 $(T^* D_i + LD_i)$이므로, 다음과 같이 계산된다.

품목 1: $(T^* D_1 + LD_1) = 1{,}000\left(0.1065+\frac{1}{12}\right) = 190$

품목 2: $(T^* D_2 + LD_2) = 2{,}500\left(0.1065+\frac{1}{12}\right) = 475$

품목 3: $(T^* D_3 + LD_3) = 800\left(0.1065+\frac{1}{12}\right) = 152$

품목 4: $(T^* D_4 + LD_4) = 3{,}200\left(0.1065+\frac{1}{12}\right) = 608$

품목 5: $(T^* D_5 + LD_5) = 1{,}800\left(0.1065+\frac{1}{12}\right) = 342$

그러므로 최적재고정책은 매 0.1065년마다 각 품목의 최대재고수준이 위의 수치와 같도록 주문하는 것이다.

10.5 단일기간 재고통제모형

단일기간 재고모형은 신문팔이모형이라고도 불리며, 제품수명주기가 아주 짧거나 수요가 극도로 계절적인 제품을 그 주요대상으로 한다. 수명주기가 짧은 제품으로는 신문, 잡지 등의 정기간행물이나 야채, 육류, 생선과 같은 부패성 품목을 들 수 있다. 이러한 제품들은 주어진 기간에 판매하지 못하면 잔여품목을 헐값으로 폐기처분하는 것이 일반적이다. 예컨대 오늘 팔지 못한 신문이나 곰팡이가 난 식빵은 버려야 하며, 팔다가 남은 물간 생선은 헐값에 넘기게 된다. 또 성탄목이나 의류와 같은 한철 제품은 내구성은 높으나, 잔여품목을 다음 수요기까지 보관하는 데는 상당한 재고유지비용이 들게 된다. 따라서 이와 같이 제품수명주기가 짧거나 계절성이 높은 제품들은 주문의 성격이 일회적이며 반복적인 주문을 전제로 하는 여타 품목과는 다른 재고통제모형이 요구된다.

신문팔이모형에서 주문량을 결정할 때 고려하여야 할 두 가지 비용은 다음과 같다.

① **초과비용**(C_o): 재고를 너무 많이 보유함으로써 기인하는 기말의 잔여품목 한 단위당 발생하는 비용이다. 일반적으로 C_o는 제품의 단위당 원가와 잔여품의 처분단가의 차액과 잔여품의 처분 또는 재고처리에 소요되는 비용을 의미한다.

② **결손비용**(C_u): 재고를 너무 적게 보유함으로써 결과는 미충족 수요 한 단위당 발생하는 비용이다. C_u에 포함되는 비용은 한 단위 품절에 의해 유실된 이익과 신용저하로 인한 미래수익감소분 등이다.

신문팔이모형은 위의 두 가지 비용의 합을 최소화하는 주문량을 결정하는 것인데, 다음의 예를 통하여 구체적인 방법을 설명하기로 한다. 한 상점에서 성탄목의 수요가 [표 10-1]과 같이 알려져 있다고 하자. 성탄목의 원가는 2,500원이며, 5,500원에 판매된다. 그리고 크리스마스 시즌이 지나도록 팔지 못한 성탄목은 단가 500원에 모두 처분한다고 하자. 이 경우 크리스마스 시즌에 대비하기 위하여 상점은 몇 개의 성탄목을 주문하여야 할 것인가?

표 10-1 성탄목의 수요분표

성탄목의 수요(d)	$P(D=d)$	$p=P(D>d)$
0	0.10	0.90
1	0.30	0.60
2	0.40	0.20
3	0.20	0.00

단위당 초과비용은 성탄목의 원가와 잔여품 처분가의 차이인 2,000원(=2,500-500)이며, 결손비용은 신용저하로 인한 미래비용은 사소하다고 가정할 때 3,000원(=5,500-2,500)이 된다.

초과비용과 결손비용, 그리고 확률 p의 관계는 [표 10-1]과 같다. [표 10-2]는 주문량을 Q개에서 한 단위 더 추가적으로 주문하였지만 팔리지 않았을 경우의 초과비용을 C_o로, 한 단위를 추가적으로 주문하지 않음(Q개 주문)으로 해서 발생하는 결손비용을 C_u로 나타내고 있다. 또한 한 단위를 추가적으로 주문하는 경우와 하지 않는 경우의 기대비용을 보여준다.

표 10-2 C_o, C_u, P의 관계

한 단위 또는 그 이상의 추가적 수요발생 여부	$P(D>Q)$	대 안	
		$(Q+1)$개 주문	Q개 주문
추가적 수요 발생	p	0	C_u
추가적 수요 없음	$1-p$	C_o	0
각 대안의 기대비용		$(1-p)C_o$	pC_u

[표 10-2]는 한계비용분석의 전형적인 예로서 추가적인 주문으로 비용을 감소시킬 수 있는 한 계속 주문량을 늘려가게 된다. 즉,

$$(1-p)C_o < pC_u$$

인 한은 계속 주문량 Q를 증가시키게 된다.

예를 들어서 $Q=0$인 대안과 $Q=1$인 대안의 기대비용을 비교하여 보자.

$$\text{기대비용}(Q=0) = pC_u = (0.9)(3,000) = 2,700\text{원}$$
$$\text{기대비용}(Q=1) = (1-p)C_o = (0.1)(2,000) = 200\text{원}$$

추가적인 단위의 주문비용이 주문을 하지 않는 비용보다 낮으므로 주문량을 1단위로 하는 것이 더 비용 효과적이다. 다음은 유시한 방법으로 한 단위 주문과 두 단위 주문의 비용을 비교한다. 이와 같이 $(1-p)C_o < pC_u$의 조건이 만족되는 한 계속하여 주문량 Q를 늘려가게 된다. [표 10-3]은 주문대안들을 비교하는 이러한 계산과정을 보여준다.

[표 10-3]에서 1단위의 주문은 0단위의 주문에 비해 2,500원의 비용을 감소시킬 수 있다. 또한 2단위의 주문은 1단위의 주문에 비해 1,000원의 비용을 줄일 수 있다. 반면에 3단위의 주문은 2단위의 주문에 비해 1,000원의 비용을 증가시킨다. 따라서 이 경우 최적의 주문량은 2단위가 된다.

표 10-3 주문대안의 비교

주문대안	p	pC_u	$(1-p)C_o$	비용효과
0단위와 1단위	0.90	(0.9)(3,000) = 2,700	(0.1)(2,000) = 200	2,500
1단위와 2단위	0.60	(0.6)(3,000) = 1,800	(0.4)(2,000) = 800	1,000
2단위와 3단위	0.20	(0.2)(3,000) = 600	(0.8)(2,000) = 1,600	−1,000

[표 10-3]과 같이 계산하여 대안을 결정하는 것보다 간편한 계산방식을 사용할 수 있다. p_c를 추가적인 주문을 할 경우와 하지 않을 경우의 기대비용이 같아지는 확률값이라고 하자. 그러면 다음의 식에 의하여 p_c를 구할 수 있다.

$$(1-p_c)C_o = p_cC_u \text{ 또는 } p_c = \frac{C_o}{(C_o+C_u)}$$

수요변수가 연속변수가 아닌 경우에는 p_c 값이 해당하는 정확한 주문량을 찾을 수 없는 경우가 있다. 위의 예에서 $p_c = \frac{2,000}{(2,000+3,000)} = 0.40$이며, 이 값은 [표 10-3]으로부터 1단위의 p값보다는 크고, 2단위의 p값보다는 작다는 것을 알 수 있다. 따라서 p_c값을 결정한 후 각 주문량의 p값과 비교하여 p_c와 p값을 가지는 주문량 또는 p_c보다 작은 p값을 가지는 첫 번째 주문량이 최적주문량이 된다.

[예제 10.5] 크로버제과는 주말고객을 위하여 고급케이크를 만들려고 한다. 케이크 하나를 만드는 데 드는 비용은 10,000원이며, 판매가격은 개당 25,000원이다. 만일 주말 중에 케이크가 팔리지 않으면 돌아오는 월요일에 개당 8,000원씩에 염가판매를 한다. 케이크에 대한 수요는 주말마다 상이하나 과거의 자료를 분석한 결과 다음과 같다.

수요량(d)	$P(D=d)$	$P(D>d)$
0	0.04	0.96
1	0.10	0.86
2	0.15	0.71
3	0.20	0.51
4	0.31	0.20
5	0.12	0.08
6	0.08	0.00

이 경우, 크로버제과의 최적 케이크 생산량은 얼마인가?

• 풀 이 •

한 단위의 품절이 발생할 때마다 야기되는 결손비용 C_u는 판매가와 원가의 차이인 15,000원이다. 또한 기말재고 한 단위당 발생하는 초과비용 C_o는 2,000(=10,000−8,000)이다. 이에 따라 p_c의 값은 0.1176 $\left(=\frac{2,000}{2,000+15,000}\right)$이 된다. 위 표에서 $P(D > d)$ = 0.1176을 만족하는 주문량 Q의 값은 4와 5사이에 있으며, 따라서 5개가 최적 케이크 생산량이다.

[예제 10. 6] 생선장수 김씨는 당일판매를 위해 아침마다 가락수산시장에서 생태를 구입한다. 도매가는 마리당 1,000원이며 2,000원에 판매하게 된다. 저녁 7시까지 팔리지 않은 생태는 마리당 800원씩에 길 앞 매운탕집에 처분하게 된다. 김씨 가게의 하루 생태 수요는 정규분포로서 평균(μ)이 50, 표준편차(σ)가 12라고 할 때, 최적주문량은 얼마인가?

• 풀 이 •

김씨의 초과비용(C_0)은 생태 한 마리의 구입가격 1,000원과 잔여분 처리가격 800원의 차이인 200원이 된다. 또한 결손비용(C_u)은 판매가와 구입가의 차이인 1,000원이 된다. 따라서 p_c 의 값은 $\frac{C_o}{C_o + C_u}$ = 0.1667이다.

$$P(D > Q^*) = 0.1667 \text{ 또는 } P(D \le Q^*) = 0.8333$$

수요변수 D가 정규변수이므로 Q^*는 다음 그림과 같이 나타낼 수 있다. Q^*를 정규화하면 $P(Z \le z^*) = 0.8333$로 나타낼 수 있는데, 여기서 $z^* = \frac{Q^* - \mu}{\sigma}$이다. 이제 정규분포표(부록 1)를 찾아보면 확률 0.8333에 대응하는 z의 값은 0.97임을 알 수 있다. 따라서 최적 주문량은 다음에 보이는 바와 같이 62단위이다.

$$Q^* = \mu + z^*\sigma = 50 + (0.97) \times 12 = 50 + 11.64 = 62$$

위에서 김씨의 결손비용에는 단순히 품절에 의해 현재 발생하는 판매유실분만 고려되었다. 그러나 잦은 품절은 현재의 수익뿐만 아니라 신용저하로 인하여 미래의 판매에도 영향을 미치게 된다. 이와 같은 경우에는 미래의 이익감소분도 결손비용을 산정하는 데 포함돼야 할 것이다.

예를 들어서 미래의 이익감소분이 품절 한 단위당 500원으로 산정되면 김씨의 C_u는 1,500원(=2,000−1,000+500)이 된다. 따라서 p_c도 $\frac{200}{1,700}$ = 0.1176이 되어 최적주문량은 65단위로 증가한다.

[0.8333에 대응하는 Q^*의 위치]

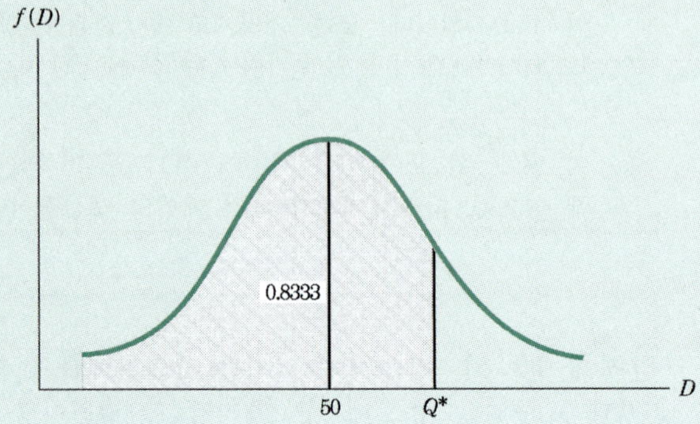

10.6 요 약

본장에서는 재고를 주기재고, 안전재고, 예비적 비축재고, 파이프라인 재고 그리고 분리용 재공품재고로 기능적으로 분류하였다. 또한 재고 관련비용으로는 구매단가, 재고유지비용, 주문비용, 품절비용 등이 있음을 살펴보았다.

재고관리를 위한 두 가지 기본적인 시스템인 정량발주 시스템과 정기발주 시스템의 운영원리에 대하여 경제적 발주량(*EOQ*)모형을 출발점으로 하여 재고관리모형을 설명하였다. 정량발주 시스템은 주문량과 재발주점이, 그리고 정기발주 시스템은 주문주기와 최대재고수준이 주요 의사결정사항이다. 수요와 리드타임의 불확실성이 존재하기에, 정량발주 시스템 주문량은 매 주문시마다 일정하나 주문간격이 달라질 수 있으며, 정기발주 시스템은 일정한 간격으로 주문하게 되나 주문량은 수요에 따라 달라진다.

정량발주 시스템에서의 불확실성에 대한 처리는 주로 조달리드타임 동안의 수요의 분포에 기초하고 있다. 리드타임 동안의 수요는 정규분포를 가정하였으나 수요의 패턴에 따라 포아송 분포, 지수 분포, 기타 실험에 의하여 얻어진 확률분포에 의해 묘사될 수 있다.

품절이 발생할 확률은 주문량과 재주문점의 함수에 의하여 결정되지만, 주문량은 *EOQ* 공식에 의해 독립적으로 구하고 재주문점을 결정하여도 최적치에 가까운 해를 구할 수 있다. 안전재고는 품절이 발생하지 않도록 재주문점에 위험 조정을 하는 것이다. 재주문점은 조달리드타임의 평균 수요에 안전재고를 더하여 결정된다. 안전재고수준은 안전재고의 기대비용(재고유지 및 품절비용)을 최소화하거나 서비스 수준을 책정하여 구할 수 있다.

품절비용이 얼마인지에 대해 아는지 모르는지에 따라, 재주문점을 설정하는 방법에는 두 가지가 있을 수 있다. 일반적으로 품절비용은 정확한 산정이 어려우므로 본장에서 제시한 바와 같이 서비스 수준을 이용한 약식의 재고모형이 주로 사용된다.

품목에 따라서는 그 성격에 따라 주문이 일회적으로 이루어지게 된다. 신문, 잡지 등의 정기간행물이나 야채, 육류, 생선과 같은 부패성 품목이 그 예이다. 이와 같은 일회성 품목의 통제를 위하여 개발된 모형이 단일기간 재고통제모형이다. 이 모형은 반복적 주문 품목의 모형보다는 단순한 구조를 가지므로 적용하기가 간편하나 재주문 또는 운영변경을 할 기회가 없으므로 오차에 대하여 비용함수가 훨씬 민감하게 작용한다.

문제 및 토론

1. 생산시스템에서 재고가 갖는 의미를 기술하고, 재고를 관리하는 이유에 대해 설명하시오.
2. 재고의 기능에 따라 재고를 분류하고 각각 설명하시오.
3. ABC 재고 분류의 방법과 목적에 대해 설명하시오.
4. 천일상사는 10개의 품목을 재고로 보유하는데, 재고통제를 보다 효과적으로 하기 위하여 ABC 분류기법을 사용하기로 하였다. 분류기준은 연간 총수요액의 상위 20%에 해당하는 품목은 A품목, 그 다음 30%에 해당하는 품목은 B품목, 그리고 나머지 품목은 C품목으로 하도록 제시되었다. 재고품목에 대한 정보가 다음과 같을 때 위의 기준에 의해 ABC 분류를 하시오.

품 목	연간수요	단 가
G-1	40,000	700
G-2	195,000	1,100
G-3	4,000	1,000
M-1	100,000	500
M-2	2,000	1,400
M-3	240,000	700
M-4	16,000	800
P-1	80,000	600
P-2	10,000	700
P-3	5,000	900

5. 재고와 관련하여 고려해야 할 비용에는 무엇이 있는가?
6. 정량발주 시스템과 정기발주 시스템을 비교 · 설명하시오.
7. 재고조사에는 어떤 것이 있으며 각각에 대해 설명하시오.
8. 반도체를 생산하는 안암전자는 다음과 같이 재고를 보유한다. ABC분석을 실시하시오.

품 목	연간수요	단 가
A	100	250
B	75	100
C	50	50
D	200	150
E	150	75

9. 다음은 어느 기업의 재고목록과, 단가, 연간 수요량을 나타낸 표이다. ABC분석을 실시하시오.

품 목	연간수요	단 가
A2	3,000	50
B8	4,000	12
C7	1,500	45
D1	6,000	10
E9	1,000	20
F3	500	500
G2	300	1,500
H2	600	20
I5	1,750	10
J8	2,500	5

10. '시원해' 음료수회사는 연간수요가 3,600개로 일정한 청량음료제품을 갖고 있다. 음료수 원가는 30원이다. 주문비용은 주문당 200원이고, 재고유지비용은 개당 원가의 25%이다. 연중 250일 작업을 하며 리드타임은 5일이다. 다음을 결정하시오.

① 경제적 주문량　　② 재주문점

③ 주　기　　④ 연간총비용

11. XYZ회사는 공급자로부터 자동차 발전기의 제조에 사용되는 부품을 구매한다. 이 회사의 발전기를 생산하는 데 있어 1년 동안 매달 1,000개의 부품을 필요로 한다. 1회 주문비용은 25원이고, 부품당 원가는 2.5원이며 연간 재고유지비용은 20%이다. 또한 연중 250일 작업하며 리드타임은 5일이다.

① *EOQ*를 계산하고, 연간 총재고유지비용과 주문비용, 재주문점을 계산하시오.

② XYZ회사의 경영층이 한 달에 한 번, 1,000개를 주문하는 것이 효율적이라고 생각한다고 가정하자. 이것은 *EOQ* 주문보다 얼마나 많은 비용이 드는가? 1,000개를 주문하는 것을 권유할 것인가? 만약 1,000개를 주문한다면 재주문점은 어떻게 되는가?

12. 한 제품에 대한 리드타임 동안의 수요를 예측하였다. 다음은 그 수요의 분포를 보여준다.

수요(단위)	확 률
20	0.20
50	0.40
70	0.20
100	0.10
200	0.10

① 고정주문량모형에서 80%의 주기서비스 수준을 목표로 할 때 재주문점을 얼마

인가?

② 안전재고는 얼마인가?

13. '김씨네'의 빵은 신선하게 구워져 경기도의 몇몇 전문점에서 팔리고 있다. 시간이 지나면 신선도가 떨어지므로 판매가를 낮추어야 한다. 일별 수요의 분포는 다음과 같다.

수 요	확 률
100	0.30
200	0.40
300	0.30
합	1.00

빵은 개당 100원에 팔린다. 비용은 60원이다. 빵은 다음날에는 30원에 팔린다. 매일 빵을 얼마나 구워야 하는가?

14. '멋지네' 신발공장은 주문을 얼마나 하는가를 결정하는 데 있어서 단일기간 재고모델을 이용한다. '멋지네' 신발공장은 서울에서 열린 바이어 전시회에서 선보인 남자 신발을 주문하기로 결정했다. 이 신발은 회사의 봄·여름 주요 판촉상품이 될 것이며 지역의 9개 소매상에서 팔릴 것이다. 신발은 봄·여름용으로 디자인되었기 때문에, 가을에 팔 수 없다. '멋지네'는 7월 31일까지 팔리지 않은 모든 신발들은 특별 가을처분을 할 계획을 하고 있다. 신발의 원가는 한 켤레당 40원이고, 소매가는 60원이다. 또한 남은 신발들은 30원의 가격으로 가을판매 때 팔 것이다. 신발에 대한 수요는 350에서 650켤레 사이의 균등분포(uniform distribution)를 따른다고 할 때 몇 켤레나 주문을 하여야 하는가?

15. *EOQ*모형의 가정에 대해 설명하시오.

16. 서비스 수준이란 무엇인가?

17. 재고유지비용이 재고량의 증가에 따라 함께 증가한다면 총재고비용과 *EOQ*에는 어떤 변화가 일어나는가?

18. 안암컴퓨터는 1년에 약 8,000개의 CD-R 미디어를 구매하여 매뉴얼을 만든 후 소비자에게 배포한다. 미디어 한 장의 가격은 100원이라고 하자. 미디어 한 단위를 재고로 유지하기 위해서는 3원의 비용이 들고, 1회 주문에는 30원이 소요된다고 한다. 다음을 결정하시오.

① 경제적 주문량 ② 1년간 주문횟수

19. 고려문구사는 연간 10,000단위의 바인더를 필요로 한다. 바인더 공급업자는 주문을 받으면 5일 후에 배달을 해준다. 고려문구사가 1년에 300일 동안 문을 연다고 할 때 재주문점을 계산하시오.

20. 안암산업은 연간 1,000개의 형광등 수요를 갖고 있다. 하지만 연간 생산능력은 2,000개이다. 생산준비비용(setup cost)이 10원, 재고유지비용이 1원이라고 할 때 경제적 주문량을 결정하시오.

21. 어린이 용품을 생산하는 안암완구는 자사의 제품 A에 대해 다음과 같은 수요를 갖고 있다. 단위당 주문비용은 40원이고, 재고유지비용이 5원인데, 단위당 결품비용은 50원이다. A제품의 재주문점은 60단위이다. 안전재고의 수준을 결정하시오.

수 요	확 률
40	0.1
50	0.2
60	0.2
70	0.2
80	0.2
90	0.1
합	1

Chapter 11

공급사슬관리(SCM)

관련 이야기 Bullwhip effect[1)]

공급사슬의 한 쪽에서 다른 쪽으로의 왜곡된 정보는 과도한 재고투자, 불량한 고객 서비스, 매출손실, 잘못된 설비계획, 비효율적인 운송 및 놓쳐버린 생산계획 등의 심각한 비효율성을 야기할 수 있다. 과장된 주문의 출렁임은 어떻게 발생하는가? 기업이 대처하기 위해서는 무엇이 필요한가?

얼마 전에, Procter & Gamble(P&G)의 물류 임원들은 회사의 가장 잘 팔리는 제품들 중 하나인 Pampers 기저귀의 주문 패턴을 조사했다. 소매점에서의 매출액이 출렁이고 있었으나, 그 변동폭은 확실히 과도하지는 않았다. 그러나 소매업자들로부터 도매업자들에게로의 주문을 분석했을 때, 임원들은 변동의 정도에 놀랐다. 그들이 3M과 같은 공급자들에게 한 P&G의 재료 주문량을 봤을 때는 그 주문의 변동폭이 더욱 커졌음을 발견했다. 그 변동폭은 이해가 되지 않았다. 소비자들인 아기들의 기저귀 소비량은 일정한 반면, 그 주문량은 공급사슬을 타고 올라갈 때마다 더욱 확대되었다. P&G는 이러한 현상을 'Bullwhip Effect(황소채찍효과)'라고 불렀다(어떤 산업에서는, 'Whiplash' 혹은 'Whipsaw Effect'라고 알려져 있다).

Hewlett-Packard(HP)의 임원들이 주요 판매처에서 프린터 중 하나의 판매량을 조사했을 때, 예상했던 대로 시간에 걸쳐서 약간의 변동을 발견했다. 그러나 그들이 판매처의 주문량을 조사했을 때, 그들은 더 큰 출렁임을 관찰하였다. 그들은 놀랍게도 회사 내 프린터 사업부의 집적회로 부분 주문량 역시 크게 변한다는 것을 발견했다.

수요정보가 공급사슬을 타고 전달될 때마다, 공급사슬이 수요정보를 왜곡하는 Bullwhip Effect에 영

---

1) Lee, H. L., Padmanabhan. V. and S. Whang. "The Bullwhip Effect in Supply Chains," Solan Management Review, Vol. 38, 1997.

향을 받는다면 무슨 일이 발생하는 것일까? HP가 도매 채널 단계에서의 판매량을 알 수 없었던 과거에는, 그들은 제품의 수요예측, 생산설비계획, 재고통제, 생산계획들을 위해서 판매업자들의 주문량에만 의존했어야 했다. 주문량의 큰 변동은 HP 경영진에게 중대한 문제였다. 그러한 변동의 공통적인 증상은 과도한 재고, 불량한 제품 예측, 비효율적이거나 과도한 설비, 제품이 가용하지 않거나 긴 주문 잔고로 인한 불량한 고객 서비스, 불확실한 생산계획, 긴급배송 및 오버타임 같은 수정에 대한 높은 비용 등이다. HP 제품부분은 판매업자들의 의한 판매량에 비해 상대적으로 과도한 주문량 변동의 희생양이었다. 차례로, 상위공급자들에게 추가적인 과도한 주문을 만들었던 것이다.

로지스틱스 관리의 중요성이 인식되기 시작한 이후 최근 10여 년간 로지스틱스 분야에는 많은 발전과 변화가 있었다. 비교적 최근까지 물류란 "공급자로부터 조달된 원자재를 이용, 제품을 생산하여 정확한 시간과 장소에 정량을 소비자에게 전달하는 일련의 활동"으로 정의되어 왔다. 하지만 원가절감에 대한 필요성과 소비자의 서비스에 대한 욕구 증가, 시간관리의 중요성 및 다국적 기업의 등장 등의 제반 로지스틱스 환경과 여건 변화로 정보화 시대에 맞는 새로운 형태의 로지스틱스 프로세스 관리전략이 필요하게 되었다. 특히 유통구조의 다양화로 인한 경쟁심화와 적시판매에 대응하기 위한 구매 데이터 공유 및 활용을 위한 정보기술 도입 등 지속적인 변화와 다양한 마케팅 기술 적용 등으로 더욱 더 통합적이고 포괄적인 일련의 혁신적인 프로세스 리엔지니어링이 절실하게 요구되었다.[2] 이에 따라 소비자의 욕구를 만족시키기 위한 제품, 서비스, 정보를 소비자에게 제공하는 일련의 과정을 조직적으로 통합하는 공급사슬관리(Supply Chain Management)의 개념이 등장하게 되었고, 이는 기업경쟁력 강화의 일익을 담당하는 중요한 개념으로 자리 잡게 되었다.

종전의 기업경영의 근간을 이루는 패러다임은 모든 개별적인 조직이 다른 조직과 관계없이 독립적으로 존재하며, 생존하기 위해서는 다른 조직과 경쟁해야만 하는 전략이 주도적이었다. 하지만 1990년대 이후 글로벌 경쟁이 치열해지는 상황에서 첨단산업 기술과 우수한 역량을 보유하고도 실패하는 사례가 크게 증가하였다. 이에 따라 기업의 경쟁역량(competitive capability)에 대한 패러다임도 변화를 가져왔는데, 단일 공급자의 공급망에서 자원을 획득하는 종전의 체계에서 확대하여 내 · 외부의 역량을 통합, 네트워크 전체 차원에서 자원을 획득하고 관리하며 시장에서의 경쟁우위를 달성하려는 움직임을 보여 왔다.

따라서 기업의 물류 담당자들도 기존 물류체제의 비효율성과 개별기업의 한계를 인식하고 혁신적인 개선을 도모하고자 물류 효율화를 위한 다양한 방법을 모색하여 왔으며, 그 일환으로 공급사슬관리를 기업경영에 적용하는 노력을 경주하여 왔다. 즉, 공급사슬관리란 최종 고객의 욕구를 충족하기 위해 원자재 공급자로부터 최종 소비자에 이르기까지 공급사슬 내의 모든 채널 간의 긴밀한 협력과 상호 유기적인 정보공유를 통한 전체 물자의 흐름을 원활히 하는 개념이다. 이에 포함되는 활동으로서는 자재조달, 생산계획, 주문처리, 재고관리, 운송, 보관 및 고객 서비스는 물론 이들 활동을 관리하는 정보시스템을 포함한다.

2) Ross, David F. "Competing Through Supply Chain Management," Chapman & Hall, p. 13, 1997.

11.1 공급사슬관리의 정의

공급사슬관리(Supply Chain Management, SCM)란 "고객 및 이해관계자들에게 부가가치를 창출할 수 있도록 최초의 공급업체로부터 최종 소비자에 이르기까지의 상품, 서비스 및 정보의 흐름이 이루어지는 비즈니스 프로세스들을 통합적으로 운영하는 전략"이다.[3]

이제까지 기업마다의 부분최적화에 머물렀던 정보, 물자, 현금에 관련된 업무의 흐름을 공급사슬 전체의 시스템적 관점에서 재검토하여 정보의 공유화와 비즈니스 프로세스의 근본적인 변혁을 꾀하여 공급사슬 전체 현금흐름의 효율을 극대화시키려는 관리개념(management concept)이다. 공급사슬 전체의 효율성을 제고하고 구성원 상호간의 질 높은 서비스 제공을 통해 공급사슬 내 전 구성원에게 최대의 수익을 보장하며 고객에게는 양질의 서비스를 제공할 수 있도록 하는 새로운 경영전략이 바로 공급사슬관리이다.

공급사슬관리는 제품을 생산하는 기업이 부품의 구매, 제조, 판매까지의 모든 일정을 수립하고 고객의 수요계획 및 물류현황을 체계적으로 정리하여, 일련의 부가가치 흐름이 원활하고도 효율적으로 수행되도록 하는 것을 목적으로 한다. 이를 위해서는 단순한 내부적 통합은 물론, 공급사슬 전체의 정보흐름을 관리할 수 있는 외부적 통합이 반드시 필요하며 이것이 공급사슬관리의 시작이다. 즉, 공급자로부터 최종고객에 이르기까지의 전체적인 물자와 정보의 움직임을 통합적으로 관리하는 것이다.

이런 측면에서 공급사슬관리의 목적은 보다 신속하게, 보다 저렴하게, 보다 확실한 제품을 공급하여 흐름과 관련된 총비용을 절감하는 데 있다. 다시 말해 기업 간 경쟁의 일선인 소매점이나 소비자의 실수요에 기초하여 제품을 공급하는 데 있어 자사 내부의 노력만으로는 개선의 한계가 있다. 따라서 관리의 범위를 전체 공급사슬로 확대하는 통합적인 접근방법을 통하여 물류비용을 절감하는 동시에 소비자에 대한 서비스 질 향상에 노력하고자 하는 것이다.

---

3) Lambert, Douglas M, Martha. C. Cooper and Janus D. Pagh. "Supply Chain Management: Implementation Issue and Research Opportunities," The International Journal of Logistics Management, Vol. 9, No. 2, 1998.

표 11-1 전통적인 접근방법과 공급사슬에 근거한 접근방법과의 비교 4)

구 분	전통적인 접근법	공급사슬에 근거한 접근법
재고관리	개별적, 독립적으로 관리	supply chain상의 전체 재고를 동시에 관리
비용분석	개별 회사의 비용절감을 목표로 함	supply chain상의 전체비용을 최소화하는 방향으로 접근
시간적 요인	단기	장기
정보공유	거래에 대한 정보요구에 제한됨	계획 및 검사 프로세스에 필요한 정보도 공유됨
결 속 력	거래에 기반을 둠	지속적인 관계
회사/부서의 경영방침	비슷할 필요가 없음	핵심적인 관계에 있어서는 비슷해야 함
의사소통의 리더십	필요 없음	조정의 관점을 위해 필요함
위험과 보상의 공유	개별회사 각자가 책임짐	위험과 보상이 장기에 걸쳐 공유됨
정보체계	독립적	회사들 사이에 서로 공유되어야 함
공급자의 범위	경쟁을 유발시키고 위험을 분산시키기 위해 커야 함	기업 간 조정을 위해서는 작아야 함

공급사슬관리라는 용어가 널리 사용되기 전에는 로지스틱스 관리라는 용어가 일반적으로 사용되었다. '로지스틱스'라는 용어는 사전을 찾아보면 병참을 뜻하는 단어인데, 병참이란 주로 군사용어로 사용되어 왔으며 전장의 후방에서 군수품의 공급, 보충, 수송을 담당하는 기능과 조직을 일컫는 말이다. 최근 우리는 경제전쟁이라는 말을 자주 한다. 이는 국가의 경제력이 전쟁에서의 승패를 결정한다는 말이며, 또한 기업경영이 곧 전쟁임을 의미한다. 시장은 전장이고, 전쟁에서는 승자만이 생존할 수 있다. 병법 중에 '보급로를 차단한다'라는 말이 있듯이, 로지스틱스 없이 전쟁에 이길 수 없다. 마찬가지로 기업에서도 시장이 요구하는 제품을 적시에, 신속하게, 최소의 비용으로 전달하는 활동은 경쟁이 심화됨에 따라, 또한 고객의 수요가 다변화됨에 따라 그 중요성이 더욱 부각되고 있다.

4) Cooper, Martha C., Lisa M. Ellram, John T. Gardner and Albert M. Hanks. "Meshing Multiple Alliances," Journal of Business Logistics, Vol. 18, 1997.

걸프전쟁은 로지스틱스의 중요성을 인식시켜 준 좋은 예이다. 1990년 8월에 이라크의 쿠웨이트 침공 이후, 1990년 12월의 다국적군의 사우디아라비아 상륙이 있기까지는 4개월 남짓하였다. 다국적군은 불과 4개월 만에 50만의 병력과 300만톤에 달하는 물자와 장비를 항공 또는 해상으로 운송하였다. 그러나 전쟁이 끝나 군수품을 회수할 때에는 1/3의 비용으로 8개월에 걸쳐 반송이 이루어졌다. 이것은 공격(납품)할 때에는 적군(라이벌)보다 빠르게 납기일에 맞추고, 철수(회수, 폐기)할 때에는 적군에 비해 싼 비용을 들여 비용절감의 효과를 보겠다는 일종의 로지스틱스 전략이다. 이러한 로지스틱스 전략은 이제 기업경영에 있어서도 생존을 위한 필수적인 사안이며, 최근 우리나라의 기업들도 그 중요성을 인식하여 가고 있다.

미국의 피터 드러커 교수는 일찍이 로지스틱스를 경영혁신의 잠재력이 무한한 암흑대륙의 미개척지임을 지적하였다. 기업은 재화를 생산하여 시장에 판매함으로써 이익을 창출하는 조직이며, 고도경제성장의 시대에는 이익증대의 중요한 축이 매출향상과 생산증대에 의한 생산비용 절감으로 인식되어 왔다. 그러나 생산자 중심의 시장이 소비자 중심의 시장으로 변화되고 저성장시대가 도래하면서 이러한 경영사고의 틀은 점차 우리의 현실에 맞지 않고 있다. 이윤창출의 양축이었던 매출증대과 생산비용절감에 못지않게 중요한 제3의 이익원으로서의 로지스틱스 관리의 중요성이 부각되고 있다.

11.2 공급사슬관리의 발전과정

미국에서는 1950년대 중반부터 기업활동과 관련하여 물류의 중요성이 인식되기 시작하였다. 이 시기는 기업경영에 있어서 마케팅의 중요성이 인식되어 그 개념이 학문적으로 정립된 시기였다. 제2차 세계대전 이후 빠르게 성장하던 경제가 침체기에 접어들고 기업이 장기적인 불황에 빠져들게 되면서 기업들은 생산성을 향상시킬 수 있는 새로운 접근방법을 모색하게 되었으며, 이때부터 물류부문이 비용을 절감할 수 있는 중요한 분야가 될 수 있다는 점이 인식되기 시작하였다. 아마도 물류관리의 개념과 원리가 기업경영에 본격적으로 도입된 가장 큰 동기는 1970년대 오일쇼크 사태일 것이다.

19세기 말에서 1970년대 이전까지는 물류문제에 대한 인식단계이다. 이 기간 동안의 물류는 단순히 보관, 수송 등의 물류(physical distribution)와 관련된 말단의 운영활동으로 간주되었다. 즉, 시장, 판매, 생산 다음으로 그 중요성이 인식되었고, 공급과 수요에 따른 거래(transaction)의 결과로 발생하는 후처리업무로서 물류관리를 인식하던 시대라고 할 수 있다. 1963년 미국에서는 *NCPDM*(National Council of Physical Distribution Management)이라는 기구가 창립되면서부터 물류 분야에 대한 체계적인 연구가 학계와 재계에서 진행되기 시작하였다. 이 당시의 물류 분야에 대한 연구의 목적은 좀 더 합리적인 수송과 효율적인 창고관리를 통한 재고비용과 수송비 등의 물류비 감소가 주요 초점이었다. 신속한 창고관리와 수송은 주문 리드타임을 감소시켰고, 또한 수요예측의 정확성을 요구하게 되었다. 또한 효율적인 창고관리를 위해 창고배치의 최적화가 이루어졌던 시기이다.

1970년대에는 총비용관리(Total Cost Management)에 초점을 둔 시기이다. 이 시기에는 물류활동을 통합함으로써 수송, 재고, 고객서비스 간의 상호작용을 더욱 밀접하게 관리할 수 있게 만들고 각 기능을 어떻게 전체적인 시스템으로 최적화시킬 수 있는가에 관심을 가진 시기이다. 따라서 물류 각 활동의 비용보다는 총비용을 극소화시키기 위한 경영계획과 관리활동이 시작된 시기라고 할 수 있다.

정보화의 개념이 도입되는 80년대 이후의 발전과정을 살펴보기 위해서는 Information Technology의 진화과정을 함께 살펴보는 것이 도움이 된다. 이와 함께 Thomas L. Friedman[5]이 "세계는 평평하다"에서 밝힌 평평화 동력인자들과 함께 *SCM*으로의 진화과정을 살펴보면 [그림 11-1]과 같다.

그림 11-1 IT와 *SCM*의 발전단계

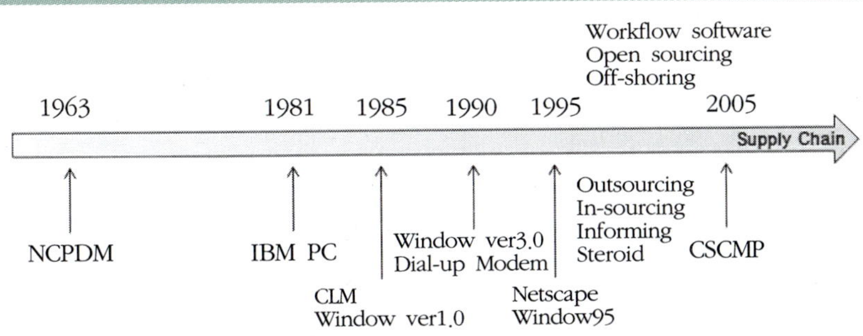

5) Friedman, Thomas. "The world is flat," Farrar, Straus and Giroux, 1995.

1980과 1990년대는 통합적 로지스틱스 관리(Integrated Logistics Management)의 시대로 로지스틱스의 기능이 하나의 통합기능으로 발전되는 시기이다. 1985년에는 *NCPDM*이 *CLM*(Council of Logistics Management)으로 이름을 바꾸었다. 이 시기는 PC의 개발, 전자문서교환, 인터넷의 등장, POS 데이터 시스템, 바코드 등의 정보기술과 통신기술의 발달로 로지스틱스의 종전 개념을 정보화를 바탕으로 하여 혁신적으로 변화시키는 시기이다. 로지스틱스는 더 이상 단순한 물적 유통이 아니라, 생산과 구매, 주문에 이르는 전과정을 정보의 공유를 통한 프로세스 효율화를 통하여 소비자가 원하는 제품을 적기에 공급하고자 하는 기업의 핵심기능을 담당하게 되었다. 하지만 이때까지만 해도 기업들의 관심은 단일기업 내에서 프로세스 간의 효율성의 제고에 머물러 있었던 단계라고 할 수 있다. 이 단계의 두 가지 중심개념은 아래와 같다.

① 로지스틱스에 대한 새로운 조직 및 역할의 일체화로서, 조직에서는 기업 로지스틱스의 영역이 많은 기능을 통합화하였고,

② 로지스틱스의 강화된 역할이 관리자들에게 다른 부문의 전략계획을 통합할 수 있도록 하여 전략적 로지스틱스 계획을 개발할 기회를 제공하였다. 이러한 새로운 견해는 로지스틱스를 전략계획의 수립, 기업 자원배분의 결정 및 시장목표의 범위결정 등에 있어서 마케팅, 판매, 제조와 동등한 전략적 역할을 수행할 수 있는 입지를 제공하였다.

1990년대 후반기부터는 IT의 기술적 발달과 함께 공급사슬관리 개념이 기업경영에 직접적으로 반영되는 시기라 할 수 있다. 가속화된 시장의 글로벌화, 서비스 품질에 대한 기대증가, 제3자 아웃소싱, 동맹과 협력자 관계, 조직의 리엔지니어링, 정보와 커뮤니케이션 기술의 영향 등이 새로운 전략 가능성을 찾는 공급사슬 관점의 통합 로지스틱스 모델을 추구하도록 하였다.

2005년에는 *CLM*(Council of Logistics Management)이 *CSCMP*(Council of Supply Chain Management Professionals)로 그 이름을 바꾸었다.

이상과 같이 물류의 개념이 진화한 결과라고 할 수 있는 *SCM*은 제조업체에서 최종소비자에 이르기까지의 전과정을 통합함으로써 점차적으로 복잡해지는 물류문제에 대한 해결책을 찾아내고, 더 나아가 각 기업 간의 공급사슬을 통합하고 주요 정보를 공유함으로써 단순한 물류비 절감의 차원을 넘어서는 기업의 핵심역량 강화의 개념으로 발전하게 되었다. IT의 발달로, Logistics에 정보(Information) 개념이 들어오면서 회사 내에서 뿐만 아니라, 모든 공급사슬 내 정보관리가 가능하게 되었다. 메모

리 제약이 있었던 예전에는 문서화된 내용을 볼 수만 있었지만, 지금은 Web-base되면서 자사뿐 아니라 *SCM* 전반에 걸친 정보를 자유롭게 빠른 속도로 볼 수 있게 되었다. 최근 *SCM*은 전자정보교환, 전자결제시스템, 최첨단 통신시스템, 고속 인터넷 통신망, 의사결정지원시스템 등과 같은 정보시스템의 급속한 발달로 그 이행속도가 더욱 더 가속화되고 있다. 따라서 앞으로의 *SCM*의 미래도 IT 혁신과정과 함께 할 것이라 예상된다.

이상과 같이 공급사슬관리 개념은 기업의 내부나 외부적으로 경영환경의 변화에 따라 지속적으로 발전해 왔다. 미국이나 일본 등 선진국의 초우량 선도기업에서는 과거 수년에 걸쳐 여러 산업부문에서 공급사슬관리를 효과적으로 실현하기 위한 여러 가지 선도적인 방법을 개발해 왔다. 예를 들면 *JIT*(Just-in-time), *QR*(Quick Response), *ECR*(Efficient Consumer Response), *VMI*(Vendor Managed Inventory), *CRP*(Continuous Replenishment Programs), *EC*(Electronic Commerce) 등이 바로 그것이다.

11.3 *SCM*의 범위

최근의 공급사슬 모델은 *JIT*(Just-In-Time), 전자상거래, 글로벌 생산방식, 컴퓨터화된 공동창고, 생산 및 수송 계획과 스케줄링 등의 최신 관리기법과 첨단 기술들로 인하여 과거의 primary chain(생산자, 도매상, 소매상)에 공급자와 고객을 양극단에 추가적으로 포함한다([그림 11-2][6] 참조). 이 공급사슬 모델의 핵심은 공급사슬 구성원들의 협력과 긴밀한 통합성이다. 파트너십의 증대, 조인트 벤처(joint venture), 모든 가능한 조직들의 연합 등으로 대표되는 이러한 움직임은 전술적 · 전략적인 목표를 가지고 실행된다. 많은 기업들은 내부자원에 대한 추가적인 투자 없이 공급사슬 내에서 다른 단위들과의 수평적 · 수직적 연합에 의한 규모의 경제를 창출하기 위해 노력하고 있다.

공급자(supplier)

공급자의 기본 역할은 원재료 또는 중간재(component)를 제공하는 것이다. 과거

6) Ross, David Frederick. "Competing Through Supply Chain Management," Chapman & Hall, 1998, p. 153.

에는 구매자와 공급자의 관계가 서로 불신하며 경쟁하는 관계였다. 그러나 현대의 공급자는 가치사슬(value chain) 네트워크의 가장 중요한 구성원으로 인식되어 각자가 서로의 이익을 위해서 제휴를 함으로써 상품의 질, 협력, 그리고 상호 성공(Win-Win)에 관련된 중요한 문제에 대해 이견을 좁혀가게 되었다. 즉 체인의 이방인이 아니라 첨단의 공급자로서 체인 내에서 중요한 역할을 담당하고 있다. 공급자는 원료를 생산하거나, 원료를 가공하여 부품을 만들고 저장하는 기능을 하며, 그들이 공급하고 분배하는 제품들의 생산과 판매를 위한 품질 검사자로서의 역할을 수행한다.

생산자(manufacturer)

생산자는 산업과 최종고객이 필요로 하는 제품의 생산을 담당한다. 공급사슬 과정에서 관문의 역할을 수행하고 시장의 필요에 적량을 적시에 생산하는 책임을 담당한다. *JIT*와 컴퓨터화된 네트워크 기술들은 *SCM* 구성요소들 간에 도매상, 소매상 그리고 소비자들의 요구에 적절히 대응할 수 있는 능력을 제공해 준다.

목재, 석탄과 곡물 같은 특정 상품들은 생산공정을 거치지 않고 직접 공급채널에 들어가기도 하지만, 거의 대부분의 공산품에 있어서 생산자는 공급채널 프로세스에서 아주 중요한 역할을 차지한다. Ford Motor Company, Sony, Apple Computer 같은 회사들은 공급채널 전체를 조정 통제하기도 한다.

도매상(wholesaler)

도매상은 생산자와 소매상의 중간에 위치하고 있다. 도매상은 다른 공급채널의 구성원과는 달리 잘 식별이 안 되고, 갖가지 다양한 형태로 존재하기 때문에 도매상을 정의한다는 것은 어려운 작업이다. 공급사슬에서 도매상의 전통적인 기능은 중간자의 역할로써 생산자로부터 생산된 산물들을 분류, 집적하여 소매상에게 제공하는 역할을 수행하였다.

1990년대에 들어와서 *JIT*와 *QR*(Quick Response) 기술을 활용하게 됨에 따라 생산자와 소매상들이 과거에 도매상들이 해왔던 역할을 수행하는 양상을 보이고 있다. 그럼에도 불구하고 여전히 Burgen Brunswig, SYSCO, McKessn, ACE Hardware와 같은 회사들은 수송비용을 절감하고 고객서비스의 향상을 도모하기 위한 공급채널 내에서의 도매상의 역할을 강화하고 있다.

소매상(retailer)

소매상은 공급채널 상에서 고객과의 접점에 위치하고 있다. 소매상은 그 역할이 생산자, 도매상에 의해 수행될지라도 소매의 근본적 기능은 소비자에게 상품과 서비스를 판매하는 것이다. 소매상은 생산자와 도매상과는 완전히 구별되는 사업목표와 방침을 갖는다. 또한 소비자의 요구에 부응하기 위해 요구도 높은 상품의 확보, 적절한 상품의 진열, 적절한 판매가 결정과 기타 서비스 기능을 제공한다. 그러므로 소매상을 단순하게 수동적인 채널의 구성원으로 인식한다면 큰 오류를 범하는 것이다.

여전히 많은 소매상들이 공급채널상의 상위 구성원에 의해 심각하게 영향을 받고 있지만, 최근 Sears, Best Buy, Wal-Mart 등과 같이 대규모 현대화된 소매상들은 공급사슬의 발달과 관리에 있어 아주 중요하고도 막강한 영향력을 발휘하고 있다.

고객(customer)

과거의 소비자들은 표준화되고 대량생산된 제품들을 구입하는 시장의 일부분으로만 인식되어져 왔다. 그러나 현재의 소비자들은 개개인의 개성대로 대우받길 원하며, 그들의 특별한 취향에 부합하는 다양한 조합의 상품, 서비스, 정보들을 공급자들이 제공하기를 원하고 있다. 그리고 최상의 품질, 낮은 가격, 짧은 상품 배달기간, 현대화된 디자인과 기능성 등을 요구하고 있다. Wal-Mart, Hewlett Packard, Milliken 같은 세계적인 기업들은 소비자 체인의 필요에 맞추어 그들의 공급자 그리고 공급자의 공급자에게 전략적인 연계를 시도하고 있다.

그림 11-2 공급사슬의 구성요소

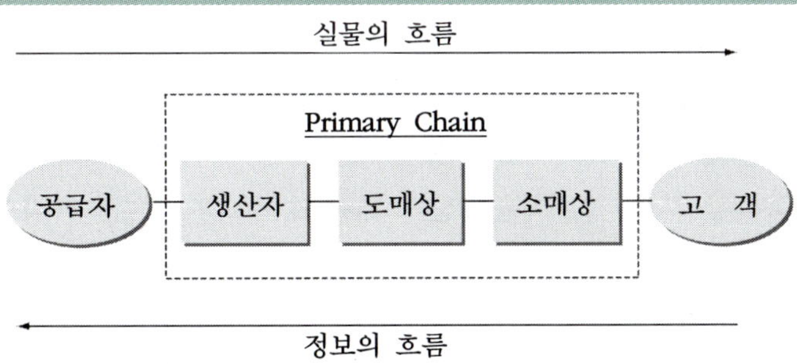

11.4 SCM의 필요성

제조업체들은 종래에 라인, 공장, 또는 기업 내의 생산성 향상, 리드타임 단축, 원가 절감, 품질제고를 위한 합리화 및 리엔지니어링, 기업통합 및 정보화, 자동화 및 컴퓨터통합생산(*CIM*) 구축 등에 노력해 왔다. 그러나 최근에는 제조단계 외부의 가치사슬 또는 공급사슬관리의 중요성이 부각되고 있다. 이와 같이 *SCM*이 선택이 아닌 기업의 생존에 궁극적인 필요가 된 그 이유를 살펴보면 첫째, 부가가치의 60~70%가 제조과정 외부의 공급사슬 상에서 발생하며, 제조업의 물류비용은 업종에 따라 약 10~15%에까지 이른다. 일반적으로 고객이 주문 후 납품까지의 주문 사이클타임 중에서 순수 제조 소요기간보다 공급사슬 상에서 소요되는 시간이 훨씬 길다. 제조업체들이 공장자동화나 *CIM* 구축을 위해 막대한 투자를 하고 있으나 고객만족효과는 주문처리, 물류관리, 구매 · 조달 프로세스 등에서 개선의 여지가 더욱 크다.

둘째, 부품 및 기자재의 공급 납기 및 품질의 불확실성과 수요 및 주문의 납기, 수량 등의 불확실성을 제조업체 내에서 수동적으로 파악하여 생산계획을 편성하고 자재관리를 한다면, 리드타임의 단축이나 재고 및 적절한 제품의 생산량을 조정하는 데에는 그 한계가 있다. 따라서 최근에는 이러한 외부로부터의 변동을, 낮은 비용의 정보를 활용하여 감소시키려는 적극적인 방안을 강구하게 되었다.

셋째, 공급사슬의 가장 마지막 단계인 소매단계의 고객으로부터의 주문 및 수요형태의 변동에 관한 정보가 도매상, 지역 유통센터 등의 공급사슬을 거슬러 전달되는 과정에서 지연 및 왜곡이 누적되어 납기지연, 결품, 과잉재고 등의 문제가 발생한다. 이와 같이 수요정보가 공급사슬의 하류에서 상류로 전달되는 과정에서 정보의 지연 및 왜곡이 확대되는 현상을 황소채찍효과(bullwhip effect)라고 한다. 특히, 시장 및 제품정보가 증가하고 경쟁의 심화로 가격할인 및 판촉활동 등의 공격적인 마케팅전략이 구사됨에 따라 고객 및 유통업체들의 형태가 종전보다 더욱 동태적으로 변화하게 되어 불확실성 및 정보왜곡현상이 더욱 증폭되고 있다. 따라서 공급사슬 상의 정보공유 및 전달, 상호협력 및 조정이 중요한 과제로 부각되고 있다.

넷째, 기업활동이 글로벌화 됨에 따라 공급사슬상의 리드타임이 길어지고 인건비, 금융비용, 운송 및 물류비 등의 국가별 · 지역별 편차가 심해지고 있다. 아울러 관세 및 환율과 수출입관련 법규를 국가에 따라 차등 적용해야 하며, 지역별 제품사양의 차이 등을 감안해야 하는 등 물류의 제반 여건이 복잡해지고 있다.

이에 따라 글로벌화한 공급사슬 및 물류의 합리적인 계획 · 관리와 조정 · 통제가 중요하게 되었다. 즉, 어떤 주문을 언제, 어디서, 어떻게, 얼마나 제조해야 하며 적절한 유통과 운송수단으로 부품조달을 적시에 할 것인가에 대한 계획 및 의사결정, 실행 및 추적의 문제가 부각되고 있다. 이것은 곧 기업의 의사결정이 더욱 고도의 복잡한 시스템 하에서 이루어지게 됨에 따라 필연적으로 의사결정지원 시스템 등 정보기술의 활용이 필수 불가결한 요인이 되어 있다고 말할 수 있다.

다섯째, 종래의 표준화된 제품을 대량생산하여 고객에게 밀어내던 방식에서 탈피하여 고객의 다양한 요구에 맞추어 제조, 납품해야 하는 mass customization이 보편화되고 있다. 특히, 글로벌화에 따라 지역별 · 국가별 제품사양(전압, 폰트 등)이 더욱 다양하게 되었다. 이러한 mass customization 추세에 따라 로지스틱스 대상 품목이 많아지고 재고 및 물류관리가 복잡해지며 주문관리, 생산계획, 정보관리 및 추적관리가 어려워지고 있다. 동시에 리드타임이 길어지고 불확실성과 재고가 증가하고 있으며 주문 충족도가 악화되는 등 공급사슬의 효율이 급속히 저하되게 됨에 따라 공급사슬관리의 중요성이 부각되었다.

여섯째, 기업 간의 경쟁이 치열해짐에 따라 비용 및 납기의 개선이 시급하게 요구되고 있다. 특히, 고객지향, 고객만족, 시장요구에 대한 적응을 위해 공급사슬의 혁신요구가 증대되고 있다. 이에 따라 HP, 디지털, 델 컴퓨터, 월마트 등의 회사는 물론 섬유산업, 식료품 업계, 의료제품 업계, 자동차 업계 등에서 최근 공급사슬관리 기법이 적극적으로 확산되고 있다.

이제는 개별기업들 간의 경쟁뿐만이 아니라 공급사슬 간의 경쟁에서 우위를 점하여야 만이 진정한 의미에서 기업경쟁력을 확보할 수 있다. 따라서 이제는 로지스틱스의 기능 통합단계를 넘어 공급사슬 전체의 통합을 이룸으로써 기업가치 창출의 극대화를 꾀해야 한다.

11.5 성공적인 *SCM* 수행을 위한 동력들

급변하는 경쟁 환경에서 공급사슬의 전략적인 목적을 달성하기 위해서는 고객에 얼마나 빨리 대응할 수 있는지와 효율성을 목적에 맞게 균형 있게 맞추는 것이 매우 중요하다. 예를 들어 고객 대응성을 전략적인 차별화로 내세우는 공급망은 다소 비효율적이더라도 매일 물건을 소량 배달함으로써 고객 대응성이라는 차별화된 전략적 목적에 부합할 수 있다. 이렇듯 목적에 맞는 적절한 성과를 어떻게 성취하는지 알기 위해서는 공급사슬관리의 기본적인 구성요소인 재고, 운송, 설비, 정보의 네 가지 동력에 대한 이해가 필요하다.[7)]

재고(Inventory)

"Nordstrom사는 공급망의 전략적 목표를 우수고객 대응성으로 정하였다. 우수고객들은 원하는 시간에 제품을 받을 수 있다면 얼마든지 수수료를 낼 용의가 있다. 목적 달성을 위해서 Nordstrom사는 높은 수준의 서비스 가용성을 위한 많은 재고를 확보해 놓는다. 많은 재고량을 유지하기 위해서는 그만큼의 재고 유지비용이 추가로 발생하지만, 이를 통해 생기는 높은 수준의 서비스 가용성을 통해 추가로 발생한 비용 이상의 재화를 더 벌어들일 수 있었다."

재고는 일반적으로 원자재, 재공품, 그리고 완제품으로 나누어진다. 재고는 공급사슬 상의 효율성과 서비스대응성에 영향을 미치는 가장 중요한 동력이다. 예를 들어 의류 소매상은 많은 양의 재고를 확보함으로써 고객 대응성을 높일 수 있으나, 단순히 많은 재고를 보유하는 것은 유통 상의 부가적인 관리비용을 증가시켜 전체적인 공급사슬상의 효율성을 악화시키기 때문에 기업의 목표에 맞는 재고관리가 반드시 필요하다.

운송(Transportation)

"Laura Ashley는 의류와 가정용품을 우편 카탈로그를 통해서 주문받고 판매하여 배달해 주는 서비스를 하고 있다. Laura Ashley의 고객들은 가격보다는 원하는 제품을 빠른 시간 안에 받기를 원하고 있다. 이러한 빠른 대응성을 위해서 물류창고들을 FedEx 본사가 위치한 멤피스에 위치시켰다. FedEx가 제공하는 빠른 수송 서비스를 보다 잘 활용하기 위해서다. 주문이 들어오면 빠르게 Laura Ashley의 창고에서 FedEx의 허브로 전해지며 그 다음날 아침이면 물건을 받아볼 수가 있다. 이러한 빠른 배달을 전략적 목표로 삼은 공급망은 다른 공급망에 비해서 며칠은 더 빨리 물건을 전해줄 수 있다."

7) Marien, Edward J. "The Four Supply Chain Enablers," Supply Chain Management Review, March-April, 2000, pp 60-68.

운송은 재고를 한 지점에서 다른 지점으로 옮기는 것을 말한다. 운송은 수송 방법과 경로에 따라서 고객 대응도와 효율성에 특징적인 조합을 많이 만들 수 있다. 예를 들어 통신판매회사는 제품배송을 위해 FedEx와 같은 물류 전문회사를 이용함으로써 고객 대응성이라는 공급사슬의 전략적 목적을 달성한다. 하지만 FedEx와 제휴하는 데에 많은 돈이 소요된다면 효율성이 떨어지게 될 것이다. 반대로 비싼 배달비용을 절감하기 위해서 육상운송을 선택한다면 원래 공급망의 전략적 목적달성에 실패하는 결과를 낳게 될 것이다. 다시 말해 공급망의 목적에 부합하는 고객 대응성과 효율성을 정하고 이에 적합한 운송정책을 선택하는 것이 옳은 방법론이라고 할 수 있다.

설비(Facilities)

"Toyota사와 Honda사는 고객들에 대한 빠른 대응을 위해서 설비를 확보하기로 결정하였다. 이 회사들은 진입 가능한 모든 시장에 제조설비를 갖추려는 계획을 가지고 있다. 고객 대응성의 증가는 해당 지역시장에 자리 잡으려는 Toyota와 Honda사에 중요한 역할을 할 것이다."

설비는 기능적으로 물건을 제조하고 가공하는 장소와 그러한 물건을 보관하는 장소로 크게 나눠진다. 설비의 기능이 무엇이든 간에 위치, 용량, 그리고 유연성이 공급사슬에 미치는 영향은 크다. 예를 들어 고객 대응성이 중요한 자동차부품 배송업체는 고객에게 빠른 시간에 좋은 서비스로의 대응이 가능하도록, 거리상으로 가깝고 용량적으로 충분한 창고설비를 보유하고 있다. 이에 반해 효율을 중시하는 업체는 비록 고객 대응도는 좀 떨어지지만 효율성을 높이기 위해 적은 수의 창고를 확보하는 경향이 있다.

정보(Information)

"Dell사는 기존의 유통채널과 달리 고객과 직접 연결된 유통채널을 만듦으로써 차별화를 이루었다. 대부분의 PC 제조업자들은 완성품을 도매상을 통해서 유통시켜서 판매하였으나, Dell사는 전화와 인터넷을 통해 고객의 주문을 직접 받는 유통채널을 구축하였다. 직접적인 유통채널로 기존의 채널보다 좀더 빨리 실제적인 고객의 수요를 확인할 수 있으며, 그 결과 Dell사는 고객의 요구변화에 더 빠르게 대응할 수 있었다. Dell사는 단순히 낮은 가격만을 제공하는 업체가 아닌 가장 고객 대응성이 좋은 공급업체이며, 이는 공급망의 전략적 목적에 부합하는 정보시스템에 대한 과감한 투자에 의해 가능하였다."

정보는 재고, 운송, 고객에 대한 데이터와 그들의 분석정보로 구성되며, 공급사슬의 성공적인 운용에 직접적인 영향을 미치는 가장 중요한 요소이다. 정보는 공급사슬을 더 빠르고 그리고 효율적으로 만들어준다. 예를 들어 고객수요의 동향에 대한 수요예측 정보를 통해 제약회사는 해당 제품을 미리 생산하여 고객의 요구에 맞는 제품을 적시에 생산할 수 있으며, 필요한 양만큼 생산하게 됨으로써 불필요한 재고관리 비용이나 진부화 재고의 발생을 방지함으로써 공급망을 효율적으로 유지한다.

결론적으로 *SCM*은 재고, 운송, 설비, 정보 분야와 관련하여 재고관리, 보관, 운송 등의 기능을 수행하면서 전 공급사슬 내의 시간(time) 및 공간(space)과 관련한 흐름의 비용을 효율적으로 관리하는 기법이라 할 수 있다. 시간을 관리하는 것이 바로 재고관리이고, 공간을 관리하는 것이 운송관리이다.

11.6 황소채찍효과(Bullwhip Effect)

최근 공급사슬관리에서는 공급자, 생산자, 도매상, 소매상, 그리고 고객으로 구성되는 공급사슬에서의 구성원 간의 조정으로 관심이 집중되고 있으며, 이러한 조정을 통해 효율성을 향상시킨 사례를 여러 산업에서 찾아볼 수 있다. 공급사슬에서 구성원 간의 조정을 위한 중요한 메커니즘이 바로 정보의 흐름이다.

이러한 정보의 흐름은 공급사슬에서 생산계획과 재고관리, 배송계획에 직접적인 영향을 주고 있으며, 그 과정에서 수요자가 공급자에게 주문을 하기 위해 정보가 전달될 때 정보가 왜곡되는 현상이 주로 발생한다. 하나의 공급사슬을 구성하는 기업들 간에 정보가 왜곡되는 경우 그 피해는 구성원 모두에게 돌아가게 되며, [그림 11-3]에서 보는 것처럼 공급사슬의 상위단계로 올라갈수록 왜곡의 정도가 커지는 것을 볼 수 있다. 이처럼 주문정보가 공급사슬의 상위단계(부품공급업자)로 갈수록 왜곡 정도가 더욱 심각해지기 때문에 이를 황소의 채찍에 비유해 황소채찍효과(bullwhip effect)라고 부른다.[8)]

8) Lee, H. L., Padmanabhan. V. and S. Whang. "The Bullwhip Effect in Supply Chains," Solan Management Review, Vol. 38, 1997.

그림 11-3 공급사슬에서 주문변동의 증가현상

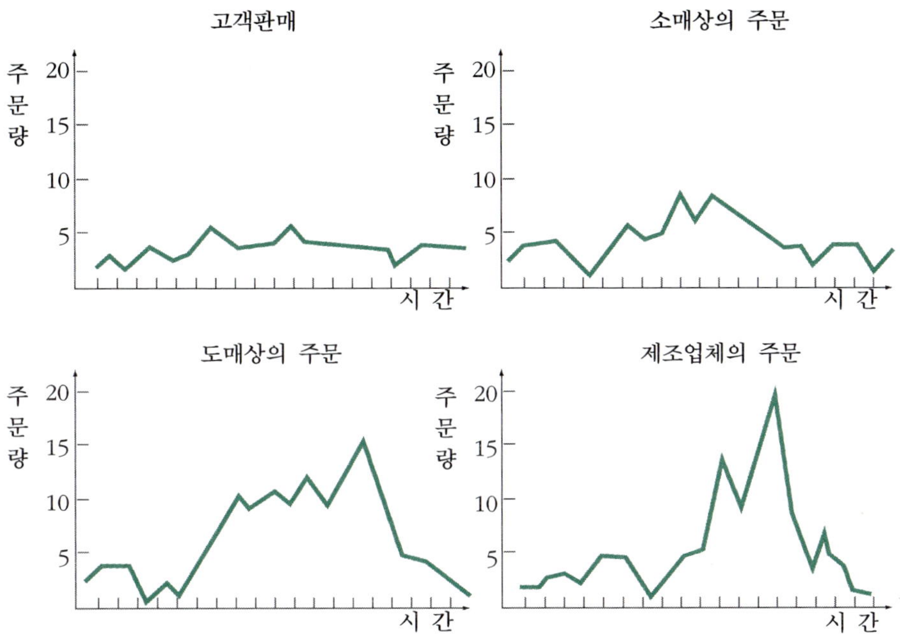

공급사슬관리에서는 무엇보다도 정보의 왜곡현상에 대한 문제해결이 기업의 이익으로 직결된다. 따라서 기업들은 정보의 왜곡현상을 발생시키는 원인을 파악하고, 이에 대한 해결방안을 찾는 것이 무엇보다 중요하다.

5.6.1 Bullwhip effect의 원인

첫째: 다단계 수요예측

공급사슬 각 단계별로 수행되는 전통적인 수요예측 재고관리기법이 bullwhip effect의 원인이 되며, 전통적 유통채널, 즉 제조업체가 하위단계의 소매상 주문데이터에 의존하는 공급사슬에서 bullwhip effect가 많이 발생한다. 시장의 수요가 불안정한 상태에서 수요예측을 수정하기 위해 과거 수요정보를 사용하기 때문에 [그림 11-4]와 같이 고객의 수요보다 소매상이 제조업자에게 주문한 변동이 더 크게 나타나

는 현상이 발생한다.[9]

그림 11-4 소매상의 실제판매량과 상위단계로의 주문량

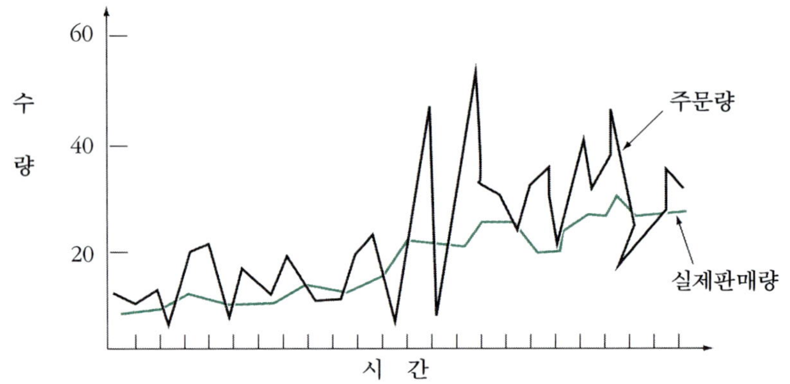

시장수요가 불안정하므로, 만일 어떤 시기에 수요가 갑자기 증가하였다면, 소매상은 미래의 수요가 과거수요보다 더 증가할 것이라고 생각하여 수요예측을 하고, 상위단계로 주문을 할 것이다. 마찬가지로 수요가 갑자기 감소하였다면, 소매상은 미래의 수요는 과거수요보다 더 감소할 것이라고 생각하여 수요예측을 하고, 상위단계로 주문을 할 것이다.

이처럼 공급사슬의 각 구성원이 느끼는 수요가 불안정한 경우 소매상에 의해 관찰된 수요는 과장되어 제조업체에게 전달될 것이다. 이렇게 소매상이 주문을 할 경우 실제 판매정보는 왜곡되어지고, 이러한 정보가 공급자에게 전달될 때 변동의 폭은 커진다. 또한 상위단계로부터의 조달 리드타임이 길어지면 길어질수록 마찬가지로 정보의 왜곡현상이 커진다.

둘째: 공급자의 전략적 분배현상(rationing game)

상위단계에서 공급이 부족할 것으로 예상될 때 구매자가 전략적으로 더 많은 양을 주문하기 때문에 정보의 왜곡현상이 발생한다.

제품의 수요가 생산능력 또는 생산의 불확실성으로 인해 공급을 초과하는 경우, 제조업체는 소매상의 주문을 만족시키기 위해 공급물량을 소매상의 주문량에 비례하

9) Lee, H. L., Padmanabhan. V. and S. Whang, "Information Distortion in a Supply Chain: The Bullwhip Effect," Management Science, Vol. 43, 1997.

게 배분할 것이다. 하지만 공급물량이 제한되어 있기 때문에, 소매상은 더 많은 물량을 확보하기 위해 주문보다 더 많은 물량을 주문할 것이다. 한편 구매자들의 이러한 조기주문 또는 초과주문 등으로 거품수요가 생기면 수요가 위축되고 이로 인해 주문량이 급격히 감소하게 되며, 주문취소, 반품들이 발생하게 된다. 이로 인해 재고비용이 증가하고 수요정보를 왜곡하게 된다. 이러한 주문량 확대현상은 성장기 제품에 있어 주로 일어나며, 수요예측의 다단계성으로 인한 효과와 결합될 때 정보의 왜곡현상은 가중된다.

셋째: 일괄주문 방식(batch ordering)

공급사슬에서는 실제로 고정주문비용이 항상 존재하기 때문에 매 주기마다의 주문은 비경제적이다. 따라서 소매상은 가격과 운송비용에서의 비용을 줄이기 위해 일괄주문을 하게 된다.

기업들은 물동량이 적은 품목의 경우 계획시스템의 가동주기(regenerative MRP) 하에서 품목별 재고 및 물동량 조사를 실시하는데, 이때 송장 및 기타 서류처리, 수송비용, 그리고 검사비용과 같은 고정비용이 초래된다. 이로 인해 기업들은 주문을 할 때 보통 일정기간의 수요를 한꺼번에 몰아서 주문을 하게 된다. 따라서 나머지 일정기간 동안은 수요의 주문이 없게 된다. 경쟁관계인 기업의 경우, 한 기업이 수요가 갑자기 발생하여 많은 양을 주문하면 다른 기업들도 같은 양을 주문하게 되어 주문량은 실제 필요한 양보다 많아지게 되다. 이로 인해 상위단계로 올라갈수록 주문에 대한 정보의 왜곡현상이 더 커진다.

넷째: 가격변동(price fluctuation)

가격변동 또한 bullwhip effect의 원인이 된다. 가격이 변동하면 소매업체들은 가격이 낮을 때 많은 양을 구매하려는 경향이 있다. 이러한 현상은 많은 업계에서 폭넓게 이루어지고 있는 특정 시기나 특정 수량에 대해 실시하는 판촉과 할인 때문에 주로 발생한다.

5.6.2 Bullwhip effect 해소방안

첫째: 다단계 수요예측 수정지양

정보의 왜곡현상은 공급사슬의 구성원이 그들의 수요예측을 위해 인접 하위구성원으로부터의 수요정보를 근거로 하기 때문에 발생한다. 또한 인접 하위구성원은 그들 자신의 하위구성원의 수요정보를 근거로 수요예측을 하여 상위구성원의 투입데이터로 이용하게 된다. 따라서 상위 · 하위구성원 둘 다 똑같은 자료를 가지고 그들의 수요예측을 수정한다면 이러한 왜곡현상을 해결할 수 있다. 즉, 상위의 제조업체 또는 공급업체에게 소매상의 수요 자료 공유를 허용한다는 것이다.

— 제조업체로 하여금 소매상의 정보에 접근하도록 허용하여 정보를 공유한다.
— 공급사슬에서 하나의 구성원이 다른 구성원을 위해 수요예측을 하고 주문을 하게 함으로써, 즉 상위단계(제조업체 또는 공급업체)가 상위단계에서 하위단계까지의 재공급을 통제함으로써 정보의 왜곡현상을 줄일 수 있다(예: *VMI*: Vendor Managed Inventory).
— 하위단계로부터 수요에 관한 정보를 직접 얻음으로써 정보의 왜곡현상을 감소시킬 수 있다.
— 조달 리드타임이 길수록 정보의 왜곡효과가 증폭되므로 *JIT*를 이용한다면 이러한 정보의 왜곡현상을 감소시킬 수 있다.

둘째: 배분게임현상의 완화방안

공급자가 공급부족현상에 직면했을 때, 구매자는 한정된 물량을 확보하려는 구매자의 전략적 행동으로 인해 정보의 왜곡현상이 일어난다.

공급부족 현상 하에서 공급자는 이러한 정보의 왜곡현상을 피하기 위해, 주문에 근거해서 제품을 할당하는 대신에 과거 판매기록의 비율과 시장점유율에 근거해 제품을 할당하면 정보의 왜곡현상을 감소시킬 수 있다. 또한 주문량 변경, 주문취소, 반품에 대한 계약조항을 강화시킴으로써 거품수요를 감소시킬 수 있다.

셋째: 주문의 소량화 전략

많은 기업들이 고정비용으로 인해 주문을 대량으로 한꺼번에 주문을 하기 때문에 정보의 왜곡현상이 일어난다.

따라서 기업들이 소량, 다빈도 주문의 여건을 조성하는 전략을 수립한다면 왜곡현상을 감소시킬 수 있을 것이다. 이를 위해 EDI와 CAO(computer-assisted ordering) 활용을 통해 서류처리비용 및 시간감축, 혼합주문허용 등의 거래비용을 감소시킨다. 또한 소량, 다빈도 주문 및 수송에 따른 비용은 배송스케줄의 합리화와 제3자 물류의 적극적인 활용으로 대체할 수도 있다.

넷째: 안정적 가격정책

정보의 왜곡현상을 해결하는 가장 단순한 방법은 도매상의 가격할인의 빈도와 수준을 감소시키는 것이다. 즉 도매상의 가격정책으로 소매상의 선매에 대한 인센티브를 줄임으로써 정보의 왜곡현상을 감소시킬 수 있다.

표 11-2 황소채찍효과(Bullwhip effect)

원인		해결방안	사례
수요의 불안정과 수요예측의 다단계성	•최종수요의 불안정 •다단계 수요예측 •긴 리드타임	•POS 이용 •하나의 구성원이 수요예측/주문 •리드타임 감소	•Sell-thru-data 이용 (HP, Apple, IBM 등) •VMI(P&G, Wal-Mart) •QR 생산전략
일괄주문	•높은 주문비용 •Full Truck Load로 인한 경제성 •무작위 또는 상호관련된 주문	•EDI & CAO •제3자 물류로 물품의 통합관리 •정기적 배달계획	•Mckesson, Nabisco •유럽과 미국에서의 제3자 물류 •P&G
공급자의 전략적 분배현상	•공급조건의 무시 •무제한의 주문과 반품정책	•과거 판매에 근거한 물품할당 •능력과 공급정보의 공유	•Staturn, HP •일정공유(HP, Motorola) •HP, SUN, segate
가격할인에 의한 판매촉진	•High-Low 가격 •운송과 구매의 비동시성	•EDLP •특별한 구매계약	•P&G의 EDLP

* 자료: Lee, H. L., Padmanabhan, V. and S. Whang, "The Bullwhip Effect in Supply Chains," Sloan Management Review, Vol. 38, 1997을 수정.

P&G의 경우, 3년 동안 공급가를 12~24% 정도 감축하고, 강력하게 판촉활동을 감축시킨 결과, 1994년에 21년만의 가장 높은 이익을 기록할 수 있었다.

이상의 황소채찍효과에 관한 내용을 종합하면 [표 11-2]와 같다.

11.7 푸시-풀 전략(Push-Pull Strategy)

공급사슬 프로세스는 예측에 근거하여 실행되는 밀기전략(push strategy)과 고객 주문 또는 요청에 의해 실행되는 끌기전략(pull strategy)으로 구분할 수 있다. 이러한 *SCM*전략의 특징을 정리하면 [표 11-3]과 같다. 비용최소화에 목적을 둔 push 전략은 자원배분에 초점을 두며 대개의 경우 공급사슬의 복잡성이 높고 이에 따라 리드타임이 길다. 한편 pull전략은 서비스 수준 최대화에 그 목적을 두기에 고객 수요 대응성에 초점을 맞춘다. 상대적으로 공급사슬의 복잡성이 낮은 편이고 리드타임이 짧다.

표 11-3 Push-Pull 전략의 비교

	밀기전략(Push)	**끌기전략**(PUll)
목 적	비용 최소화	서비스 수준 최대화
복잡성	높음	낮음
초 점	자원배분	대응성
리드타임	길다	짧다
프로세스	공급사슬계획	주문충족

대체적으로 push전략에 적합한 제품군은 예측이 용이하고 일상생활에서 자주 사용되는 기능적 제품이며, pull전략은 수요예측 정확도가 낮고 제품의 다양성이 높으며 상대적으로 제품의 수명도 짧은 혁신적 제품군에 적용한다. [표 11-4]는 기능적 제품과 혁신적 제품을 비교 설명한 것이다.

표 11-4 기능적 제품와 혁신적 제품의 비교

	기능적 (Functional)	혁신적 (Innovative)
제품의 다양성 (Product variety)	Low	High
제품의 수명주기 (Product life cycle)	Long	Short
수요예측 정확도 (Forecast accuracy)	High	Low
진부화 위험부담 (Risk of obsolescence)	Low	High
판매실기 비용 (Cost of lost sale)	Low	High

대개의 경우 제품을 생산하는 생산자 입장에서는 규모의 경제를 펼치는 push 전략을 선호하며, 고객의 입장에서는 고객만족도를 극대화하는 pull전략을 선호한다. 따라서 공급사슬의 그 어느 선상에선가는 push와 pull이 만나는 지점이 존재하게 된다. 이 지점을 푸시-풀 경계(push-pull boundary)라 하며 이 경계점에는 두 전략의 흐름의 스피드 차이를 보완하기 위하여 완충재고(buffer inventory)를 위치한다. 이러한 완충재고 거점에 창고를 위치하는 것은 좋은 SCM 의사결정이다([그림 11-5] 참조).

그림 11-5 Push-Pull Boundary

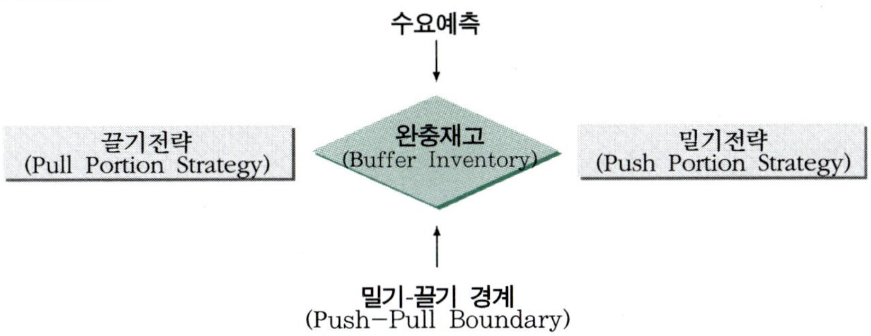

11.8 지연전략(Postponement Strategy)

성공적인 공급사슬관리를 위해서는 사업계획 단계에서 수요에 대한 정확한 예측(forecasting)을 하는 것이 중요하다. 이러한 예측의 대표적인 특성에는 아래와 같은 것들이 있다.

① They are usually wrong(예측은 종종 틀린다).

② Aggregate forecasts are more accurate(총량적 예측이 개별 예측보다 정확하다).

③ The longer the forecast horizon, the less accurate the forecast will be(예측기간이 장기간이 될수록 예측치는 더 빗나간다).

일반적으로 기업들은 수요예측에 있어서 불확실성이 존재함을 인식하고 있지만, 계획단계에 있어서는 초기 예측값이 정확하다는 전제로 사업계획을 수립한다. Simchi-Levi[10]는 위에 제시된 예측의 특성을 공급사슬관리전략의 관점에서 다음과 같이 재해석하였다.

1번 특성은 공급과 수요를 일치시키는 것이 어렵다는 것을 암시하고, 2번 특성은 개별 제품군에 대한 예측보다 전체 제품군에 대한 통합적인 예측이 정확하다는 것을 의미하며, 3번 특성은 향후 1~2년의 장기간 예측정확도보다는 단기간인 1~2달 후의 단기 예측정확도가 더 높다는 것을 의미한다.

2번과 3번 특징을 잘 이해하고 이를 *SCM* 경영전략에 실행함으로써 성공적인 성과를 보인 대표적인 예로 베네통의 사례를 들 수 있다. 이 회사는 수요예측 정확도 제고를 통한 결품과 품절을 방지하기 위하여 후염색가공이라는 혁신적인 공정기법을 개발하였다.

약 1년 반 전에 색상이 다양한 스웨터를 각 색상별로 수요를 예측하지 않고, 색상을 고려하지 않은 채로 디자인별로 수요예측을 총량적으로 실행하였다(특성 2). 즉 베네통은 옅은 회색의 기본 스웨터를 총량적 예측에 따라 예상되는 총 수요에 맞춰 100만벌 만들어 놓고, 후염색가공을 통해 다른 색상의 스웨터로 최종 생산하였다. 물론 최종 결정되는 색상에 대한 예측은 고객의 실수요 발생시점과 상대적으로 가까운

10) Simchi-Levi, David, Philip Kaminsky and Edith Simchi-Levi. "Designing and managing the supply chain," McGraw-Hill, 2012.

단계에서 이루어졌기에 수요예측 정확도는 매우 높아질 수 있었다(특성 3).

이상과 같은 *SCM*전략을 지연전략(postponement strategy)이라 하며, 이는 제품의 최종고객 차별화 시점을 지연시켜 변동성이 있는 수요에 그 대응력을 높이고자 하는 SCM전략이다. 일반적인 차별화는 베네통社의 사례에서처럼 기본모형(base)을 갖춘 상태에서 하나씩 덧붙이는 방법으로 최종제품을 생산해 내는(enable) 것이다. 간혹 처음부터 full option을 갖추어 놓고, 이것을 disable을 시키는 대량차별화(mass customization) 전략도 가능하다. Cable TV에서의 채널옵션 관리가 그 대표적인 예이다.

다만, 이러한 전략의 도입으로 인한 기존 경영환경의 변화가 너무 급하여 파괴적 혁신을 가져올 경우, 구성원들의 저항 등도 고려하여야 한다.

11.9 *SCM* 솔루션

세계적인 조사·컨설팅 업체인 AMR Research에 따르면 *SCM* IT 솔루션 시장은 2012년 83억달러의 규모로, 대표적인 기업으로 SAP(17.2억달러, 20.8%), Oracle(14.5억달러, 17.5억달러), JDA Software(4.3억달러, 5.1%) 등이 있다. *SCM* 솔루션은 표준화된 *SCM* 업무프로세스를 구현하고, 효율적으로 업무가 처리될 수 있도록 해주는 등의 이점이 있어, 최근 *SCM* 선두 기업을 중심으로 솔루션에 대한 관심이 늘어나고 도입 역시 확산되고 있는 추세이다.

SCM 솔루션은 크게 *SCP*(Supply Chain Planning)와 *SCE*(Supply Chain Execution)로 구분되는데, *SCP*는 종합적 관점에서 장기간에 걸친 상품과 서비스의 배송, 공급자로부터 고객까지의 정보흐름, 수요와 공급의 조정 등 전략적 의사결정 최적화를 지원하는 역할을 한다. *SCP* 솔루션은 기업의 장기물류 운영계획, 시나리오 분석, 실수요 분석 등을 수행한다.

SCE 솔루션은 고객 중심의 수요만족을 위해 기업 간 자재, 서비스, 정보 효율화를 지원하는 수행지향(execution-oriented) 어플리케이션으로 *WMS*(Warehouse Management System), *TMS*(Transportation Management System) 및 *OMS*(Order Management System) 등 *SCM*의 실제 운영업무를 수행한다.

11.10 요 약

오늘날은 생산, 판매 등과 같은 전통적인 경영관리 분야에서 비용을 줄인다거나 이윤을 창출할 수 있는 마진의 폭은 매우 적어졌다. 이러한 시대의 새로운 수익원으로서 공급사슬관리는 선택사항이 아닌 필수조건이 되었다. 개별적인 부분 최적화에서 전체 최적화로의 새로운 패러다임에 의해 물류분야의 혁신이 필요한 시기가 도래하였음을 알 수 있다.

이제 우리 기업들도 갈수록 치열해지는 기업환경 상황에서 살아남고, 경쟁우위를 유지하기 위해 보다 차별화된 공급사슬관리가 중요하다고 하겠다.

문제 및 토론

1. 주변에서 찾아볼 수 있는 황소채찍효과에 대해 조사하시오.
2. RFID시스템과 바코드시스템을 비교하시오.
3. IT와 *SCM* 발전과정을 설명하시오.
4. *SCM* 범위(구성요소)를 설명하시오.
5. 수요예측의 특성(원칙)을 설명하시오
6. 지연전략(postponement strategy)을 설명하고, 하나의 예를 드시오.
7. 대량차별화(mass customization)전략의 예를 드시오.

제 4 편

서비스 및 프로젝트

제12장　서비스 관리
제13장　프로젝트 관리

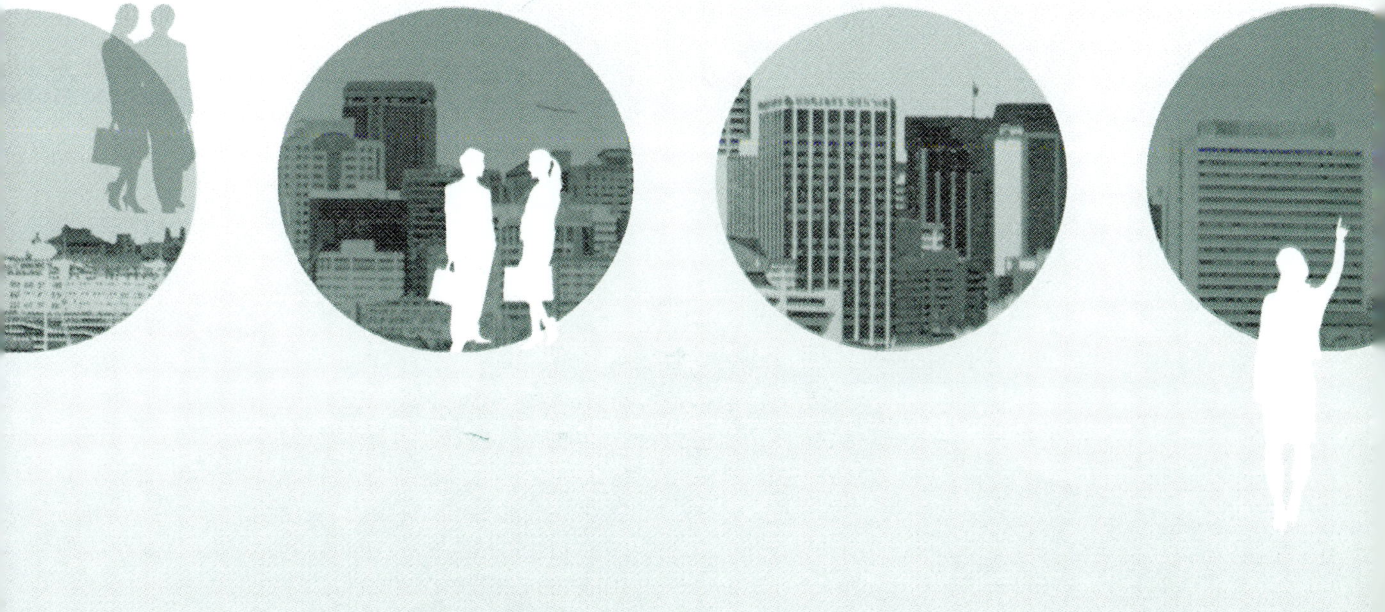

Chapter 12

서비스 관리

관련 이야기 서비스 품질과 병원운영 효율성 제고[1)]

싱가포르의 켄트 리지 병원(Kent Ridge Hospital, Singapore)은 1984년에 완공되었으며 280 병상을 갖고 있었다. 정부 투자 지주회사인 테마섹 홀딩스(Temasek Holdings)의 감독 하에 1985년 켄트 리지 병원은 싱가포르 국립대학교 병원으로 개명되면서 NUH(National University Hospital)가 시작되었다. NUH는 싱가포르의 주요 공공 병원이고 싱가포르의 보건 부문은 전 세계에서 가장 효율적인 의료서비스를 제공하는 곳 중의 하나이다.

환자의 도착은 아침에 최고조에 달하고 환자의 퇴원은 늦은 오후에 정점에 달한다. 오전 7시부터 오전 11시 사이에 응급실을 방문한 환자는 평균적으로 NUH에서 병동 입원을 위해 4시간 이상 기다려야 한다. 대기시간이 길어지면 심각한 응급실 과밀현상이 나타난다. 응급실의 과밀현상을 줄이기 위해 NUH는 어떻게 해야 할까?

지난 몇 년 동안 응급실의 과밀 수용은 전 세계에서 많은 관심을 끌었다. 왜냐하면 이는 환자의 안전과 양질의 의료 서비스에 위협이 되고 있기 때문이다. 응급실 과밀 수용의 증가로 인해 환자의 퇴원 비율이 높고 의료에 대한 청구 건수가 더 늘어나고 있다. 과밀화와 길어진 응급실로부터의 입실시간(응급실 의사의 결정에 따라 환자가 입원하여 침대에 배정될 때까지의 시간)이 응급실 과밀현상의 주요 원인으로 여겨지고 있다.

조기 퇴원 정책은 안정적인 환자 흐름을 보장하여 적시에 병상 가용성을 확보하는 데 도움이 될 수 있다. 하지만 조기 퇴원 정책은 재입원 확률을 늘리는 부정적인 결과를 가져올 수도 있다. 응급실의

1) Muhammad Adnan Zahid ChudheryJingui XieMabel C. ChouJoe Sim, "The National University Hospital: Overcrowding in the Emergency Department," Harvard Business Review Cases, 2018을 참조.

과밀을 감소시키는 효과적인 방법은 최적의 퇴원승인 방침, 적극적인 병상 관리, 효과적인 일정관리 그리고 최적의 자원 활용(병상의 수, 보건 전문가들의 능력, 장비 등)일 것이다. 응급실로부터의 입실 시간, 병상의 점유율 그리고 체류 기간과 같은 평가할 핵심 성과 지표(KPI)도 개발되어 있고 이 지표에 따라 주간 보고서가 마련되고 있다.

NUH는 서비스 품질(QoS)에 중점을 두기로 결정하고, 환자가 양질의 의료 서비스를 받을 수 있도록 정기적으로 입원환자를 방문하는 것을 담당하는 질 향상 팀을 만들었다. 이와 같이 NUH는 입원 병동뿐 아니라 실험실, 약국 등 제휴 부서에서도 시스템 효율을 높여 대응 시간을 단축하는 데 주력하였다. NUH의 린(lean) 관리 팀은 환자의 치료를 개선하기 위한 절차를 효율화하는데 계속해서 관심을 가지고 노력했다.

환자를 심각도를 기준으로 분류하고 의료 조건, 적절한 치료 분야 결정, 환자에 대한 지침 제공, 응급실내 의사의 지원 및 혼잡 관리를 하며 환자에 대한 의학적 평가 후에 적절한 의사에게 배정하여 이 의사가 환사를 병동에 입원시킬지의 여부를 결정하게 하였다.

ICU(Intensive Care Unit), HDW(High Dependence Ward) 및 특수 병동도 유사한 운영 절차를 공유했다. 차이점은 가장 중요한 의료 조건부터 가장 덜 중요한 의료 조건에 이르는 관리 수준이었다. NUH 입원 병동은 완전히 독립적이었으며 24/7 기준으로 전담 의사와 관련 직원들로 구성되었다. 의사들은 일반적으로 환자들의 회진 시간을 절약하는 것 외에도 적시에 의료 시설을 이용할 수 있도록 같은 병동에 환자를 두는 것을 선호했다. 외과적 시술, 행정적 의무, 관련 업무 등을 포함한 바쁜 일정 때문에 고참 의사들의 회진은 하루에 두 번(아침과 저녁 한 번씩) 예정되어 있었다. 의사들은 또한 24시간 내내 응급 전화를 받을 수 있도록 했다.

오늘날 우리는 서비스 시대에 살고 있다고 해도 과언이 아닐 정도로 경제의 주체가 제조 중심에서 서비스 중심으로 이전되고 있다. OECD에 따르면 2016년 한국 국내총생산(GDP)에서 서비스 산업이 차지하는 비중은 59.2%로 OECD 35개국 중 가장 낮았던 것으로 나타났다. 서비스 산업의 노동생산성 역시 2017년 기준 시간당 4.91달러에 그쳐 같은 해 통계가 제공되는 OECD 29개국 중 22위 수준이었다.

국내 일자리 창출을 위해서도 서비스 산업의 발전은 필수적이다. 고용에서 서비스 산업 비중은 70%를 넘는다. 앞으로 서비스업 비중 70%와 고용률 70%의 선진국 수준으로 개선할 필요가 있다. 이를 위해서는 인공지능(AI), 사물인터넷(IoT), 빅데이터 등 차세대 정보통신기술과 같은 신산업을 이끌어갈 핵심 성장동력은 물론이고 의료, 금융, 법률 등 고부가가치 서비스 산업으로 변화를 모색해야 한다.

앞으로 성장잠재율과 고용흡수력, 국제수지, 삶의 질 등의 측면에서 서비스 산업의 역할이 매우 중요해질 전망이며, 특히 대외 의존적인 경제구조로 인해 경제의 불확실성이 심화됨에 따라 안정적 성장을 위해서는 내수의 기반인 서비스업의 발전이 더욱 필요하다.

이러한 환경적 변화에 따라 서비스업에 있어 품질의 중요성은 더욱더 증가하고 있다. 3장에서 살펴본 성능품질, 일치품질, 외양품질, 보조품질의 네 가지 차원으로 분류된 일반적인 품질은 서비스 품질과는 구분되어야 하는데, 이것은 서비스가 제품과는 다른 특징을 지니기 때문이다.

서비스품질에 대한 다양한 정의 중 가장 폭넓게 지지를 얻고 있는 것이 1985년에 파라수라만(Parasuraman), 자이싸믈(Ziethaml), 그리고 베리(Berry)(이하 *PZB*라 함)가 제시한 것이다. *PZB*에서 서비스 품질이란 "특정 서비스의 전반적 탁월성이나 우월성에 관한 소비자의 판단으로 객관적 품질과는 다른 태도의 한 형태"로 정의하고 있다. 또한 이들은 "지각된 품질은 소비자의 지각과 기대 사이의 차이의 방향과 정도로서 보여진다"고 함으로써 지각된 품질을 기대와 성과의 개념에 연결시키고 있다.

12.1 서비스의 특징

서비스가 가지는 특성으로 무형성, 생산 및 소비의 동시성, 현장성, 이질성, 그리고 소멸성을 들 수 있다.

무 형 성 서비스는 우리가 쉽게 떠올릴 수 있는 TV나 세탁기 등과 같은 특별한 형태를 가지고 있지 않기 때문에 소비자가 직접 구매하기 전에는 서비스의 질에 대한 평가가 어렵다. 따라서 서비스 기업은 추상적 성격을 가진 서비스를 가시화된 형태로 제시할 필요가 있으며, 서비스가 제공되는 장소의 물리적 환경을 잘 관리하여 고객들에게 자사의 서비스 질이 우수하다는 인상을 심어주어야 한다.

생산 및 소비의 동시성 일반적으로 유형적인 제품은 시간의 흐름에 따라 제조되고 운송되어 소비자에게 전달되고 소비되지만, 서비스는 생산과 소비가 동시에 이루어진다. 예를 들어, 병원에서 의사가 제공하는 진료는 그 자체가 생산인 동시에 환자의 입장에서는 소비인 것이다. 따라서 서비스의 생산과 소비는 양자가 분리되지 않고 공동생산의 형태를 따르게 되며, 소비의 속도가 생산의 속도를 결정짓는 특성을 가지고 있다.

현 장 성 서비스는 고객이 있는 현장에서 생산되는 것이 대부분이다. 인터넷 기술의 발전에 따라 예외적인 상황이 발생하고는 있으나, 많은 경우 현장성을 극복하기 힘들다. 따라서 고객은 생산현장에 나타나게 되며 현장에서 구전을 통하여 많은 정보를 공유하게 된다. 또한 서비스 생산자는 고객의 접근가능성을 고려하여 서비스를 제공하게 된다. 규모의 경제를 포기하고 체인점을 설립하는 것은 이러한 이유에 기인한다.

이 질 성 특정 기업의 서비스의 질은 일정하게 정해져 있지 않고 서비스를 누가, 언제, 어디서 제공하는가에 따라 차이를 보인다. 서비스의 질이 이처럼 다양하기 때문에 소비자들은 서비스를 제공받기 전에 과거 사용경험이 있는 소비자나 주변에 있는 다른 사람들의 의견을 많이 참고하게 된다.

소 멸 성 서비스는 기본적으로 미리 생산해서 저장하는 것이 불가능하다. 즉, 서비스는 일정 시점에서 소비가 이루어지지 않으면 그 가치가 없어져 버리고 마는 소멸성이 있다. 고속버스 좌석을 예약했을 경우 제 시간에 승차하지 않으면 그 가치는 없어지게 되는 것이다.

12.2 서비스의 유형

서비스를 분류하는 방식은 매우 다양하다. 체이스(Chase)는 [표 12-1]에서와 같이 서비스업을 고객접촉의 고저에 따라 분류하고 있다. 순수 서비스는 고객과의 접촉이 높아 고객은 서비스를 받기 위해서 서비스 시스템에 장시간 참여해야 할 뿐만 아니라, 시스템과 상호작용을 할 필요가 있다. 반면, 고객과의 접촉이 낮은 서비스는 제조업의 운영적 특징과 큰 차이가 없다. 따라서 고객의 접촉이 낮은 업종의 경우 제조업과 같이 운영될 수 있어 기존의 제조업 관리기법의 활용의 여지가 높다.

표 12-1 체이스의 서비스 분류

분 류	순수 서비스	혼합 서비스	준제조업
고객접촉도	높 음	중간적	낮 음
예	유흥 · 오락 헬스센터 호 텔 대중교통 소매업소 학 교 개인적 서비스	다음의 지점 · 분점 금융기관, 정부기관, 광고회사, 부동산업, 컴퓨터회사 등 공원서비스 경찰 · 소방서 수리 서비스	다음의 본사 · 중앙기구 금융기관, 정부기관, 광고회사, 부동산업, 컴퓨터회사 등 우체국 우편주문 서비스 연구실험실

그림 12-1 토마스의 서비스 분류

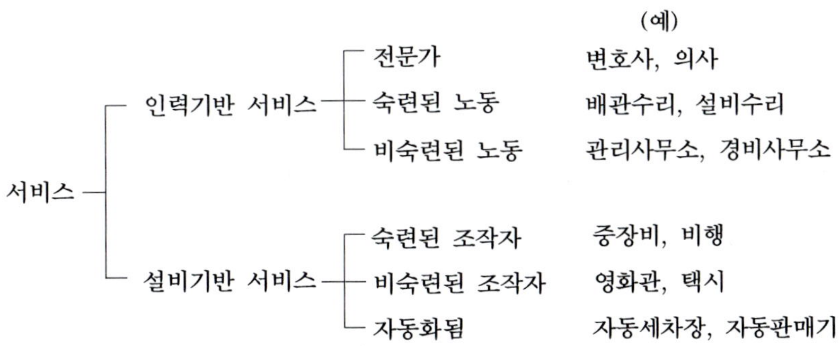

토마스(Thomas)는 [그림 12-1]에서 보듯이 서비스업을 '설비기반'과 '인력기반' 서비스업으로 나누고 있다.

이 분류에 의하면 자동세차장과 같이 노동적 요소는 낮으나 고도의 자동화장비를 이용한 '설비기반' 서비스가 있는 한편, 변호사나 의사와 같이 고도의 '인력기반' 서비스업도 있다.

한편 쉬메너(Schmenner)는 체이스의 고객접촉모형이 고객이 시스템에 참여하기만 하면 서비스를 받을 수 있는 서비스 유형과 강도 높은 상호작용(또는 대화)을 요하는 서비스 유형을 구분하기에 적합지 않다고 지적하면서 [표 12-2]와 같은 서비스 프로세스 매트릭스(service process matrix)를 제시하였다. 이 매트릭스를 이용하면 서비스를 받기 위해 고객이 시스템에 참여는 하지만 상호작용의 정도가 낮은 서비스와 높은 서비스를 구분할 수 있다. 예를 들면, 항공 및 철도 서비스 또는 의료 서비스를 받기 위해서 고객은 시스템에 참여해야 한다. 그러나 의료 서비스를 받을 때 발생하는 상호작용의 강도는 항공 또는 철도 서비스의 그것보다 훨씬 높다. 따라서 체이스의 방식에 의하면 구분할 수 없었던 항공 서비스와 의료 서비스를 쉬메너의 방식을 이용하면 구분할 수 있게 되는 장점이 있다.

표 12-2 쉬메너의 서비스 프로세스 매트릭스

		상호작용의 정도	
		낮 음	높 음
노동의 정도	낮 음	서비스 공장 -항공사, 운수회사, 호텔, 휴양지 및 레크리에이션	서비스 샵 -병원, 자동차정비업 기타 수리업
	높 음	대량 서비스 -소·도매업, 학교 은행의 영업부분	전문 서비스 -의사, 변호사, 회계사, 건축사

마지막으로 켈로그(Kellog)와 니(Nie)는 서비스업의 독특한 전략적 문제를 논의하기 위해서 새로운 개념적 틀인 서비스 프로세스/서비스 패키지(service process/service package, *SP/SP*) 매트릭스를 소개하고 있다([표 12-3] 참조). 서비스 프로세스 구조는 서비스의 설계, 공급 그리고 내용에 고객이 영향을 미치는 정도에 따라 세 범주로 나

누고 있다. 첫째, 전문 서비스는 고객의 도움을 받아 전문가가 서비스를 정의하고 만드는 과정을 거친다. 둘째, 서비스 샵은 고객의 영향력이 중간 정도인 경우이다. 서비스 과정을 기능별로 집단화할 수 있다는 점에서 제조업의 잡샵(job shop)과 유사하다고 볼 수 있다. 셋째, 서비스 공장은 서비스 활동 하나하나가 상당히 표준화되어 있으며 활동들의 순서도 잘 정의되어 있기 때문에 제조업의 생산라인을 연상케 한다. 즉, 서비스 공장은 서비스의 생산라인 전략과 같은 개념이다.

표 12-3 Kellog와 Nie의 서비스 프로세스/서비스 패키지 매트릭스

서비스패키지 구조 / 서비스 프로세스구조	유일 서비스 패키지	선택적 서비스 패키지	제한적 서비스 패키지	포괄적 서비스 패키지
전문 서비스	자 문			
서비스 샵		고등교육		
서비스 공장				규격우편물 배달

서비스 패키지 구조는 4가지로 나누어지는데, 첫째, 유일 서비스는 대부분의 서비스 패키지가 고객화되어 고객이 서비스의 공급방법, 시간, 장소 등을 결정하는 서비스이다. 둘째, 선택적 서비스는 서비스 패키지의 일부는 표준화되어 있으나 상당부분에 관해서는 고객이 결정하는 서비스를 뜻한다. 셋째, 제한적 서비스는 서비스 패키지의 대부분이 표준화되어 있어 고객이 결정하는 부분은 다소 제한된 서비스를 말한다. 마지막으로 포괄적 서비스는 서비스 패키지의 대다수가 표준화되어 있기 때문에 고객이 결정하는 부분은 거의 없는 서비스를 말한다. 이 *SP/SP* 매트릭스를 활용하면 각종 자문 서비스는 전문 서비스/유일 서비스 패키지로 분류될 수 있으며, 우체국의 배달서비스는 서비스 공장/포괄적 서비스 패키지로 분류될 수 있다.

위의 분류는 제조업에 있어서 공정과 제품 특성을 연관시키는 것이 서비스 부문에도 가능함을 보여준다. 서비스 프로세스 구조는 생산공정에, 서비스 패키지 구조는 제품에 연관된다. 즉, 제품의 성격을 표준화할 수 있는 여지가 많으면 많을수록 대량생산형의 서비스 시스템 구축이 가능하다는 것을 의미하며, 유사성이 높은 서비스 패키지와 서비스 프로세스는 집단적으로 묶어 서비스 시스템을 셀(cell) 방식으로 재구성할 수 있다는 것을 의미한다. 고객이 수혜할 서비스 내용을 어느 정도 표준화할 수 있고, 그 서비스 과정에 유사한 활동들이 많아 이들을 묶을 수 있다면 다수의 독립된 서비스 셀의 조성이 가능할 것이다. 레비트(Levitt)는 집단관리기법을 구체적으로 언급하지는 않았지만, 서비스 운영을 제조업의 생산라인 방식으로 전환함으로써 생산성의 획기적 향상을 꾀할 수 있음을 제시한 바 있다. 사람의 자의적 판단으로 말미암아 서비스 프로세스에 발생할 수 있는 서비스의 내용과 질적 편차를 적절한 기계화나 설비 및 도구의 설계, 서비스의 설계 등을 통하여 줄일 수도 있다.

12.3 서비스 전달 시스템

서비스 전달 시스템(Service Delivery System)은 서비스 생성에서부터 고객전달까지의 모든 과정을 포괄하는 것을 말한다. 제조업에서 제품의 생산과 배달에 필요한 활동들을 파악하고 활동들 간의 연관성을 나타내기 위해서 공정표나 흐름도가 사용된다. 이와 유사한 방법으로 쇼스택(Shostack)은 서비스 전달 시스템을 시각적 도표로 나타낸 서비스 청사진(service blueprint)을 제시하고 사례를 작성하여 소개하였다.

서비스 청사진은 서비스 전달 프로세스를 구성하는 모든 업무활동의 흐름도에 기반한 도구로서, 이를 통해 기존의 프로세스를 분석하는 데 도움이 될 뿐만 아니라 새로운 프로세스 흐름도를 만들 수 있어 서비스를 디자인하는 데 유용하다.

서비스 관리자는 서비스 청사진을 통해서 현장에서 고객이 거쳐 가는 과정과 다양한 단계들 간의 상호작용을 조사하여, 실수 가능점을 파악함으로써 서비스에 대한 고객만족 향상을 위한 기회제공과 문제해결 및 프로세스를 개선할 수 있다.

서비스 청사진을 작성하는 단계는 크게 4단계로 구분된다. 1단계에서는 서비스 전체 과정을 그림이나 도표로 나타내며, 이때 고객에게 보이지 않는 후방 활동부분을 같이 포함시킨다. 2단계에서는 그림 또는 도표를 도식한 후, 실수 가능점을 표시한다. 서비스 설계단계에서 실수 가능점을 파악하여 실수를 미연에 방지함으로써 고객에게 보다 높은 품질의 서비스를 제공할 수 있다. 3단계는 각 단계에서 서비스를 수행하는 데 필요한 서비스 표준작업시간을 산정한다. 서비스 표준작업시간 산정은 업무의 기대소요시간을 추정할 수 있을 뿐만 아니라 성과측정의 기준이 되기도 한다. 4

단계는 성과와 수익성을 분석하는 단계로서 비정상적 실패나 지연이 있는지를 분석하고 서비스 수익성을 지속적으로 분석한다.

[그림 12-2]는 식당의 서비스 청사진 예를 나타내고 있다. 서비스 청사진은 가시선(line of visibility)을 중심으로 전방(front office)과 후방(back room)으로 나누어진다. 전방은 고객이 현재 있는 곳으로 고객이 서비스 활동들을 직접 눈으로 확인할 수 있는 부분으로서, 고객 중심적이고 마케팅 중심적 운영이 중요하다. 전방에서는 고객과의 지속적인 대면이 이루어지는데, 이러한 대면의 순간순간을 '진실의 순간(Moment of Truth, MOT)'이라고 한다. 반면 후방은 고객에는 보이지 않는 부분이지만 서비스 지원을 위해 꼭 필요한 부분으로써 효율과 생산성이 중요시된다. 서비스업에서는 전방을 중시하는 의미로 전방이 후방의 위에 위치하도록 청사진을 작성한다. 전방과 후방의 개념은 불완전하지만 간단한 분류로서 서비스 청사진의 작성에 있어 중요하며, 가시선의 위치를 변형시킴으로써 여러 가지 형태의 서비스 전달 시스템을 표현할 수 있다. 가시선을 상향이동하면 전방의 영역이 축소되고, 가장 극단적 형태의 케이터링 서비스 또는 테이크아웃 서비스를 표현할 수 있다. 반대의 극단적인 경우, 즉 하향이동한 경우는 후방이 극소화되거나 후방의 운영이 고객에게 모두 투명하게 보이는 서비스를 표현하게 된다.

그림 12-2 서비스 청사진(식당의 예)

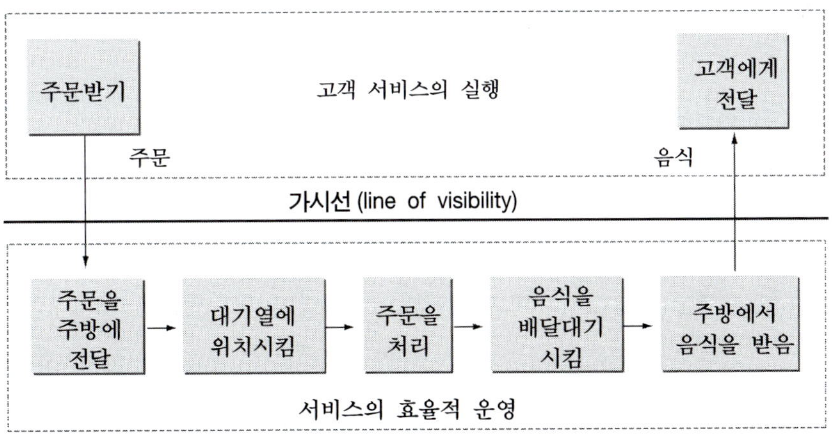

공학적 접근에서 바라본 서비스 청사진은 제조업에서 활용하는 공정표나 흐름도와 유사하지만, 자재의 흐름보다는 고객 또는 정보의 흐름에 초점을 맞추고 있다는 점에서 차이점이 있다. 또한 대기시간, 대기행렬 길이, 고객의 인식(perception)에 주의를 기울인다. 서비스 청사진은 품질측정이나 비용, 수익 등과 같은 직접적 연관성에 관한 분석이 용이하지 않은 점이 있지만, 생산라인 방식에 있어서 직원의 임의적 행동을 제한하고, 업무를 분업화하며, 서비스 인력의 기술대체와 서비스를 표준화할 수 있는 장점이 있다.

12.4 고객접촉

서비스는 고객과의 공동생산으로 이뤄진다. 고객이 생산에 관여하는가, 고객이 생산의 직접 투입물인가, 고객이 생산에 투입물을 제공하는가, 마지막으로 고객이 다른 고객과 협력생산을 하는가에 대한 질문을 통해서 고객접촉에 따른 분류가 가능하다. 고객접촉에 따른 분류는 운영의 설계, 분석, 디자인, 전략 등에 유용하다.

표 12-4 고접촉 / 저접촉의 서비스 디자인시 고려사항

	고 접 촉	저 접 촉
설비위치	고객근처	공급자 중심
설비배치	고객의 요구나 기대	생산성 향상
프로세스 디자인	고객에게 즉각적 영향	프로세스 밖에 고객이 대부분 존재
일정계획	고객편의 위주	작업완료에 초점
생산계획	무재고	미납, 생산평활 가능
작업자 능력	고객과 잘 어울리는 능력	기술적 능력
품질통제	주관적, 변동적	관측가능, 고정적
시간표준	여 유	엄격함
임 금	고임금	저임금
능력계획	최대수용의 일치	일정한 평균수요 기준
예 측	단기적	장기적

서비스의 종류는 고객접촉 정도에 따라 고접촉(high contact)과 저접촉(low contact)으로 분류할 수 있다. 고객접촉이란 시스템 내에 고객이 물리적으로 참여하는 것을 말하는데, 고객접촉 정도는 고객이 서비스 시스템 상에서 사용한 시간을 총 서비스 수행시간으로 나눈 비율이다. 고접촉과 저접촉의 서비스 디자인 시에 고려할 사항은 [표 12-4]에 나타나 있다. 고접촉은 고객과의 접촉이 높아서 효율이 떨어지고 작업자는 고객과 잘 어울리는 능력이 요구되지만, 수익창출의 기회가 다양하다는 장점이 있다. 이에 반해서 저접촉은 공급자 중심적인 설비로 인하여 효율이 높지만, 고객과의 접촉이 낮아서 낮은 마케팅 기회를 가지게 된다. 고접촉과 저접촉은 직관적 분류로서 분석에 있어서 유효하지만 현대적 시각에서는 공동생산과 정보활용 측면이 강조되고 있다.

12.5 서비스와 정보

정보기술 발전은 서비스 부문에도 엄청난 파급효과를 미치고 있으며, 고객들은 서비스를 제공하는 기업에 의존하던 수동적 형태에서 인터넷과 같은 정보기술을 이용하여 필요한 서비스를 직접 찾는 능동적 형태로 변하고 있다. 즉, 정보기술이 서비스 혁신의 한 축이 되어온 것이 사실이다.

정보관리적 관점에서 서비스의 주요 이슈를 살펴보면 첫째, 고객에 대한 정보의 제공이다. 예를 들어, 고객이 택배로 보낸 물품의 현재 배송상태를 알고자 할 때, 고객은 택배회사의 웹사이트에 접속하여 운송장 번호를 입력함으로써 배송물품이 현재 어디에 있는지를 알 수 있다. 또한 이전에는 컴퓨터 부품을 값싸게 구매하기 위해서 고객이 직접 각 매장을 방문하여 가격을 물어야 했지만, 지금은 인터넷 가격비교 사이트를 통해서 구매하고자 하는 물품의 최저가격을 제공하는 업체정보를 손쉽게 구할 수 있다. 이러한 정보의 제공은 고객의 힘(권한)을 더욱 강화시켜 준다.

둘째, 고객으로부터의 정보수집이다. 기업들은 인터넷과 데이터베이스를 통해서 고객에 대한 정보를 수집하고 있다. 수집된 고객정보는 개인 신상정보를 비롯하여 서비스에 대한 선호도, 수요와 기대 정도를 파악할 수 있으며, 이를 통해 다양한 전략을 세울 수 있다. 하지만 고객의 사생활 침해로 인해 고객의 반발을 살 수 있는 잠재력과 수집한 데이터의 정확성 문제를 내포하고 있다.

정보처리는 서비스 청사진 상에서 후방작업에 해당하는 부분으로서, 앞으로 정보처리의 중요성이 증가되는 추세로 인해서 프로세스 설계, 전략, 기술관리의 중요성이 더욱 커지고 있다.

12.6 서비스 품질과 고객만족

서비스의 품질평가는 서비스 전달과정 중에 일어난다. 이것은 고객과 서비스 제공자 사이의 접점에서 발생한다. 서비스 품질과 관련하여 고객만족은 제공받은 서비스의 인지와 요구한 서비스의 기대를 비교하는 것으로 정의할 수 있다. 인지가 기대를 상회할 때 서비스는 특별한 품질로 인식되며 고객감동으로 이어진다.

서비스 품질의 결정요소

가빈(Garvin)이 제시한 성능, 특징, 신뢰성, 적합성, 내구성, 서비스성, 심미성, 인식성의 8가지 품질속성은 주로 유형의 제품과 관련이 있다.

1980년대에 들어서 *PZB* 등이 수행한 연구는 서비스 품질의 속성을 이해하는 확고한 기반을 제공하였다. 이들은 경영진과 고객들과의 면접조사를 통하여 서비스 품질의 다음 10가지 속성을 도출하였다.

유형성(tangibles) 서비스의 유형적 단서로 물리적 시설 · 장비 · 도구 그리고 서비스 요원의 용모 · 복장 등과 관련이 있다. 가령 은행시설이 쾌적한지, 또는 서비스 요원의 복장이 깨끗한지 등과 같은 것이다.

신뢰성(reliability) 업무수행의 일치성, 확실성 및 정확성을 뜻한다. 즉, 적절한 시기에 적절한 서비스를 수행할 수 있는 능력이라고 할 수 있다.

대응성(responsiveness) 서비스를 기꺼이 제공하고자 하는 종업원들의 자발적인 의지와 준비태세 등을 뜻한다. 예컨대 '대응성이 좋다'고 하는 것은 반품된 제품에 대해서 신속한 환불이 이루어진다든지 또는 환자의 질문에 대하여 의사가 친절히 답변해 주는 것과 같은 것이다.

능력(competence) 종업원들의 자격요건으로서 이를테면 서비스를 수행하는데 필요한 지식과 기술을 갖추고 있는가를 뜻한다. 예컨대 수리요원은 고장난 제품을 올바르게 수리할 수 있는 능력을 갖고 있어야 한다.

신용성(credibility) 서비스 제공자의 진실성 · 정직성 · 신뢰감 등을 말한다. 이를테면 보험회사의 광고와 서비스 내용이 일치하는지와 같은 것이다.

안정성(security) 위험이 없고, 의심이 가지 않는 것을 말한다. 즉 현금자동인출기가 안심하고 사용될 수 있다든지, 자신의 신용카드는 다른 사람이 결코 사용할 수 없다든지 하는 것 등이다.

전달성(communication) 서비스 제공자가 고객의 말을 귀담아 듣고 각계각층의 고객에게 알아들을 수 있는 말로 의사전달을 해야 하는 것을 말한다. 가령, 의사는 전문용어를 쓰지 않고 환자에게 병세를 설명해야 하는 것 등이다.

고객의 이해(understanding the customer) 고객의 요구를 이해하려고 노력하는 것을 말한다. 즉, 고객의 특정 요구조건을 알아보고 개인사정을 배려하여 관심을 갖는 것 등이다.

접근성(access) 고객이 서비스 제공자와 언제라도 쉽게 접촉할 수 있어야 한다는 것을 뜻한다. 가령, 서비스센터는 교통이 편리한 곳에 자리 잡고 있어야 한다든지, 또는 병원의 응급실은 24시간 열려 있어야 한다는 등이 그 예가 될 수 있다.

예의(courtesy) 일선근무자의 친절하고, 공손하며, 예의바른 태도를 일컫는다. 가령 은행창구 직원의 상냥한 태도 등이 여기에 해당된다.

*PZB*는 상품 보수유지, 은행, 장거리 전화, 신용카드 회사를 대상으로 서비스 품질의 10개 차원을 대표하는 97개 문항을 만들어 표본조사를 실시하였으며, 분석결과 서비스 품질 10개 차원 간에 관련성이 있는 것으로 나타남에 따라 [표 12-5]와 같이 유형성, 신뢰성, 대응성, 확신성, 공감성의 5개 차원으로 통합하여 *SERVQUAL* 모형을 제시하였다.

이러한 *SERVQUAL* 차원을 느끼는 상대적 중요도에 따라 나열하면 신뢰성(reliability), 대응성(responsiveness), 확신성(assurance), 공감성(empathy), 유형성(tangibles) 순이다.[2)]

2) A. Parasuraman, V. A. Zeithaml, and L. L. Berry, "SERVQUAL: A Multiple-item Scale for Measuring Consumer Perceptions of Service Quality," Journal of Retailing, Vol. 64 No. 1, 1988, pp. 12-40.

표 12-5 서비스 품질의 10개 차원과 *SERVQUAL*의 5개 차원

서비스 품질의 10개 차원	*SERVQUAL*	내 용
유형성	유형성 (Tangibles)	물리적 시설, 장비, 인력, 통신의 확보, 물적 환경 등
신뢰성	신뢰성 (Reliability)	약속한 서비스를 믿음직스럽고 정확하게 수행할 수 있는 능력
대응성	대응성 (Responsiveness)	고객을 돕고 신속한 서비스를 제공하려는 의지
능 력	확신성 (Assurance)	믿음과 확신을 주는 직원의 능력뿐만 아니라 그들의 지식과 호의, 고객에 대한 정중함과 예의
신용성		
안정성		
전달성		
예 의		
고객의 이해	공감성 (Empathy)	고객에 대한 배려와 개별적인 관심을 보일 준비
접근성		

유 형 성 물리적 시설, 장비, 인력, 통신의 확보를 의미하며, 물적 환경(예: 청결도)의 상태는 서비스 제공자의 세심한 관심과 배려를 나타내는 유형적 증거이다.

신 뢰 성 약속한 서비스를 믿음직스럽고, 정확하게 수행할 수 있는 능력으로, 신뢰할 만한 서비스의 수행은 고객의 기대에 대하여 적시에 동일한 방법으로 매번 실수 없이 서비스하는 것을 말한다. 예를 들어, 우편물의 경우에 대부분의 사람들은 매일 같은 시간대에 받는 것을 중요하다고 생각한다.

대 응 성 고객을 돕고 신속한 서비스를 제공하겠다는 의지로, 뚜렷한 이유도 없이 고객을 기다리게 하는 것은 품질에 대한 부정적 인식을 만들어낸다. 만일 서비스 실패가 일어나는 경우에도 전문가적인 입장에서 신속하게 복구할 수 있으면 품질에 대한 매우 긍정적인 인식을 심어주게 된다. 예컨대, 비행 지연에 대한 보상적 성격으로 음료수를 제공하는 것은 고객의 불편한 잠재적 기억을 호의적으로 바꿀 수 있다.

확 신 성 믿음과 확신을 주는 직원의 능력뿐만 아니라 그들의 지식과 호의를 의미하며, 확신성 차원에서 주요 특징은 서비스 수행능력, 고객에 대한 정중함과 존경, 고객과의 효과적 의사소통, 서비스 제공자가 진심으로 고객에게 최선의 관심을 쏟는 것을 포함한다.

공 감 성 고객에 대한 배려와 개별적인 관심을 보일 준비로, 공감성은 고객의 요구를 이해하기 위하여 접근 가능성, 민감성, 노력을 주요 특징으로 한다. 항공사 탑승구의 직원을 대상으로 공감성의 예를 들자면, 고객의 잘못으로 비행기 환승을 하지 못했을 때 이를 해결해 줄 수 있는 능력이다.

그림 12-3 인지 서비스 품질

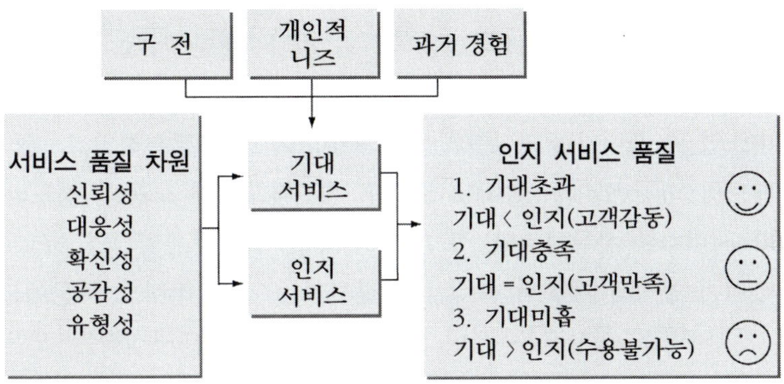

* 자료: A. Parasuraman, V. A. Zeithaml, and L. L. Berry, "A Conceptual Model of Service Quality and Its Implications for Future Research," Journal of Marketing, Vol. 49, Fall 1985, p. 48.

이와 같이 고객은 서비스 품질을 판단하는 데 [그림 12-3]과 같이 5가지 차원을 활용하며, 서비스 품질은 기대와 인지 서비스 사이의 비교에 근거한다. 기대 서비스와 인지 서비스 사이의 갭은 고객만족이 긍정적이든 부정적이든 서비스 품질의 척도가 된다.

서비스 품질의 측정

서비스 품질은 고객만족이 다양한 무형적인 요인에 의해 결정되기 때문에 측정하기가 어렵다. 즉 객관적으로 측정될 수 있는 물리적 특성을 지닌 제품과 달리 서비스 품질은 다양한 심리적 특징을 포함한다.

지금까지 고객만족을 조사하기 위한 효과적인 도구일 뿐만 아니라, 서비스 품질을 측정하는 가장 널리 알려진 모형은 *PZB*가 제시한 *SERVQUAL* 모형이라고 할 수 있다. 그들은 거듭된 연구에서 기대와 인지와의 차이가 서비스 품질에 영향을 미친다고 보았다. 그리고 *PZB*와 더불어 크로닌(Cronin)과 테일러(Taylor)가 기대라는 개념을 파악하기 어렵기 때문에 성과만을 이용하여 측정한 *SERVPERF* 모형도 최근의 연구에서 많이 활용되고 있다.

12.7 요 약

서비스가 일반 유형의 제품과 구별되는 특성으로는 무형성, 생산 및 소비의 동시성, 현장성, 이질성, 소멸성을 들 수 있다. 또한 서비스 분류방식은 학자들에 따라 매우 다양한데, 체이스는 서비스업을 고객접촉의 고저에 따라 분류하였으며, 토마스는 서비스업을 '설비기반'과 '인력기반' 서비스업으로 분류하였고, 쉬메너는 서비스 프로세스 매트릭스(service process matrix)를 제시함으로써 노동의 정도와 상호작용의 정도에 따라 서비스를 분류하였다. 또한 켈로그와 니의 분류방식인 *SP/SP* 매트릭스는 제조업에 있어서 공정과 제품적 특성을 연결시키는 것이 서비스 부문에도 가능함을 보여준다.

서비스 청사진은 서비스 전달 프로세스를 구성하는 모든 업무활동의 흐름도에 기반한 도구로서, 서비스 전달 시스템을 시각적 도표로 나타내어 기존의 프로세스를 분석하는 데 도움이 될 뿐만 아니라 새로운 프로세스 흐름도를 만들 수 있다. 또한 고객이 거쳐 가는 과정을 조사하며 단계들 간의 상호작용을 조사하고, 실수 가능점을 파악하여 문제해결과 프로세스를 개선하는 데 유용하다.

서비스 종류는 고객과의 접촉에 따라서 고접촉, 저접촉으로 분류하는데, 고접촉은 고객과의 접촉이 높아서 효율이 낮고 고객과 잘 어울리는 능력이 작업자에 요구되지만, 수익창출의 기회가 다양한 점이 장점이다. 반면 저접촉은 공급자 중심적인 설비로 인하여 효율이 높지만, 고객과의 접촉이 낮아서 낮은 마케팅 기회를 가진다.

일반적인 제품의 품질속성에 대해 가빈은 성능, 특징, 신뢰성, 적합성, 내구성, 서비스성, 심미성, 인식성을 제시하였으나 *PZB*는 서비스 품질속성으로 유형성, 신뢰성, 대응성, 능력, 신용성, 안정성, 전달성, 고객의 이해, 접근성, 예의의 10가지를 제시하였다. 이와 더불어 그들은 이들 10개 차원 간에 관련성이 있음을 이후 확인하고 유형성, 신뢰성, 대응성 그리고 10개 차원 중 능력, 신용성, 안정성, 전달성, 예의를 통합하여 확신성으로, 고객의 이해, 접근성을 통합하여 공감성으로 제시하였다. 즉, 그들은 이 5가지 차원을 *SERVQUAL* 차원이라 하였으며 이를 통해 측정하기 어려운 서비스 품질을 파악하였다.

문제 및 토론

1. 일반 유형의 제품과 비교시 구별되는 서비스의 특징에 대해 설명하시오.
2. 서비스의 분류방식에 있어 켈로그와 니의 *SP/SP* 매트릭스를 설명하고 각각에 대한 예를 들으시오.
3. 쉬메너의 서비스 프로세스 매트릭스에 대하여 설명하시오.
4. 서비스 청사진을 설명하고 서비스 디자인 시에 어떻게 활용할 수 있을지를 예를 들어 설명하시오.
5. 서비스 청사진을 작성하는 4단계를 설명하시오.
6. 고객접촉을 설명하고 고접촉과 저접촉의 서비스 디자인시 고려할 사항을 비교하여 설명하시오.
7. *PZB*가 제시한 다섯 차원이 제품의 품질과 어떻게 다른가를 설명하시오.
8. 서비스 품질 결정요인 10가지를 은행의 예를 들어 설명하시오.
9. e-비즈니스 환경 하에서 *PZB*가 제시한 다섯 차원은 어떻게 달라지겠는가를 설명하시오.

Chapter 13

프로젝트 관리

관련 이야기 너무 많은 프로젝트들[1)]

마이클 포터는 유명한 HBR의 논문에서 "전략의 본질은 하지 말아야 할 것을 선택하는 것이다,"라고 이야기하였고, 실행의 본질은 정말로 하지 않는 것이다. 간단하게 들리지만, 기존 이니셔티브가 새로운 전략과 맞지 않을 때, 기업이 그것들을 폐기하는 것은 상당히 어려운 일이다. 대신, 리더들은 심각한 과부하를 초래할 수 있는 기존 이니셔티브에 계속 의존하는데, 때때로 조직에 미치는 영향을 알지 못한 상태에서, 여러 정치적인 이유 등으로 한참을 진행하고, 이는 결국에 비용이 드는 생산성, 품질 문제와 직원의 과부하로 이어지게 된다.

이러한 부정적인 효과를 알지 못하거나 본인들이 좋아하는 프로젝트들을 주는 것을 꺼려하는 대부분의 리더들은 매니저들과 팀원들이 모든 것을 흡수하기를 기대한다. 부담이 있는 프로젝트를 제거하고 분명한 우선순위를 정립하는데 실패한다면, 심각한 과부하를 초래하며, 생산성, 성과 등에 어려움을 갖게 한다. 따라서, 기존 이니셔티브 과부하의 근본 원인들을 이해함으로써, 리더들은 조직 내의 위험을 더 잘 진단할 수 있고, 무엇을 유지하고 무엇을 폐기시킬 것인지에 대한 현명한 의사결정을 가지면서, 원칙을 갖고 재능과 다른 자원들을 잘 분배할 수 있게 될 것이다. 위에서 살펴보듯이 기존 이니셔티브 과부하를 경계하는 것은 어려운 결정을 해야 하는 의지와 원칙을 요구한다. 다음은 도움이 되는 단계별 가이드라인이다.

단계1. 여러분의 조직이 과부하로 어려움을 겪고 있는지를 보기 위해서는, 조직 전체에 걸친 기존 이니셔티브를 정확하게 파악해야 한다.

단계2. 진행 중인 모든 이니셔티브들을 평가한다. 각각에 대해 비즈니스 요구, 필요한 예산, 인원 할당 및 비즈니스 영향 등을 식별해야 한다.

---

1) Rose Hollister and Michael D. Watkins. "Too Many Projects", Harvard Business Review, September-October 2018을 참조.

단계3. 통합된 방식으로 상위직급의 리더들이 우선순위를 정하기 위해 협력해야 한다. 논의는 탑 리더십 팀에 의해 주도되어야 하고, 이니셔티브의 충분한 감소를 확보하기 위해서는 아래로부터의 솔직한 피드백을 담아야 한다.

단계4. 프로젝트가 중대한 사업적 영향을 미치지 않는다면 매년 자원을 소비하지 않도록 펀딩과 인력 자원 할당 종료일자를 파악하여 각 이니셔티브에 일몰 조항을 신설한다.

단계5. 이후의 연간 계획에서 각 이니셔티브의 펀딩과 기타 자원에 대해 다시 신청할 것을 요구한다. 의무화된 사업 사례는 조직에 가치를 입증해야 한다.

단계6. 이니셔티브를 중단한다고 해서 실패했거나 장점이 부족했다는 뜻은 아니라는 점을 나머지 조직과 강력하게 소통한다. 단지 회사가 얼마나 많은 훌륭한 아이디어들을 내놓을 수 있는 것에 한계가 있다는 것을 강조하라.

이미 이니셔티브 과부하를 경험하고 있는 기업들에게, 이니셔티브를 제거함에 따르는 이익에 집중하는 것은 나아갈 길을 다소 쉽게 만들 수 있다. 스티브 잡스가 이야기 했던 것처럼, "거기에 있는 수백가지의 좋은 아이디어들"을 거절하는 방법을 배울 때, 기업들은 큰 이익을 얻게 된다. 그리고, 기업들은 그들의 창의적이고 생산적인 에너지를 더욱 현명하게 사용할 수 있고, 더 많은 직원들의 헌신과 충성을 키울 수 있으며, 실질적으로 중요한 분야에서 더 많은 성취를 얻을 수 있게 된다.

프로젝트는 주어진 시간 내에 제한된 자원으로 주어진 범위를 마쳐야하는 시작과 끝이 있는 일시적인 일을 뜻한다.[2] 따라서, 프로젝트는 일상적이지 않고, 유일한 특성을 가지고 있으며, 하나의 목표를 달성하기 위해서 디자인된 일련의 행위들을 요구한다. 이런 이유로, 프로젝트 팀에는 여러 지역에 걸친 다른 조직에서 온 평상시에 같이 일해본 적이 없는 사람들로 구성되기 경우도 있다. 예를 들어, 소프트웨어의 개발, 신약 개발, 건물이나 다리의 건설, 자연재해 후 복구 활동 등이 모두 프로젝트가 될 수 있다.[3] 흔히 프로젝트를 운영과 비교하기도 하는데, 결혼식을 준비하고 제한된 비용으로 신혼집을 준비하면서 새로운 가전제품 등을 구입하는 일련의 활동들은 프로젝트라고 할 수 있다면, 결혼 후의 매일 반복되는 일상생활들은 운영이라 할 수 있다.

13.1 프로젝트의 구성 및 관리

프로젝트는 고유의 제품, 서비스를 산출하는 것을 목표로 하는데, 한 사람 또는 팀이 프로젝트를 이끌 수도 있지만, 여러 팀들과 사업부들이 동시에 참여하기도 한다. 이러한 프로젝트는 이를 수행하는 조직에 미치는 요인들에 의해 착수되어지는 것이 일반적이며, 대표적인 것들은 아래 그림과 같다.

2) Project Management Institute. "A Guide To The Project Management Body Of Knowledge - PMBOK GUIDE", PMBOK 6판 참조.

3) Project Management Institute. "A Guide To The Project Management Body Of Knowledge - PMBOK GUIDE", PMBOK 6판 참조.

그림 13-1 프로젝트 착수배경[4)]

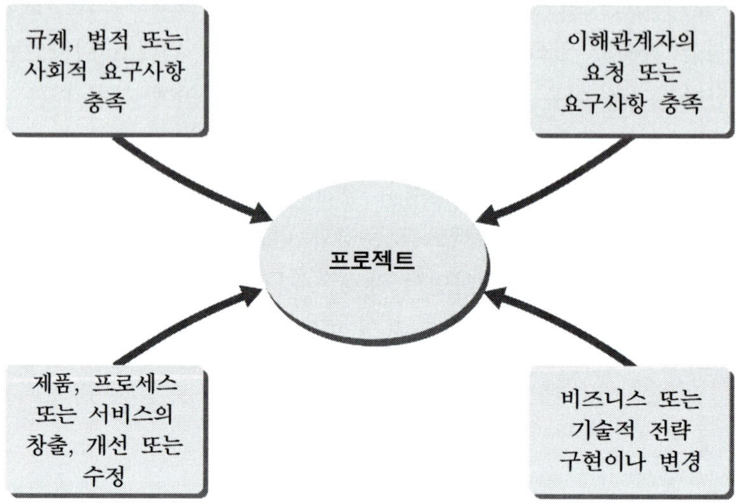

다음은 특정 요인으로 인해 프로젝트가 발생되는 예를 보여준다.

표 13-1 프로젝트 생성의 사례들[5)]

특정 요인	특정 요인 예	규제, 법적 또는 사회적 요구사항 충족	이해관계자의 요청 또는 요구사항 충족	제품, 프로세스 또는 서비스의 창출, 개선 또는 수정	비즈니스 또는 기술적 전략 구현이나 변경
신기술	전자 회사가컴퓨터 메모리와 전자부품 기술의 발전을 토대로 더 빠르고, 더 싸고, 더 작은 노트북을 개발하는 신규 프로젝트 승인			×	×
경쟁 세력	경쟁사의 제품가 인하로 인해 경쟁력 유지를 위한 생산 원가 절감 필요				×

4) Project Management Institute. "A Guide To The Project Management Body Of Knowledge – PMBOK GUIDE", PMBOK 6판 참조.

5) Project Management Institute. "A Guide To The Project Management Body Of Knowledge – PMBOK GUIDE", PMBOK 6판 참조.

자재 문제	한 지방 교량의 지지 구조물 중 몇 군데서 균열이 생겨 문제를 해결하는 프로젝트 초래	×		×	
정치적 변화	현재 프로젝트의 프로젝트 자금에 변화를 요구하는 새로 당선된 공직자				×
시장 수요	자동차 회사에서 휘발유 부족 사태에 대응하여 연비가 높은 자동차를 생산하는 프로젝트 승인		×	×	×
경기 변화	경기 위축으로 현재 프로젝트의 우선순위 변경 필요				×
고객 요청	전기 회사에서 신규 산업 단지를 지원할 변전소를 신축하는 프로젝트 승인		×	×	
이해관계자 요구	조직에서 새로운 결과물을 산출해야 한다고 요구하는 한 이해관계자		×		
법적 요구사항	화학 회사에서 새로운 독성 물질의 올바른 취급을 위한 가이드라인을 마련하는 프로젝트 승인	×			
비즈니스 프로세스 개선사항	조직이 린 6-시그마 가치 흐름 매핑 연습 결과로 프로젝트 이행			×	
전략적 기회/비즈니스 요구	교육 회사가 매출 증대를 위해 새로운 과정을 개설하는 프로젝트 승인			×	×
사회적 요구	개발도상국의 비정부 기구에서 전염병 발병률이 높은 지역사회에 휴대용 정수기, 화장실, 위생 교육을 제공하는 프로젝트 승인		×		
환경 고려사항	공공 기업이 공해 감소를 위한 전기 자동차 카쉐어링을 위한 신규 서비스 개발 프로젝트 승인			×	×

프로젝트 관리

프로젝트 관리는 필요한 활동들에 요구되는 지식, 기술, 도구 및 기법 등을 적용시키는 것을 의미한다. 프로젝트는 단독 프로젝트, 프로그램 내 또는 포트폴리오 내에서 관리되어질 수 있다. 프로그램이란 조직 내에서 이루어지는 여러 프로젝트들을 하나로 묶는 것을 의미하며, 개별적으로 관리되어서는 수익이 나지 않거나 관리가 어려운 프로젝트들을 통합관리하는 것을 말한다. 포트폴리오는 더 상위개념으로 여러 프로젝트들과 프로그램들을 전략적으로 운영하는 것을 뜻한다([표 13-2] 참조). 아래 [그림 13-2]는 이들의 관계를 예시로서 보여준 것이다. 조직의 전략과 목표를 일치시키기 위해서는 조직 내의 거버넌스를 고려하여 프로젝트, 프로그램, 포트폴리오를 운영할 필요가 있다.

그림 13-2 프로젝트, 프로그램, 포트폴리오 사례[6]

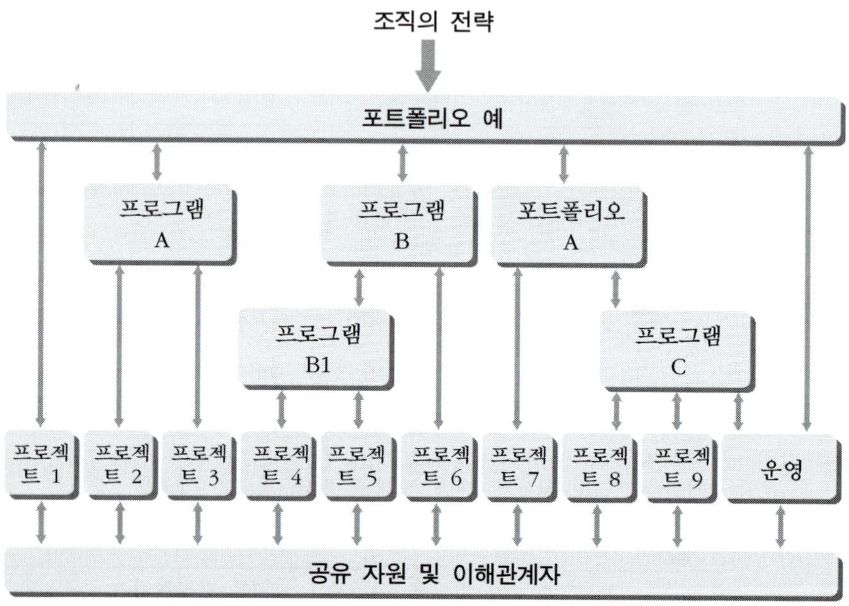

표 13-2 프로젝트, 프로그램, 포트폴리오 개요[7]

조직 프로젝트 관리			
	프로젝트	프로그램	포트폴리오
용어 정의	프로젝트란 고유한 제품, 서비스 또는 결과물을 산출하기 위해 한시적으로 투입하는 노력이다.	프로그램이란 개별적으로 관리해서는 실현되지 않는 편익을 달성하기 위해 통합된 방식으로 관리하는 다양한 관련 프로젝트, 하위 프로그램 및 프로그램 활동들의 그룹이다.	포트폴리오란 전략적 목표를 달성하기 위해 하나의 그룹으로 관리되는 프로젝트, 프로그램, 하위 포트폴리오 및 운영 업무의 집합체이다.

6) Project Management Institute. "A Guide To The Project Management Body Of Knowledge - PMBOK GUIDE", PMBOK 6판 참조.

7) Project Management Institute. "A Guide To The Project Management Body Of Knowledge - PMBOK GUIDE", PMBOK 6판 참조.

범위	프로젝트는 정의된 목표를 갖는다. 범위는 프로젝트 생애주기 전반에 걸쳐 점진적으로 구체화된다.	프로그램은 프로그램 구성 요소의 범위를 포괄하는 범위를 갖는다. 프로그램은 프로그램 구성 요소의 산출물과 결과물이 조율되고 상호보완적인 방식으로 인도되도록 함으로써 조직에 편익을 제공한다.	포트폴리오는 조직의 전략적 목표에 따라 변경되는 조직 범위를 갖는다.
변경	프로젝트 관리자는 변경을 예상하고, 관리 및 통제되는 상태로 변경을 유지하기 위한 프로세스를 실행한다.	프로그램은 프로그램 구성 요소가 결과물 및/또는 산출물을 인도하면서, 편익의 인도를 최적화하기 위해 필요에 따라 변경을 수락하고 그에 맞추는 방식으로 관리된다.	포트폴리오 관리자는 폭넓은 내부 및 외부 환경에서 변경을 지속적으로 감시한다.
계획	프로젝트 관리자는 프로젝트 생애주기 전반에 걸쳐 상위 수준 정보를 세부 계획으로 점진적으로 구체화한다.	프로그램은 프로그램 구성 요소의 상호 의존관계와 진행 상황을 추적하는 상위 수준 계획을 사용하여 관리된다. 또한 구성요소 수준에서의 계획을 안내하는데 프로그램 계획도 사용된다.	포트폴리오 관리자는 집계 포트폴리오와 관련하여 필요한 프로세스와 의사소통을 생성하고 유지한다.
관리	프로젝트 관리자는 프로젝트 목표를 충족시키기 위해 프로젝트팀을 관리한다.	프로그램은 프로그램 구성 요소의 활동을 조정함으로써 프로그램 편익이 예상대로 인도되도록 보장하는 프로그램 관리자가 관리한다.	포트폴리오 관리자는 집계 포트폴리오에 보고할 책임을 가졌을 수 있는 포트폴리오관리 팀원 또는 프로그램 및 프로젝트 팀원을 관리하거나 조율할 수도 있다.
감시	프로젝트 관리자는 프로젝트가 생산을 위해 착수한 제품, 서비스 또는 결과물 생산 작업을 감시 및 통제한다.	프로그램 관리자는 전체 목표, 일정, 예산 및 프로그램 편익이 충족되도록 보장하기 위해 프로그램 구성 요소의 진행 상황을 감시한다.	포트폴리오 관리자는 전략적인 변경을 감시하고 포트폴리오의 자원할당과 성과 결과 및 리스크를 집계한다.
성공	성공은 제품과 프로젝트 품질, 적시성, 예산 준수 및 고객 만족도 수준을 기준으로 측정한다.	프로그램의 성공은 프로그램이 조직에게 의도된 편익을 인도할 수 있는지 여부와 프로그램이 그러한 편익을 효율적이고 효과적으로 인도하는지 여부로 측정한다.	성공은 포트폴리오의 편익 실현과 집계 투자 성과 측면에서 측정한다.

프로젝트 관리 프로세스 그룹 및 지식 영역(표 3-3)[8]

프로젝트 관리 프로세스 그룹은 논리적으로 프로젝트 관리 프로세스를 분류한 것이다. 단, 프로젝트 단계와는 관련이 없다. 아래 사항들의 더 자세한 내용은 PMBOK에서 참조할 수 있다.

착수 프로세스 프로젝트 또는 단계의 시작 승인을 받아서 기존 프로젝트의 새 단계 또는 새 프로젝트를 정의하기 위해 수행하는 프로세스

기획 프로세스 프로젝트의 범위를 설정하고, 목표를 구체화하고, 프로젝트 목표를 달성하기 위해 필요한 일련의 활동을 정의하는 프로세스

실행 프로세스 프로젝트 요구사항에 맞게 프로젝트 관리 계획서에 정의된 작업을 완료하는 과정에서 수행되는 프로세스

감시 및 통제 프로세스 프로젝트의 진척과 성과를 추적, 검토 및 조절하고, 계획에 변경이 필요한 영역을 식별하여, 이에 상응하는 변경을 착수하는 과정에서 필요한 프로세스

종료 프로세스 프로젝트의 진척과 성과를 추적, 검토 및 조절하고, 계획에 변경이 필요한 영역을 식별하여, 이에 상응하는 변경을 착수하는 과정에서 필요한 프로세스

프로젝트 관리 지식영역은 상호연관되어 있으며, PMBOK에서는 최근 판에 아래 10가지의 영역을 정의한다.

프로젝트 통합관리 프로젝트 관리 프로세스 그룹에 속하는 다양한 프로세스와 프로젝트 관리 활동을 식별, 정의, 결합, 통합 및 조정하는 프로세스와 활동을 포함

프로젝트 범위관리 프로젝트를 성공적으로 완료하기 위해 필요한 모든 작업을 빠짐없이 프로젝트에 포함시키는 과정에서 수행해야 하는 프로세스들을 포함

프로젝트 일정관리 적시에 프로젝트를 완료하도록 관리하는 프로세스들을 포함

프로젝트 원가관리 승인된 예산 범위 내에서 프로젝트를 완료할 수 있도록 원가를 기획 및 산정하고, 예산을 책정하고, 필요한 자금을 조성 및 관리하고 원가를 통제하는 프로세스들을 포함

프로젝트 품질관리 이해관계자의 기대사항을 충족하기 위해 프로젝트 및 제품 품질 요구사항의 기획, 관리 및 통제에 관한 조직의 품질 정책을 반영하는 프로세

8) Project Management Institute. "A Guide To The Project Management Body Of Knowledge - PMBOK GUIDE", PMBOK 6판 참조.

스들을 포함

프로젝트 자원관리 프로젝트를 성공적으로 완료하는 데 필요한 자원을 식별하고, 확보하여 관리하는 프로세스들을 포함

프로젝트 의사소통관리 프로젝트 정보를 적시에 적절히 기획, 수집, 생성, 배포, 저장, 검색, 관리, 통제 및 감시하고 최종 처리하는 프로세스들을 포함

프로젝트 리스크관리 프로젝트의 리스크에 대해 리스크관리 기획, 식별, 분석, 대응 기획, 대응 실행 및 감시하는 프로세스들을 포함

프로젝트 조달관리 프로젝트팀 외부에서 제품, 서비스 또는 결과물을 구매하거나 획득하기 위해 필요한 프로세스들을 포함

프로젝트 이해관계자관리 프로젝트에 영향을 주거나 프로젝트의 영향을 받을 수 있는 모든 사람, 집단 또는 조직을 식별하고, 이해관계자의 기대사항과 이해관계자가 프로젝트에 미치는 영향을 분석하고, 프로젝트 의사결정 및 실행에 이해관계자의 효율적인 참여를 유도하기 적절한 관리전략을 개발하는 과정에서 수행해야 하는 프로세스들을 포함

표 13-3 프로젝트 관리 프로세스 그룹과 지식 영역[9)]

지식 영역	프로젝트 관리 프로세스 그룹				
	착수 프로세스 그룹	기획 프로세스 그룹	실행 프로세스 그룹	감시 및 통제 프로세스 그룹	종료 프로세스 그룹
4. 프로젝트 통합관리	4.1 프로젝트 헌장 개발	4.2 프로젝트 관리 계획서 개발	4.3 프로젝트 작업 지시 및 관리 4.4 프로젝트 지식 관리	4.5 프로젝트 작업 감시 및 통제 4.6 통합 변경 통제 수행	4.7 프로젝트 또는 단계 종료
5. 프로젝트 범위관리		5.1 범위관리 계획수립 5.2 요구사항 수집 5.3 범위정의 5.4 작업분류체계(WBS) 작성		5.5 범위확인 5.6 범위통제	

9) Project Management Institute. "A Guide To The Project Management Body Of Knowledge - PMBOK GUIDE", PMBOK 6판 참조.

6. 프로젝트 일정관리		6.1 일정관리 계획수립 6.2 활동정의 6.3 활동순서 배열 6.4 활동기간 산정 6.5 일정개발		6.6 일정통제	
7. 프로젝트 원가관리		7.1 원가관리 계획수립 7.2 원가산정 7.3 예산책정		7.4 원가통제	
8. 프로젝트 품질관리		8.1 품질관리 계획수립	8.2 품질관리	8.3 품질통제	
9. 프로젝트 자원관리		9.1 자원관리 계획수립 9.2 활동자원 산정	9.3 자원 확보 9.4 팀개발 9.5 팀관리	9.6 자원통제	
10. 프로젝트 의사소통 관리		10.1 의사소통 관리 계획수립	10.2 의사소통 관리	10.3 의사소통 감시	
11. 프로젝트 리스크 관리		11.1 리스크관리 계획수립 11.2 리스크 식별 11.3 정성적 리스크 분석 수행 11.4 정량적 리스크분석 수행 11.5 리스크 대응 계획수립	11.6 리스크 대응 실행	11.7 리스크 감시	
12. 프로젝트 조달관리		12.1 조달관리 계획수립	12.2 조달수행	12.3 조달통제	
13. 프로젝트 이해관계자 관리	13.1 이해관계자 식별	13.2 이해관계자참여 계획수립	13.3 이해관계자 참여	13.4 이해관계자참여 감시	

13.2 프로젝트 계획

WBS(Work Breakdown Structure – 작업분류체계)

프로젝트 관리팀은 계획을 개발할 수 있도록 프로젝트 수행 전에 업무를 시작한다. 첫 번째 단계 중 하나는 프로젝트의 목표를 세심하게 수립한 다음 프로젝트를 관리하기 쉬운 부분으로 나누는 것이다. 이러한 작업분류체계(WBS)는 주요 서브 컴포넌트(또는 업무)로 나누어 프로젝트를 정의하고, 그 후에 보다 상세한 컴포넌트로 세분화하여, 최종적으로 일련의 활동 및 관련 비용으로 세분화한다. 프로젝트를 점점 더 작은 업무로 나누는 것은 어려울 수 있지만, 프로젝트를 관리하고 성공을 계획하는 데는 매우 중요하다.

그림 13-3 작업분류체계 사례[10)]

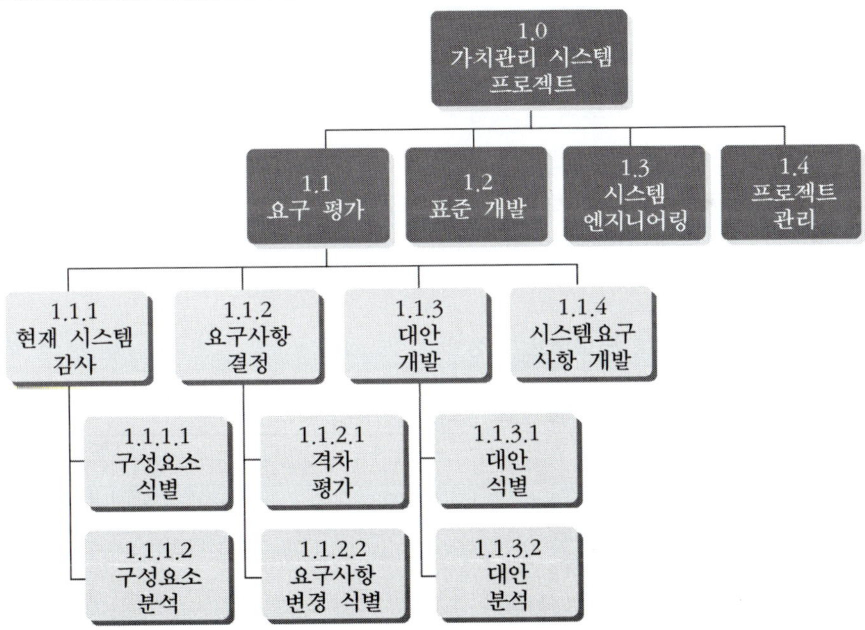

10) Project Management Institute. "A Guide To The Project Management Body Of Knowledge – PMBOK GUIDE", PMBOK 6판 참조.

작업분류체계는 위에서 아래로 크기가 감소하며 보통 다음과 같이 기술한다. Level 1에서는 프로젝트를 기술하고, Level 2에서는 프로젝트의 주된 업무, Level 3에서는 주된 업무의 하위 업무를 기술하고, Level 4에서는 관련 활동들 기술한다. 아래 [그림 13-3]은 관련 예시이다.

프로젝트 일정

프로젝트 일정에는 모든 프로젝트 활동들에 대한 순서와 시간 할당이 포함된다. 이 단계에서 관리자들은 각 활동이 얼마나 걸릴지를 결정하고 생산 단계마다 얼마나 많은 인력과 자재가 필요할지를 계산한다. 관리자들은 또한 숙련도 유형에 따라 인력 수요에 대한 별도의 일정을 작성한다. 이러한 일정은 그래프를 활용하여 표시하는 것이 일반적인 아래의 세 가지 형태가 대표적이다.

마일스톤 차트 주요 활동들의 예정 시작일 및 종료일을 보여준다. 가장 요약된 형태의 그래프이다.

간트 차트 세로 축에 활동, 가로 축엔 시간을 기술하여, 시작일과 종료일을 표시한 막대로 프로젝트 진행정도를 알 수 있게 해준다. 관리자와 경영진 간의 원활한 의사소통 및 프로젝트 진행정도를 알 수 있게 해주며, 대부분의 프로젝트 보고서에서 기본적으로 포함된다.

프로젝트 일정 네트워크 다이어그램 일정 정보를 포함하여 활동들 간의 논리적 관계를 포함하였으며, 최적화된 일정을 산출하기 위해 도움을 준다.

표 13-4 프로젝트 일정[11]

마일스톤 일정

활동 식별코드	활동 설명	역일 단위	프로젝트 일정 기간				
			기간 1	기간 2	기간 3	기간 4	기간 5
1.1.MB	신제품 Z 시작	0	◆				
1.1.1.M1	구성요소 1 완료	0			◇		
1.1.2.M1	구성요소 2 완료	0			◆		
1.1.3.M1	구성요소 1 및 2 통합 완료	0					◇
1.1.3.MF	신제품 Z 종료	0					◇

11) Project Management Institute. "A Guide To The Project Management Body Of Knowledge - PMBOK GUIDE", PMBOK 6판 참조.

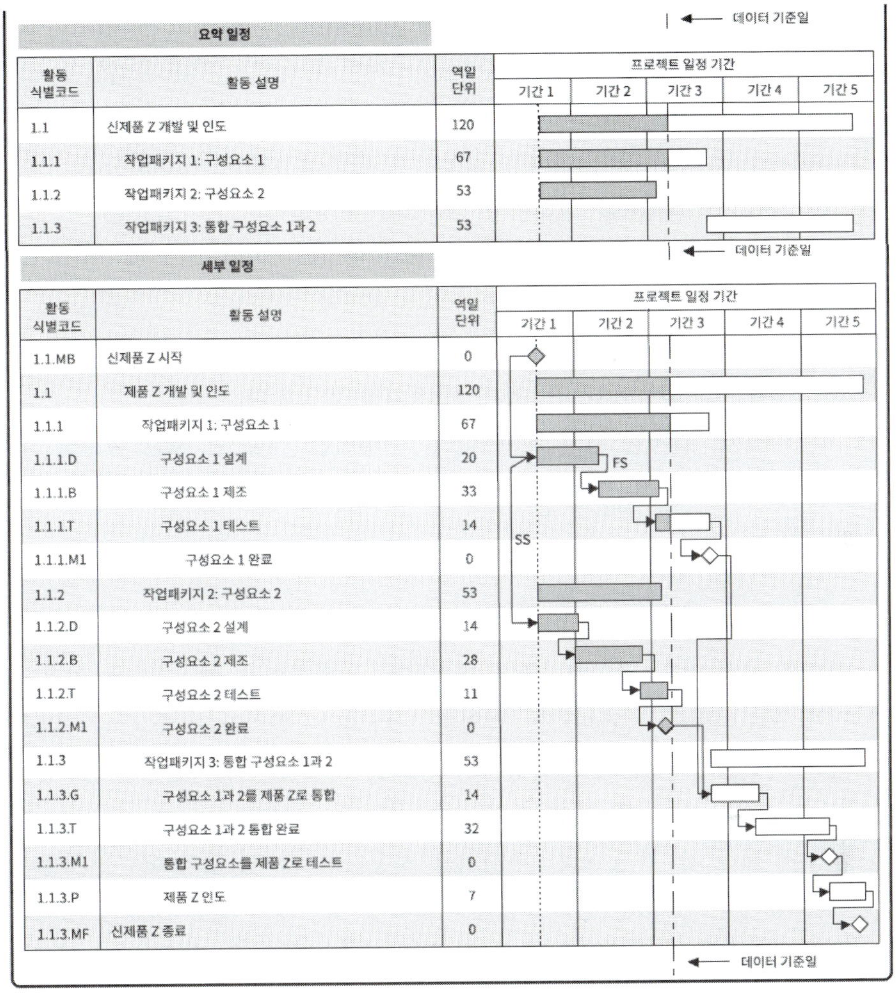

13.3 프로젝트 관리 기법

주공정법(Critical Path Method, CPM)은 1950년대에 미국 화학회사 DuPont의 공장건설 및 유지관리를 지원하기 위해 고안되었다. 주공정법 이외에 자원최적화기법도 사용되며, 이러한 프로젝트 관리 기법들을 실행 가능한 일정 모형을 개발하기 위해 사용된다. 주공정법은 프로젝트를 마무리하는 데 필요한 최소 기간을 계산하여, 프로젝트 내에 있는 여러 공정(활동)들 사이의 네트워크의 유연함을 키우는데 적합한 기법이다. 이러한 접근을 위해서는 아래의 6단계를 고려하면서 진행하는 방법이 일반적이다.

첫째, 프로젝트를 정의하고, WBS를 작성한다.

둘째, 활동들 사이의 관계를 발전시키고, 어떤 활동이 먼저이고, 어떤 활동이 나중인지를 결정한다.

셋째, 모든 활동들을 연결하는 네트워크를 그린다.

넷째, 각 활동에 시간, 비용 추정치를 할당한다.

다섯째, 활동들 간의 네트워크를 구성하는 가장 긴 시간 경로를 계산한다.

여섯째, 활동들 간의 네트워크를 사용하여 프로젝트를 계획, 일정, 모니터링 및 제어할 수 있다.

다섯째에서 말하는 가장 긴 시간 경로를 주경로라고 하며, 프로젝트를 제어하는 중요한 부분이다. 주경로 상의 활동들은 프로젝트가 제 시간에 완료되지 않을 경우 전체 프로젝트를 지연시키는 작업을 나타낸다. 관리자는 중요하지 않은 활동을 식별하고 자원들을 재계획, 재할당하여 중요한 작업을 완료하는 데 필요한 유연성을 확보할 수 있다. 또 다른 기법인 PERT(Program evaluation and review technique)는 각 활동에 대해 세 가지 시간 추정치를 사용하면서 예상값과 표준편차를 활용하여 계산하는 반면에, CPM은 불확실성을 최소화한 상태에서 활동 시간을 정확하게 알고 있다는 가정 아래, 각 활동에 대해 하나의 시간 요소만을 활용한다. 아래에서는 CPM을 활용한 사례를 제시한다. PERT와 CPM은 아래와 같은 질문들에 대답을 줄 수 있기 때문에 중요하다고 할 수 있다.

첫째, 전체 프로젝트는 언제 완료되는가?

둘째, 이 프로젝트의 중요한 활동이나 과제는 무엇인가? 즉, 어떤 활동이 늦으면 전체 프로젝트가 지연되는가?

셋째, 프로젝트 완료를 지연하지 않고 늦게까지 실행될 수 있는 비 주공정활동은 무엇인가?

넷째, 특정 날짜까지 프로젝트가 완료될 확률은 얼마인가?

다섯째, 특별한 날짜에, 이 프로젝트가 예정일에 맞췄는지, 예정일보다 늦어졌는지 또는 예정일보다 빠른가?

여섯째, 어떤 특정일에, 지불된 비용은 예산에 맞췄는지, 또는 작거나 더 큰가?

일곱째, 프로젝트를 제 시간에 마칠 수 있을 만큼 충분한 자원이 있는가?

여덟째, 만약 프로젝트를 더 짧은 시간 안에 끝내려면, 최소한의 비용으로 이 목표를 달성하는 가장 좋은 방법은 무엇인가?

PERT 또는 CPM 네트워크의 첫 번째 단계는 WBS에 따라 전체 프로젝트를 중요한 활동으로 나누는 것이다. 프로젝트 네트워크를 그리는 방법에는 노드에서의 활동(Activity on Node, AON) 및 화살표상의 활동(Activity on Arrow, AAA)의 두 가지로 나눌 수 있는데, 아래에서는 AON기법을 활용한다. 노드상에는 활동의 시작과 끝을 알려주는 아래의 표시가 되어 있다.

그림 13-4 주공정법의 예[12)]

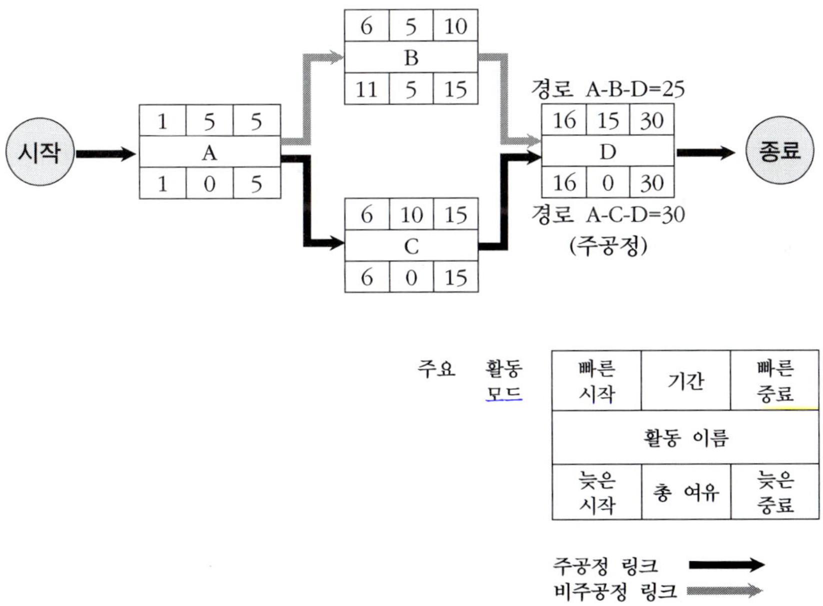

12) Project Management Institute. "A Guide To The Project Management Body Of Knowledge - PMBOK GUIDE", PMBOK 6판 참조.

빠른시작(ES) = 모든 작업을 수행할 수 있는 가장 빠른 시간

빠른종료(EF) = 활동을 완료할 수 있는 가장 빠른 시간

늦은시작(LS) = 전체 프로젝트의 완료 시간이 지연되지 않도록 활동이 시작될 수 있는 마지막 시간

늦은종료(LF) = 전체 프로젝트의 완료 시간이 지연되지 않도록 활동이 종료될 수 있는 마지막 시간

빠른시작(Earliest Start, ES)시간과 빠른종료(Earliest Finish, EF)시간을 계산하기 위해 네트워크를 선후관계로 묶어서 시간 순으로 연결한 후 순행(Forward Pass)한다. 위의 [그림 13-4]의 예를 이용하여 계산방법을 설명하겠다. 본 예제에서는 위와 같이 ES와 EF시간을 노드 위에 표시하는 AON방식을 취하고, 노드 A는 첫 번째 활동이기 때문에 빠른시작시간은 1로 정한다(노드 A의 ES=1, 교과서에 따라 0으로 하는 경우도 있으나 본 예제에서는 PMBOK의 예제를 따라서 정의함). 노드 A의 빠른종료시간은 ES에 활동시간을 더한 후 1을 뺀다. 이는 1월 1일부터 1월 10일까지의 기간이 10일인데 1일+10일-1일의 계산 방식으로 구하는 것과 같은 원리이다. 따라서, 노드 A의 EF는 5가된다. 활동 A의 후행 활동인 B와 C의 ES는 활동 A의 빠른종료시간 EF에 1을 더한다. A가 끝난 후에 B와 C를 시작할 수 있기 때문이다. 활동 B의 EF는 B의 ES(즉, 6)에 B의 활동시간 5를 더하고 1을 빼면 EF(B)=10이다. 동일한 방법으로, EF(C)는 ES(C)인 6일에 C의 활동시간 10일을 더하고 1일을 빼면 EF(C)=15가 된다. 활동 D는 활동 B와 C가 끝나기 전에는 시작할 수 없으므로, 활동 D의 빠른시작시간은 활동 B와 C의 빠른종료시간 중 큰 값의 영향을 받아야 하고, 따라서, ES(D) = Max(10+1, 15+1)=16이다. 활동 D의 빠른종료시간은 ES(D)에 D의 활동시간을 더한 EF(D)=16+15-1=30이 된다. 위의 계산에서 사용된 방법은 다음과 같다(단, A는 맨 처음 활동을 의미).

ES(A)=1(모든 첫 활동에 적용)

EF(A)=ES(A)+활동기간(A) - 1

ES(B)=Max[EF(B의 모든 선행 활동)+1]

프로젝트 완료시간=Max[EF(모든 마지막 활동)]

한편, 늦은시작(Latest Start, LS)과 늦은종료(Latest Finish, LF)는 역행

(backward pass)으로 계산 된다. 역행 계산은 다음과 같은 수식으로 나타낼 수 있다.

LF(Z)=Min[LS(Z의 모든 후행 활동)−1]
LS(Z)=LF(Z)−활동기간(Z)+1

위와 같이 역행 계산은 네트워크의 마지막 활동으로부터 시작하여 전체 네트워크를 역행하며 계산한다. [그림 13-4]에서 활동 D는 마지막이기 때문에 LF시간은 EF시간과 같고, LS도 ES와 같다. 활동 B와 C의 LF는 유일한 후행 활동인 D의 LS−1과 같다. 활동 B와 C의 LS는 LF에서 각각의 활동시간을 뺀 후 1을 더하여 계산한다. 활동 A는 B, C 2개의 후행 활동들이 있으므로, 활동 A의 LF는 이 두 후행 활동의 LS−1 중 최소값, 즉 Min(11−1, 6−1)=5이다. 최소값을 취하는 이유는 활동 B와 C를 그들의 늦은시작시간에 시작하기 위해 활동 A를 그에 맞게 끝내야 하고 그렇지 않을 경우 프로젝트가 지연되기 때문이다. 활동 A의 LS는 LF에서 활동 시간을 빼고 1을 더한 값, 즉 1이다. 계산의 정확성을 확인하기 위해 네트워크의 첫 활동 A에 대해 ES=LS인지와, EF=LF인지를 확인하여야 하고, 이는 역행 계산을 했을 때 순행 계산에서 나온 수치와 동일한 수치를 얻어야 한다. 또한, 여기에서 주경로(critical path)를 파악할 수 있는데, 주경로는 네트워크에서 프로젝트 시작부터 끝까지 잇는 가장 긴 경로로서, ES=LS와 EF=LF를 만족하는 모든 활동으로 이루어져 있다. 위 예에서 주경로는 A−C−D이며, 주경로상의 활동에는 여유시간(slack)이 없다. 따라서, 주경로는 프로젝트 완료시간을 결정하며, 수많은 활동들로 이루어져 있는 대규모 프로젝트에서는 경로가 너무 많기 때문에 모든 경로를 계산하는 것은 어렵기에 순행과 역행 계산을 통해 ES=LS 혹은 EF=LF의 조건을 경로를 이어서 주경로를 파악한다. 여유시간(slack)은 LS−ES 또는 LF−EF로 정의되며, 활동 B의 여유시간은 5가된다. 이것은 활동 B의 활동시간이 5일 증가하더라도 프로젝트 완료시간에는 영향이 없다는 것을 의미한다. 다만, B의 활동시간이 5일 증가하면 B, C 모두 여유시간이 0이 되고 이 경우 주경로는 2개가 된다. 따라서, 여유시간이 없는 주경로의 시간 증가는 프로젝트 완료를 늦추게 되고, 비용을 증가시키는 주된 원인이 될 수 있는 만큼, 주경로에 있는 활동들은 면밀하게 관리되어야 한다.

자원평준화는 가용한 자원과 요구되는 자원 사이에서 균형을 유지하기 위해 자원제약(constraint)에 근거하여 시작일과 종료일을 조정하는 기법이다. 공유 자원 또는 중요한 자원이 일정한 시간대 또는 제한된 수량으로 사용 가능하거나 아래 [그림 13-5]처럼 동일한 기간에 한 가지 자원이 둘 이상에 배정되어 조정이 필요한 경우에 자원평준화를 사용할 수 있다. 이러한 자원 평준화로 주공정이 변경될 수 있다.

그림 13-5 자원평준화의 예[13)]

자원평준화 전 활동

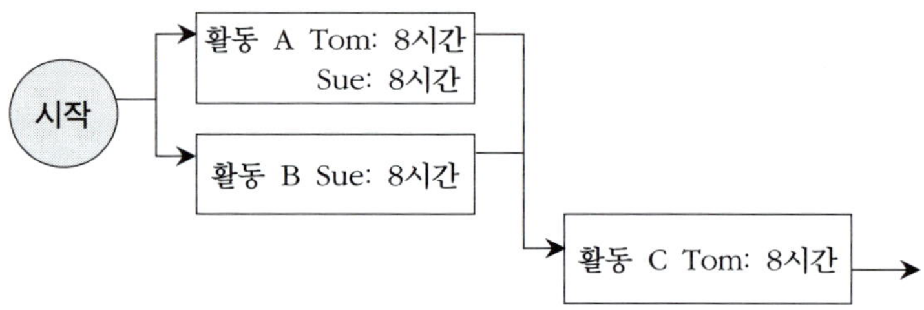

1일차	2일차	3일차
Tom: 8시간 Sue: 8시간	Tom: 8시간	

자원평준화 후 활동

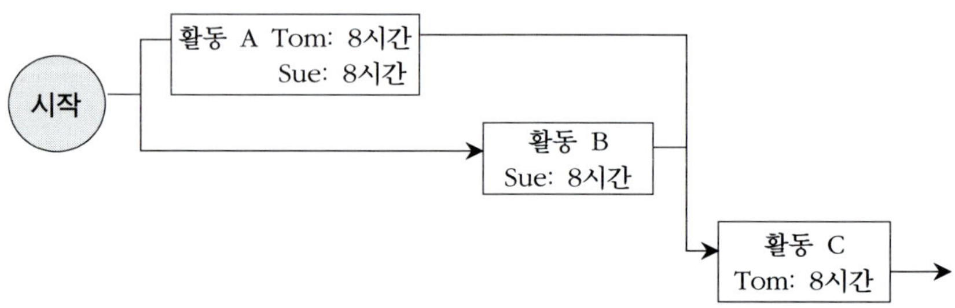

1일차	2일차	3일차
Tom: 8시간 Sue: 8시간	Sue: 8시간	Tom: 8시간

---

13) Project Management Institute. "A Guide To The Project Management Body Of Knowledge - PMBOK GUIDE", PMBOK 6판 참조.

13.4 활동시간의 변동성

주경로를 식별함에 있어서 모든 빠른/늦은 시간은 알려져 있으며 고정되었다고 가정하고 진행하였다. 즉, 활동시간에 변동은 없었다. 하지만, 다양한 요인에 따라서 활동 시간이 달라질 수도 있다. 예를 들어, 건설회사가 아파트를 짓는다고 할 때, 갑작스런 콘크리트 회사의 공장 시설 고장은 주 자재의 지연 도착을 의미하고 이로 인해 활동시간이 변동됨으로 완료일에 영향을 미치게 된다. 물론, 이렇게 파급력이 큰 활동이 많이 있는 것은 아니지만, 자재를 운반하는 차량이 교통 체증으로 제 때 도착하지 못하는 일은 자주 있을 수 있고, 따라서 변동을 고려하는 것은 매우 중요하다.

PERT(Program evaluation and review technique)

PERT에서는 다음과 같이 각 활동별로 3개의 시간추정에 근거한 확률분포를 사용하고 있다([그림 13-6]).

- 낙관적 시간(a): 모든 것이 계획대로 진행되었을 경우 활동에 필요한 시간
  이 값을 추정할 때, 활동시간이 a보다 작을 확률은 아주 작은 확률이어야만 한다.
- 비관적 시간(b): 아주 우호적이지 못한 상황을 고려했을 때, 활동에 필요한 시간
  이 값을 추정할 때, 활동시간이 b보다 클 확률은 아주 작은 확률이어야만 한다.
- 최빈 가능 시간(m): 활동을 마치는 데 필요한 가장 현실적인 시간 추정치

PERT를 사용할 경우 활동시간 추정치가 베타 확률 분포를 따른다고 가정한다. 이 분포는 종종 활동 완료 시간에 대한 예측 값과 분산을 결정하는 데 적절하다.

예상 활동 시간 t를 찾기 위해, 베타 분포는 다음과 같이 3회 추정치에 가중치를 부여한다.

$$t = \frac{a + 4m + b}{6}$$

최빈 가능 시간(m)은 낙관적 시간(a)과 비관적 시간(b)의 4배에 해당하는 가중치를 부여한다. 각 활동에 대해 계산한 시간 추정치 t는 프로젝트 네트워크에서 모든 빠른/늦은 시간을 계산하는 데 사용된다. 또한, 활동 완료 시간의 분산을 계산하기

위해, 다음 공식을 사용한다.

$$Variance = \left[\frac{b-a}{6}\right]^2$$

그림 13-6 3회 추정치를 활용한 베타분포

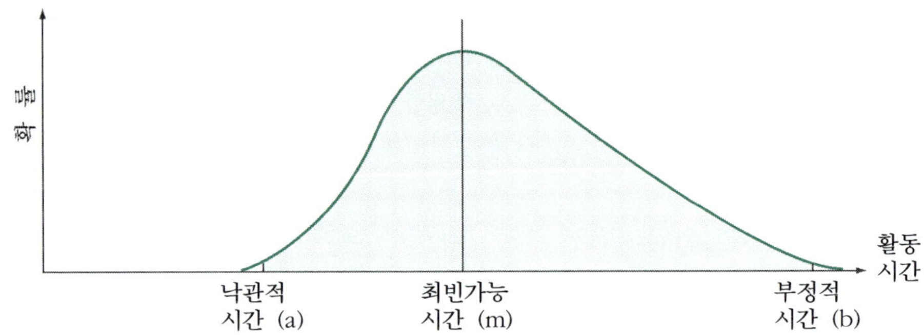

다음의 [표 13-5]는 [그림 13-2]의 사례에 정보를 더해서 구성한 것이다. 위 식들을 활용하여 예측치(예상 완료 시간)와 분산을 계산할 수 있다.

표 13-5 예제 재구성 표

활동	a	m	b	t	분산
A	4	5	6	5	$\left[\frac{6-4}{6}\right]^2=0.111$
B	3	5	7	5	$\left[\frac{7-3}{6}\right]^2=0.444$
C	8	10	12	10	$\left[\frac{12-8}{6}\right]^2=0.444$
D	14	15	16	15	$\left[\frac{16-14}{6}\right]^2=0.111$

프로젝트 완성 확률

주경로 분석을 통해 위 프로젝트의 예상 완료 시간이 30주라는 것을 알 수 있다. 하지만, 위의 사례에서 보듯이 주 경로에 속한 활동 C의 분산이 큰 편이고, 시간 추정치에 상당한 차이가 있을 수 있다. 주 경로에 있는 활동의 변화는 전체 프로젝트 완료 시간에 영향을 미칠 수 있고, 때론 지연시킬 수도 있으며, 프로젝트 관리자는 이를 전략적으로 고려해야한다.

PERT는 전체 프로젝트의 분산을 결정하는 데 주 경로 활동의 분산을 이용한다. 프로젝트 분산은 다음과 같은 주 경로 활동의 분산을 더하여 계산한다 (단, 주 경로 활동 i는 N개로 구성되어 있다고 가정한다).

$$\sigma^2_{project} = \sum_{i=1}^{N} \sigma_i^2$$

따라서, 위 프로젝트의 분산 $\sigma^2_{project}$은 활동 A, C, D의 분산의 합으로 0.666이 된다. 즉 프로젝트의 표준편차는 $\sqrt{0.666} = 0.816$이 된다.

프로젝트의 표준편차는 프로젝트를 제 시간에 끝낼 수 있는 가능성과 관련이 있다. PERT는 총 프로젝트 완료 시간은 정규분포를 따르며 활동 시간들은 통계적으로 독립적이라는 두 가지 가정을 한다.

위 표의 자료를 바탕으로 프로젝트가 31일 내에 끝날 확률은 Z($= \frac{X - \mu_{project}}{\sigma_{project}}$)값을 사용하여 다음과 같이 계산할 수 있다.

$$prob\left(\frac{X - \mu_{project}}{\sigma_{project}} \leq \frac{31 - \mu_{project}}{\sigma_{project}}\right)$$

그림 13-7 예제 그림

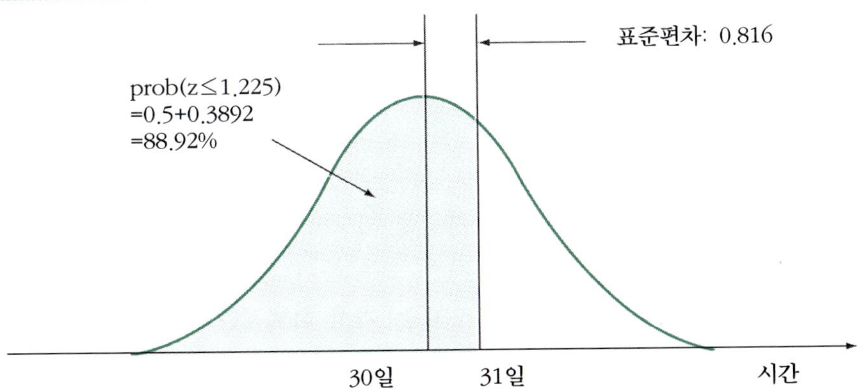

또한, 프로젝트가 평균적으로 소요되는 완료 기간은 30일이고, 표준편차가 주어져 있으므로, 다음과 같이 식이 변경될 수 있다.

$$prob\left(z \le \frac{31-30}{0.816}\right) = prob(z \le 1.225)$$

표준정규분포표를 사용하면 1.225에 해당하는 z값은 1.22와 1.23 사이이므로, 편의상 둘 사이의 중간값을 사용하였다. 즉, 위 그림에서 30일과 31일 사이의 확률이 0.3892가 된다.

위의 예를 보면 프로젝트가 예측치인 30일에 끝낼 확률은 50%이고, 31일에 끝낼 확률은 88.92%이다. 즉, 31일에도 11.08%의 확률로 프로젝트는 종료되지 않을 수 있다. 이런 경우, 특정 프로젝트 종료 확률이 되는 기간을 역으로 계산할 수가 있다.

가령, 95%의 확률로 프로젝트를 마칠 수 있는 종료 기간은 $prob\left(z \le \frac{x-30}{0.816}\right) = 0.95$에서 x를 찾는 것과 마찬가지다.

이 경우 표준정규분포표에서 위 그림처럼 95%를 만족시키는 부분을 찾으면 되고, 이때의 z값은 1.645가 된다. 따라서, $x = 30 + 1.645 * 0.816 = 31.342$가 되고, 약 32일째에는 95%의 확률로 프로젝트를 마감할 수 있게 될 것이라 예측할 수 있다.

13.5 일정단축

일정단축은 프로젝트 진행상의 어려움으로 납기일까지 프로젝트를 종료하지 못하는 경우에 당초 목표를 맞추기 위해 사용하는 기법이다. 아래의 그림과 같이 2가지의 대표적인 접근방법이 존재한다.

공정압축법

현재의 자원이외의 추가 자원을 확보하여 일정을 줄이는 데 사용하는 기법이다. 대표적인 예는, 시간외 근무, 자원 보충 등이 있는데, 추가로 자원을 투입할 경우 주공정의 활동기간이 단축될 수 있다는 가정 하에서만 사용되는 것이 바람직하다. 당초 예산을 벗어난 집행이 이루어져야 하므로, 원가 상승을 초래하기도 한다.

공정중첩 단축법

순서대로 진행되는 활동들을 일정기간 동안 중첩되게 운영하는 기법을 의미한다. 대표적인 예는, 건축도면을 완성하기 전에 기초공사를 시작하는 경우로써, 재작업과 리스크 증가를 야기할 수 있다. 이러한 기법이 작용하면 선후관계에 있는 활동들에 대한 연결성을 확보하는 것이 필수적이다.

그림 13-8 **프로젝트 일정단축**[14]

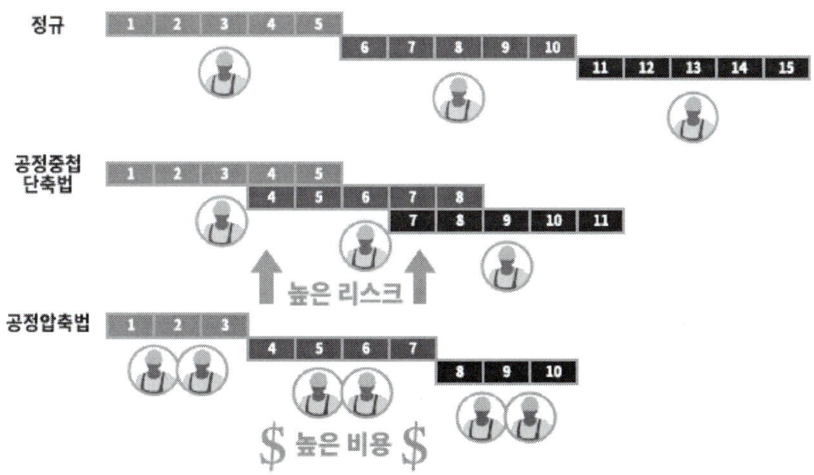

13.6 요 약

- 프로젝트는 고유의 제품(서비스)을 제 시간에 제한된 자원으로 제공하는 것이다. 이러한 프로젝트의 시작에는 여러 원인들이 존재한다.
- 프로젝트, 프로그램, 포트폴리오를 복합적으로 관리해야 하므로, 기업내 거버넌스 고려는 중요하다.

---

14) Project Management Institute. "A Guide To The Project Management Body Of Knowledge – PMBOK GUIDE", PMBOK 6판 참조.

- 대부분의 프로젝트는 착수, 기획, 실행, 감시 및 통제, 종료 프로세스에 의해 관리되어지며, 이는 10가지로 정의되는 지식영역으로 구분되어져 관리된다.
- WBS는 프로젝트를 실제로 수행하기 위해 체계적으로 구분한 업무 체계이며, 이러한 작업분류체계가 만들어지면, 마일스톤 차트, 간트 차트, 프로젝트 일정 네트워크 다이어그램 등으로 일정 및 비용을 관리한다.
- CPM은 프로젝트를 마무리하는 데 필요한 최소 시간을 계산하며, 완료에 가장 큰 영향력을 미치는 활동들을 효과적으로 관리할 수 있게 해준다.
- PERT(Program evaluation and review technique)는 각 활동에 대해 세 가지 시간 추정치를 사용하면서 예상값과 표준편차를 활용하여 프로젝트를 관리하는 방식이다.
- 자원평준화는 가용한 자원과 요구되는 자원 사이에서 균형을 유지하기 위해 자원제약(constraint)에 근거하여 시작일과 종료일을 조정하는 기법이다.
- 일정단축은 프로젝트 진행상의 어려움으로 납기일까지 프로젝트를 종료하지 못하는 경우에 당초 목표를 맞추기 위해 사용하는 기법이다.

문제 및 토론

1. 여러분이 어떤 프로젝트를 시작해야 한다고 가정하고, 각각의 입장에서 표 13-1을 참고하면서 어떤 요인들을 고려해야할지 논하시오.

2. 프로젝트, 프로그램, 포트폴리오의 관계에 대해 설명하시오.

3. 여러분이 어떤 프로젝트를 시작해야 한다고 가정하고, 표 13-2의 10가지 지식영역에서 어떤 부분이 중요할지를 논하시오.

4. 여러분이 특정 프로젝트를 수행한다고 가정했을 때, 프로젝트 일정의 세 가지 차트로 각 활동들을 작성해 보시오.

5. 다음은 어떤 회사의 신제품 개발 프로젝트를 활동별로 나타낸 것이다. 다음 물음에 답하시오.

활동	선행활동	시간 (월)
A	-	2
B	-	5
C	-	1
D	B	10
E	A, D	3
F	C	6
G	E, F	8

① AON 기법을 활용하여 프로젝트 활동 네트워크를 작성하라.

② 주 경로는 어떤 것인가?

③ 프로젝트 완료 기간은 얼마인가?

④ 개별 활동들의 여유 시간은 얼마인가?

6. 다음은 어떤 회사의 신제품 개발 프로젝트를 활동별로 선행활동과 세 가지 활동시간을 나타낸 것이다. 다음 물음에 답하시오.

활동	선행활동	a (낙관적)	m (최빈)	b (비관적)
A	-	4	8	10
B	A	2	8	24
C	A	8	12	16
D	A	4	6	10
E	B	1	2	3
F	E, C	6	8	20
G	E, C	2	3	4
H	F	2	2	2
I	F	6	6	6
J	D, G, H	4	6	12
K	I, J	2	2	3

① AON 기법을 활용하여 프로젝트 활동 네트워크를 작성하라.

② 활동별 예측치(예상 완료 시간)를 바탕으로 했을 때, 주 경로는 어떤 것인가?

③ 위 주 경로의 프로젝트 예상 완료 기간은 얼마인가?

④ 위 주 경로의 프로젝트 분산은 얼마인가?

⑤ 활동 C의 예측치와 분산은 각각 얼마인가?

⑥ 프로젝트가 36일 내에 끝날 확률은 얼마인가?

7. 프로젝트 일정 단축에 대해 논하시오.

부　　　록

1. 누적포아송확률분포도
2. 정규분포표
3. 표준정규분포의 Z함수

1. 누적포아송확률분포도

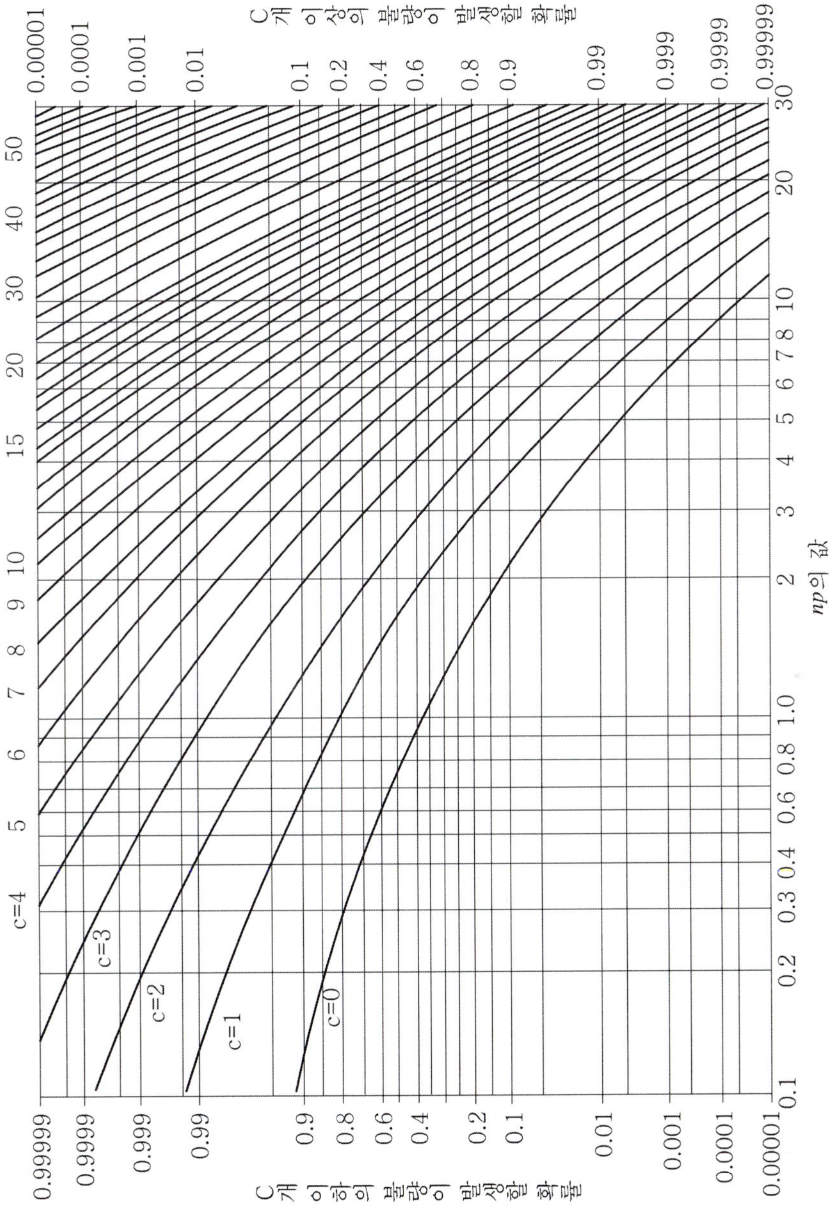

2. 정규분포표

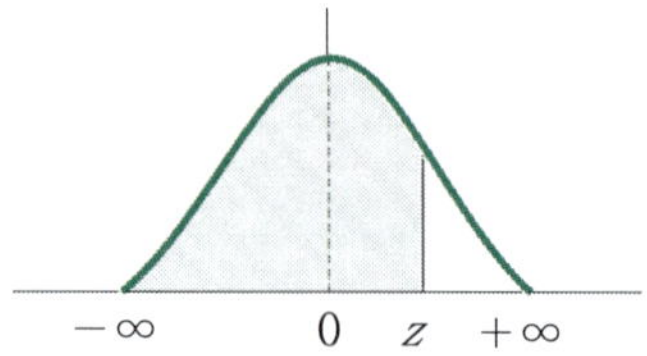

	.00	.01	.02	.03	.04	.05	.06	.07	.08	.09
.0	.5000	.5040	.5080	.5120	.5160	.5199	.5239	.5279	.5319	.5359
.1	.5398	.5438	.5478	.5517	.5557	.5596	.5636	.5675	.5714	.5753
.2	.5793	.5832	.5871	.5910	.5948	.5987	.6026	.6064	.6103	.6141
.3	.6179	.6217	.6255	.6293	.6331	.6368	.6406	.6443	.6480	.6517
.4	.6554	.6591	.6628	.6664	.6700	.6736	.6772	.6808	.6844	.6879
.5	.6915	.6950	.6985	.7019	.7054	.7088	.7123	.7157	.7190	.7224
.6	.7257	.7291	.7324	.7357	.7389	.7422	.7454	.7486	.7517	.7549
.7	.7580	.7611	.7642	.7673	.7704	.7734	.7764	.7794	.7823	.7852
.8	.7881	.7910	.7939	.7967	.7995	.8023	.8051	.8078	.8106	.8133
.9	.8159	.8186	.8212	.8238	.8264	.8289	.8315	.8340	.8365	.8389
1.0	.8413	.8438	.8461	.8485	.8508	.8531	.8554	.8577	.8599	.8621
1.1	.8643	.8665	.8686	.8708	.8729	.8749	.8770	.8790	.8810	.8830
1.2	.8849	.8869	.8888	.8907	.8925	.8944	.8962	.8980	.8997	.9015
1.3	.9032	.9049	.9066	.9082	.9099	.9115	.9131	.9147	.9162	.9177
1.4	.9192	.9207	.9222	.9236	.9251	.9265	.9279	.9292	.9306	.9319
1.5	.9332	.9345	.9357	.9370	.9382	.9394	.9406	.9418	.9429	.9441
1.6	.9452	.9463	.9474	.9484	.9495	.9505	.9515	.9525	.9535	.9545
1.7	.9554	.9564	.9573	.9582	.9591	.9599	.9608	.9616	.9625	.9633
1.8	.9641	.9649	.9656	.9664	.9671	.9678	.9686	.9693	.9699	.9706
1.9	.9713	.9719	.9726	.9732	.9738	.9744	.9750	.9756	.9761	.9767
2.0	.9772	.9778	.9783	.9788	.9793	.9798	.9803	.9808	.9812	.9817
2.1	.9821	.9826	.9830	.9834	.9838	.9842	.9846	.9850	.9854	.9857
2.2	.9861	.9864	.9868	.9871	.9875	.9878	.9881	.9884	.9887	.9890
2.3	.9893	.9896	.9898	.9901	.9904	.9906	.9909	.9911	.9913	.9916
2.4	.9918	.9920	.9922	.9925	.9927	.9929	.9931	.9932	.9934	.9936
2.5	.9938	.9940	.9941	.9943	.9945	.9946	.9948	.9949	.9951	.9952
2.6	.9953	.9955	.9956	.9957	.9959	.9960	.9961	.9962	.9963	.9964
2.7	.9965	.9966	.9967	.9968	.9969	.9970	.9971	.9972	.9973	.9974
2.8	.9974	.9975	.9976	.9977	.9978	.9978	.9979	.9979	.9980	.9981
2.9	.9981	.9982	.9982	.9983	.9984	.9984	.9985	.9985	.9986	.9986
3.0	.9987	.9987	.9987	.9988	.9988	.9989	.9989	.9989	.9990	.9990
3.1	.9990	.9991	.9991	.9991	.9992	.9992	.9992	.9992	.9993	.9993
3.2	.9993	.9993	.9994	.9994	.9994	.9994	.9994	.9995	.9995	.9995
3.3	.9995	.9995	.9995	.9996	.9996	.9996	.9996	.9996	.9996	.9997
3.4	.9997	.9997	.9997	.9997	.9997	.9997	.9997	.9997	.9997	.9998

3. 표준정규분포의 L함수

$$L(u) = \int_{u}^{\infty} (z-u)font(z)dz$$

$$L(-u) = \int_{-\infty}^{u} (u-z)font(z)dz$$

u	$L(u)$	$L(-u)$	u	$L(u)$	$L(-u)$
0.00	0.398942	0.398942	0.34	0.251782	0.591782
0.01	0.393962	0.403962	0.35	0.248131	0.598131
0.02	0.389022	0.409022	0.36	0.244518	0.604518
0.03	0.384122	0.414122	0.37	0.240943	0.610943
0.04	0.379262	0.419262	0.38	0.237404	0.617404
0.05	0.374441	0.424441	0.39	0.233903	0.623903
0.06	0.369660	0.429660	0.40	0.230439	0.630439
0.07	0.364919	0.434919	0.41	0.227012	0.637012
0.08	0.360218	0.440218	0.42	0.223621	0.643621
0.09	0.355557	0.445557	0.43	0.220267	0.650267
0.10	0.350935	0.450935	0.44	0.216949	0.656949
0.11	0.346354	0.456354	0.45	0.213667	0.663667
0.12	0.341811	0.461811	0.46	0.210422	0.670422
0.13	0.337309	0.467309	0.47	0.207212	0.677212
0.14	0.332846	0.472846	0.48	0.204038	0.684038
0.15	0.328422	0.478422	0.49	0.200900	0.690900
0.16	0.324038	0.484038	0.50	0.197797	0.697797
0.17	0.319693	0.489693	0.51	0.194729	0.704729
0.18	0.315388	0.495388	0.52	0.191696	0.711696
0.19	0.311122	0.501122	0.53	0.188698	0.718698
0.20	0.306895	0.506895	0.54	0.185735	0.725735
0.21	0.302707	0.512707	0.55	0.182806	0.732806
0.22	0.298558	0.518558	0.56	0.179912	0.739912
0.23	0.294448	0.524448	0.57	0.177051	0.747051
0.24	0.290377	0.530377	0.58	0.174225	0.754225
0.25	0.286345	0.536345	0.59	0.171432	0.761432
0.26	0.282351	0.542351	0.60	0.168673	0.768673
0.27	0.278396	0.548396	0.61	0.165947	0.775947
0.28	0.274480	0.554480	0.62	0.163254	0.783254
0.29	0.270601	0.560601	0.63	0.160594	0.790594
0.30	0.266761	0.566761	0.64	0.157967	0.797967
0.31	0.262960	0.572960	0.65	0.155373	0.805357
0.32	0.259296	0.579196	0.66	0.152810	0.812810
0.33	0.255470	0.585470	0.67	0.150280	0.820280

u	$L(u)$	$L(-u)$	u	$L(u)$	$L(-u)$
0.68	0.147781	0.827781	1.12	0.065950	1.185950
0.69	0.145315	0.835315	1.13	0.064647	1.194647
0.70	0.142879	0.842879	1.14	0.063365	1.203365
0.71	0.140475	0.850475	1.15	0.062104	1.212104
0.72	0.138102	0.858102	1.16	0.060863	1.220863
0.73	0.135760	0.865760	1.17	0.059643	1.229643
0.74	0.133448	0.873448	1.18	0.058443	1.238443
0.75	0.131167	0.881167	1.19	0.057263	1.247263
0.76	0.128916	0.888916	1.20	0.056103	1.256103
0.77	0.126694	0.896694	1.21	0.054962	1.264962
0.78	0.124503	0.904503	1.22	0.053840	1.273840
0.79	0.122340	0.912340	1.23	0.052737	1.282737
0.80	0.120207	0.920207	1.24	0.051653	1.291653
0.81	0.118103	0.928103	1.25	0.050587	1.300587
0.82	0.116028	0.936028	1.26	0.049540	1.309540
0.83	0.113981	0.943981	1.27	0.048510	1.318510
0.84	0.111962	0.951962	1.28	0.047499	1.327499
0.85	0.109972	0.959972	1.29	0.046505	1.336505
0.86	0.108009	0.968009	1.30	0.045528	1.345528
0.87	0.106074	0.976074	1.31	0.044569	1.354569
0.88	0.104166	0.984166	1.32	0.043626	1.363626
0.89	0.102285	0.992285	1.33	0.042700	1.372700
0.90	0.100431	1.000431	1.34	0.041791	1.381791
0.91	0.098604	1.008604	1.35	0.040898	1.390898
0.92	0.096803	1.016803	1.36	0.040021	1.400021
0.93	0.095028	1.025028	1.37	0.039159	1.409159
0.94	0.093279	1.033279	1.38	0.038314	1.418314
0.95	0.091556	1.041556	1.39	0.037484	1.427484
0.96	0.089858	1.049858	1.40	0.036668	1.436668
0.97	0.088185	1.058185	1.41	0.035868	1.445868
0.98	0.086537	1.066537	1.42	0.035083	1.455083
0.99	0.084914	1.074914	1.43	0.034312	1.464312
1.00	0.083316	1.083316	1.44	0.033556	1.473556
1.01	0.081741	1.091741	1.45	0.032813	1.482813
1.02	0.080191	1.100191	1.46	0.032085	1.492085
1.03	0.078664	1.108664	1.47	0.031370	1.501370
1.04	0.077160	1.117160	1.48	0.030669	1.510669
1.05	0.075680	1.125680	1.49	0.029982	1.519982
1.06	0.074223	1.134223	1.50	0.029307	1.529307
1.07	0.072789	1.142789	1.51	0.028645	1.538645
1.08	0.071377	1.151377	1.52	0.027997	1.547997
1.09	0.069987	1.159987	1.53	0.027360	1.557360
1.10	0.068620	1.168620	1.54	0.026736	1.566736
1.11	0.067274	1.177274	1.55	0.026125	1.576125

u	$L(u)$	$L(-u)$	u	$L(u)$	$L(-u)$
1.56	0.025525	1.585525	2.00	0.008490	2.008490
1.57	0.024937	1.594937	2.01	0.008266	2.018266
1.58	0.024361	1.604361	2.02	0.008046	2.028046
1.59	0.023796	1.613796	2.03	0.007832	2.037832
1.60	0.023242	1.623242	2.04	0.007623	2.047623
1.61	0.022700	1.632700	2.05	0.007418	2.057418
1.62	0.022168	1.642168	2.06	0.007219	2.067219
1.63	0.021647	1.651647	2.07	0.007024	2.077024
1.64	0.021137	1.661137	2.08	0.006834	2.086834
1.65	0.020637	1.670637	2.09	0.006649	2.096649
1.66	0.020147	1.680147	2.10	0.006468	2.106468
1.67	0.019668	1.689668	2.11	0.006292	2.116292
1.68	0.019198	1.699198	2.12	0.006120	2.126120
1.69	0.018738	1.708738	2.13	0.005952	2.135952
1.70	0.018288	1.718288	2.14	0.005788	2.145788
1.71	0.017847	1.727847	2.15	0.005628	2.155628
1.72	0.017415	1.737415	2.16	0.005472	2.165472
1.73	0.016992	1.746992	2.17	0.005320	2.175320
1.74	0.016579	1.756579	2.18	0.005172	2.185172
1.75	0.016174	1.766174	2.19	0.005028	2.195028
1.76	0.015777	1.775777	2.20	0.004887	2.204887
1.77	0.015390	1.785390	2.21	0.004750	2.214750
1.78	0.015010	1.795010	2.22	0.004616	2.224616
1.79	0.014639	1.804639	2.23	0.004485	2.234485
1.80	0.014276	1.814276	2.24	0.004358	2.244358
1.81	0.013920	1.823920	2.25	0.004234	2.254234
1.82	0.013573	1.833573	2.26	0.004114	2.264114
1.83	0.013232	1.843232	2.27	0.003996	2.273996
1.84	0.012900	1.852900	2.28	0.003882	2.283882
1.85	0.012575	1.862575	2.29	0.003770	2.293770
1.86	0.012257	1.872257	2.30	0.003662	2.303662
1.87	0.011946	1.881946	2.31	0.003556	2.313556
1.88	0.011642	1.891642	2.32	0.003453	2.323453
1.89	0.011345	1.901345	2.33	0.003352	2.333352
1.90	0.011054	1.911054	2.34	0.003255	2.343255
1.91	0.010770	1.920770	2.35	0.003159	2.353159
1.92	0.010493	1.930493	2.36	0.003067	2.363067
1.93	0.010222	1.940222	2.37	0.002977	2.372977
1.94	0.009957	1.949957	2.38	0.002889	2.382889
1.95	0.009698	1.959698	2.39	0.002804	2.392804
1.96	0.009445	1.969445	2.40	0.002721	2.402721
1.97	0.009198	1.979198	2.41	0.002640	2.412640
1.98	0.008956	1.988956	2.42	0.002561	2.422561
1.99	0.008721	1.998721	2.43	0.002484	2.432484

u	$L(u)$	$L(-u)$	u	$L(u)$	$L(-u)$
2.44	0.002410	2.442410	2.78	0.000814	2.780814
2.45	0.002338	2.452338	2.79	0.000787	2.790787
2.46	0.002267	2.462267	2.80	0.000761	2.800761
2.47	0.002199	2.472199	2.81	0.000736	2.810736
2.48	0.002132	2.482132	2.82	0.000712	2.820712
2.49	0.002067	2.492067	2.83	0.000688	2.830688
2.50	0.002004	2.502004	2.84	0.000665	2.840665
2.51	0.001943	2.511943	2.85	0.000643	2.850643
2.52	0.001884	2.521884	2.86	0.000622	2.860622
2.53	0.001826	2.531826	2.87	0.000601	2.870601
2.54	0.001770	2.541770	2.88	0.000581	2.880581
2.55	0.001715	2.551715	2.89	0.000561	2.890561
2.56	0.001662	2.561662	2.90	0.000542	2.900542
2.57	0.001610	2.571610	2.91	0.000524	2.910524
2.58	0.001560	2.581560	2.92	0.000506	2.920506
2.59	0.001511	2.591511	2.93	0.000489	2.930489
2.60	0.001464	2.601464	2.94	0.000472	2.940472
2.61	0.001418	2.611418	2.95	0.000456	2.950456
2.62	0.001374	2.621374	2.96	0.000440	2.960440
2.63	0.001330	2.631330	2.97	0.000425	2.970425
2.64	0.001288	2.641288	2.98	0.000410	2.980410
2.65	0.001247	2.651247	2.99	0.000396	2.990396
2.66	0.001208	2.661208	3.00	0.000382	3.000382
2.67	0.001169	2.671169	3.10	0.000267	3.100267
2.68	0.001132	2.681132	3.20	0.000185	3.200185
2.69	0.001096	2.691096	3.30	0.000127	3.300127
2.70	0.001060	2.701060	3.40	0.000086	3.400086
2.71	0.001026	2.711026	3.50	0.000058	3.500058
2.72	0.000993	2.720993	3.60	0.000039	3.600039
2.73	0.000961	2.730961	3.70	0.000025	3.700025
2.74	0.000930	2.740930	3.80	0.000017	3.800017
2.75	0.000900	2.750900	3.90	0.000011	3.900011
2.76	0.000870	2.760870	4.00	0.000007	4.000007
2.77	0.000842	2.770842			

찾아보기

[ㄱ]
가용주문약정량 211
가치분석 141
강건성 45
개략적 능력계획 247
개략적 생산능력계획 187, 219
개방형 혁신 121
결손비용 300
경영전략 23
경제발주량모형 282
계량경제모형(econometric model) 59
계량적 기법 59
계산대보유재고 211
계획기간 190, 234
계획생산 57
고정수준전략 198
고정주문량법 231
공급체인관리 314
공정혁신 114
공통원인 89
과업관리 14
과학적 관리 13
구매계획 및 통제 188
구매단가 277
규모의 경제 33
규모의 비경제 33
그린벨트 104
급진적 혁신 115
기능전략 23, 27
기대보유재고 211, 234, 235
기발주주문량 227
기술경영 113
기업성과지표 30
기업전략 23
기업전략간 28

[ㄴ]
납기 42
내적실패비용 90
능력소요계획 187, 247

[ㄷ]
다품종소량생산과 154
단계부호 227
단기계획 187
단축근무 203
단축작업 196
대기시간 231
데밍 88
델파이조사법(delphi method) 59, 60
디자인 유연성 45

[ㄹ]
로드맵 105
로지스틱스 315
로트 허용 불량률 257
리드타임(lead time) 227, 230

[ㅁ]
마스터브랙벨트 104
마이클 해리 102
모듈러 설계 138
목표시장 27
무결함 생산 257
묶음생산 152
물량유연성 45

[ㅂ]
발주계획 234, 236, 259
발주량 227
배치 10, 155
베버 177
변환과정 7
보조 86
보조품질 87
부가가치 7, 37
부분생산성 36
부재고 195
부재고 및 품절비용 195
부품전개 232
분리용 재공품재고 276, 277
블랙벨트 104
비용최소화 31

[ㅅ]
사업전략 23, 26
생산계획 9, 184
생산능력 30, 167
생산능력 소요계획 219
생산변경 256
생산성 35

생산주기시간 255
생산준비시간 252
생산평준화 253
생산활동통제 188
생선뼈그림 93
서비스 수준 290
서비스 패키지 구조 347
서비스 프로세스 매트릭스 346
서비스 프로세스/서비스 패키지 매트릭스 346
서비스품질 343
서비스화(servitization) 6
설계 9
설비계획 169
성과급 14
성능 86
성능품질 86
세부일정계획 9, 10
손익분기점 33
수요관리 186
수요예측기법 59
수요추적전략 196, 198
수직통합 25
수평통합 25
순변화 시스템 244
순소요량 236
순소요량법 231
순현가 42
시간제 및 임시직 고용비용 195
시계열 분석 59, 62
시뮬레이션 모형 59, 75
시스템 8
시장조사(market research) 59
시장조사법 60
시차별 자재계획 248
시차별 작업부하량 249
시행착오(trial & error) 197
시행착오법 197

[ㅇ]
아웃소싱 6
안전리드타임 241
안전재고 227, 276
역사적 유추 59
역사적 자료유추법 61
연속생산 152
예방비용 89, 366, 367
예비적 비축재고 276
예외적 계획주문 246
예측오차 76
완성시간 41
외양 86
외양품질 87
외적실패비용 90
요소생산성 36
운반비용 157
운영 9
원가 33
원가우위전략 26
유연성 44
6시그마 102
의사결정나무 170
이동시간 231
이동컨베이어 시스템 12, 15
이동평균법 64
이윤극대화 31
인과형 분석 59, 72
인력관리 9, 30
인수계획량 234, 236
인수예정량 234, 235
일정계획 169, 188
일치 86
일치품질 87
입지 10
입지결정 175

[ㅈ]
자원평준화 376
자재명세서 187, 225
자재소요계획 10, 187
작업적체량 196
작업준비시간 231
잔업비용 195
장기계획 186
재고계획 9
재고관리 30
재고비용 195
재고상태기록철 227
재고유지비용 278
재고할당량 227
재고형 생산 222
재고회전율 275
재공품 재고(Work-In-Process) 31
잭웰치 102
적시생산 184
전략 23
전방통합 25
전사적 품질경영(TQM) 96
점진적 혁신 115
정규임금 195
정기발주 280
정량발주 280
정보피드백 7
정성적 기법 59
제품군 189
제품수명주기 43, 131
제품혁신 114
조립생산 152
주공정법(CPM) 371
주기시간 41
주기재고 276
주기적 재계획 시스템 244
주문량결정법 227, 231
주문비용 227, 278
주문생산 57, 151
주문식 생산 222
주문식 조립 222, 223
주문처리시간 41
주생산일정(master production schedule, MPS) 10, 186, 209, 225
중기계획 186

쥬란 89
지도카 257
지수평활(exponential smoothing) 65
직접성과지표 30, 33
집단 관리기법 161

[ㅊ]
차별화 지연전략 46
차별화전략 26
채용 및 해고비용 195
챔피온 104
체계적 배치기법 157
초과비용 300
총가공시간 230
총괄계획(aggregate planning) 10, 169, 186, 210
총괄생산계획(aggregate production planning) 184
총생산성 36
총소요량 234
최종조립일정 187, 254
충족률 291
치환 유연성 44

[ㅋ]
크로스비 90

[ㅌ]
테일러 13
통제 9
투입/산출 계획 및 통제 188
투입산출모형(I/O model) 59
특별원인 89
특성요인도 93

[ㅍ]
파레토도표 91
파이프라인재고 276
판매원(grass roots)이용법 59, 61
패널(panel)조사법 59, 61
페깅정보 227, 232, 245
평가비용 90
폐쇄회로 시스템 250
포드 15
포트폴리오 364
표준 121
표준원가 227
표준품대량생산 154
표준화 14, 139
푸시 시스템 252
풀 시스템 252
품목명 227
품목번호 227
품절비용 279
품질 9
품질관리 30
품질분임조 257
품질비용 89
품질통제 10
프로그램 364
프로세스 22, 30, 39
프로세스중심 193
프로젝트 9, 151, 361
프로젝트계획 10
프로토타입(prototype) 123, 140
필터 시스템 244

[ㅎ]
하청 193
학습효과 43
합격 품질 준수 257
해외생산(offshoreing) 6
현보유재고량 227
혼합전략 197
황소채찍효과 322, 326
회귀분석(regression analysis) 59, 72
효과 35
효율 35
후방일정 233
후방통합 25

[A]
acceptable quality level, AQL 257
aggregate planning 210
allocated inventory 227
assemble-to-order 222, 223
available-to-promise, ATP 211

[B]
back order 195
back scheduling 233
backlog 196
BCG매트릭스 23
bill of materials, BOM 187
bullwhip effect 322, 326

[C]
capacity requirements planning, CRP 187, 219, 248
Cellular 제조 160
chase strategy 196
CIM 32
closed-loop system 250
CORELAP 160
CRAFT 159
cycle time 255

[D]
demand management 186
DFM 32
DMAIC 105

[E]
economic order quantity 282
EOQ모형 282

[F]
fill rate 291
filtering system 244
final assembly schedule, FAS 187, 254
firm planned order, FPO

246

[G]
GR(gross requirements) 234
GT 162

[H]
historical analogy 59

[I]
idle time 196
input/output planning and control 188
ISO 9000 98

[J]
Jidoka 257
just-in-time, JIT 32, 184

[L]
lead time 227
level code 227
level work-force strategy 197
lot tolerance percent defective, LTPD 257

[M]
machine changeover 256
machine setup time 252
make-to-order 222
make-to-stock 222
mass customization 323
master production schedule 209
material requirements planning, MRP 187, 223
MEPI 40
moving time 231
MRP 기록표 234

[N]
net change MRP system 244
net requirements 236

[O]
overtime costs 195

[P]
pan Yamaha manufacturing control, PYMAC 256
part explosion 232
PDCA사이클 96
pegging information 228, 232
PERT 377
planned order release 234, 259
planned receipts 234
planning horizon 190, 234
POR 236
process focus 193
product family 189
production activity control 188
production leveling 253
projected on-hand 234
projected on-hand inventory 211
pull system 252
push system 252
PYMAC 256

[Q]
QC서클 94
quality circle 257
queue time 231

[R]
R&D 134
regenerative MRP system 244
regular-time costs 195
rough-cut capacity planning, RCCP 187, 219, 247
routing files 248
run time 230

[S]
safety lead time 241
scheduled order 227
scheduled receipts 234
scheduling 188
SERVPERF 모형 355
SERVQUAL 모형 353, 355
setup time 231
subcontracting 193
Supply Chain Management, SCH 314

[T]
time-phased load 249
time-phased materials plan 248
TPM 32
TQM 32
T형차 16

[U]
under time 203

[W]
WBS 369

[Z]
ZD(zero defects) 94
zero defect production 257

[공저자약력]

• 박 명 섭
고려대학교 경영대학 졸업
미국 버지니아 주립대학(경제학 석사)
미국 텍사스 주립대학(경영학 박사)
미국 캔사스 주립대학 교수 역임
한국생산관리학회 회장 역임
한국구매조달학회 회장 역임
한국SCM학회 부회장 역임
(현) 고려대학교 경영대학 교수

• 박 광 태
서울대학교 공과대학 졸업
서울대학교 대학원(산업공학 석사)
미국 버클리 대학(산업공학/경영과학 박사)
한국중소기업학회 회장 역임
한국기업경영학회 회장 역임
한국생산성학회 회장 역임
(현) 고려대학교 경영대학 교수

• 김 대 기
고려대학교 공과대학 졸업
미국 캔사스 대학(도시계획 석사)
미국 MIT(교통/물류 시스템공학 석사/박사)
미국 IBM 왓슨 연구소 연구원
미국 i2 Technologies 책임 컨설턴트
한국상품학회 회장 역임
(현) 한국로지스틱스학회 회장
(현) 고려대학교 경영대학 교수

• 임 호 순
서울대학교 경영대학 졸업
서울대학교 대학원(경영학 석사)
미국 UCLA 대학(경영학 박사)
한양대학교 경영학과 교수 역임
한국생산성학회 회장 역임
(현) 고려대학교 경영대학 교수

• 이 성 희
고려대학교 공과대학 졸업
고려대학교 대학원(경영학 박사)
현대건설 기전사업본부
(현) 한국상품학회 생산서비스분과 위원장
(현) 호서대학교 경영학부 조교수

제 5 판 오퍼레이션스 경영

2002년 8월 30일 제 1 판 발행
2006년 3월 10일 제 2 판 발행
2011년 3월 10일 제 3 판 발행
2014년 8월 30일 제 4 판 발행
2019년 8월 20일 제 5 판 발행
2021년 1월 10일 제 5 판 2 쇄 발행

共著者 박명섭 · 박광태 · 김대기 · 임호순 · 이성희
發行人 임 권 규
發行處 弘 文 社

05855 서울시 송파구 송파대로 167 테라타워 B동 802호
등록 1993. 6. 24. 제1-1543호
TEL. 712-5311(代) FAX. 716-5311

값 32,000원

ISBN 978-89-7770-434-3 93320